大足石刻全集

第六卷

宝顶山大佛湾石窟第1—14号考古报告

上册

大足石刻研究院 编

黎方银 主编

DAZU SHIKE
QUANJI

THE DAZU ROCK CARVINGS

Vol. VI
DAFOWAN (NOS. 1—14), BAODINGSHAN
Part One

EDITED BY
ACADEMY OF DAZU ROCK CARVINGS

EDITOR IN CHIEF
LI FANGYIN

总 策 划　　郭　宜　黎方银

《大足石刻全集》学术委员会

主　　任　　丁明夷
委　　员　　丁明夷　马世长　王川平　宁　强　孙　华　杨　泓　李志荣　李崇峰
　　　　　　李裕群　李静杰　陈明光　陈悦新　杭　侃　姚崇新　郭相颖　雷玉华
　　　　　　霍　巍（以姓氏笔画为序）

《大足石刻全集》编辑委员会

主　　任　　王怀龙　黎方银
副 主 任　　郭　宜　谢晓鹏　刘贤高　郑文武
委　　员　　王怀龙　毛世福　邓启兵　刘贤高　米德昉　李小强　周　颖　郑文武
　　　　　　郭　宜　黄能迁　谢晓鹏　黎方银（以姓氏笔画为序）
主　　编　　黎方银
副 主 编　　刘贤高　邓启兵　黄能迁　谢晓鹏　郑文武

《大足石刻全集》第六卷编纂工作团队

调查记录　　邓启兵　赵凌飞　张媛媛　陈　静　郭　静　黄能迁
现场测绘　　胡云岗　赵　岗　蒋小菁　卢光宇　张玉敏　周　颖
　　　　　　毛世福　黄能迁　邓启兵
绘　　图　　周　颖　毛世福
图版拍摄　　郑文武（主机）　吕文成　王　远　周　瑜　陈大卫
拓　　片　　唐长清　唐毅烈
铭文整理　　赵凌飞
资料整理　　赵凌飞　张媛媛　未小妹　李朝元
英文翻译　　姚淇琳
英文审定　　Tom Suchan　唐仲明
报告编写　　黎方银　黄能迁　邓启兵
统　　稿　　黎方银
审　　定　　丁明夷

《大足石刻全集》第六卷编辑工作团队

工作统筹　　郭　宜　郑文武
三　　审　　杨希之　刘向东　程　辉
编　　辑　　郑文武　吴芝宇　吕文成　王　远
印前审读　　曾祥志
图片制作　　郑文武　吕文成　王　远
装帧设计　　胡靳一　郑文武
排　　版　　唐　册
校　　色　　宋晓东　郑文武
校　　对　　唐联文　廖应碧　李小君　何建云　刘　艳

总目录

第一卷　　　　北山佛湾石窟第1—100号考古报告

第二卷　　　　北山佛湾石窟第101—192号考古报告

第三卷　　　　北山佛湾石窟第193—290号考古报告

第四卷　　　　北山多宝塔考古报告

第五卷　　　　石篆山、石门山、南山石窟考古报告

第六卷　　　　宝顶山大佛湾石窟第1—14号考古报告

第七卷　　　　宝顶山大佛湾石窟第15—32号考古报告

第八卷　　　　宝顶山小佛湾及周边石窟考古报告

第九卷　　　　大足石刻专论

第十卷　　　　大足石刻历史图版

第十一卷　　　附录及索引

GENERAL CATALOGUE

Vol. I　　　　FOWAN (NOS. 1–100), BEISHAN

Vol. II　　　　FOWAN (NOS. 101–192), BEISHAN

Vol. III　　　FOWAN (NOS. 193–290), BEISHAN

Vol. IV　　　DUOBAO PAGODA, BEISHAN

Vol. V　　　　SHIZHUANSHAN, SHIMENSHAN AND NANSHAN

Vol. VI　　　DAFOWAN (NOS. 1–14), BAODINGSHAN

Vol. VII　　　DAFOWAN (NOS. 15–32), BAODINGSHAN

Vol. VIII　　XIAOFOWAN AND SURROUNDING CARVINGS, BAODINGSHAN

Vol. IX　　　COLLECTED RESEARCH PAPERS ON THE DAZU ROCK CARVINGS

Vol. X　　　　EARLY PHOTOGRAPHS OF THE DAZU ROCK CARVINGS

Vol. XI　　　APPENDIX AND INDEX

目　录

第一章　宝顶山石窟概述 1
　　第一节　地理状况 1
　　　　一　位置与环境 1
　　　　二　地形地貌 1
　　　　三　地层岩性 7
　　　　四　地质构造 7
　　第二节　石窟构建与分区编号 9
　　　　一　石窟构建 9
　　　　二　分区与编号 11
　　第三节　前期保护维修与调查研究 20
　　　　一　保护维修 20
　　　　二　调查研究 24
　　第四节　本卷报告内容、体例规范与编写经过 28
　　　　一　报告内容 28
　　　　二　体例规范 28
　　　　三　编写经过 32

第二章　第1—5号 35
　　第一节　本章各编号位置及相互关系 35
　　第二节　第1号 35
　　　　一　位置 35
　　　　二　形制 35
　　　　三　造像 35
　　　　四　晚期遗迹 35
　　第三节　第2号 36
　　　　一　位置 36
　　　　二　形制 37
　　　　三　造像 37
　　　　四　铭文 63
　　　　五　晚期遗迹 66
　　第四节　第3号 66
　　　　一　位置 66
　　　　二　形制 66
　　　　三　造像 66
　　　　四　铭文 81
　　　　五　晚期遗迹 81
　　第五节　第4号 84
　　　　一　位置 84
　　　　二　形制 84
　　　　三　造像 84
　　　　四　铭文 89
　　　　五　晚期遗迹 91
　　第六节　第5号 94
　　　　一　位置 94
　　　　二　形制 95
　　　　三　造像 95

	四	铭文	123
	五	晚期遗迹	124

第三章	第6—9号		130
第一节	本章各编号位置及相互关系		130
第二节	第6号		130
	一	位置	130
	二	形制	131
	三	塔身圆龛造像	137
	四	晚期遗迹	140
第三节	第7号		142
	一	位置	142
	二	形制	142
	三	造像	142
	四	铭文	148
	五	晚期遗迹	148
第四节	第8号		150
	一	位置	150
	二	形制	150
	三	造像	150
	四	晚期遗迹	163
第五节	第9号		182
	一	位置	182
	二	形制	182
	三	造像	182
	四	铭文	189
	五	晚期遗迹	190
第六节	第9-1号		190
	一	位置	190
	二	形制	190
	三	铭文	193
	四	晚期遗迹	193

第四章	第10—12号		195
第一节	本章各编号位置及相互关系		195
第二节	第10号		195
	一	位置	195
	二	形制	195
	三	造像	195
	四	晚期遗迹	205
第三节	第11号		207
	一	位置	207
	二	形制	207
	三	造像	207
	四	晚期遗迹	235
第四节	第12号		235
	一	位置	235
	二	形制	235
	三	造像	235
	四	晚期遗迹	241
第五节	第12-1号		241

	一 位置	241
	二 形制	241
	三 造像	241
	四 晚期遗迹	246

第五章　第13—14号 247
　　第一节　本章各编号位置及相互关系 247
　　第二节　第13号 247
　　　　一　位置 247
　　　　二　形制 247
　　　　三　造像 247
　　　　四　晚期遗迹 266
　　第三节　第14号 266
　　　　一　位置 266
　　　　二　形制 266
　　　　三　窟外立面造像 267
　　　　四　窟内造像 284
　　　　五　晚期遗迹 352

Catalogue

Chapter One Overview 1
    Section One Geography 1
        1.1 Location and Environment 1
        1.2 Topography 1
        1.3 Stratum Lithology 7
        1.4 Geological Dimensions and Layout 7
    Section Two Structural Formats, Distribution and Numbering of the Stone Carvings 9
        2.1 Structural Formats 9
        2.2 Distribution and Numbering 11
    Section Three Early Stage Preservation and Restoration, Investigation and Research Findings 20
        3.1 Preservation and Restoration 20
        3.2 Investigation and Research Findings 24
    Section Four Content, Editorial Guidelines and Organization, Writing and Editing Process of Vol. VI 28
        4.1 Content 28
        4.2 Editorial Guidelines and Organization 28
        4.3 Writing and Editing Process 32

Chapter Two Nos. 1-5 35
    Section One Locations and Interrelations of Nos. 1-5 35
    Section Two No. 1 35
        2.1 Location 35
        2.2 Dimensions and Layout 35
        2.3 Carved Images 35
        2.4 Alterations and Additions 35
    Section Three No. 2 36
        3.1 Location 36
        3.2 Dimensions and Layout 37
        3.3 Carved Images 37
        3.4 Inscriptions 63
        3.5 Alterations and Additions 66
    Section Four No. 3 66
        4.1 Location 66
        4.2 Dimensions and Layout 66
        4.3 Carved Images 66
        4.4 Inscriptions 81
        4.5 Alterations and Additions 81
    Section Five No. 4 84
        5.1 Location 84
        5.2 Dimensions and Layout 84
        5.3 Carved Images 84
        5.4 Inscriptions 89
        5.5 Alterations and Additions 91
    Section Six No. 5 94
        6.1 Location 94
        6.2 Dimensions and Layout 95
        6.3 Carved Images 95

	6.4	Inscriptions	123
	6.5	Alterations and Additions	124

Chapter Three   Nos. 6-9 130

Section One   Locations and Interrelations of Nos. 6-9 130

Section Two   No. 6 130

    2.1   Location 130

    2.2   Dimensions and Layout 131

    2.3   Carved Images in the Roundels on the Exterior of the Pagoda 137

    2.4   Alterations and Additions 140

Section Three   No. 7 142

    3.1   Location 142

    3.2   Dimensions and Layout 142

    3.3   Carved Images 142

    3.4   Inscriptions 148

    3.5   Alterations and Additions 148

Section Four   No. 8 150

    4.1   Location 150

    4.2   Dimensions and Layout 150

    4.3   Carved Images 150

    4.4   Alterations and Additions 163

Section Five   No. 9 182

    5.1   Location 182

    5.2   Dimensions and Layout 182

    5.3   Carved Images 182

    5.4   Inscriptions 189

    5.5   Alterations and Additions 190

Section Six   No. 9-1 190

    6.1   Location 190

    6.2   Dimensions and Layout 190

    6.3   Inscriptions 193

    6.4   Alterations and Additions 193

Chapter Four   Nos. 10-12 195

Section One   Locations and Interrelations of Nos. 10-12 195

Section Two   No. 10 195

    2.1   Location 195

    2.2   Dimensions and Layout 195

    2.3   Carved Images 195

    2.4   Alterations and Additions 205

Section Three   No. 11 207

    3.1   Location 207

    3.2   Dimensions and Layout 207

    3.3   Carved Images 207

    3.4   Alterations and Additions 235

Section Four   No. 12 235

    4.1   Location 235

    4.2   Dimensions and Layout 235

    4.3   Carved Images 235

    4.4   Alterations and Additions 241

Section Five   No. 12-1 241

5.1	Location	241
5.2	Dimensions and Layout	241
5.3	Carved Images	241
5.4	Alterations and Additions	246

Chapter Five　Nos. 13-14 247

Section One　Locations and Interrelations of Nos. 13-14 247

Section Two　No. 13 247

2.1	Location	247
2.2	Dimensions and Layout	247
2.3	Carved Images	247
2.4	Alterations and Additions	266

Section Three　No. 14 266

3.1	Location	266
3.2	Dimensions and Layout	266
3.3	Carved Images on the Exterior	267
3.4	Carved Images in the Interior	284
3.5	Alterations and Additions	352

插图目录

插页一　宝顶山大佛湾石窟总立面图
插页二　1945年大足石刻考察团绘制大足宝顶宋石刻部位图
插页三　宝顶山摩岩造像部位图

图号	名称	页码
图1	宝顶山石窟位置图	2
图2	宝顶山石窟文物分布	4
图3	宝顶山石窟周围环境关系图	5
图4	宝顶山石窟历史上进山路线示意图	6
图5	宝顶山石窟核心区平面图	12
图6	宝顶山石窟核心区剖面图（东西向）	14
图7	宝顶山大佛湾石窟横剖图（南北向）	16
图8	宝顶山大佛湾石窟平面图	18
图9	宝顶山大佛湾石窟分卷图	30
图10	大佛湾石窟第1—14号龛窟分组图	32
图11	第1—5号龛在本卷龛窟中的位置图	36
图12	第1号龛立面图	38
图13	第2号龛立面图	40
图14	第2号龛平面图	42
图15	第2号龛剖面图	43
图16	第2号龛龛顶仰视图	44
图17	第2号龛低坛上部第1身护法像立面图	46
图18	第2号龛低坛上部第2身护法像立面图	47
图19	第2号龛低坛上部第3身护法像立面图	48
图20	第2号龛低坛上部第4身护法像立面图	49
图21	第2号龛低坛上部第5身护法像立面图	50
图22	第2号龛低坛上部第6身护法像立面图	51
图23	第2号龛低坛上部第7身护法像立面图	52
图24	第2号龛低坛上部第8身护法像立面图	53
图25	第2号龛低坛上部第9身护法像立面图	54
图26	第2号龛低坛上部第1身护法像上方造像立面图	55
图27	第2号龛低坛上部第2身护法像左上方造像立面图	55
图28	第2号龛低坛上部第3身护法像左上方造像立面图	56
图29	第2号龛低坛上部第4身护法像左上方造像立面图	56
图30	第2号龛低坛上部第5身护法像左上方造像立面图	57
图31	第2号龛低坛上部第6身护法像上方造像立面图	57
图32	第2号龛低坛上部第7身护法像效果图	58
图33	第2号龛低坛上部第7身护法像右上方造像立面图	58
图34	第2号龛低坛上部第8、9身护法像上方造像立面图	59
图35	第2号龛低坛上部壁面左端神将像立面图	60
图36	第2号龛低坛上部壁面右端神将像立面图	61
图37	第2号龛低坛上部右端右下神将像效果图	62
图38	第2号龛低坛下部造像立面及编号图	64
图39	第3号龛立面图	67
图40	第3号龛剖面图	68
图41	第3号龛平面图	69
图42	第3号龛龛顶仰视图	70
图43	第3号龛主尊像头顶上方三佛像立面图	71
图44	第3号龛轮盘轮心造像立面图	71
图45	第3号龛轮盘第二圈造像立面图	73
图46	第3号龛轮盘第二圈中上组造像立面图	74
图47	第3号龛轮盘第二圈左上组造像立面图	74
图48	第3号龛轮盘第二圈右上组造像立面图	75
图49	第3号龛轮盘第二圈中下组造像立面图	75
图50	第3号龛轮盘第二圈左下组造像立面图	77
图51	第3号龛轮盘第二圈右下组造像立面图	77
图52	第3号龛轮盘第三圈造像立面图	78
图53	第3号龛轮盘第四圈造像立面图	80
图54	第3号龛轮外左下缘造像立面图	82
图55	第3号龛轮外右下缘造像立面图	82
图56	第3号龛轮外右下侧猫鼠立面图	83
图57	第4号龛立面图	85
图58	第4号龛剖面图	86
图59	第4号龛平面图	87
图60	第4号龛龛顶仰视图	87
图61	第4号龛上部中组造像立面图	88
图62	第4号龛中组主尊像等值线图	89
图63	第4号龛上部左组造像立面图	90
图64	第4号龛左组主尊像等值线图	91
图65	第4号龛上部右组造像立面图	92
图66	第4号龛右组主尊像等值线图	93
图67	第5号龛立面图	96
图68	第5号龛剖面图	98
图69	第5号龛平面图	100
图70	第5号龛龛顶仰视图	101
图71	第5号龛主尊佛像等值线图	102
图72	第5号龛主尊佛像立面图	103
图73	第5号龛主尊佛像左侧视图	104
图74	第5号龛主尊佛像右侧视图	105
图75	第5号龛左主尊菩萨像等值线图	106
图76	第5号龛左主尊菩萨像立面图	107
图77	第5号龛左主尊菩萨像左侧视图	108
图78	第5号龛左主尊菩萨像右侧视图	109

图79	第5号龛左主尊菩萨像手托楼阁式塔立面图	110	图123	第8号龛龛前大悲阁平面图	178
图80	第5号龛右主尊菩萨像等值线图	111	图124	第8号龛龛前大悲阁正立面图	179
图81	第5号龛右主尊菩萨像立面图	112	图125	第8号龛龛前大悲阁侧立面图	180
图82	第5号龛右主尊菩萨像右侧视图	113	图126	第8号龛龛前大悲阁横剖面图	180
图83	第5号龛右主尊菩萨像左侧视图	114	图127	第8号龛龛前大悲阁纵剖面图	181
图84	第5号龛右主尊菩萨像手托方塔立面图	115	图128	第9号龛立面图	183
图85	第5号龛右主尊菩萨像座下狮子立面图	115	图129	第9号龛剖面图	184
图86	第5号龛龛壁第一部分圆龛造像立面及编号图	116	图130	第9号龛平面图	185
图87	第5号龛龛壁第二部分圆龛造像立面及编号图	118	图131	第9号龛第一层造像立面图	186
图88	第5号龛龛壁第三部分圆龛造像立面及编号图	120	图132	第9号龛第二层造像立面图	186
图89	第5号龛龛壁第四部分圆龛造像立面及编号图	122	图133	第9号龛第三层造像立面图	188
图90	第5号龛晚期墨书题记编号图	125	图134	第9号龛第四层造像立面图	189
图91	第6—9号龛及第9-1号龛在本卷龛窟中的位置图	130	图135	第9-1号龛立面图	191
图92	第6号龛立面图	132	图136	第9-1号龛平、剖面图	192
图93	第6号龛剖面图	134	图137	第10—12号龛及第12-1号龛在本卷龛窟中的位置图	196
图94	第6号龛平面图	135	图138	第10号龛立面图	198
图95	第6号龛第一级塔身正面立面图	136	图139	第10号龛剖面图	200
图96	第6号龛第二级塔身正面立面图	137	图140	第10号龛平面图	201
图97	第6号龛第二级塔身左侧面立面图	138	图141	第10号龛下部门楼及造像立面图	202
图98	第6号龛第三级塔身正面立面图	138	图142	第10号龛下部左端护墙外侧造像立面图	202
图99	第6号龛第三级塔身正面圆龛佛像效果图	139	图143	第10号龛下部右端护墙外侧造像立面图	203
图100	第6号龛第三级塔身左侧面立面图	139	图144	第10号龛下部左端护墙内侧造像立面图	203
图101	第6号龛第四级塔身正面立面图	141	图145	第10号龛下部右端护墙内侧造像立面图	204
图102	第6号龛第五级塔身正面立面图	141	图146	第10号龛上部主殿及造像立面图	204
图103	第7号龛立面图	143	图147	第10号龛上部左配殿及造像立面图	206
图104	第7号龛剖面图	144	图148	第10号龛上部右配殿及造像立面图	206
图105	第7号龛平面图	145	图149	第11号龛立面图	208
图106	第7号龛上部造像立面图	147	图150	第11号龛平面图	210
图107	第7号龛中部造像立面图	147	图151	第11号龛剖面图	211
图108	第8号龛立面图	164	图152	第11号龛龛顶仰视图	212
图109	第8号龛剖面图	166	图153	第11号主尊像等值线图	214
图110	第8号龛平面图	167	图154	第11号龛主尊佛前右起第1身造像立面图	216
图111	第8号龛龛顶仰视图	168	图155	第11号龛主尊佛前右起第2身造像立面图	217
图112	第8号龛主尊千手观音像等值线图	169	图156	第11号龛主尊佛前右起第3身造像立面图	217
图113	第8号龛造像分区及手臂编号图	170	图157	第11号龛主尊佛前右起第4身造像立面图	218
图114	第8号龛法器立面及编号图	172	图158	第11号龛主尊佛前右起第5身造像等值线图	218
图115	第8号龛左低坛造像立面图	174	图159	第11号龛主尊佛前右起第5身造像立面图	219
图116	第8号龛右低坛造像立面图	175	图160	第11号龛主尊佛前右起第6身造像立面图	220
图117	第8号龛左低坛内侧立像等值线图	175	图161	第11号龛主尊佛前右起第6身菩萨像等值线图	221
图118	第8号龛右低坛内侧立像等值线图	176	图162	第11号龛主尊佛前右起第7身造像立面图	222
图119	第8号龛右低坛外侧立像等值线图	176	图163	第11号龛主尊佛前右起第8身造像立面图	223
图120	第8号龛龛外左侧穷人像立面图	177	图164	第11号龛主尊佛前右起第9身造像立面图	224
图121	第8号龛龛外右侧饿鬼像立面图	177	图165	第11号龛主尊佛前右起第9身造像效果图	225
图122	第8号龛龛前大悲阁屋顶平面图	178	图166	第11号龛主尊佛前右起第10身造像立面图	226

图167	第11号龛主尊佛前右起第11身造像立面图	227
图168	第11号龛主尊佛前右起第12身造像立面图	228
图169	第11号龛主尊佛前右起第13身造像立面图	228
图170	第11号龛主尊佛前右起第14身造像立面图	229
图171	第11号龛主尊佛前右起第14身造像等值线图	229
图172	第11号龛香案前端国王像立面图	231
图173	第11号龛香案左侧天王像立面图	232
图174	第11号龛香案右侧天王像立面图	233
图175	第11号龛上方云台造像立面图	234
图176	第12号龛立面图	236
图177	第12号龛平面图	238
图178	第12号龛剖面图	240
图179	第12号龛下部太子及天王像立面图	242
图180	第12-1号龛立面图	244
图181	第12-1号龛平、剖面图	245
图182	第13、14号龛窟在本卷龛窟中的位置图	248
图183	第13号龛立面图	250
图184	第13号龛剖面图	252
图185	第13号龛平面图	253
图186	第13号龛龛顶仰视图	253
图187	第13号龛左壁立面图	254
图188	第13号龛右壁立面图	255
图189	第13号龛造像展开及分组图	256
图190	第13号龛主尊像左侧视图	258
图191	第13号龛主尊像右侧视图	259
图192	第13号龛主尊菩萨像等值线图	260
图193	第13号龛主尊像左侧第一组造像展开图	261
图194	第13号龛主尊像左侧第二组造像展开图	261
图195	第13号龛主尊像左侧第三组造像展开图	261
图196	第13号龛主尊像左侧第四组造像展开图	262
图197	第13号龛主尊像右侧第一组造像展开图	264
图198	第13号龛主尊像右侧第二组造像展开图	264
图199	第13号龛主尊像右侧第三组造像展开图	265
图200	第13号龛主尊像右侧第四组造像展开图	265
图201	第14号窟外立面	268
图202	第14号窟平面图	270
图203	第14号窟纵剖图（向西）	272
图204	第14号窟纵剖图（向东）	274
图205	第14号窟横剖图（向北）	276
图206	第14号窟横剖图（向南）	278
图207	第14号窟窟顶仰视图	280
图208	第14号窟透视图（南北向）	282
图209	第14号窟窟门上方匾额立面图	284
图210	第14号窟窟外左侧壁上方坐佛立面及编号图	286
图211	第14号窟窟外右侧壁上方坐佛立面及编号图	288
图212	第14号窟窟外左侧二天王像立面图	291
图213	第14号窟窟外右侧二天王像立面图	292
图214	第14号窟窟外右侧最外天王效果图	294
图215	第14号窟窟内造像展开图	296
图216	第14号窟窟内南壁造像立面图	298
图217	第14号窟转轮经藏正立面图	300
图218	第14号窟转轮经藏东南面、东面造像立面图	301
图219	第14号窟转轮经藏西南面、西面造像立面图	302
图220	第14号窟转轮经藏平面图	303
图221	第14号窟转轮经藏剖面图	304
图222	第14号窟转轮经藏基座展开图	308
图223	第14号窟转轮经藏正面平座造像立面图	310
图224	第14号窟转轮经藏东南面平座造像立面图	310
图225	第14号窟转轮经藏西南面平座造像立面图	310
图226	第14号窟转轮经藏南面、东南面勾栏造像立面图	312
图227	第14号窟转轮经藏西南面勾栏立面图	314
图228	第14号窟转轮经藏东南面勾栏左端东侧伎乐像立面图	315
图229	第14号窟转轮经藏西南面勾栏右端伎乐像立面图	315
图230	第14号窟转轮经藏南面仰阳板立面图	316
图231	第14号窟转轮经藏东南面仰阳板立面图	316
图232	第14号窟转轮经藏西南面仰阳板立面图	317
图233	第14号窟转轮经藏东面仰阳板立面图	317
图234	第14号窟转轮经藏西面仰阳板立面图	317
图235	第14号窟转轮经藏南面（正面）欢门立面图	318
图236	第14号窟转轮经藏东南面欢门立面图	319
图237	第14号窟转轮经藏西南面欢门立面图	320
图238	第14号窟转轮经藏东面欢门立面图	321
图239	第14号窟转轮经藏西面欢门立面图	322
图240	第14号窟转轮经藏天宫楼阁及展开图	328
图241	第14号窟转轮经藏天宫楼阁正面楼阁立面图	330
图242	第14号窟转轮经藏天宫楼阁东第一座楼阁立面图	331
图243	第14号窟转轮经藏天宫楼阁东第二座楼阁立面图	332
图244	第14号窟转轮经藏天宫楼阁东第三座楼阁立面图	333
图245	第14号窟转轮经藏天宫楼阁西第一座楼阁立面图	334
图246	第14号窟转轮经藏天宫楼阁西第二座楼阁立面图	335
图247	第14号窟转轮经藏天宫楼阁西第三座楼阁立面图	336
图248	第14号窟窟内东第一组造像立面图	340
图249	第14号窟窟内东第三组造像立面图	341
图250	第14号窟窟内东第四组造像立面图	342
图251	第14号窟窟内东第四组主尊佛像立面图	343
图252	第14号窟窟内东第四组下部跪式菩萨像立面图	343
图253	第14号窟窟内东第四组下部武士像立面图	344
图254	第14号窟窟内东第四组上方建筑及坐像立面图	345

图255　第14号窟窟内东第四组上方坐佛及手臂立面图 ………346
图256　第14号窟窟内东第四组童子像立面图 ………346
图257　第14号窟窟内西第一组造像立面图 ………347
图258　第14号窟窟内西第一组主尊佛像等值线图 ………348
图259　第14号窟窟内西第一组主尊佛像立面图 ………348
图260　第14号窟窟内西第一组下部立式菩萨像立面图 ………348
图261　第14号窟窟内西第一组下部跪式菩萨像立面图 ………349
图262　第14号窟窟内西第一组造像上方坐佛立面图 ………349
图263　第14号窟窟内西第二组造像立面图 ………350
图264　第14号窟窟内西第二组主尊佛像立面图 ………351
图265　第14号窟窟内西第二组造像中下部菩萨像立面图 ………351
图266　第14号窟窟内西第二组造像上方坐佛及立像立面图 ………352
图267　第14号窟窟内西第二组造像上方建筑立面图 ………353
图268　第14号窟窟内西第三组造像立面图 ………354
图269　第14号窟窟内西第三组主尊佛像立面图 ………355
图270　第14号窟窟内西第三组下方造像立面图 ………355
图271　第14号窟窟内西第三组上方造像立面图 ………356
图272　第14号窟窟内西第四组造像立面图 ………357
图273　第14号窟窟内西第四组右侧菩萨像等值线图 ………358
图274　第14号窟窟内西第四组右侧菩萨像立面图 ………358
图275　第14号窟窟内西第四组下部造像立面图 ………358
图276　第14号窟窟内西第四组下部右侧天王像效果图 ………359
图277　第14号窟窟内西第四组上部建筑立面图 ………360
图278　第14号窟窟内西第四组上部造像立面图 ………360
图279　第14号窟窟内西第四组上方童子像立面图 ………361
图280　第14号窟窟内南壁上方飞天像立面图 ………362

第一章　宝顶山石窟概述

宝顶山石窟位于大足城区东北约12公里处，以大佛湾、小佛湾为中心，于其四周2.5公里之内，另有龙头山、三元洞、大佛坡、三块碑、松林坡、维摩顶西崖、菩萨屋、佛祖岩、菩萨堡、杨家坡、广大山、龙潭、岩湾、古佛寺、对面佛、仁功山、珠始山等17处宋代造像，以及圣寿寺、广大寺、转法轮塔、释迦真如舍利宝塔等寺塔建筑，是一座宏大的石窟造像群（图1、图2；图版Ⅰ：1、图版Ⅰ：2、图版Ⅰ：3、图版Ⅰ：4）。

第一节　地理状况

一　位置与环境

宝顶山大佛湾石窟位于宝顶山龙潭沟支沟呈"U"字形的三面砂岩陡壁上；小佛湾石窟为石砌建筑，位于大佛湾石窟南崖维摩顶坡北面坡脚，与大佛湾石窟毗邻；其余17处宋代造像位于大、小佛湾周围坪状残丘顶部和斜坡砂岩陡壁上（图2、图3）。

历史上，抵达宝顶山大、小佛湾的古道有五条（图4）。第一条自龙头山脚，上至坡顶平台，沿大坡、砂坡，过倒塔坡脚南侧至圣寿寺、小佛湾、大佛湾。第二条自倒马坎上山，沿大路至山顶平台后，经三块碑、高观音，再经山王庙，至松林坡脚后，沿现礼佛大道，至大佛湾、小佛湾、圣寿寺。第三条自香纸沟上山，至山顶平台后，过杨家后坡，经菩萨堡，到佛祖岩，再经桥湾水库，下至杨尚沟，经黎家坡脚，上沟至广大寺，沿游城坡下至大佛湾，由大佛湾到小佛湾、圣寿寺。第四条自吴家沟进山，经龙堂沟、文家坡，过龙潭，折至大佛湾沟底，至大佛湾、小佛湾、圣寿寺。第五条分别自潼南和铜梁方向上山，过古佛寺，至对面佛，经香樟沟、豹子坡，沿倒塔坡西北侧，至圣寿寺、小佛湾、大佛湾。宝顶山大、小佛湾周边区域造像即分布在上述五条古道旁[1]。

20世纪50年代中后期，建成从大足县城过化龙、香纸沟，至宝顶山的机耕道。20世纪70年代后期改建为公路，成为至宝顶山的主要交通道路。2008年至2014年，又先后建成从化龙向北过化龙水库至对面佛，从化龙向东过五十梯至对面佛的公路，在宝顶山下形成一条环形道路，并可在化龙和对面佛两个节点上至宝顶山大、小佛湾石窟。

历史上，宝顶山大、小佛湾周边均有居民住户，并形成香山老街。20世纪50年代后，宝顶镇政府、宝顶小学、宝顶供销社等单位亦居其周围。1996—1998年，为申报世界文化遗产，拆除了香山老街西段一部分，搬迁了位于大佛湾北坡上的宝顶小学，以及宝顶镇政府、宝顶供销社、宝顶酿造厂等18家单位、100多户居民[2]。2011—2015年，在实施"宝顶山石刻景区提档升级建设工程"中，又搬迁宝顶山大佛湾更远范围的200多户居民及5万多平方米的各类建筑。

经过这两次环境整治，一是宝顶山大佛湾周边地形地貌有局部改变，二是到达宝顶山大、小佛湾石窟的道路有所改变，即现从香纸沟或对面佛上宝顶山后，均须经新建的南、北仿宋街，沿瑞相桥、瑞相广场、游客中心（图3；图版Ⅰ：5）、大足石刻博物馆（图版Ⅰ：6），顺礼佛大道而下，方可进入大、小佛湾（图版Ⅰ：7）。

二　地形地貌

宝顶山属川东红色剥蚀坪状低山丘陵区，以丘陵地貌为主，整体呈现窄谷深丘形态，平均海拔在470—530米，相对切割深度50—100米（图版Ⅰ：2）。

1　邓启兵、黎方银、黄能迁：《大足宝顶山石窟周边区域宋代造像考察研究》，《石窟寺研究》第六辑，科学出版社2016年版，第76—115页。
2　重庆大足石刻艺术博物馆编：《大足石刻申报列入〈世界遗产名录〉纪实》（内部资料），2000年。

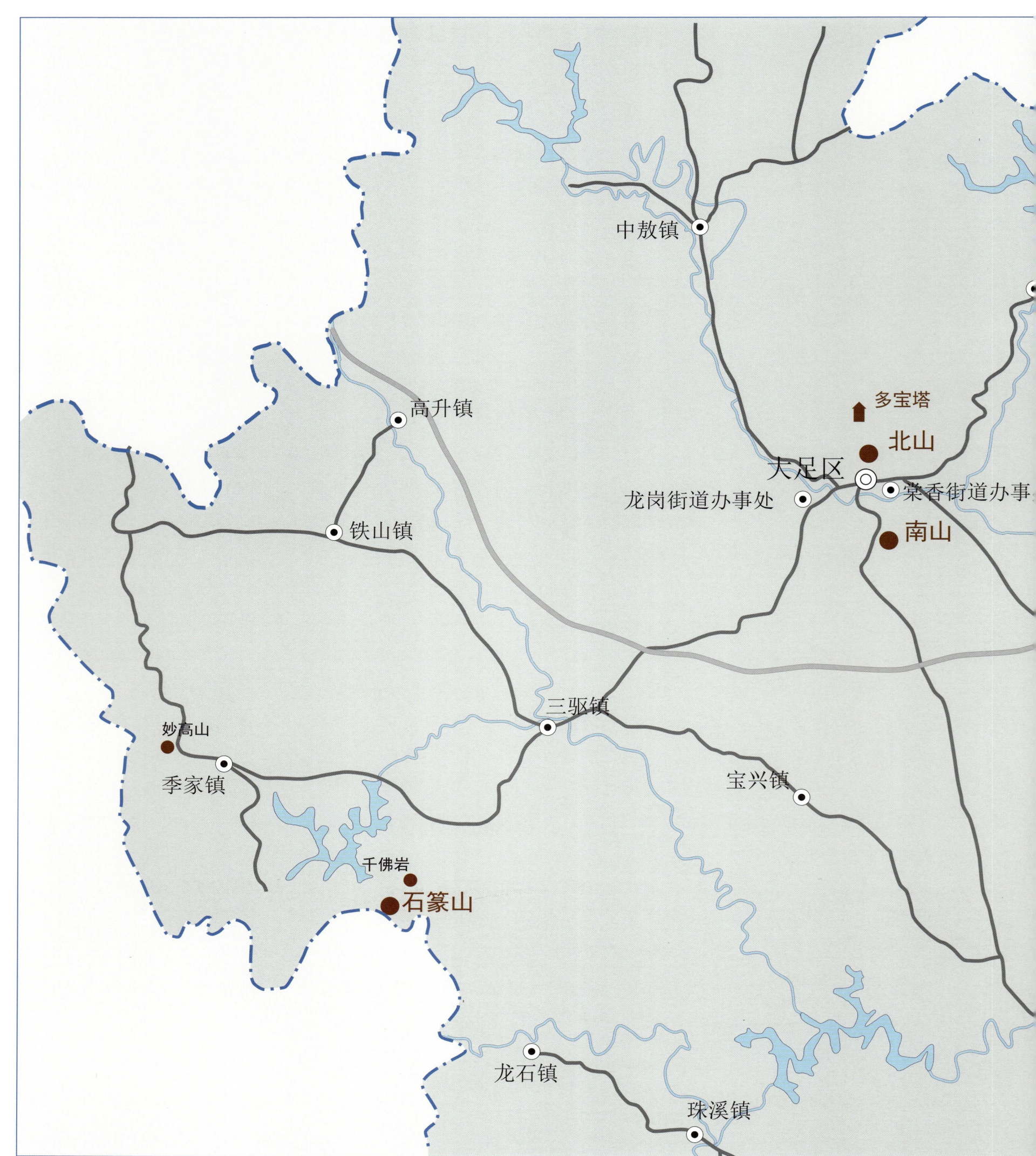

图1 宝顶山石窟位置图

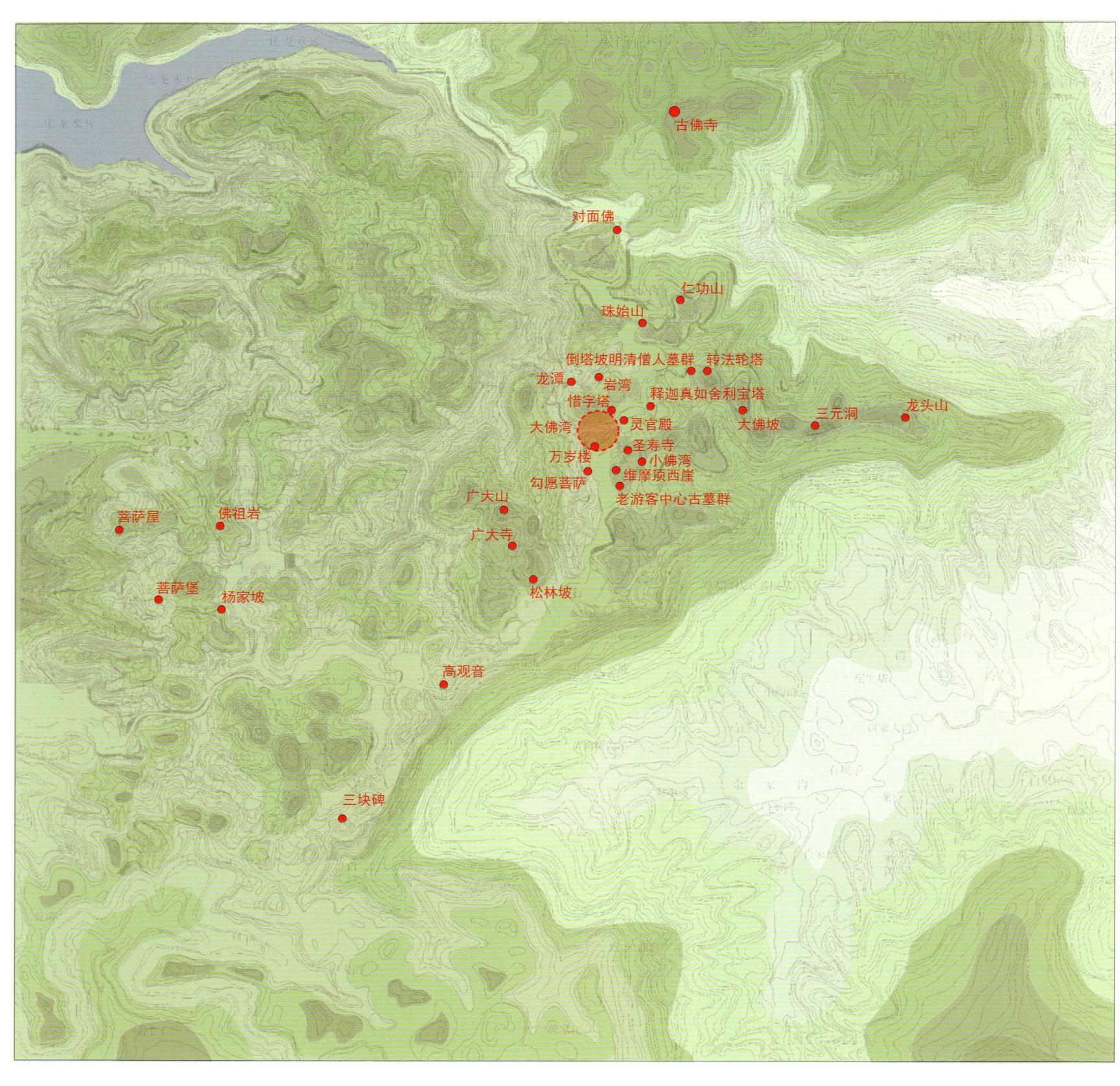

图2 宝顶山石窟文物分布图

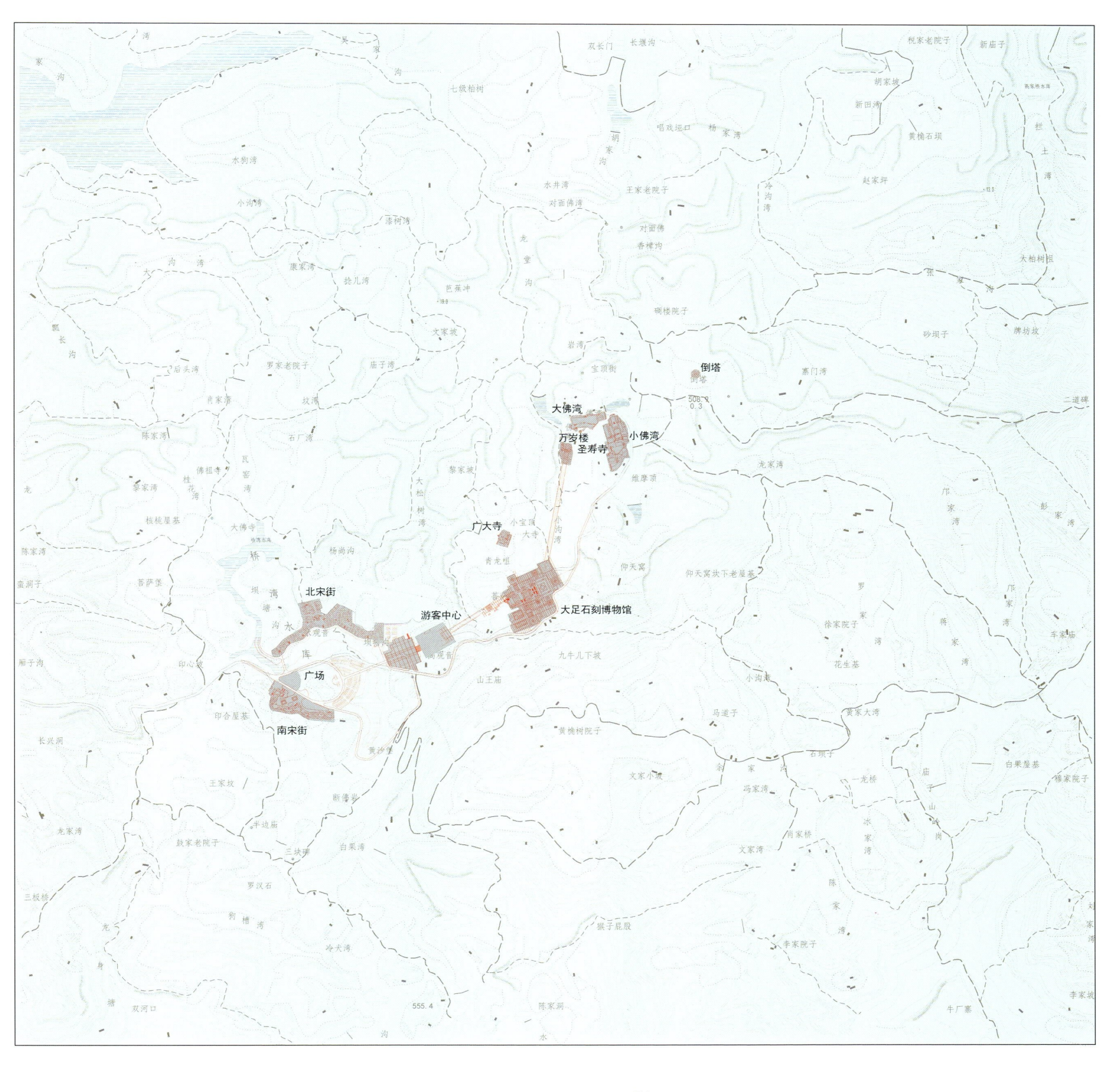

图3 宝顶山石窟周围环境关系图

图4　宝顶山石窟历史上进山路线示意图

宝顶山大佛湾石窟所在冲沟走向近乎东西方向，且自东向西冲蚀形成，与下部的龙潭沟交汇，整体呈"U"字形（图5、图6、图7）。冲沟走向NE800，长340余米，宽90余米，沟谷底部高程约462—473米。其沟谷崖壁近直立，高度普遍大于6米。其四周为低缓台状残丘地形，高程约506—527米，呈串珠状分布，并大致形成了大佛湾冲沟的地表分水岭；残丘台地至冲沟边缘地形呈缓倾状态，倾角一般小于10°。

从大佛湾冲沟地形图可见，北坡及释迦涅槃圣迹像、圆觉洞顶部地势较平坦，其他地方有明显起伏。从细部看大佛湾冲沟又存在三个小型冲沟，即九龙浴太子像上方、释迦涅槃像脚部和大佛湾南崖中部南门冲沟，为地表汇水的集中区。

南坡、释迦涅槃像及北坡靠近九龙浴太子像冲沟部分崖顶部高程相近；北坡西侧崖壁顶部升高，地坪降低，导致崖壁高度是其他部位的近两倍。

大佛湾冲沟北面顶部为木鱼坡，坡顶高程为506.23米；南面顶部为维摩顶，坡顶高程为527.72米；东面为宽广平台，相邻处有一水池（圣迹池），高程介于497.00—498.00米之间；西面为大佛湾沟谷谷口，隔龙潭沟正对马桑坡，坡顶点高程520.21米。

宝顶山大佛湾、小佛湾四周，为台坪状剥蚀低山，呈串珠状分布。所形成的山谷谷窄坡陡，呈树枝状或不对称的羽毛状；山脊多呈鸡爪状，穿插起伏，地形较高，并形成天然分水岭。宝顶山大、小佛湾周边区域造像就分布在周围坪状残丘顶部和斜坡的砂岩陡壁上。

三 地层岩性

宝顶山石窟所在的丘陵山坡上分布有第四系残坡积物。大佛湾石窟沟底零星分布有第四系冲积物，且大面积出露侏罗系上统遂宁组上段泥岩和砂岩；石窟位于第二层砂岩中。该层砂岩为紫灰、灰紫色厚层至巨厚细粒长石石英砂岩，岩体整体完整性好[1]。

宝顶山大佛湾石窟区内已揭露地层全部为沉积岩。从钻探勘察成果看，上层20米以内以浅褐色至灰绿色细粒砂岩为主，下层则主要为暗红色泥岩与灰绿砂岩呈中厚层状互层，偶见墨绿色泥岩物质。区内岩层上硬下软的特性造成了大佛湾及周边地区峭壁陡立，且易崩塌的独特地质、地貌形态[2]。

四 地质构造

（一）大佛湾石窟

宝顶山大佛湾岩体构造简单，地层产状近水平，倾角多为1°—4°。岩体内无断层发育，仅发育有4组构造节理[3]。第1组：走向NW315°—330°，倾向NE，倾角近直立；第2组：走向270°—280°，倾角近直立；第3组：走向NE20°—40°，倾向NW，倾角65°—80°；第4组：走向SN，倾角近直立。其中以前两组较为发育，构造裂隙间距大，裂隙密度一般为0.1条/米，延伸较长，张开度也较大。除了上述四组构造裂隙外，区内还发育有卸荷裂隙和层面裂隙。

据统计，大佛湾石窟所在岩体分布有较明显的裂隙31条，其中构造裂隙20条，卸荷裂隙9条，层面裂隙2条。

1. 构造裂隙

第1条 位于南崖中段第5号龛右主尊菩萨像右侧壁。裂隙右斜向发育，自其右手肘外侧，延伸止于下方近水平软弱夹层带。全长约250厘米，最宽约2厘米。

第2条 位于南崖东段第9-1号龛和第10号龛所在壁面相接处。裂隙垂直崖面发育，自岩檐而下，止于地坪。全长450厘米，最宽约5厘米。

---

[1] 根据微观结构分析可知，宝顶山大佛湾砂岩中颗粒之间接触紧密，互相嵌底，孔隙主要为溶蚀孔。孔隙分布不均匀，局部孔隙发育，总体上看，溶蚀程度不高。在孔隙发育部分，溶蚀程度较高，孔隙具有一定的连通性。在孔隙不发育部分，颗粒又呈紧密接触。这种孔隙和微观结构特征表明，砂岩岩块的透水性和溶水性极差。见方云、潘别桐：《宝顶山石刻区渗水病害及防治对策》，《水文地质及工程地质论文集》，中国地质大学出版社1992年版，第111页。

[2] 据中华人民共和国综合水文地质图内江幅（1978年）（H-48-[22]），大足宝顶镇出露的地层位于蓬莱镇组（底层）与遂宁组（顶层）的交界处，属河湖相沉积环境，岩层基本呈水平状出露。河湖沉积环境的特征导致岩性变化强烈，各种砂岩和泥岩岩层交替的情况凸显。剖面上则表现为两大岩组地层随地形变化而频繁交替出现，地势高处如丘陵顶部岩层为蓬莱镇组底层岩层，地势低处如冲沟谷底则转变为遂宁组顶层岩层，典型如化龙水库所在巨型沟谷，谷底为遂宁组岩层，冲沟崖壁及山顶则为蓬莱镇组岩层。多变的沉积环境导致岩相及岩层性质复杂多变，并形成了独特的自然地理景观。岩性较硬、抗风化能力强的岩层形成了相对突出的蓬状结构，而性质相软的岩层则在风化营力的作用下相对内凹，在其上雕刻的造像可以受到其上部檐状结构的保护，避免了直接的风雨侵蚀，从而成为良好的造像崖壁。大佛湾及周边区域大部分石刻造像基本均借助这种构造特点开凿。见中国科学院武汉岩土力学研究所：《重庆大足石刻宝顶山大佛湾水害治理工程勘察研究报告》，2012年，第23—24页。

[3] 方云、潘别桐：《宝顶山石刻区渗水病害及防治对策》，《水文地质及工程地质论文集》，中国地质大学出版社1992年版，第111页。

第3条　位于东崖与南崖交接处。裂隙垂直崖面发育，自岩檐而下，止于地坪。全长约500厘米，最宽约15厘米。

第4条　位于北崖东段第13号龛主尊孔雀明王像仰莲座台左侧壁面。裂隙右斜向发育，向下延伸。全长约130厘米，最宽约7厘米。

第5条　位于北崖中段第16号龛壁面中部。裂隙垂直崖面发育，自岩檐而下，止于壁面中部横向软弱夹层带。全长约250厘米，最宽约2厘米。

第6条　位于北崖中段第18号龛壁中部。裂隙垂直崖面发育，始于主尊佛像胸下勾栏下方匾额处，止于下部平整面左下角。裂隙现已粘合，全长约350厘米，最宽约3厘米。

第7条　位于北崖中段第18号龛壁右侧，纵向发育。始于"珠楼"右外侧，左斜向发育，止于下方平整面碑面左下角。裂隙现已粘合，全长约350厘米，最宽约25厘米。

第8条　位于北崖西段第20号龛左上方壁面。裂隙垂直崖面发育，自上层左起第四身圆龛佛像右外侧，止于下方"寒冰地狱"造像底部。全长约700厘米，最宽约6厘米。

第9条　位于北崖西段第20号龛左下第四层"截膝地狱"造像中部。裂隙右斜向发育，自上方平台边缘向下，止于壁面中下部。全长约300厘米，最宽约1厘米。

第10条　位于北崖西段第20号龛下方第四层造像壁面中部。裂隙垂直崖面发育，自"恶鬼地狱"上方平台向下延伸，止于地坪。裂隙现已粘合，全长约350厘米。

第11条　位于北崖西段第20号龛下方第四层中部"养鸡女"像左侧。裂隙自上方平台向下，左斜向延伸，止于"刀船地狱"造像左外侧。全长350厘米，最宽约1厘米。

第12条　位于北崖西段第20号龛右下第四层壁面"镬汤地狱"造像。裂隙垂直崖面发育，自上方平台而下，止于地坪。全长约520厘米，宽约2厘米。

第13条　位于北崖西段第20号龛右下第四层壁面。裂隙左斜向发育，自"粪秽地狱"造像右外侧，止于"剖腹地狱"造像。全长约350厘米，最宽约0.5厘米。

第14条　位于北崖西段第21号龛龛壁左侧。裂隙垂直崖面发育，始于龛檐下部，纵贯龛壁，止于壁面底部修砌的条石基脚。全长约1100厘米，局部残脱，最宽约10厘米。

第15条　位于南崖西段第26号龛右外侧中部。裂隙右斜向发育，始于龛口右外侧，右斜向延伸，止于地坪。裂隙全长约750厘米，最宽约30厘米。此外，该裂隙中部，右上连接一条较细的裂隙，长约200厘米，最宽约5厘米。

第16条　位于南崖西段第27号龛龛口左侧。裂隙垂直崖面发育，始自壁面中上部软弱夹层带下方，止于地坪。全长约300厘米，最宽约2厘米。

第17条　位于南崖西段第27号龛龛外右侧壁面约250厘米处。裂隙垂直崖面发育，自岩檐而下，止于地坪。全长约500厘米，最宽约30厘米。

第18条　位于南崖西段第30号龛右侧中部壁面。裂隙垂直崖面发育，始于壁面顶端，曲向止于下方修补的条石基脚。裂隙全长350厘米，最宽约30厘米。

第19条　位于南崖西段第30号龛第6组和第7组造像间。裂隙垂直崖面发育，自岩顶而下，止于下部修补的条石基脚。全长约300厘米，最宽约2厘米。

第20条　位于南崖西段第30号龛第10组和第11组造像间。裂隙右斜向发育，自壁面上方软弱夹层带而下，止于下部修补的条石基脚。全长300厘米，最宽约10厘米。

2. 卸荷裂隙

第1条　位于东崖第11号龛主尊佛像胸部。裂隙右斜向曲折延展，全长约260厘米，现已粘合。

第2条　位于东崖第11号龛主尊佛像腹前香案云台与后壁相接处。裂隙垂直崖面发育，自云台底部竖直而下，止于香案后侧地坪。全长约430厘米，最宽约5厘米。

第3条　位于北崖西段第21号龛右侧壁中部。裂隙右斜向发育，始于龛檐下部，右斜向延伸，止于壁面中部软弱夹层带。全长约900厘米，最宽约5厘米。

第4条　位于北崖西段第21号龛右侧壁右端壁面圆转处。裂隙大致垂直崖面发育，始于龛檐，曲折而下，止于壁面中部软弱夹层。全长约950厘米，最宽约3厘米。

第5条　位于南崖西段第25号龛和第26号龛所在壁面转折相接处。裂隙自岩檐而下，纵贯壁面，止于地坪；局部残脱。全长950厘米，最宽约45厘米。

第6条　位于南崖西段第27号龛龛外右侧崖壁约300厘米处。裂隙垂直崖面发育，自岩檐而下，止于地坪。裂隙现已修补填塞，全长约550厘米。

第7条　位于南崖西段第29号窟窟口甬道右侧壁中部。裂隙右斜向发育，自甬道顶部向下延伸，贯穿壁面，止于地坪。全长约500厘米，最宽约4厘米。

第8条　位于南崖西段第29号窟窟内正壁与左壁圆转相接处。裂隙垂直崖面发育，自窟顶而下，止于下部立像低台。全长约350厘米，最宽约3厘米。

第9条　位于南崖西段第29号窟窟内左壁最左端。裂隙近垂直崖面发育，自窟顶圆弧而下，止于下部案台。全长约420厘米，最宽约2厘米。

3. 层面裂隙

第1条　位于北崖东段第13号龛左壁中部。裂隙近水平发育，左端始于龛口左外侧，向右水平延伸，经主尊孔雀明王像胸腹处，止于右壁中部。全长约6厘米，最宽约12厘米。

第2条　位于北崖中段第16号龛壁中上部。裂隙近水平发育，始于左侧20世纪补接的窟檐右端，右向水平延伸，止于壁面右侧转折边缘。全长约550厘米，最宽约3厘米。

宝顶山大佛湾造像所在崖体出露有4条较为明显的软弱夹层带：

第1条　位于南崖。始于南崖西段第29号窟窟口甬道右壁，向右延伸，沿第30号龛，经南崖中段第2—5号龛，过南崖东段第6—10号龛，止于第10号和第11号龛所在壁面的交接处。软弱夹层带横贯造像所在壁面下部，全长约103.6米，最厚处约70厘米。

第2条　位于南崖西段。始于第24号龛左侧"香焚宝鼎"题刻下方，向右延伸，横贯第25—29号龛窟，直至第29号窟口甬道右壁。软弱夹层带贯穿壁面中下部，全长约43.3米，厚约20—50厘米。

第3条　位于东崖。始于第10号龛右侧，横贯东崖第11号龛，止于第11号龛右侧。软弱夹层带主要横贯第11号龛造像下部紧贴地坪处，全长约32米，厚约10—55厘米。

第4条　位于北崖。始于第11号龛右侧，向右延伸，横贯整个北崖崖壁。软弱夹层带贯通造像壁面中下部，全长约140米，厚约30—70厘米。

宝顶山大佛湾东崖顶部在地形上为一盆地，汇水面积约0.8平方公里，其表层普遍被泥岩覆盖，成为一层隔水铺盖层，阻止大气降水的下渗。因此，石窟区岩体本身不含水，仅局部地带，由于节理切割，并与地表连通，使裂隙含水，成为造像病害的诱因。但从总体上看，大佛湾石窟区的工程地质环境较好，有利于造像的雕凿和保存。

（二）小佛湾及周边石窟

宝顶山小佛湾石窟是一座全部以条石叠砌的石构建筑，以方形坛台为主体，另有石砌方塔、石墙以及洞龛等。

宝顶山大、小佛湾石窟周边17处宋代造像镌刻于崖壁和独立的石堡之上，其所在岩体地质构造与大佛湾石窟地质构造相同。

第二节　石窟构建与分区编号

一　石窟构建

（一）大佛湾石窟

宝顶山大佛湾石窟沿"U"字形大佛湾东、南、北三面崖壁，依其高低起伏，环崖顺势开凿，连绵约500米。按照崖壁的形状和自然走势，大致可将崖面划分为南崖、东崖、北崖三部分（插页一、插页二、插页三、图8；图版Ⅰ：8、图版Ⅰ：9、图版Ⅰ：10、图版Ⅰ：11）。

南崖全长约154.78米，中部略内凹处，为宝顶山大佛湾石窟历史上的出入口，后世改建成"Z"字形石梯道路，并配门亭一座。门亭外左右梯道与上方石板大道相通，门亭内沿"Z"字形石梯与大佛湾内参观通道相接。以此为界，左为南崖西段，右为南崖中段和东段。

南崖西段崖壁竖直，全长约83.14米，高约5—8米，起伏较小；现地坪大致处于同一水平高度，标高为488.063—488.714米。

南崖中部门亭右侧崖壁略转折向西北延伸，形成一段相对独立的竖直崖面，此即南崖中段，全长40.49米。现第2号龛所在崖壁高度约为4米，其地坪标高为487.664米。从第2号龛右端始，崖壁上部抬升，地坪标高降至第3—6号龛前的486.674—486.141米，使其崖壁高度增为8—9米。

从南崖中段右端始，崖壁向东略作垂直转折，再延伸与东崖略垂直相接，此段崖壁即为南崖东段，全长31.15米，其高度约为8—12米。地坪标高从第6号龛前的486.141米降至第7—9号龛前的485.768米，至第10号龛前再抬升至486.350米后，与东崖地坪处在同一水平高度上。

东崖全长约35.38米，崖壁高约6—11米，壁面竖直平整，左右分别与南崖、北崖相接。地坪标高为486.350米。

北崖全长约130.44米，崖壁竖直，顶部高程大致相近，壁面起伏较小，大致沿东西向水平延伸。根据壁面状况，将其分为东段、中段、西段造像三部分（图版Ⅰ：12、图版Ⅰ：13）。

北崖东段全长约29.78米。崖壁高约630—670厘米，中部略外凸；左与东崖转折相接，右与北崖中段水平相连。地坪与东崖处在同一高度水平上。

北崖中段全长约60.55米。地坪标高从第15号龛前的485.365米，下降至第17号龛前的484.511米，再从第17号龛前右端下降至第18、19号龛前的482.706—472.782米。因其地坪降低，使其崖壁高度分别从第15号龛的676厘米，上升至第17号龛的740厘米，第18、19号龛的811厘米。

北崖西段全长约40.11米。该段崖壁顶部高程大致与中段相近，但地坪标高从中段第19号龛前的482.706米，垂直下降至第20—22号龛的478.269—478.728米，使其崖壁高度明显增高，约为1275厘米。

宝顶山大佛湾石窟营建时，大多在顶部开凿外挑石檐，既挡阳光，又蔽风雨，起到了较好的保护作用。其后个别处又在不同时期添接木构建筑遮覆龛像，现南崖东段第7—9号龛前依崖而建的"大悲阁"即为明代所建。龛窟前地面，大多原为倾斜至沟底的泥岩缓坡，至迟在民国时即已辟为参观通道，并石板铺砌，无法作考古观察（图版Ⅰ：14）。

民国二年（1913年），在大佛湾冲沟西端，建成横跨大佛湾南北崖壁的"佛缘桥"石拱桥，使大佛湾形成观瞻环线（图版Ⅰ：15、图版Ⅰ：16、图版Ⅰ：17）。此前，由南崖中部入大佛湾，或右行而东曲转北崖西端，或左行至南崖西端，皆必返，不可循环，故清嘉庆张澍在《前游宝顶山记》中方有至此"复返至南岩之左，沿岩而西"之说[1]。

大佛湾南崖西段末端向南转折，连接1993年修建的石梯道路（图版Ⅰ：18），直通上部门厅（20世纪80年代初至2015年为参观大佛湾石窟的出入口，其后仅为出口。图版Ⅰ：19）。门厅西侧崖边，为20世纪80年代初修建的参观石梯道路（图版Ⅰ：20），直下山脚连接2014年修建的参观道路（图版Ⅰ：21）。北崖西端末尾崖壁向东转折，延至龙潭沟。1992年在崖前新建"波涌梵宫"建筑及"龙潭"水库（图版Ⅰ：22）。2014年，为疏散观众，又沿"波涌梵宫"建筑旁顺坡而上，沿北崖上方和木鱼坡坡顶，新建石梯大道和石板道路，连接东崖上方的石板环道。

在宝顶山大佛湾石窟外围，其南崖崖顶上部，为维摩顶坡的北坡面，建有小佛湾、圣寿寺、万岁楼等。由东崖上方的石板道，向东沿圣寿寺和小佛湾外侧的石板大道，经20世纪80年代修建的石牌坊和公路可行至礼佛大道路口（图版Ⅰ：23）；向西沿南崖上方的石板大道可达大佛湾南崖西段上方门厅（图版Ⅰ：24）。东崖顶上方建有"圣迹池"，存清代修建的"灵官殿"。北崖顶上部为木鱼坡的南坡面，曾为宝顶小学所在地，20世纪90年代，搬迁小学，辟为绿地。现东、南、北三面崖顶周围，均已建围墙、护栏及参观道路，可凭栏俯视大佛湾石窟局部（图版Ⅰ：25、图版Ⅰ：26）。

（二）小佛湾石窟及周边区域造像

宝顶山小佛湾石窟是一座用条石砌筑的石窟建筑，以方形坛台为主体，造像大多镌刻于条石砌筑的石壁上。具体构筑、开凿情况

---

[1] 重庆大足石刻艺术博物馆编：《大足石刻铭文录》，重庆出版社1999年版，第247页。

请见本报告集第八卷《宝顶山小佛湾及周边石窟考古报告》上册第二章。

大、小佛湾石窟周边17处宋代造像主要开凿于坪状残丘顶部、斜坡砂岩陡壁或独立石堡上。具体开凿情况请详见本报告集第八卷《宝顶山小佛湾及周边石窟考古报告》上册第三章。

二　分区与编号

（一）大佛湾石窟

宝顶山大佛湾石窟的编号肇始于1945年。时杨家骆、顾颉刚、马衡等组成的"大足石刻考察团"在对宝顶山大佛湾、小佛湾石窟考察后，认为两处石窟"有完整的系统，和分明的段落，不能像龙岗区（北山）石刻那样以龛窟编号"，而以其种类"编定为七十五号，计有碑十七种，经文五种，藏经目录一种，图记十通，图颂十首，其他题记、诗文、誓愿、偈语、释词等数十通"[1]。但在考察团绘制的"宝顶区广大宝楼阁部位图"中未标注编号，亦未见编号的刊布，其后也未见考察者采用其编号。

1954年5月，四川省文物管理委员会与大足县文物保管所共同组建的文物调查小组将宝顶山大佛湾石窟通编为31号，另登录"打渔郎"等3个龛像。编号顺序自南崖入口右侧开始，自西向东，沿壁面走势，过东崖，至北崖西端，按逆时针方向依次编为第1—23号；过佛缘桥上至南崖西侧后，从南崖西端至南崖入口，仍按逆时针方向，依次编为第24—30号。最后将南崖西侧第30号龛崖下造像编为第31号[2]。

1982年，大足县文物保管所再次对大佛湾石窟进行编号，其编号原则与1954年基本相同，最大号仍为31号，仅增加第12-1号一个遗漏龛像的附号。仍未将南崖西端下部的"打渔郎"纳入统一编号。

本次调查，遵从1982年的编号和顺序，与1985年《大足石刻内容总录》的编号基本一致，仅将南崖东段"舍利宝塔"增编为第9-1号，南崖西端的"打渔郎"增编为第32号[3]。各编号的具体情况是：

南崖西段包括第24—32号，中段包括第1—6号，东段包括第7—10号及第9-1号。

东崖包括第11—12号及12-1号。

北崖东段包括第13—14号，中段包括第15—19号，西段包括第20—23号。

（二）小佛湾石窟及周边区域造像

宝顶山小佛湾石窟在历史上曾两次编号。1954年四川省文物管理委员会与大足县文物保管所共同组成的文物调查组将其通编为5号。1985年《大足石刻内容总录》通编9号，与1954年编号略异。鉴于1954年编号使用较少，而《大足石刻内容总录》编号广为使用多年，故此次调查，仍从《大足石刻内容总录》编号。具体编号情况请详见本报告集第八卷《宝顶山小佛湾及周边石窟考古报告》上册第二章。

宝顶山大、小佛湾石窟周边区域17处宋代造像较分散，其编号情况此不赘述，请详见本报告集第八卷《宝顶山小佛湾及周边石窟考古报告》上册第三章。

1　吴显齐：《大足石刻考察团日记》，《民国重修大足县志》卷首《大足石刻图征初编》，民国三十五年。
2　具体编号为：第1号老虎，第2号大力菩萨，第3号转轮王，第4号广大宝楼阁，第5号三世佛，第6号舍利宝塔，第7号毗卢庵，第8号千手观音，第9号舍利塔，第10号（未定名），第11号释迦涅槃圣迹，第12号九龙浴太子，第13号孔雀明王，第14号毗卢洞，第15号七佛殿，第16号风雨雷电五神像，第17号大方便佛报恩经，第18号观无量寿佛经变，第19号六耗图，第20号（未定名），第21号柳本尊行化十图，第22号金刚应化图，第23号三清殿，第24号（未定名），第25号（未定名），第26号鲁班仓，第27号大佛，第28号狮子，第29号圆觉洞，第30号牧牛图，第31号（未定名）。其定名与现有略异。所记大佛湾打渔郎石窟情况是：第1号；类型：摩崖；年代：宋代；造像：刻一渔翁，左脚蹲屈，右脚伸起，成侧面，头戴斗笠，左手撑着斗笠，腰间束一鱼篓，后有水猫子一只。第2号；类型：摩崖龛；年代：不明；造像：刻一佛二菩萨，均坐像，后有圆形背光，右有二只青雀，此龛头和题记已风化了。第3号；类型：穹顶窟；年代：宋代；造像：刻观音像，旁有二侍者，但全已风化。见大足县文物调查小组编：《大足文物调查小结》，1954年内部资料，现存大足石刻研究院。
3　本次增编的第32号龛仪包括1954年文物调查小组登录的"打渔郎"龛像中的第1号和第2号，其第3号位于第1、2号所在崖壁西向沟谷，相距约80米，因龛制、造像皆毁，故本次调查未作记录。

图5 宝顶山石窟核心区平面图

倒 塔

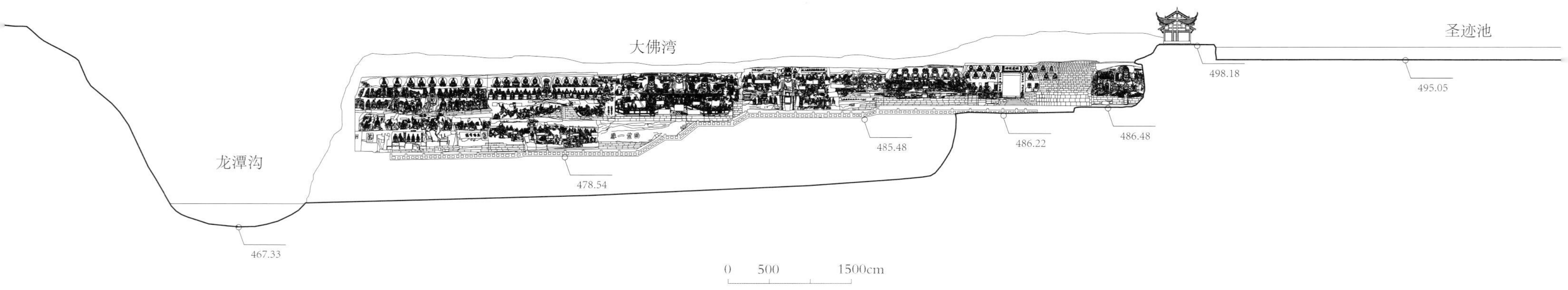

图6　宝顶山石窟核心区剖面图（东西向）

转法轮塔

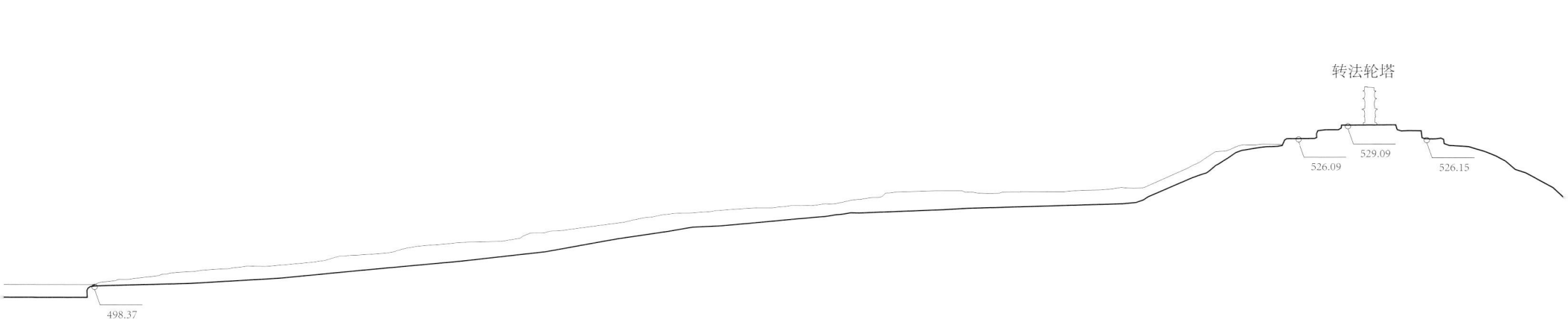

526.09　529.09　526.15

498.37

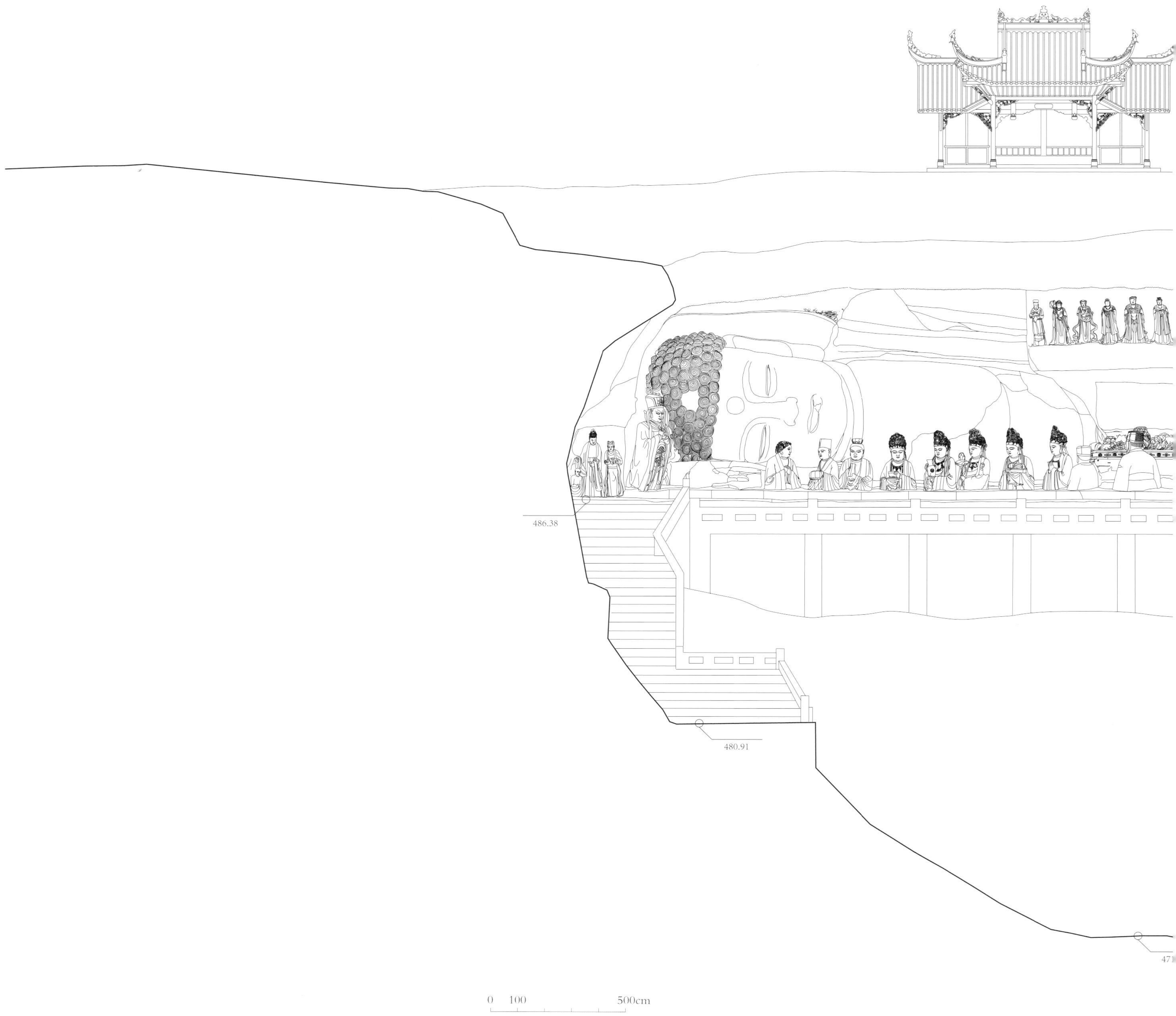

图7　宝顶山大佛湾石窟横剖图（南北向）

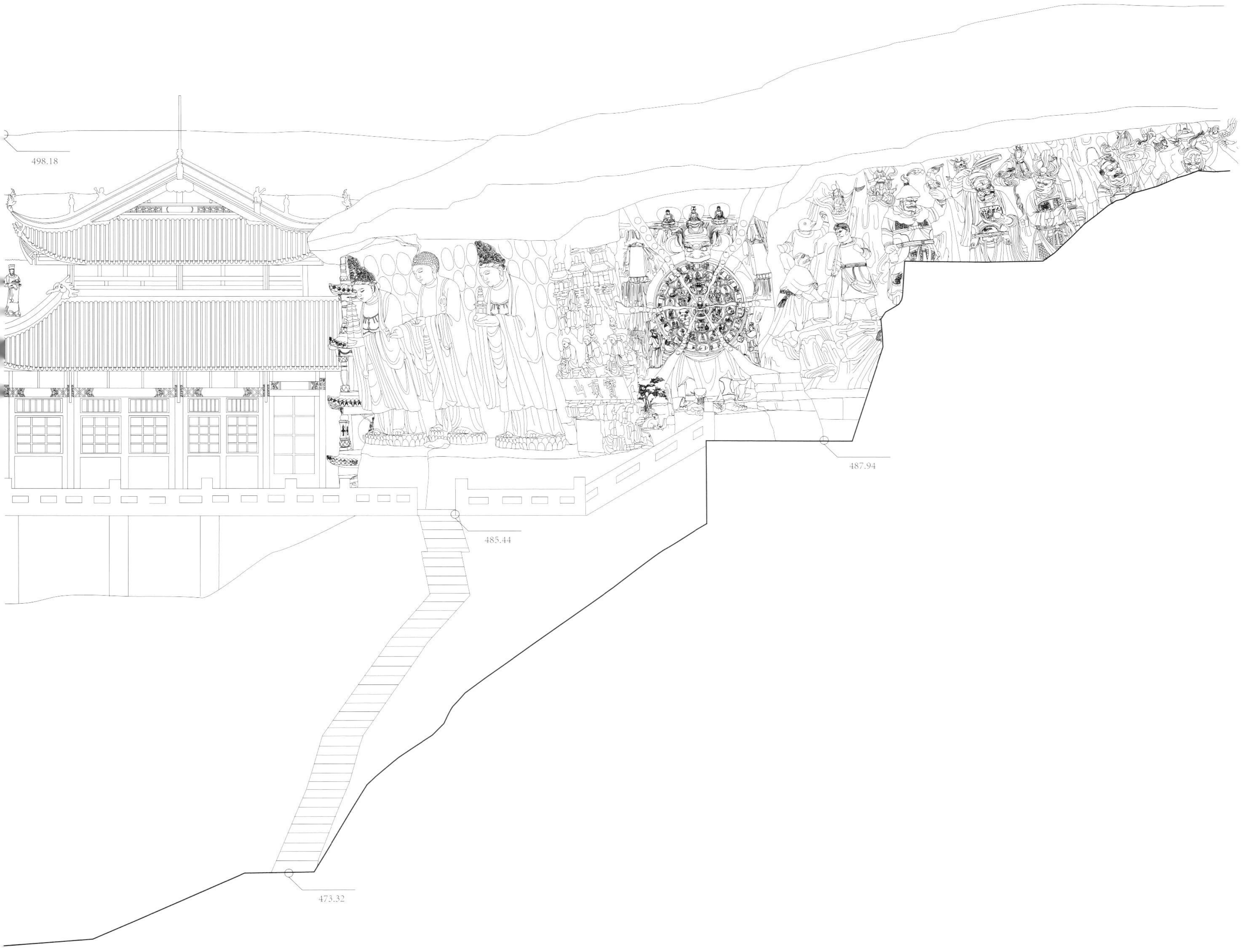

第一章　宝顶山石窟概述　17

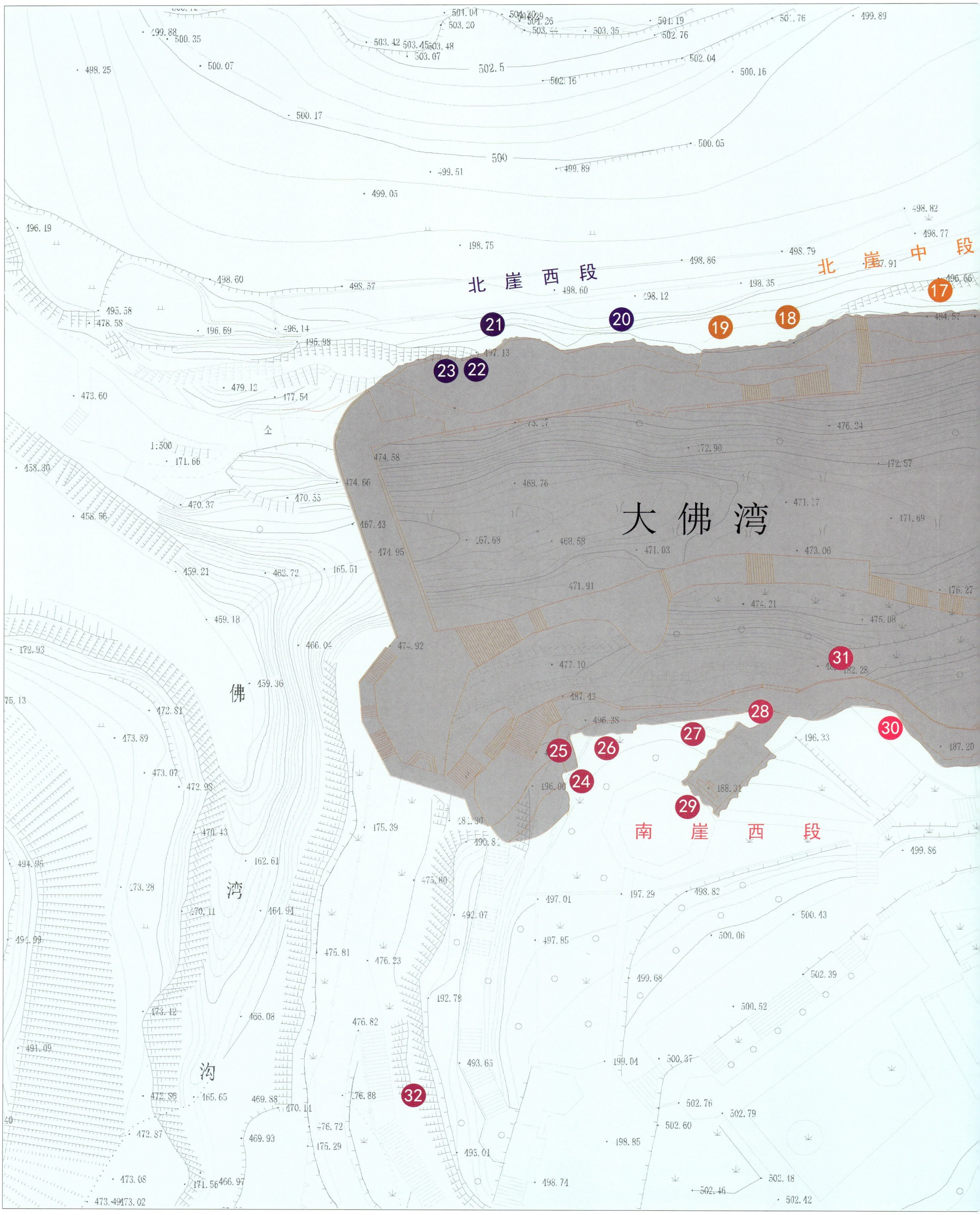

图 8　宝顶山大佛湾石窟平面图

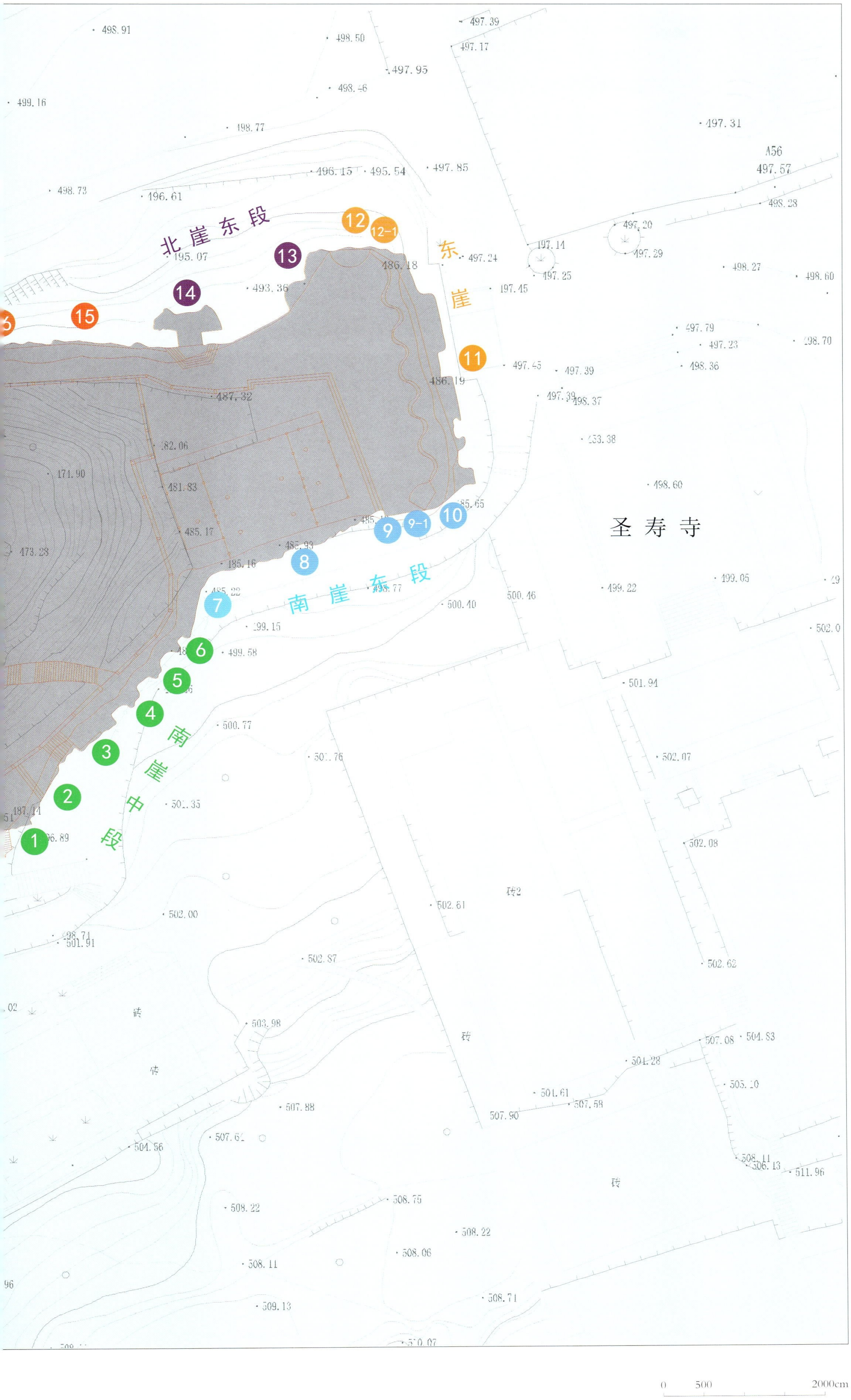

北崖东段 东崖

南崖东段

南崖中段

圣寿寺

0　500　　2000cm

第一章　宝顶山石窟概述　19

第三节　前期保护维修与调查研究

一　保护维修

从现存遗迹和碑铭判断，南宋末年，大足遭受兵燹，宝顶山大规模的石窟开凿已基本停滞。元世百年，宝顶山无一碑一刻可考。明刘畋人撰《重开宝顶石碑记》云：宝顶山"遭元季兵燹一无所存，遗基故址莽然荆棘"[1]。明僧超禅立《恩荣圣寿寺记碑》又云："永乐十年（1412年），敬奉蜀献祖驾临本寺，见得石像俨然，殿宇倾颓，缺僧修理。"[2] 永乐十六年（1418年），蜀献祖朱椿遂"令旨"报恩寺僧惠妙住持重修宝顶山，"于是历载以来，重修毗卢殿阁，石砌七佛阶台，重整千手大悲宝阁，兴修圆觉古洞"[3]等，开启宝顶山石窟第一次大规模维修。明宣德元年（1426年），惠妙还重开宝顶山圣迹池[4]。明正德十四年（1519年），大足县二尹官舍黄朝同缘苏氏睹宝顶圆觉洞，发心买木命匠修门，以遮风雨[5]。明嘉靖二年（1523年）、三年（1524年），僧性寅金妆观经变龛[6]。明嘉靖三十二年（1553年），净明寺住持觉寿，妆修法堂一所、香炉一座，妆大佛一尊、圆觉洞毗卢佛中尊[7]。明隆庆元年（1567年），释无涯妆严圆觉洞文殊菩萨一尊[8]。隆庆四年（1570年），遂宁净明寺比丘悟惊等先后妆銮千手观音、大卧佛及九族四位，修砌圆觉洞顶、大佛三尊、菩萨三位等，此为现存金妆千手观音和释迦涅槃图最早记载[9]。明万历二十年（1592年），泸州善士邓太山等金妆大佛湾南崖正觉像[10]。

明末清初，大足迭遭兵燹，民多逃散。清康熙二十年（1681年），天津监生史彰知荣昌摄大足县事，次年巡视大足。闻云："邑有山，山名宝顶寺。""山寺兴废，关系邑之盛衰，寺盛则民皆安堵，寺废则民尽逃散。如欲招集逃亡，宜先开宝顶。"然见宝顶山"自献贼逞残以后，僧堂寺烬，迄今四十余载，即所存瓦砾亦不可睹，惟修藤巨木缠绵，蓊翳红翠填塞，飞鸟上下而已"。史彰深感有地方官之责，遂给示招僧开建。其后僧性超偕五僧入寺，重修宝顶山[11]，此为宝顶山石窟历史上第二次大规模维修。清乾隆九年（1744年），众善培修宝顶山广大寺[12]。乾隆十三年（1748年），住持僧净明妆修部分圣像[13]。乾隆二十三年（1758年），住持僧悟宗补修"西竺仙景"[14]。乾隆二十五年（1760年），住持僧有久募化修装圆觉洞满堂佛像，立四柱塑金龙四条，万岁阁修装普陀岩观音菩萨等[15]。乾隆四十五年（1780年），遂宁县中安里善士张龙□等装修千手观音等像[16]。乾隆六十年（1795年），住持僧募化重整宝顶山佛祖寺大雄殿[17]。清嘉庆六年（1801年），陈宗昭等虔修释迦佛[18]。清道光二年（1822年），龙万清等重修小佛湾殿宇[19]。道光四年（1824年），住持僧洪参等装塑广大寺圣像[20]；同年，彭世琏等金装大佛湾圆觉洞大佛三尊、观音一尊、狮王一尊[21]。道光十一年（1831年），住持僧秀然装彩圣迹池古佛一尊[22]；同年，僧弘参金妆广大寺观音像[23]。道光十六年（1836年），重修宝顶山广大寺观音

---

[1] 见本报告集第七卷上册第313、315页；另见重庆大足石刻艺术博物馆编：《大足石刻铭文录》，重庆出版社1999年版，第212页。
[2] 见本报告集第八卷上册第122、123页；另见重庆大足石刻艺术博物馆编：《大足石刻铭文录》，重庆出版社1999年版，第215页。
[3] 刘畋人撰《重开宝顶石碑记》，见本报告集第七卷上册第313页；另见重庆大足石刻艺术博物馆编：《大足石刻铭文录》，重庆出版社1999年版，第212页。
[4] 《玄极重开石池镌记》，见本报告集第八卷上册第399页；另见重庆大足石刻艺术博物馆编：《大足石刻铭文录》，重庆出版社1999年版，第253页。玄极为惠妙别号。
[5] 《黄朝题培修圆觉洞记》，见本报告集第七卷上册第373、374页；另见重庆大足石刻艺术博物馆编：《大足石刻铭文录》，重庆出版社1999年版，第253页。
[6] 《性寅妆绚观经变左岩像记》、《性寅妆绚观经变右岩像记》，见本报告集第七卷上册第147、150页；另见重庆大足石刻艺术博物馆编：《大足石刻铭文录》，重庆出版社1999年版，第254页。
[7] 《觉寿妆銮培修记》，见本报告集第七卷上册第371、372页；另见重庆大足石刻艺术博物馆编：《大足石刻铭文录》，重庆出版社1999年版，第254页。
[8] 《无涯妆严圆觉洞文殊像记》，见本报告集第七卷上册第374、375页；另见重庆大足石刻艺术博物馆编：《大足石刻铭文录》，重庆出版社1999年版，第253页。
[9] 悟朝立《善功部》碑，见本册第149页；另见重庆大足石刻艺术博物馆编：《大足石刻铭文录》，重庆出版社1999年版，第253页。
[10] 《邓太山金妆古佛记》，见本报告集第七卷上册第315页；另见重庆大足石刻艺术博物馆编：《大足石刻铭文录》，重庆出版社1999年版，第253页。
[11] 史彰撰《重开宝顶记》，见本报告集第七卷上册第312页；另见重庆大足石刻艺术博物馆编：《大足石刻铭文录》，重庆出版社1999年版，第219—221页。
[12] 《佚名立无量□□碑》，见本报告集第八卷上册第426、427页；另见重庆大足石刻艺术博物馆编：《大足石刻铭文录》，重庆出版社1999年版，第264页。
[13] 《净明立遥播千古碑》，见本册第148页；另见重庆大足石刻艺术博物馆编：《大足石刻铭文录》，重庆出版社1999年版，第256页。
[14] 《西竺仙景题刻》，见本报告集第八卷上册第137、138页；另见重庆大足石刻艺术博物馆编：《大足石刻铭文录》，重庆出版社1999年版，第260页。
[15] 《僧有久修装圆觉洞、万岁楼等处佛像记》，见本报告集第七卷上册第376页；另见重庆大足石刻艺术博物馆编：《大足石刻铭文录》，重庆出版社1999年版，第256页。
[16] 《张龙飞装修大佛湾、圣寿寺像记》，见本报告集第八卷上册第413页；另见重庆大足石刻艺术博物馆编：《大足石刻铭文录》，重庆出版社1999年版，第260页。
[17] 《培修佛祖寺并重凿佛像记》，见重庆大足石刻艺术博物馆编：《大足石刻铭文录》，重庆出版社1999年版，第268页。
[18] 陈宗昭等立《释迦佛碑》，见本报告集第八卷上册第411、412页；另见重庆大足石刻艺术博物馆编：《大足石刻铭文录》，重庆出版社1999年版，第260页。
[19] 《重修小佛湾坛台房宇记》，见重庆大足石刻艺术博物馆编：《大足石刻铭文录》，重庆出版社1999年版，第258页。
[20] 黄体□撰《永垂万古碑记》，见本报告集第八卷上册第425页；另见重庆大足石刻艺术博物馆编：《大足石刻铭文录》，重庆出版社1999年版，第265页。
[21] 《彭世琏装彩圆觉洞像记》，见本报告集第七卷上册第375、376页；另见重庆大足石刻艺术博物馆编：《大足石刻铭文录》，重庆出版社1999年版，第256、257页。
[22] 《僧秀然装彩古佛记》，见本报告集第八卷上册第399、400页；另见重庆大足石刻艺术博物馆编：《大足石刻铭文录》，重庆出版社1999年版，第258页。
[23] 《万古不朽碑》，见本报告集第八卷上册第427页；另见重庆大足石刻艺术博物馆编：《大足石刻铭文录》，重庆出版社1999年版，第266页。

殿普陀岩[1]；同年，装彩高观音金身[2]。道光二十八年（1848年），杜宏章妆彩牧牛图像一身[3]。道光三十年（1850年），装彩对面佛像[4]。清咸丰七年（1857年），宋万有妆彩牧牛图像一身[5]。清同治元年（1862年），袁化吉等妆彩高观音金身[6]。同治元年至九年（1862—1870年），廖沛霖等培修宝顶山圣寿寺，此为圣寿寺史上第三次大规模修缮[7]。同治二年（1863年），重修佛祖岩龛像及庙宇[8]。同治十三年（1874年），重绘广大山造像[9]。同治年间（1862—1874年），募化装彩宝顶山大佛湾部分神像[10]。清光绪十一年（1885年），彩绘高观音龛[11]。光绪十五年（1889年），戴光升等募资捐金重装千手观音满座金身，并妆绘岩左石壁大佛金身三尊及八十八佛、转轮金车、舍利妙智宝塔、送子殿满堂神像[12]。光绪十八年（1892年），妆彩柳本尊行化图五佛四菩萨[13]。民国三十三年（1944年），装绘柳本尊行化图部分像[14]。

由上述可见，历史上对宝顶山石窟和寺院的培修未曾间断，但多为单龛单窟或单尊造像的妆金妆彩，且主要系世俗僧众为祈福所为。

宝顶山石窟大规模有系统的保护工作始于20世纪50年代以后。主要有针对性地开展了以下工作：

1. 龛檐加固。除牧牛图、圆觉洞、毗卢道场外，宝顶山大佛湾其余造像崖壁大多向外倾斜，且岩顶外挑，恰似岩檐，遮风避雨。但长期以来，部分崖顶脱落，岩檐破损，造成地表径流水对造像的直接破坏。为此，从20世纪50年代开始，即逐步开展对大佛湾崩塌岩檐的补接工程。1957年使用钢筋混凝土补接释迦涅槃圣迹图、父母恩重经变相、雷音图三处岩檐。1965年，使用钢筋混凝土对毗卢洞顶和孔雀明王龛的岩檐进行补接。1972年，维修释迦涅槃圣迹图脚部崖顶岩檐。1973年，补接大佛湾岩檐垂珠[15]。1978年，对大方便佛报恩经变、观无量寿佛经变、六耗图崖顶岩檐进行补接[16]。1993年，在释迦涅槃圣迹图龛檐上重新设制刚柔性两道防水层，系统处理岩面排水沟[17]。2011—2014年，对大佛湾龛窟岩檐进行系统性、综合性加固维修，完成了"香焚宝鼎"至正觉像，护法神像至华严三圣像，释迦涅槃图至九龙浴太子图，毗卢洞西侧至柳本尊行化图龛檐岩体的清理维护、病害治理，以及防风化处理等抢救性加固维修工作[18]。由此，基本完成了整个大佛湾龛窟岩檐的加固、补接工作，既防止岩檐垮塌，又改善了地表径流水对造像的侵蚀。

1956年，为了遮蔽雨水对石刻造像的侵蚀，还在宝顶山大佛湾牧牛图崖壁上方，修建牧牛亭宇[19]。

2. 危岩加固。为了防止石刻造像所在岩体位移、垮塌，进而造成难以挽回的损毁，危岩加固便成了保护维修的重中之重。1953年，修建大佛湾柳本尊行化图、地狱变相、观无量寿佛经变相、西竺一脉、孔雀明王经变相、牧牛图、正觉像、鲁班仓下岩等处崖壁基脚，总计长约350米，起到了稳定崖壁，防止造像继续风化的作用。1956年，修建千手观音龛、释迦涅槃图、华严三圣像、护法神像等处上岩护岩堡坎一座；修建牧牛图、护法神一段及大方便佛报恩经变相等处护岩堡坎；安砌六道轮回图、父母恩重经变相、雷音图等处崖壁基脚[20]。同年，因观无量寿佛经变相龛外的石踏步窄小无平台缓冲，将护坎外移加宽平台，由平台砌磴道直下，通往地狱变相龛崖下。1957年，加固地狱变相中的"剑树地狱"，安砌条石支撑悬岩。同年，因九龙浴太子造像在清代时被洪水冲垮，仅存吐水大龙头一个，左右邻近仅有小龙头两个，于是采用龙头预先安置，新石砌面，旧石填厢的方式，复原九龙壁。1959年，在维修加固

---

1 僧洪参《重修小宝顶广大寺观音殿普陀岩碑志铭》，见本报告集第八卷上册第426页；另见重庆大足石刻艺术博物馆编：《大足石刻铭文录》，重庆出版社1999年版，第266页。
2 《装彩高观音金身记》，见本报告集第八卷上册第453页；另见重庆大足石刻艺术博物馆编：《大足石刻铭文录》，重庆出版社1999年版，第270页。
3 《杜宏章妆彩牧牛图像记》，见本报告集第七卷上册第398页；另见重庆大足石刻艺术博物馆编：《大足石刻铭文录》，重庆出版社1999年版，第257页。
4 《黄清元装彩佛像金身记》，见本报告集第八卷上册第271页；另见重庆大足石刻艺术博物馆编：《大足石刻铭文录》，重庆出版社1999年版，第270页。
5 《宋万有妆彩牧牛图记》，见本报告集第七卷上册第399页；另见重庆大足石刻艺术博物馆编：《大足石刻铭文录》，重庆出版社1999年版，第257页。
6 《袁化吉等装绘高观音金身记》，见本报告集第八卷上册第453、454页；另见重庆大足石刻艺术博物馆编：《大足石刻铭文录》，重庆出版社1999年版，第270页。
7 廖沛霖撰《重修宝顶山圣寿寺等处庙宇并诸佛像总碑》，见本报告集第八卷上册第412、413页；另见重庆大足石刻艺术博物馆编：《大足石刻铭文录》，重庆出版社1999年版，第262页。
8 《佛宇甬新碑》，见本报告集第八卷上册第260页；另见重庆大足石刻艺术博物馆编：《大足石刻铭文录》，重庆出版社1999年版，第269、270页。
9 广大山《重绘》碑，见本报告集第八卷上册第263页；另见重庆大足石刻艺术博物馆编：《大足石刻铭文录》，重庆出版社1999年版，第270页。
10 佘善立《善由人作》碑，见本报告集第八卷上册第344页；另见重庆大足石刻艺术博物馆编：《大足石刻铭文录》，重庆出版社1999年版，第258页。
11 《李学纲彩绘高观音像五尊题记》，见本报告集第八卷上册第453页；另见重庆大足石刻艺术博物馆编：《大足石刻铭文录》，重庆出版社1999年版，第270页。
12 《戴光升装彩千手观音华严三圣父母恩重经变像题记》，见本册第93、94页；另见重庆大足石刻艺术博物馆编：《大足石刻铭文录》，重庆出版社1999年版，第257页。
13 《柳本尊龛壬辰年装彩记》，见本报告集第七卷上册第267页；另见重庆大足石刻艺术博物馆编：《大足石刻铭文录》，重庆出版社1999年版，第257页。
14 《乾缘堂装绘柳本尊龛题记》，见本报告集第七卷上册第267页；另见重庆大足石刻艺术博物馆编：《大足石刻铭文录》，重庆出版社1999年版，第258页。
15 垂珠即是三角形或圆珠状的滴水。
16 邓之金：《大足石刻维修工程四十年回顾》，《四川文物》1992年第2期；《大足石刻年表》，重庆大足石刻艺术博物馆：《大足石刻研究文集》（1），重庆出版社1993年版，第413—420页。
17 大足石刻研究院档案：《大足宝顶山摩崖造像治水工程竣工报告》，1993年。
18 大足石刻研究院档案：《重庆大足石刻大佛湾龛檐岩体抢救性加固保护工程竣工报告》，2014年。
19 邓之金：《大足石刻维修工程四十年回顾》，《四川文物》1992年第2期。
20 同前引。

毗卢洞顶的同时，实施防漏排水工程。1960年，重砌宝顶山小佛湾七佛壁龛壁基脚[1]。1980—1983年，完成大佛湾南崖原出入口堡坎除险工程，达到防岩体垮塌和沉降的作用[2]。1981年，由于地狱变相中的"截膝地狱"岩体产生裂缝移位，逐年扩大，长达5.5米，深5米，宽约0.08—0.20米，滑石重约60吨，并与原岩体脱离，有崩塌之险，为此实施危岩加固保护。此次工程，采用化学保护和土木工程相结合的方式进行，即在裂缝后岩打深槽，清理裂缝内残渣，底部用千斤顶推力使裂缝相合，垫固基脚。岩石打入钢锚杆，裂缝和锚杆孔灌浆粘接，恢复了原貌。1986年，加固雷音图中部岩壁，并处理风化岩层。同年，对圆觉洞甬道顶部破碎岩石加固，做钢筋混凝土横梁二根支护。1997年，对柳本尊行化图进行综合性加固除险工程[3]。1998年，对圆觉洞交错贯通的大裂隙、崖体下部风化悬空空腔和窟顶渗水，实施窟顶地表防渗处理和构造裂隙岩体加固，清理疏通窟内排水系统，以及在洞窟下方现浇钢筋混凝土支撑柱和连系梁加固保护岩体[4]；同年，对大佛湾第15、16、18、22、24、25、26号等龛进行锚固、化学灌浆、条石支护、现浇混凝土龛檐等治水和危岩加固工程[5]。2002年，对观无量寿佛经变龛进行加固和防风化处理，布设锚杆加固归位复原变形岩体，解决卸荷裂隙切割，设置引水孔根治历史性渗漏水[6]。2012年，加固孔雀明王经变相下部岩体，清理岩体内部空腔，以条石垫塞叠砌。此外，为进一步保障大佛湾岩体的稳定性，还实施了大量的日常保养工作。如2006年，对岩石顶部松散的碎石、滑坡土层，以及影响岩体稳定的杂树等进行了清除。

3. 水害治理。历史上的保护维修，少见对宝顶山石窟进行水害治理。20世纪50年代以来，开展了大量的渗水治理工作。1953年，采用人工方式凿宽加深九龙浴太子龛外排水沟，加高浴盆，修通"九曲黄河"排水沟，于盆腰处凿孔一道，使水分流。同年，在"猛虎下山图"下方人工造一漏穴，并于路板下作一暗沟直通桥下，再于桥下设一小堰，使水沉淀后外排沟底。1955年，于华严三圣龛下方路面设暗沟一道，将荷叶溢水排入炭沟里。1956年，于牧牛亭廊的后檐修护坎一道，坎下设排水明沟。同年，修建大佛湾北岩大条石水沟，长130米；修建东崖、南崖上沿水沟160米。1957年，治理地狱变相中层"拔舌地狱"的浸水。

在治理大佛湾石窟地表径流水的同时，还开展了以填充材料堵截的方法治理裂隙水、地下水的工程。1974年，治理圆觉洞窟浸水，但未根治，1982年再次对其作防渗处理。1974年，对毗卢洞后壁、孔雀明王经变、观无量寿佛经变相龛和大方便佛报恩经变相龛交接处的浸水进行治理。1980—1983年，在对地狱变相龛进行加固工程的同时开展渗水治理。1985年，治理释迦涅槃圣迹图浸水[7]。1993年，圆觉洞及释迦涅槃像脚部因岩石顶板裂隙渗水，对石刻造像破坏极大，遂用环氧树脂堵缝，并开挖地表排水沟等治理裂隙水；同年，用环氧树脂堵缝和暗沟引流、截堵疏导的方法治理正觉像龛与石狮像龛之间的构造裂隙渗水[8]。2002年，又对九龙浴太子、释迦涅槃像龛窟顶部岩体构造裂隙，采用堵、排、引的方式使用环氧树脂封护，还引用国内比较先进的土工膜技术治理地表水。2015年开始，启动了宝顶山大佛湾石窟综合治水工程。

因位处九龙浴太子图和释迦涅槃圣迹图后方的圣迹池对大佛湾造像有一定影响，对此也开展了大量工作。1953年，凿深九龙浴太子图上下流水道。1985—1986年，加宽圣迹池堤坝2米，以截断释迦涅槃圣迹图浸水[9]。1996年，在圣迹池北侧距释迦涅槃圣迹图约65米处开凿一竖井，再以此竖井为起点，开凿一条排水隧洞。1998年，在对圣迹池池底清淤后，设混凝土防渗墙，在原主坝位置设立现浇钢筋混凝土截水坝，在迎水面抹有机硅防水砂浆，并涂水基环氧树脂涂膜，有效防治了圣迹池坝体和坝底渗漏，工程竣工后，经长期观测，释迦涅槃圣迹图渗水状况明显减轻[10]。

此外，2005年，还对宝顶山小佛湾石窟开展了防渗处理[11]。

4. 防风化保护。石质文物防风化保护是一项世界级难题。自20世纪50年代以来，针对宝顶山石窟风化问题做了一定工作。1957年，在宝顶山大佛湾龛窟壁空白处，用土红、牛胶、白矾等材料合成液体涂抹封护加固。1981年，在不改变石质颜色情况下，采用有机硅材料封护加固宝顶山大佛湾牧牛图局部造像。1986年，仍采用有机硅材料，封护大佛湾毗卢庵题刻、宇文屺诗碑、刘畋人碑、

---

[1] 邓之金：《大足石刻年表》，重庆大足石刻艺术博物馆编：《大足石刻研究文集》（1），重庆出版社1993年版，第414页。
[2] 同前引书，第424页。
[3] 大足石刻研究院档案：《宝顶山大佛湾柳本尊行化道场龛除险工程》，档案号：2-50，1997年。
[4] 大足石刻研究院档案：《宝顶圆觉洞维修工程》，档案号：2-89、91，1998年。
[5] 大足石刻研究院档案：《宝顶大佛湾第15、16、18、22、24、25、26号龛抢险加固治理工程》，档案号：2-60，1998年。
[6] 大足石刻研究院档案：《大足石刻宝顶山观经变造像区岩体抢险加固工程》，档案号：2-139、140，2002年。
[7] 邓之金：《大足石刻年表》，重庆大足石刻艺术博物馆编：《大足石刻研究文集》（1），重庆出版社1993年版，第417、420页。
[8] 大足石刻研究院档案：《宝顶山大佛湾圆觉洞及卧佛脚部渗水治理工程》，1993年。
[9] 邓之金：《大足石刻年表》，重庆大足石刻艺术博物馆编：《大足石刻研究文集》（1），重庆出版社1993年版，第411—424页。
[10] 大足石刻研究院档案：《宝顶文物区排污隧洞及导沟工程》，档案号：2-44，1996年；大足石刻研究院档案：《宝顶圣迹池整治工程》，档案号：2-74，1998年。
[11] 大足石刻研究院档案：《宝顶小佛湾大雄宝殿后檐排水沟渗水治理工程》，档案号：2-148，2005年。

六道轮回图、释迦涅槃圣迹图局部等。1996年和2004年，分别在对大方便佛报恩经变相龛和地狱变相龛进行清洗、脱盐、微生物处理、渗水治理后，使用有机硅树脂对其进行防风化加固处理，同时使用专用修复砂浆对地狱变相龛造像表面进行局部修复和加固[1]。

5. 造像本体修复。为了保持宝顶山大佛湾石刻造像的真实性和完整性，先后对部分龛窟造像进行修复。1956—1957年，复原九龙浴太子图。1977年，试用化学材料粘接大佛湾圆觉洞地坪跪地菩萨，右壁第1、3、6身菩萨，左壁第1身菩萨断手，右壁第2身菩萨耳环；以及毗卢洞前壁洞口右上菩萨断头，释迦涅槃圣迹图头前平顶方巾，柳本尊像断头和身躯，牧牛图牧童斗笠等。1979年，修复完成释迦涅槃像前弟子群像及头部天王像[2]，并于1998年，采用粘接材料和颜料对弟子像做做旧处理[3]。1993年，将释迦涅槃像脚端两根柱子还原成娑罗树[4]。2007—2015年，实施完成宝顶山大佛湾千手观音造像抢救性保护[5]，为大足石刻保护史上最大规模的本体修复工程。此外，自2007年以来，还开展了一系列日常维护工作。如对宝顶山大佛湾孔雀明王龛进行综合保养维护，对柳本尊行化道场龛、观无量寿佛经变相龛、大方便佛报恩经变相龛、父母恩重经变相龛、释迦涅槃圣迹图、圆觉洞、护法神龛、正觉像龛等局部开裂、脱落、残蚀的石块进行粘接加固修复[6]。

6. 古建筑修缮。主要维修工程包括：一是修缮圣寿寺。1953年对圣寿寺各殿宇进行培修；1979年，因殿宇失修，部分构件朽坏、瓦件脱落、装饰层、佛像风化严重，再次对各殿宇进行培修，并按20世纪50年代样式，复修天王殿[7]。二是维修万岁楼。1978年，对万岁楼进行培修加固[8]；其后于1994、2001、2008年三次对其维修[9]。2013年，还对其基础进行了抢险加固，同时完善了万岁楼与宝顶山大佛湾圆觉洞相关的排水和通风系统，有效缓解了圆觉洞内南部造像局部渗水和潮湿的问题[10]。三是修缮小佛湾殿宇。1993年，对小佛湾保护建筑进行全面维修。2003年和2010年，对建筑屋面、檩子、椽子进行抢险维修及部分构件替换[11]。2012—2013年，再次对小佛湾石窟保护建筑实施综合维修和环境整治[12]。四是维修广大寺。2001年，按照清康熙四十八年（1709年）的基本格局，整体落架维修广大寺，复原了原建筑的格局和风貌[13]。2011年，对广大寺后殿五架梁进行了更换抢险维修工程[14]。五是维修转法轮塔及保护建筑。保护建筑建于1956—1957年[15]，其后基本失去防护功能，随时有垮塌的危险，加之石塔长久失修，岌岌可危，为此2001年对转法轮塔及其保护建筑进行了全面维修保护[16]。六是维修释迦真如舍利塔和字库石塔。因二石塔皆局部失稳、风化严重，故于2004年对释迦真如舍利塔、2012年对字库塔进行了表面清洗、脱盐、微生物防治、纠偏加固、防风化处理等维修保护[17]。此外，2012年，还对灵官殿进行了全面抢险维修[18]；1999、2001、2004、2012年四次对1956年重建的牧牛图保护建筑进行维修保护[19]。

7. 环境治理。20世纪50年代初，宝顶山大佛湾石窟区内杂草丛生，乱石成堆。从1952年开始，进行清除龛窟灰渣、龛前杂草，运走大佛湾崖壁顶部泥土，剔除荆棘、修整道路的工作。1953年，新铺大佛湾佛缘桥桥面，安砌桥身两面条石栏杆。同年，拆除释迦涅槃圣迹图龛前民国时期修建的平房一座。1954年，建"灵官殿"至大佛湾南入口段上岩护坎石栏。1955年，修建"六道轮回图"上下石梯，铺设千手观音"大悲阁"左侧至"宝顶"题刻段护坎及护栏，贯通牧牛图段并加宽道路。1956—1957年，铺设大佛湾及石巷子石板路面，安砌参观道路条石栏杆；并拆除父母恩重经变相龛前民国时期修建的平房一座。1959年，在宝顶山大佛湾北崖后坡，自岩湾新修一条梯道，引行人步入香山场西头，绕开大佛湾至香山场；同时，以条石封闭佛缘桥下拱洞。1980年，在宝顶山大佛湾南崖

---

1 大足石刻研究院档案：《大足宝顶石窟防风化加固工程》，档案号：2-34，1996年；大足石刻研究院档案：《宝顶地狱变相龛及舍利塔防风化加固工程》，档案号：2-162，2004年。
2 邓之金：《大足石刻年表》，重庆大足石刻艺术博物馆编：《大足石刻研究文集》（1），重庆出版社1993年版，第413、421页。
3 大足石刻研究院档案：《宝顶大佛湾卧佛弟子像水泥面层处理工程》，1998年。
4 大足石刻研究院档案：《大足宝顶山摩崖造像治水工程》，档案号：2-22，1993年。
5 大足石刻研究院、中国文化遗产研究院编：《大足石刻千手观音造像抢救性保护工程前期研究》，文物出版社2015年版。
6 大足石刻研究院档案：《宝顶山孔雀明王龛日常保养维修工程》，1996年；《大足石刻日常保养维修》，档案号：2-224，2009年；《北山、宝顶山造像日常维护保养工程》，2011年。
7 邓之金：《大足石刻年表》，重庆大足石刻艺术博物馆编：《大足石刻研究文集》（1），重庆出版社1993年版，第411、421页。
8 同前引书，第420页。
9 大足石刻研究院档案：《宝顶万岁楼维修工程》，档案号：2-32，1994年；2-177，2008年。
10 大足石刻研究院档案：《宝顶万岁楼基础塌陷抢险加固及治理工程》，2013年。
11 大足石刻研究院档案：《宝顶小佛湾大雄宝殿屋面抢险维修工程》，2003年；《宝顶小佛湾大雄宝殿抢险工程》，档案号：2-228，2010年。
12 大足石刻研究院档案：《宝顶小佛湾古建筑及环境维修工程》，2013年。
13 大足石刻研究院档案：《宝顶山广大寺维修工程》，档案号：2-111、116，2001年；《宝顶广大寺前殿复原维修工程》，档案号：2-112，2001年。
14 大足石刻研究院档案：《宝顶广大寺后殿五架梁抢险维修工程》，2011年。
15 邓之金：《大足石刻年表》，重庆大足石刻艺术博物馆编：《大足石刻研究文集》（1），重庆出版社1993年版，第413页。
16 大足石刻研究院档案：《大足宝顶山转法轮塔维修工程》，档案号：2-117，2001年。
17 大足石刻研究院档案：《宝顶地狱变相龛及舍利塔防风化加固工程》，档案号：2-162，2004年；《宝顶山四方形字库石塔保护维修工程》，2012年。
18 大足石刻研究院档案：《宝顶灵官殿古建筑抢险维修》，2012年。
19 大足石刻研究院档案：《宝顶牧牛图圆觉洞保护性建筑物抢险维修工程》，档案号：2-96，1999年；《宝顶观音堂、牧牛亭、万岁楼古建筑治菌虫和局部木构件维修加固工程》，1999年；《宝顶山牧牛亭维修工程》，档案号：2-151，2004年；《宝顶牧牛图至圆觉洞区域保护建筑维修工程》，2012年。

西端，新修大佛湾入口大门和梯道道路，弃用原大佛湾南崖中段入口。1985年，采用钢筋混凝土加宽大佛湾牧牛图至正觉像、观无量寿佛经变相至柳本尊十炼图参观道路。1986年，在宝顶山大佛湾龛前设置防护栏，总长约400米，其后多次改置。1991年，在"大悲阁"左外侧新建"大悲桥"，以拓宽参观道路。1992—1994年，在大佛湾西沟建龙潭水库，并于右岸兴建"波涌梵宫"建筑一座。1995年，将原仅宽2米的宝顶山大佛湾南崖石巷子通道拓宽为3米。

1996年之后，为了进一步改善文物保存环境，完善文物保护基础设施建设，对宝顶山石窟外围环境实施了三次大规模的整治。一是1996—1999年，对宝顶小学、镇政府机关、酿造厂等18个单位、125户居民实施整体搬迁，并进行了绿化美化[1]。二是2005—2010年，分别实施"大足石刻保护设施建设项目"和"大足石刻旅游基础设施建设项目"，开展了煤改气、排污管网、电力通讯、参观道路、生态保护等工作。三是2011—2015年，实施"宝顶山石刻景区提档升级建设工程"，投资十多亿元，新增土地870亩，征收、搬迁房屋5.2万平方米，动迁人口250户、735人，将景区面积扩大5倍，形成核心参观、展示游览、宗教体验、游客服务、生态保护等5个功能区。主要参建单位32家，涉及土建、古建、道路、桥梁、市政、园艺等24个门类。新建各类建筑设施10万平方米，包括大足石刻博物馆1.8万平方米，桥梁2座（瑞相桥、礼敬桥，全长230米），经幢2座，牌坊1座，心月禅柱18座，礼佛大道1200米；游客中心0.2万平方米，南、北商业街3.6万平方米，经济适用房（供搬迁用）4万平方米，其他建筑服务设施0.4万平方米。铺装建设各类广场及生态停车场等10万平方米，种植高大乔木7350株、灌木166万株、草坪13万平方米。

二　调查研究

有关宝顶山石窟最早的记载首见于地理类著作中。宋王象之《舆地纪胜》载："宝峰山，在大足县东三十里，有龛岩，道者赵智凤修行之所"[2]。明曹学佺《蜀中名胜记》大足县目下涉宝顶山造像："《志》云：宝顶寺，唐柳本尊学吴道子笔意，环崖数里，凿浮屠像，奇谲幽怪，古今所未有也。"[3] 清代关于宝顶山造像的记载主要见于这一时期纂修的《大足县志》中，金石学著作亦收录部分铭刻资料。乾隆《大足县志》于卷一刊印《宝鼎图》，卷二"古迹"条下记载："古佛岩，在宝顶，合面石壁，高数丈，约里许，画刻诸佛像、器物于石壁悬崖间，备极精工。俗传是鲁班手迹，不知创自何代。唐大中年间，柳本尊出而重修，宋赵本尊盖以厦廊，有上朝峨眉，下朝宝顶之谚。康熙二十五年知县史彰招僧开垦，颇为寺中名景。"[4] 卷三"寺观"条下记载："宝鼎寺，在治东三十里，维摩祖师道场。石壁俱镌佛像，经楼尤存贮藏经，荒敝四十年，康熙二十五年兼摄荣昌令史彰招僧修。"[5] 嘉庆《四川通志》的记载与其相似[6]。乾隆《大足县志》于卷九"仙释"条记述"唐维摩祖师"柳本尊、"宋仙释赵本尊"事略[7]。其后的嘉庆、道光、光绪《大足县志》对此有沿用和补充，如嘉庆《大足县志》沿用《宝鼎图》，并增加了一些新的记述："宝顶山，在县东三十里，有宝顶寺故名。山崖凿佛以亿万计，精巧奇诡，唐宋时功也，今人不能仿佛万一矣。俗呼为古佛湾，有足迹池、灵湫泉、圆觉洞、万岁楼、毗卢庵、孔雀明王洞诸胜。"[8] 曾任大足县令的张澍在其著作《大足金石录》中收录宝顶山石窟碑刻最多，计有《释迦舍利宝塔禁中应现之图记》《恩荣圣寿寺记》《牧牛图》《宇文屺赵智宗诗》《豫章游和书律诗一首》等碑刻、偈颂、游记共17篇[9]。除《大足金石录》外，清人刘喜海的《金石苑》中也收录有较多碑铭，如《宋释迦舍利宝塔禁中应现图记》《宋立唐柳本尊传碑》《宋杨次公证道牧牛颂》等[10]。

近代对宝顶山石窟的调查肇始于20世纪30年代。1935年3月，《东方杂志》第三十二卷第五号刊刘蕴华摄"四川大足之古代石刻"照片八张，其中五张为宝顶山大佛湾石窟造像，为迄今所见宝顶山石窟最早之图片。1940年1月，中国营造学社成员梁思成、刘

---

[1] 重庆大足石刻艺术博物馆编：《大足石刻申报列入〈世界遗产名录〉纪实》（内部资料），2000年。
[2] （宋）王象之：《舆地纪胜》第一百六十一卷"昌州·景物下"，中华书局1992年版，第4367页。宝峰山即今宝顶山。
[3] （明）曹学佺著，刘知渐点校：《蜀中名胜记》，重庆出版社1984年版，第247页。
[4] （清）李德纂修：乾隆《大足县志》，故宫博物院编：乾隆《大足县志、合州志、江津县志》影印本，海南出版社2001年版，第15、22页。
[5] 同前引书，第28页。
[6] （清）常明修、杨芳灿纂：《四川通志》第三册，巴蜀书社1984年版，第1564页。
[7] （清）李德纂修：乾隆《大足县志》，故宫博物院编：乾隆《大足县志、合州志、江津县志》影印本，第69页。
[8] （清）张澍、赵时、王松修纂：嘉庆《大足县志》卷一"舆地·山川"，第8、9页。
[9] 张安兴、张彦：《西安碑林博物馆藏张澍〈大足金石录〉考略》，大足石刻研究院编：《2014年大足学国际学术研讨会论文集》，重庆出版社2016年版，第491—499页。
[10] （清）刘喜海：《金石苑》，来凤堂道光二十八年（1848年）刊本。

敦桢、陈明达等人考察宝顶山石窟[1]。1945年，杨家骆、马衡、顾颉刚等15人组成的"大足石刻考察团"对宝顶山大佛湾、小佛湾等进行文字记录、拍照、绘图、编号、拓片、测量等工作，"考察结果，编定为七十五号。计有碑十七种，经文五种，藏经目录一种，图记十通，图颂十首。其他题记、诗文、誓愿、偈语、释词等数十通，造像已毁的盈万，现存的约有一千五百五十一身"[2]，相关调查成果整理为《大足石刻图征初编》，刊于《民国重修大足县志》卷首。1946年至1947年，李德芳、王恩洋分别考察宝顶山石窟，并发表相关文章[3]。

20世纪50—60年代，宝顶山石窟的调查工作更加深入，部分资料得以公布。1952年，著名学者张圣奘奉西南文教部令考察宝顶山石窟。1954年6月，四川省文管会第一调查组与大足县文物保管所组成"大足县文物调查小组"对宝顶山石窟进行了龛窟编号、造像登记等工作，在其汇编的《大足县文物调查小结》中，逐龛记载了宝顶山大佛湾石窟的基本情况。1955年大足县人民政府油印刊发陈习删所著《大足石刻志略》，于其第二章下单列"宝顶山"，收录造像、碑刻题记等，分门别类、旁征博引地对宝顶山石窟进行了深入研究。1956年11月，中国美术家协会组织的"四川古代雕塑考察团"12位成员从艺术的角度对宝顶山石窟进行考察，其后发表《大足等地古代雕刻给我们的启发》等文章[4]。1962年1月至2月，北京大学考古系阎文儒教授率中国佛教协会石窟调查组一行6人实地考察宝顶山石窟，除逐龛考识辨析其内容外，还对部分重点龛窟作了测绘、拍照，事毕撰成《大足宝顶山石窟》考察文稿[5]。1962年，四川美术学院雕塑系李巳生在多年考察的基础上，主持编撰出版八开本《大足石刻》大型图录，其中公布了大量宝顶山石窟图片。

在经20世纪60年代中期至80年代末二十余年的停滞之后，宝顶山石窟的调查研究进入了一个全新的阶段，出版了一批重要的基础性成果。1982年，浙江工艺美术学会"传统雕刻考察小组"从工艺美术的角度对宝顶山石窟作了短暂考察，并发表了考察报告[6]。1985年出版的《大足石刻内容总录》[7]，从名称、时代、形制、内容、石质等五个方面，对宝顶山大佛湾、小佛湾、倒塔坡、龙头山、三元洞、大佛坡、仁功山、珠始山、对面佛、龙潭、岩湾、佛祖寺、佛祖岩、三块碑、高观音、广大山、松林坡、塔耳田等18处造像龛窟、碑刻、题记首次作了全面刊布。1993年6月至1994年2月，重庆大足石刻艺术博物馆对宝顶山石窟铭文进行了全面细致的勘察和搜集，计捶拓碑刻、题记464方，拓片811张，测量、考录碑刻约15万字，其成果收入《大足石刻铭文录》第二编，公布铭文319则，附拓片213张[8]。1999年出版的《大足石刻雕塑全集·宝顶山石窟》上下两卷[9]，刊布宝顶山石窟图片347张，成为其时最重要的图录类著作。2001年，何恩之（Angela F. Howard）女士在对宝顶山石窟进行长期考察后，撰著出版《宝顶：中国大足佛教石窟艺术》（Summit of Treasures: Buddhist Cave Art of Dazu, China）一书，是西方艺术史家观察和研究宝顶山石窟的第一本专著[10]。2000—2002年，重庆大足石刻艺术博物馆组成的《大足石刻内容总录》课题组对宝顶山石窟进行调查[11]，所形成的调查资料，后于2004年作为全国重点文物保护单位宝顶山石窟的记录档案备案存档。2004年10月下旬至11月初，北京大学马世长教授率"大足石刻考察团"成员对宝顶山石窟进行重点考察，并在2005年召开的"中国重庆大足石刻国际学术研讨会"上发表了一批有关宝顶山石窟研究的重要成果[12]。

除上述外，20世纪90年代以来，针对宝顶山单一龛窟和局部的考古调查工作也取得了新的进展，迄今已刊布十余项调查成果。如《大足宝顶山小佛湾石窟调查》[13]《大足宝顶山小佛湾祖师法身经目塔勘查报告》《大足宝顶山小佛湾"释迦舍利宝塔禁中应现之

---

1. 林洙著：《梁思成、林徽因与我》，清华大学出版社2004年版，第164—165页；[美]费慰梅著，成寒译：《中国建筑之魂》，上海文艺出版社2003年版，第194—196页；梁思成著：《中国雕塑史·前言》，百花文艺出版社1997年版。
2. 吴显齐：《大足石刻考察团日记》，《民国重修大足县志》卷首，中国学典馆北泉分馆铅印本，1945年。
3. 李德芳在《南方杂志》1946年第1卷第1期发表《记四川大足宝顶山唐宋石像》一文，王恩洋在《文教丛刊》1947年第7、8期分上下两部分发表《大足石刻之艺术与佛教》一文。
4. 孙嘉宽、林家长：《大足等地古代雕刻给我们的启发》，《美术》1957年第7期。
5. 文稿及考察组的照片均存中国佛教协会。1978年初阎明光、王庆煜赴北京抄回手稿刻印，1986年经阎先生再次整理后，刊载《四川文物》1986年《石刻研究专辑》特刊。
6. 浙江工艺美术学会传统雕刻考察小组：《四川大足石刻艺术考察报告》，《浙江工艺美术》1983年第1期。
7. 该书由四川省社会科学院、四川省大足县政协、大足县文物保管所、大足石刻研究会组织编撰，李永翘、胡文和执笔，四川省社会科学院出版社1985年出版。鉴于本卷报告中多次提及此书，以下在正文中均简称1985年《大足石刻内容总录》。
8. 重庆大足石刻艺术博物馆编：《大足石刻铭文录》，重庆出版社1999年版，第77—170页。
9. 该书由重庆大足石刻艺术博物馆、重庆出版社合编，重庆出版社1999年出版。
10. Angela F. Howard, Summit of Treasures: Buddhist Cave Art of Dazu, China (New York: Weatherhill, Inc., 2001); Karil J. Kucera, Cliff Notes: Text and Image at Baodingshan (Dis. University of Kansas, 2002).
11. 未出版刊行，调查资料现存大足石刻研究院资料室。
12. 如温玉成：《大足宝顶石窟真相解读》；李静杰、黎方银：《大足安岳宋代石窟柳本尊十炼图像解读》；侯冲：《宋代的信仰性佛教及其特点——以大足宝顶山石刻的解读为中心》等。主要考察研究成果刊于重庆大足石刻艺术博物馆编：《2005年重庆大足石刻国际学术研讨会论文集》，文物出版社2007年版。
13. 邓之金：《大足宝顶山小佛湾石窟调查——兼述小佛湾石窟属南宋此顺殁造像》，重庆大足石刻艺术博物馆：《大足石刻研究文集》（3），中国文联出版社2002年版，第200—223页。

图"碑》[1]、《大足宝顶大佛湾"牧牛图"调查报告》[2]、《大足宝顶山大佛湾"六耗图"龛调查》[3]、《宝顶山大佛湾"西方净土变相"的调查研究》[4]、《大足宝顶山大佛湾"圆觉经变"窟的调查研究》[5]、《大足宝顶山大佛湾地藏与十佛、十王、地狱变龛勘查报告》[6]、《大足宝顶山大佛湾第14号窟调查报告》[7]、《大足宝顶山转法轮塔调查报告》[8]、《宝顶山圣寿寺文物调查清理报告》[9]等。

自20世纪50年代以来，关于宝顶山石窟的专题研究成果丰硕，主要集中在以下几个方面：

一是对石窟开凿年代的分析。早在20世纪50年代，陈明达先生就认为宝顶山石窟开凿于明代[10]。其后陈习删先生通过考辨文献和碑刻，认为宝顶山石窟开凿于宋代的可能性最大[11]。20世纪80年代后李正心先生又先后撰写三篇文章力证宝顶山石窟开创于初唐，经历五代、两宋数百年而成[12]。而陈明光先生则据建筑、碑碣、题记再证宝顶山石窟开凿于南宋[13]。其后又有负安志先生据服饰、器物、建筑样式肯定宝顶山石窟开凿于南宋[14]。目前，经过长期的讨论，宝顶山石窟开凿于南宋之说的观点基本得到学界公认。

二是对宝顶山石窟性质的讨论。早在20世纪40年代，杨家骆先生在《大足宝顶区石刻记略》中就提出："赵氏传柳本尊法，宝顶即其所经营之道场。"[15]《大足石刻考察团日记》载："宝顶石刻，经本团考出，确是赵智凤一手经营，历数十年而成。"五代以后，"惟独赵智凤却能以发达的寺院经济，建立不朽的寺院文化，给四川留下了伟大石刻密宗道场"[16]。20世纪80年代后，李巳生、郭相颖、陈明光诸先生从不同角度，依据不同材料，对宝顶山石窟应为密宗道场的问题作了进一步的阐述和论证[17]。同时，也有学者提出了另外的观点。如胡文和先生认为其为俗讲道场[18]；罗炤先生虽未言明宝顶山石窟的性质，但认为宝顶山大佛湾石窟与佛教忏斋仪文有着密切关系[19]；侯冲先生则考证出宝顶山石窟的铭文、造像均出自瑜伽教科仪，进而认为宝顶山石窟是佛教水陆道场[20]，这一观点也引起了一些学者的质疑[21]。

---

1 重庆大足石刻艺术博物馆：《大足宝顶山小佛湾祖师法身经目塔勘查报告》、《大足宝顶山小佛湾"释迦舍利宝塔禁中应现之图"碑》，均载《文物》1994年第2期。
2 大足石刻艺术博物馆：《大足宝顶大佛湾"牧牛图"调查报告》，《四川文物》1994年第4期。
3 邓之金：《大足宝顶山大佛湾"六耗图"龛调查》，《四川文物》1996年第1期。
4 胡良学：《宝顶山大佛湾"西方净土变相"的调查研究》，《中华文化论坛》1997年第4期。
5 童登金、胡良学：《大足宝顶山大佛湾"圆觉经变"窟的调查研究》，《四川文物》2000年第4期。
6 重庆大足石刻艺术博物馆：《大足宝顶山大佛湾地藏与十佛、十王、地狱变龛勘查报告》，重庆大足石刻艺术博物馆编：《大足石刻研究文集》（3），中国文联出版社2002年版，第164—199页。
7 重庆大足石刻艺术博物馆：《大足宝顶山大佛湾第14号窟调查报告》，大足石刻研究院编：《2009年中国重庆大足石刻国际学术研讨会论文集》，重庆出版社2013年版，第91—141页。
8 重庆大足石刻艺术博物馆：《大足宝顶山转法轮塔调查报告》，大足石刻研究院编：《2009年中国重庆大足石刻国际学术研讨会论文集》，重庆出版社2013年版，第142—163页。
9 周正勇：《宝顶山圣寿寺文物调查清理报告》，重庆大足石刻艺术博物馆编：《大足石刻研究文集》（5），重庆出版社2005年版，第454—464页。
10 陈明达：《略述西南区的古建筑及研究方向》，《文物参考资料》1951年第11期。
11 陈习删：《宝顶雕像年代问题》，《文物参考资料》1956年第5期。
12 李正心：《也谈宝顶山摩崖造像的年代问题》，《文物》1981年第8期；李正心：《宝顶山有赵智凤自造像吗？——再谈宝顶山摩崖造像的年代问题》，《重庆社会科学》1988年第2期；李正心：《古佛崖探秘——三谈宝顶山摩崖造像的年代问题》，《重庆社会科学》1990年第3期。
13 东登（陈明光）：《再谈宝顶山摩岩造像的年代问题》，《文物》1983年第5期；陈明光：《试论宝顶山造像的上限年代》，《四川文物》1986年石刻研究专辑。
14 负安志：《试论大足宝顶山密宗造像的渊源》，《考古与文物》1986年第2期。
15 杨家骆：《大足宝顶区石刻记略》，《文物周刊》1947年第21期。
16 吴显齐：《大足石刻考察团日记》，《民国重修大足县志》卷首，中国学典馆北泉分馆铅印本，1945年。
17 李巳生：《宝顶山石窟寺》，《美术研究》1985年第4期；郭相颖：《宝顶山摩崖造像是完备而有特色的密宗道场》，《社会科学研究》1986年第4期；郭相颖：《再谈宝顶山摩岩造像是密宗道场及研究断想》，《社会科学研究》1996年第1期；陈明光：《大足宝顶山石窟造像年代布局及内容研究》，《重庆历史与文化》2002年第1期。
18 胡文和：《安岳大足石窟中"川密"教祖柳本尊像造型分类——兼论大足宝顶不是"密宗道场"》，重庆大足石刻艺术博物馆编：《大足石刻研究文集》（5），重庆出版社2005年版，第228—235页。
19 罗炤：《大足宝顶山大佛湾石刻与忏斋仪文的关系》，重庆大足石刻艺术博物馆编：《大足石刻研究文集》（5），重庆出版社2005年版，第186—191页。
20 侯冲：《论大足宝顶为佛教水陆道场》，重庆大足石刻艺术博物馆编：《大足石刻研究文集》（5），重庆出版社2005年版，第192—213页；侯冲：《佛教不只是非显即密——为拙文〈论大足宝顶为佛教水陆道场〉补白》，《佛教文化》2008年第6期。
21 赵辉志：《读〈论大足宝顶为佛教水陆道场〉十三疑》，重庆中国三峡博物馆编：《长江文明》第三辑，光明日报出版社2009年版。杨雄：《论大足宝顶石刻造像的佛教性质——段隐没的历史》，《佛教文化》2007年第1期。

三是对石窟造像题材内容的探讨。其中,又重点集中在对柳本尊十炼图[1]、父母恩重经变相[2]、地狱变相[3]等题材及其问题的研究。此外,牧牛图[4]、报恩经变[5]、六趣轮回[6]、广大宝楼阁[7]、缚心猿锁六耗[8]、十大明王[9]、九龙浴太子[10]、华严系统造像[11]等也得到学界较多关注。

四是对碑刻题记的研究。如《唐柳本尊传碑》被多次校补[12],碑中"天福"纪年经考辨为天复之误[13];宝顶山小佛湾法身祖师塔经目被认为其依据是《开元释教录·入藏录》[14]。同时,对《三圣御制佛牙赞》流传经过和刊刻历史[15],以及宝顶山石窟的异体字等作了深入研究[16]。

此外,在人物研究方面,不仅探讨了对宝顶山石窟开创具有非凡意义的柳本尊和赵智凤两位人物的生平史实[17],还对元亮、晴舟、

---

[1] 这是学界长期以来关注的一个重点,主要是通过对大足和安岳两地柳本尊十炼图等相关资料的收集整理、对比分析,结合有关文献和实物,进而探讨柳本尊生平以及柳氏教派世系传承、宗教性质和社会根源等。主要成果有:王家祐:《柳本尊与密教》,《乐山市志资料》1983年第3期;王熙祥、黎方银:《安岳、大足石窟中〈柳本尊十炼图〉比较》,《四川文物》1986年石刻研究专辑;胡文和:《安岳、大足"柳本尊十炼图"题刻和宋立〈唐柳居士传〉碑的研究》,《四川文物》1991年第3期;龙晦:《〈柳本尊行化图〉的研究》,重庆大足石刻艺术博物馆编:《大足石刻研究文集》(5),重庆出版社2005年版,第214—220页;龙晦:《〈柳本尊行化图〉研究之二》,重庆大足石刻艺术博物馆:《2005年重庆大足石刻国际学术研讨会论文集》,文物出版社2007年版,第131—135页;陈明光、胡良学:《四川摩岩造像"唐瑜伽部主总持王"柳本尊化道"十炼图"调查报告及探疑》,《佛学研究》第4期,1995年年刊;陈明光:《四川摩岩造像柳本尊化道"十炼图"由来及年代探索》,《四川文物》1996年第1期;李静杰、黎方银:《大足安岳宋代石窟柳本尊十炼图像解析》,重庆大足石刻艺术博物馆编:《2005年重庆大足石刻国际学术研讨会论文集》,文物出版社2007年版,第190—223页。

[2] 主要成果有龙晦:《大足佛教石刻〈父母恩重经变相〉跋》,《世界宗教研究》1983年第3期;胡文和:《大足宝顶〈父母恩重经变〉研究》,《敦煌研究》1992年第2期;孙修身:《大足宝顶与敦煌莫高窟佛说父母恩重经变相的比较研究》,《敦煌研究》1997年第1期;胡良学:《宝顶大佛湾第15号龛刻石之管见》,《敦煌研究》1998年第4期;胡文和:《对大足宝顶〈父母恩重经变〉重新研究》,《中华佛学学报》2002年第15期;侯冲:《宗赜〈孝行录〉及其与大足宝顶劝孝石刻的关系》,重庆大足石刻艺术博物馆编:《大足石刻研究文集》(4),中国文联出版社2002年版,第306—327页;陈明光:《大足石刻宝顶山〈报德经变〉查考与辨正——宝顶山〈报德经变〉轨范探本究源》,重庆中国三峡博物馆编:《长江文明》第十二辑,重庆出版社2013年版;古正美:《大足佛教孝经经变的佛教源流》,重庆大足石刻艺术博物馆编:《2005年重庆大足石刻国际学术研讨会论文集》,文物出版社2007年版,第136—172页;[日]新井慧誉:《大足宝顶山的〈父母恩重经变像〉和〈报父母恩德经〉》,《丰山学报》第43号,2000年;刘贤高:《宝顶大佛湾第15号龛镜"慈觉大师"考略》,重庆大足石刻艺术博物馆:《大足石刻研究文集》(3),中国文联出版社2002年版,第301—308页;陈明光:《大足宝顶山"报德经变"慈觉禅师宗赜溯源》,《佛学研究》第13期,2004年年刊;侯冲:《宋僧慈觉宗赜新考》,重庆大足石刻艺术博物馆编:《大足石刻研究文集》(5),重庆出版社2005年版,第261—272页。

[3] 主要成果有陈灼:《大足宝顶石刻"地狱变相·十佛"考识》,《佛学研究》第6期,1997年年刊;胡文和:《四川摩崖造像中的"大方广佛华严十恶品经变"》,《敦煌研究》1990年第2期;陈明光:《石窟遗存〈地藏与十佛、十王、地狱变〉造像的调查与研究——兼探〈十王经变〉与〈地狱变〉的异同》,《大足石刻考察与研究》,中国文联出版社2002年版,第225—265页;张总:《大足石刻地狱——轮回图像丛考》,重庆大足石刻艺术博物馆编:《2005年重庆大足石刻国际学术研讨会论文集》,文物出版社2007年版,第235—251页;何卯平:《试论大足"十王"对敦煌"十王"的传承》,《宗教学研究》2011年第3期;[日]荒见泰史:《大足宝顶山石窟"地狱变龛"成立的背景について》,《绘解き研究》2002年第16号;[日]荒见泰史:《关于地藏十王成立和演变的若干问题——以大足石窟地狱变龛为中心探讨》,敦煌研究院编:《2004年石窟研究国际学术会议论文集》,上海古籍出版社2006年版,第313—349页。

[4] 主要成果有史岩:《大足石雕〈十牧〉散记》,《新美术》1993年第3期;胡良学:《大足石刻禅宗〈牧牛图〉管见》,《佛学研究》第6期,1997年年刊;Henrik H. Sorensen, "A Study of the 'Ox-Herding Theme' as Sculptures at Mt. Baoding in Dazu County, Sichuan", Artibus Asiae, Vol. 51, No. 3/4 (1991), pp. 207-233;龙晦:《大足佛教石刻〈牧牛图颂〉跋》,《中华文化论坛》1994年第4期;赵辉志:《大足石刻〈牧牛图〉考》,《佛学研究》第11期,2002年年刊;胡良学:《也谈"牧牛道场"的宗派问题》,《四川文物》1994年第6期。

[5] 主要成果有侯冲:《宗赜〈孝行录〉及其与大足宝顶劝孝石刻的关系》,重庆大足石刻艺术博物馆编:《大足石刻研究文集》(4),中国文联出版社2002年版,第306—327页;古正美:《大足佛教孝经经变的佛教源流》,重庆大足石刻艺术博物馆编:《2005年重庆大足石刻国际学术研讨会论文集》,文物出版社2007年版,第136—172页;陈明光:《大足石刻〈报恩经变〉疏理研讨——宝顶山大佛湾〈报恩经变〉图经为例》,《石窟寺》第五辑,文物出版社2014年版,第175—195页。

[6] 胡良学:《大足宝顶大佛湾六趣唯心图之管见》,重庆大足石刻艺术博物馆编:《大足石刻研究文集》(3),中国文联出版社2002年版,第120—134页。

[7] 李裕群:《大足宝顶山广大宝楼阁图像考》,重庆大足石刻艺术博物馆编:《2005年重庆大足石刻国际学术研讨会论文集》,文物出版社2007年版,第224—234页。

[8] 陈灼:《大足石刻宝顶山大佛湾"缚心猿锁六耗龛"研究》,重庆大足石刻艺术博物馆编:《大足石刻研究文集》(5),重庆出版社2005年版,第254—258页。

[9] [日]下景全晓:《中国大足石刻的十忿怒明王像について》,《密教学研究》1990年第22期;宋朗秋:《大足宝顶山与剑川石钟山十大、八大明王的比较研究》,《敦煌研究》1999年第3期;Angela F. Howard, "The Eight Brilliant Kings of Wisdom of Southwest China", RES: Anthropology and Aesthetics 35, spring 1999, pp. 92-97.

[10] 胡文和:《大足宝顶九龙浴太子图浅析》,《世界宗教研究》1984年第1期;胡文和:《大足宝顶九龙浴太子图的表现艺术》,四川省社会科学院文学研究所等编:《大众美学》第二辑,四川省社会科学院出版社1983年版。

[11] 胡文和:《四川石窟华严经系统变相的研究》,《敦煌研究》1997年第1期;陈清香:《大足石窟中的华严思想提要》,重庆大足石刻艺术博物馆编:《2005年重庆大足石刻国际学术研讨会论文集》,文物出版社2007年版,第278—296页。

[12] 陈明光:《重新校补宋刻〈唐柳本尊传〉碑》,《敦煌研究》2006年第3期;胡文和:《宋立〈唐柳本尊传〉碑再校释》,重庆大足石刻艺术博物馆编:《大足石刻研究文集》(3),中国文联出版社2002年版,第282—294页。

[13] 陈明光:《〈宋刻《唐柳本尊传碑》校补〉文中"天福"纪年的考查与辨正》,《四川文物》2004年第3期;陈典:《我对宝顶〈十炼图〉天福纪年的研究》,重庆大足石刻艺术博物馆编:《大足石刻研究文集》(5),重庆出版社2005年版,第221—222页。

[14] 宋朗秋:《试论大足宝顶山南宋法身塔》,重庆大足石刻研究会等编:《大足石刻研究文选》(内部资料),1995年,第103—148页;方广锠:《四川大足宝顶山小佛湾大藏塔考》,重庆大足石刻艺术博物馆编:《大足石刻研究文集》(2),重庆出版社1997年版,第179—221页;胡文和:《宝顶小佛湾祖师法身经目经目版本暨"祖师颂曰"寓意考释》,大足石刻研究院编:《2009年中国重庆大足石刻国际学术研讨会论文集》,重庆出版社2013年版,第501—513页。

[15] 胡昭曦:《大足石刻宋碑〈三圣御制佛牙赞〉考析》,《宋史研究论丛》第7辑,2006年;陈明光:《大足石刻〈三圣御制佛牙赞碑〉溯源研讨——兼探"释迦舍利宝塔禁中应现之图"由来》,大足石刻研究院编:《2009年中国重庆大足石刻国际学术研讨会论文集》,重庆出版社2013年版,第22—41页。

[16] 陈明光:《大足宝顶山石窟"异体字"勘查与辨析》,《大足石刻考古与研究》,重庆出版社2001年版,第297—319页;张划:《宝顶石窟铭文异体字考略》,重庆大足石刻艺术博物馆编:《大足石刻研究文集》(5),重庆出版社2005年版,第465—476页。

[17] 邓之金:《略述柳本尊、赵智凤可补密教史之缺页》,重庆大足石刻艺术博物馆编:《大足石刻研究文集》(3),中国文联出版社2002年版,第372—386页;陈明光:《宝顶山石窟创建者——赵智凤事略》,《大足石刻考古与研究》,重庆出版社2001年版,第162—172页;杨雄:《赵智凤生平再考》,《敦煌研究》2008年第4期。

惠妙和性超等几位明清时期曾对宝顶山石窟的保护作出贡献的几位僧人进行了研究[1]。在思想内涵和艺术方面，也有不少学者结合宝顶山石窟的历史背景和艺术风格作了深入探讨[2]。

第四节　本卷报告内容、体例规范与编写经过

根据上述宝顶山石窟的分布、构建和分区、编号情况，并兼顾其体量，本报告集将宝顶山石窟分为三卷介绍。

第一卷，即《大足石刻全集》第六卷，介绍宝顶山大佛湾石窟第1—14号及第9-1号、12-1号（图9）。

第二卷，即《大足石刻全集》第七卷，介绍宝顶山大佛湾石窟第15—32号。

第三卷，即《大足石刻全集》第八卷，介绍宝顶山小佛湾及大、小佛湾周边区域17处造像，以及转法轮塔、释迦真如舍利宝塔等。宝顶山石窟其他文物亦附录于此卷。

一　报告内容

本卷报告所涉龛窟像包括宝顶山大佛湾石窟第1—14号及第9-1号、12-1号，共16个编号。其中，第1—6号龛位于大佛湾南崖中段，第7—10号及第9-1号龛位于大佛湾南崖东段，第11、12号及第12-1号龛位于大佛湾东崖，第13、14号龛窟位于大佛湾北崖东段。

大佛湾南崖中部门亭右侧崖壁略转折向西北延伸，在此相对独立的竖直崖面，从左至右，依次比邻水平布置第1—6号龛。自第6号龛右侧始，崖壁向东略作垂直转折，延伸后与东崖略垂直相接。在此段崖面，依次布置第7—10号及第9-1号龛。东崖居中大幅壁面布置第11号龛，其右端壁面圆转处布置第12号和第12-1号龛。东崖北侧壁面略呈圆弧外凸后，大致向西纵向延伸，此为大佛湾北崖。北崖东段外弧崖面自东向西依次布置第13—14号龛窟，并与北崖中段第15号龛比邻。

根据龛像设置、开凿和分布情况，本卷报告所涉16个龛窟可分为四组：第一组包括第1—5号，共五龛；第二组包括第6—9号及第9-1号，共五龛；第三组包括第10—12号及第12-1号，共四龛；第四组包括第13、14号，共二龛窟（图10）。

二　体例规范

（一）编写体例

根据以上分组情况，本卷报告共分为五章：第一章为宝顶山石窟概述，主要介绍其地理状况、石窟构建、分区与编号、前期保护维修与调查研究，以及本卷报告的内容、体例规范、编写经过等；第二章介绍宝顶山大佛湾石窟第1—5号龛；第三章介绍宝顶山大佛湾石窟第6—9号及第9-1号龛；第四章介绍宝顶山大佛湾石窟第10—12号及第12-1号；第五章介绍宝顶山大佛湾石窟第13、14号龛窟。

本卷报告分为上下两册，上册主要包括报告文本、测绘图、示意图、地图等；下册主要包括造像、铭文及拓片等摄影图版。

（二）报告文本

章节　除第一章概述外，各章按编号单独设节。每节依次介绍龛窟位置、形制、造像、铭文、晚期遗迹等五项基本内容。需

---

[1] 陈灼：《重开宝顶二名僧》，重庆大足石刻艺术博物馆编：《大足石刻研究文集》（3），中国文联出版社2002年版，第565—568页；陈明光：《大足临济宗始祖元亮与师至福考——探述明代大足临济宗的传入与兴衰》，重庆中国三峡博物馆等编：《长江文明》第九辑，光明日报出版社2012年版；黄夏年：《清代重庆大足〈实录碑记〉研究》，大足石刻研究院编：《2009年中国重庆大足石刻国际学术研讨会论文集》，重庆出版社2013年版，第42—63页。

[2] 郭相颖：《大足宝顶小佛湾经目塔〈祖师颂〉解》，重庆大足石刻艺术博物馆编：《大足石刻研究文集》（3），中国文联出版社2002年版，第295—300页；郭相颖：《心心心更有何心——谈宝顶山摩岩造像心法要旨》，《佛学研究》第14期，2005年年刊；侯冲：《宋代的信仰性佛教及其特点——以大足宝顶山石刻的解读为中心》，重庆大足石刻艺术博物馆编：《2005年重庆大足石刻国际学术研讨会论文集》，文物出版社2007年版，第297—317页；王美艳、赖守亮：《宝顶山摩岩造像的空间艺术》，《装饰》2005年第12期；屈涛：《栖神幽遐 涵趣寥旷——以大足宝顶石刻〈养鸡女〉与麦积山165窟泥塑〈供养人〉为标本论宋塑之美及其他》，重庆大足石刻艺术博物馆编：《大足石刻研究文集》（3），中国文联出版社2002年版，第595—611页。

要说明的是，由于有的龛窟图文并茂，龛窟中的经、偈、颂等与造像密切相关，具有特定的指向性，故将其纳入造像项中一并记录，未再纳入铭文项。又因宝顶山大佛湾石窟系有计划的统一开凿，年代相近，龛窟相连，故各章末未设小结讨论，其龛窟形制、开凿年代、造像题材、晚期遗迹等有关问题，在本报告集第七卷《宝顶山大佛湾石窟第15—32号考古报告》上册末，单设一章结语进行讨论。

编号　为使编号保持基本一致，本卷报告中的编号，遵从1982年大足县文物保管所的编号，并与1985年《大足石刻内容总录》编号基本一致。仅新增加了第9-1号一个附号。

位置　崖壁、龛窟、造像、碑铭等方位，均以其本身背向、左右定位。龛窟具体位置，先结合上一龛窟总体定位，再记述其四至状况。例：第6号，位于大佛湾南崖中段右端。左与第5号龛相连，右圆转与第7号龛紧邻，上为外挑岩檐，下与地坪垂直相接。

形制　宝顶山大佛湾石窟仅有两个洞窟，其余主要表现为沿崖连续雕刻的摩崖造像，各编号造像间虽能区分其界限，但并不像大足北山石窟那样具备传统意义上的龛制特点。为使大足石刻的相关术语相对统一，并遵从长期以来约定俗成的习惯，本卷报告仍将其称为"龛"；记述中，对一个相对完整的龛窟在形制结构上先总体表述其龛窟型，再分述龛窟口、龛窟底、龛窟壁、龛窟顶等；对完全不具备龛制特点的造像，则按实际情况记述。

造像　一般情况下，按造像位置，从正壁、侧壁、顶部至龛窟外的顺序依次叙述。对于造像较多需编号者，除个别外，大多按从上至下、从内至外（或从左至右）的原则记述。对于每身造像的详细介绍，除特例外，均以体量、头部（头光、背光、发式、冠式）、面部、胸饰、衣饰、手姿、身姿、座台等为序记述。

造像具体尺寸，均为可见或残毁后可辨识的部分。坐式造像的量度数据主要有坐高、头长、肩宽、胸厚等。坐高是自造像座台的台面至头顶、发髻顶部或冠顶的高度，不含座台和下垂的腿部；头长是自下颌底部至头顶、发髻顶部或冠顶的高度；肩宽是双肩水平向最大宽度；胸厚是指后背与前胸之间的最大厚度。立式造像的量度数据主要有通高、头长、肩宽、胸厚等。通高是自最低足底至头顶、发髻顶部或冠顶的高度，其余部位的量度数据取值与坐式造像同。

因造像为三维空间雕塑，且是手工雕凿，在水平和铅垂方向，几乎没有完全平直的线条，也因此几乎没有完全均等整齐的长宽高尺寸。本报告使用的量度数据，部分为人工量测，通常为约数，而测绘线图中的数据则是铅垂方向的正投影数据，为相对精确的数据。人工数据和测绘数据存在一定差异，除注明者外，各量度数据的变化在测绘线图中有清楚显示，读者可清楚观察和实际量测。

铭文　本卷报告所称铭文是指刻写在龛窟、碑碣中的各种文字，如碑文、造像记、题记、榜题、经偈颂等。

（1）本卷报告铭文主要以1993年重庆大足石刻艺术博物馆拓本为底本实录；在拓本图版中，对应配有现存的实物照片，以便了解现存铭文情况，并可相互比对。个别此前所拓或其后补拓者，在文中注明；未注明者，均为1993年拓本。除个别漶蚀或原捶拓时依稀可辨者遵从《大足石刻铭文录》[1]外，其余均据拓片或现场辨识结果实录。

（2）除个别需按拓本格式实录外，其余一律分行横写，录文一行即为原文一行。为方便阅读，行前以阿拉伯数字标注行数；个别铭文书写不规整、行文较为特殊者，因难以标注行数，其录文和图版则不予标注。

（3）铭文中的繁体字，除可能引起歧义者据录外，一律按照国家规范的简化字录写。铭文中出现的异体字（即字书中不常见的字、历史文献上的古体字、别字及石刻铭文作者的自造字等），根据辨识结果，录写为《现代汉语词典》《汉语大字典》等工具书中的规范字。为求客观记录，方便读者自辨，在报告各章后，以尾注形式，将异体字拓片的照片辑出。为与说明性脚注相区别，尾注采用方括号"[　]"加阿拉伯数字的形式标注，如[1]、[2]。

（4）凡铭文行文行中未刻字的空字位，一个字位书写一个三角符号"△"；漶灭字，一个字书写一个方框符号"□"，不明字数的在字里行间夹注"（漶）"字表示；依稀可辨的字，夹注在一般括号"〔　〕"内。

（5）统计字数，以拓本或现场可辨识的字为限。

晚期遗迹　指龛窟像开凿后添加的遗迹。主要包括晚期妆绘、后世题记、构筑遗迹等。需要说明的是，由于妆绘遗迹较为复杂，在目前条件下，报告者对其层位、色彩、颜料、损毁程度等难以准确辨识记录，故仅在晚期遗迹项中作了概括性的简要介绍。

为反映大足石刻造像妆绘情况，本报告集第九卷《大足石刻专论》特收录《大足石刻彩绘颜料检测分析报告》。报告选择

1　《大足石刻铭文录》由重庆大足石刻艺术博物馆组织编纂，重庆出版社1999年出版。鉴于本卷报告中多次提及此书，以下均简称1999年《大足石刻铭文录》。

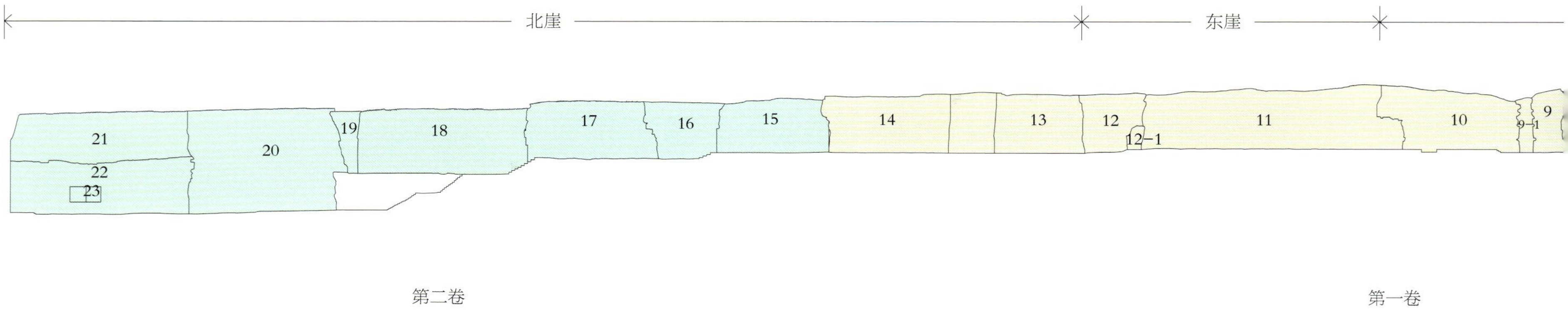

图 9　宝顶山大佛湾石窟分卷图

包括宝顶山大佛湾石窟在内的大足石刻代表性龛窟像中的标本，对包括颜料保存现状、成分、次第等情况作了具体检测分析，读者可以参考。

（三）测绘图

本卷报告的测绘图，主要包括宝顶山大佛湾石窟总平面图、总立面图，各龛窟平、剖、立面图，部分重要单体造像的剖面、立面图及"大悲阁"建筑测绘图等。

总平面图、总立面图　总平面图选择崖壁底部地坪为基础面，反映崖壁底部的平面情况，同时将部分洞窟的地坪投影到此基础面。总立面图虽基于三维测绘成果绘制，但因大佛湾为一"U"字形山湾，故实为由各龛窟外立面拼接组合起来的具有立面效果的展开图。

龛窟平、剖、立面图　此部分图是采用"大足宝顶山石窟三维测绘"项目中的正投影像成果，由专业人员绘制完成。

平面图　以龛窟底面或建筑底面的投影面作为基础，根据龛窟、建筑空间结构以及造像布置情况，选取相应高程绘制水平断面，将不同高程的水平断面叠加，投影在龛窟底面或建筑底面的投影面上。平面图上以颜色区分不同高程的断面（以A、A'，B、B'，C、C'等英文大写字母标明），并标注剖面图剖视方向（以直角箭头"┐"标注）。

立面图　包括建筑、龛窟外立面和各壁立面，壁面转角造像单独绘制立面图。立面图上标注平面图剖线所对应的不同高程，用英

第二卷

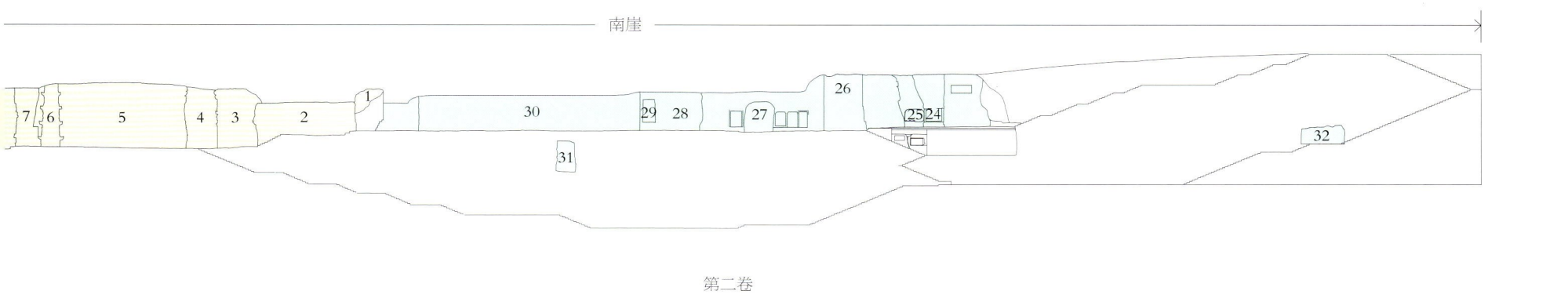

文字母加短横线（如A-、-A'，B-、-B'，C-、-C'）表示。

此外，部分龛窟还绘制了龛窟顶部仰视图、造像细部图，以及正视角度的等值线图。

剖面图 沿龛窟纵深方向者为纵剖面，与纵剖面垂直的剖面为横剖面。原则上选择与龛窟底投影面相垂直的正壁主尊中轴线或正壁中轴线作为剖线，同时考虑查阅的直观性和反映龛窟空间关系，将可见的侧壁、龛窟口、龛窟顶等内容投影在剖面上；其中，造像、龛窟口的原迹使用同一线型（实线），其余部分则据实使用相应的线型（虚线、圆点线等）。建筑的剖面图，原则上选择建筑的中轴线为剖线，将可视部分的建筑结构投影在剖面上。

上述测绘图均配以方格网坐标尺。方格网依据正摄影像生成，网格大小依据绘图比例确定，标注数值以厘米为单位。全部测绘图均集中编印在本卷报告上册，部分测绘图的局部图，虽作为插图使用，但也是实测的成果。

用线原则 龛窟形制、图像、残破线等用实线表示，人为增加的壁面分界线用灰色线表示，后期人为修补线用圆点线表示；龛窟形制或造像复原线用虚线表示。此在每张测绘图图例中已作说明。

（四）图版

本卷报告下册为图版，分为图版Ⅰ、图版Ⅱ两部分。

图版Ⅰ为摄影图版。大多为2015—2016年用高清数字相机拍摄，部分为2017年补拍。由于环境条件所限，个别图版无法达到正

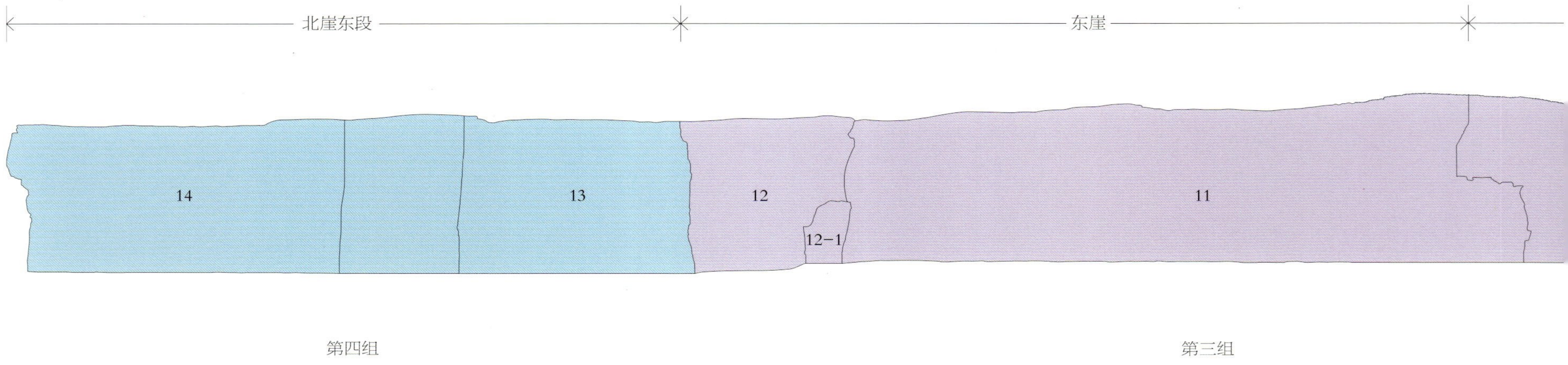

图10　大佛湾石窟第1—14号龛窟分组图

投影的要求，采用了三维测绘的正投影图像，或采用了数码拼接技术，此亦在图版说明中注明。本卷报告的卫星图拍摄于2014年，航拍图拍摄于2017年。

图版Ⅱ为铭文图版。包括铭文实物照片和拓本照片两部分。其中，铭文实物照片均为2017年上半年用高清数字相机拍摄；拓本除注明者外，均为1993年所拓，2016年装裱后拍摄。

三　编写经过

2016年3月，按照《大足石刻全集》工作进度的统一安排，课题组全面启动宝顶山大佛湾石窟第1—14号现场调查、龛窟测绘、图版拍摄及编写工作。

现场调查　按照《大足石刻考古学研究现场调查文字记录规范》，2016年3—6月，邓启兵、赵凌飞、郭静共同完成了第1—14号的现场调查记录。其中，第1—4号、6—12号以及第9-1号、12-1号由邓启兵、赵凌飞完成，第5号、13号由郭静完成；第14号则是在2009年调查成果的基础上[1]，按照本次调查记录规范调整、修改而成。

---

[1]　2009年1—4月，重庆大足石刻艺术博物馆组成课题组，完成宝顶山大佛湾第14号窟调查。参加者有黎方银、刘贤高、黄能迁、邓启兵、郭静、赵凌飞、周颖、毛世福。其成果《大足宝顶山大佛湾第14号窟调查报告》刊于大足石刻研究院编：《2009年中国重庆大足石刻国际学术研讨会论文集》，重庆出版社2013年版，第91—141页。

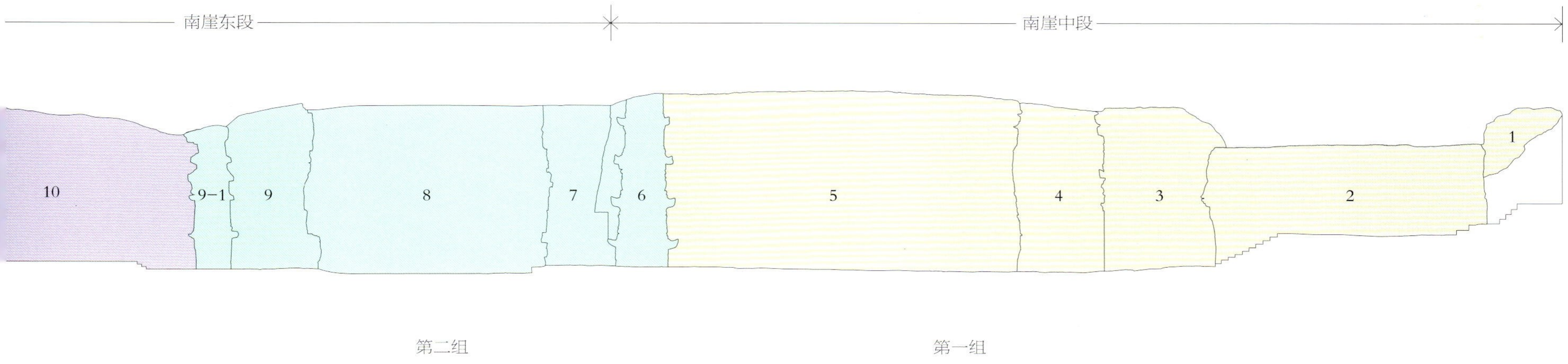

龛窟测绘　本卷报告的测绘图，系采用中国文化遗产研究院、大足石刻研究院组织，北京帝测科技股份有限公司具体实施完成的"大足宝顶山石窟三维测绘"项目中的正投影像成果，按照考古线图测绘的总体要求，在黎方银、黄能迁具体统筹和协调下，由周颖、毛世福绘制完成。其中，2016年3月至2017年2月，周颖完成第1—7号、9—14号以及第9-1、12-1号龛窟平、立、剖面图和顶部仰视图的室内绘制。毛世福完成大佛湾石窟连续立面图、总平面图，第8号龛平、立、剖面图以及部分造像立面图、侧视图的室内绘制。2017年2—4月，周颖、毛世福、黄能迁、邓启兵将全部测绘图件携至大佛湾现场，逐龛逐像进行核对、修改，最后由周颖、毛世福终校定稿。

第7—9号龛前的"大悲阁"建筑测绘图，系采用原重庆建筑工程学院建筑系于20世纪90年代的测绘成果。

本卷报告的示意图、造像效果图等主要由周颖完成；宝顶山大佛湾石窟纵剖面图、横剖面图由陈皞完成；宝顶山石窟三维地形模拟图由陈刚完成；宝顶山石窟文物分布图、地形图、卫星图等由毛世福处理完成。

造像图版　2016年3—9月，重庆出版集团美术编辑中心副主任、主摄影师郑文武和助理摄影师吕文成、王远进驻宝顶山大佛湾，充分利用每天早、晚参观游客较少的时段完成了大部分图版的现场拍摄工作；后又于2016年12月至2017年1月参观淡季，在龛像前搭建高6—8米、宽3—4米的工作平台，完成了第3—5号、7号、9号等龛像外立面和部分造像细节的图版拍摄。其后，又根据课题组要求，先后数次补拍了部分图版。第8号龛图版由《千手观音造像抢救性保护工程》项目组于2008年至2010年拍摄。

拓片图版　本卷报告中的拓片，系1993年6月至1994年2月重庆大足石刻艺术博物馆（现大足石刻研究院前身）在进行宝顶山石窟铭文收集时，由唐毅烈、唐长清所拓。拓片拍摄由重庆出版集团郑文武、吕文成、王远完成。

报告编写　2016年6—10月，本卷报告进入编写阶段。其中，2016年6—8月，邓启兵对调查文字进行了室内整理和规范；其后邓启兵、黄能迁、陈静在现场对文稿进行了校对和修改；赵凌飞对铭文作了整理和校对。至2016年10月，黎方银完成本卷报告第一章的撰写（其中，相关保护维修基础资料由陈卉丽提供，调查研究资料由张媛媛提供），邓启兵、黄能迁完成了报告文本第二至五章初稿的撰写。2016年10—12月，黎方银在报告文本初稿的基础上，反复修改，最终形成报告文本定稿。

2017年3月，黎方银、黄能迁、邓启兵选配本卷报告图版、测绘图、示意图等。2017年4月，黎方银、邓启兵、黄能迁等，共同对本卷报告的文字、测绘图、图版作了调整、润色、修改和审定，最终形成报告定稿。

第二章　第1—5号

第一节　本章各编号位置及相互关系

本章介绍的第1—5号等5个龛像，位于宝顶山大佛湾南崖中段（图11；图版Ⅰ：27、图版Ⅰ：28）。

第1号位于南崖中段左端上方。其左侧比邻大佛湾南崖中段内凹的"Z"字形石梯道及大门[1]，右侧转折向西北延伸，于其延伸壁面上布置第2号（图版Ⅰ：29、图版Ⅰ：30）。第2号右侧壁面圆转内进后（图版Ⅰ：31），其壁面大致水平向北延伸，至大佛湾南崖中段右端。于此壁面上，依次布置第3、4、5号。其龛前地坪水平一致，龛顶岩檐亦水平贯通，壁面相接处分界较明显（图版Ⅰ：32、图版Ⅰ：33、图版Ⅰ：34）。其中，第3号位于左侧，壁面内凹；第4号居中，壁面略竖直外凸；第5号位于右侧，壁面内凹。第5号右侧，为南崖中段最右端，布置第6号。

第二节　第1号

一　位置

位于大佛湾南崖中段左端上方。左邻南崖中段内凹的"Z"字形石梯道，右与第2号转折相邻。上接斜坡岩体，竖直相距岩体上方后世砌筑的条石墙体约110厘米，下与现地坪相接。

壁面西南向，方向229°。

二　形制

于崖壁减地平钑刻像。刻像幅面略呈斜长方形，最高约125厘米，最宽约420厘米（图12；图版Ⅰ：35）。

三　造像

刻虎1只。头下尾上，作扑噬状。虎身高100厘米，长300厘米，背宽50厘米。头圆大，曲颈左侧，双耳直竖（左耳上部残），双目圆睁，圆鼻厚唇，阔口半开，露齿。身浑圆，四腿粗壮；左前腿斜前伸抓地，右前腿略曲；左后腿蹬地，右后腿不现；长尾曳于后，弯曲似作抖动状。

虎身下部及左侧壁面镌刻山石纹和云气纹。

四　晚期遗迹

紧邻虎身左前侧崖体凿一纵向排水深沟，全长300厘米，宽45厘米，深35厘米。1955年，于深沟下部人工新造一漏穴，承接深沟

---

[1] 此大门建于1959年。邓之金：《大足石刻维修工程四十年回顾》，《大足石刻研究文集》（2），重庆出版社1997年版，第577页。

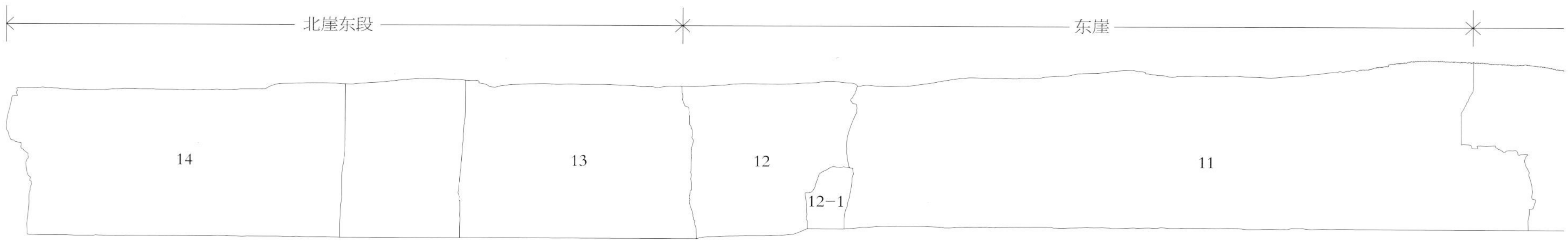

图11　第1—5号龛在本卷龛窟中的位置图

来水；并于路板下建一暗沟，直通下方石砌小堰[1]。此外，还在漏穴左侧，凿一横向排水沟，左向延至壁面边缘。沟全长约430厘米，宽23厘米，深27厘米。

第三节　第2号

一　位置

位于第1号右侧。左距"Z"字形石梯道约180厘米，右与第3号紧邻；上为岩檐，下与现地坪相接。龛口约西北向，方向295°。

---

[1] 王庆煜：《大足石窟维修保护概况》，重庆大足石刻研究会编：《大足石刻研究》2002年创刊号（内刊），第60页。

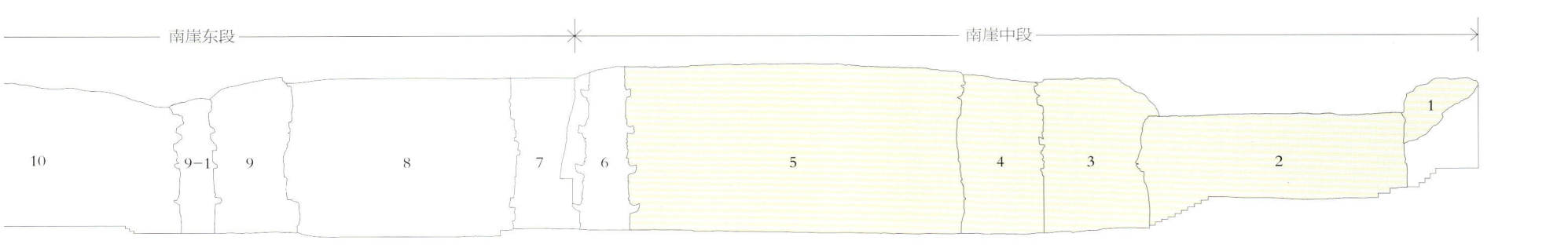

二　形制

龛口呈横长方形，最高约400厘米，最宽约1280厘米；上方檐口至后壁最深约120厘米[1]（图13、图14、图15、图16；图版Ⅰ：36）。龛口左右上角略作弧面。龛底后世以石板铺砌平整，原迹不明。龛壁中部建一级低坛，横贯龛壁。坛面深约57厘米，上距龛顶240厘米，下距地坪约160厘米。壁面左、右端略残，均圆转外凸，直至相邻壁面的转折处；上部与岩檐弧面相接，下部与地坪垂直相交。龛顶即外挑岩檐的底部，平顶，呈狭长方形。岩檐边缘后世补接滴水。

三　造像

以横贯壁面中部的低坛为界，造像分为上下两部分。

（一）上部

刻像28身。其中，低坛正中刻护法神立像1身，其头顶上方圆环内刻坐佛1身，坐佛左右各刻迦陵频伽像1身；该护法神像左右

---

[1] 宝顶山大佛湾龛像的龛顶大多外挑，形成岩檐。本卷报告所测龛像的最大进深，即为龛上方外挑岩檐最远点的纵向垂线至龛后壁的最深距离。

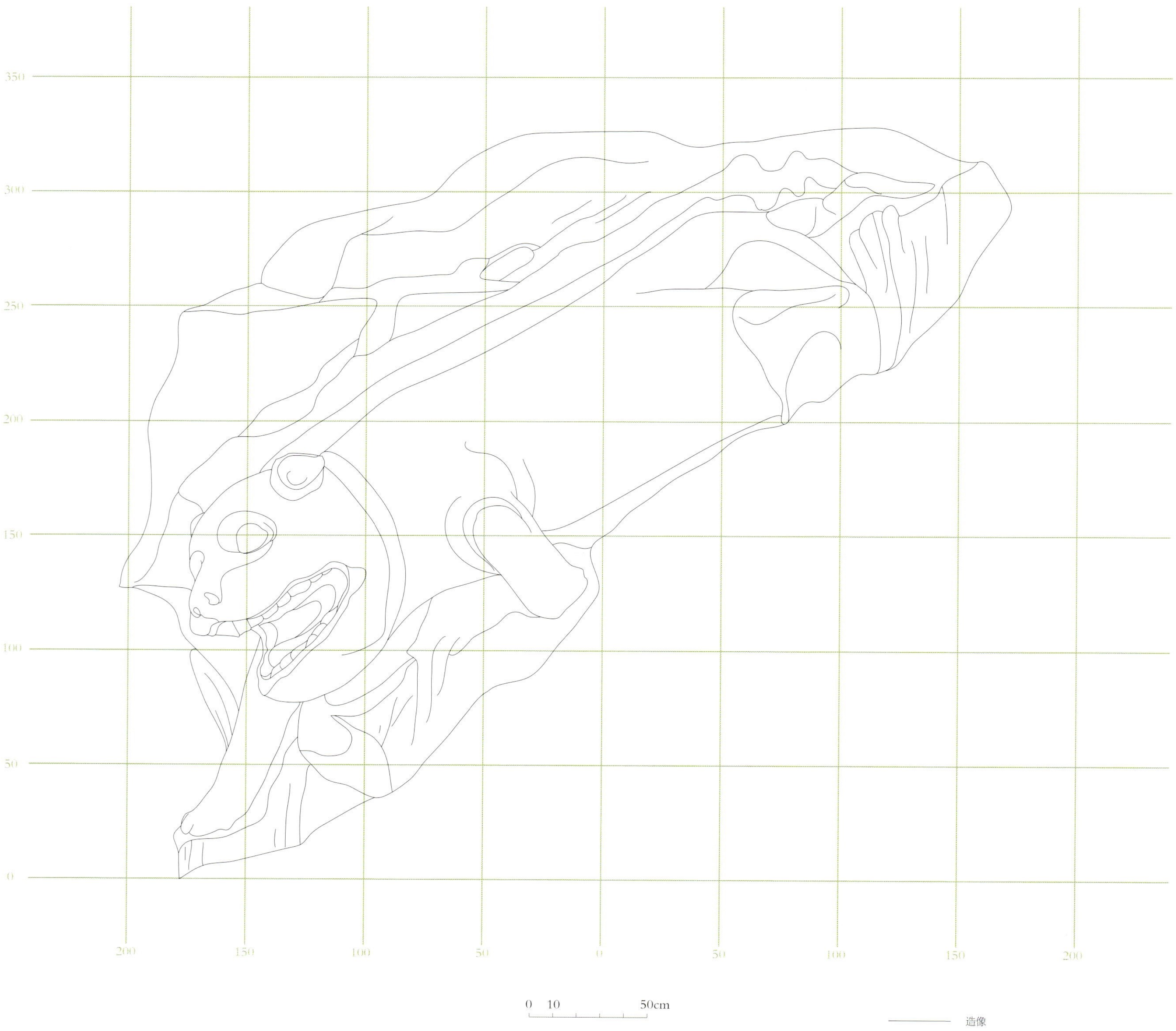

图12 第1号龛立面图

侧，对称各刻护法神立像4身，以及上部相对应的本身像4身；低坛两端圆转处，各刻神像3身和小立像1身。在上述造像壁面空隙处，另刻云纹、山石作背景。

按其造像布局，分为护法神像和左右两端神像两部分记述。

1. 护法神像

为便于记述，将低坛正中护法神像编为第1像，并以此为界，左侧四身护法神像左向依次编为第2—5像，右侧四身护法神像右向依次编为第6—9像；各护法神像头顶上方的小像未单独编号，一并纳入相对应的各护法神像记述（图13）。

第1像　立像高220厘米，头长39厘米，肩宽60厘米，胸厚20厘米（图17；图版Ⅰ：37）。头戴凤翅盔，下颌系带。盔顶缨系带，缨与带向上飘飞。面方，略蚀，眼眶深陷，双目圆睁，鼻头粗大，阔口半开，露齿。肩刻披膊，兽头护肩，内着翻领宽袖袍服，外着甲，腿裙止于双膝处。胸系束甲索，腰系革带，围系抱肚，腹前刻兽头吞，腹下刻鹘尾。革带之下另系腰带，作结后飘垂腹前。下着裤。两前臂刻臂甲，两小腿刻胫甲。身饰飘带，沿肩下垂，飘于体侧。左手握剑尖，右手握剑柄，剑身斜置，剑首饰云纹，剑略残，残长约75厘米。着靴站立。

从主尊盔顶缨发出毫光两道，绕匝一周形成圆环，再沿龛顶水平延伸至龛口左右上角。圆环外径约60厘米，内径44厘米，深6厘米。环内刻坐佛1身，坐高35厘米，头长12厘米，肩宽16厘米，胸厚5厘米（图26；图版Ⅰ：38）。螺髻，面方圆，着双领下垂式袈裟，袈裟下摆垂于环沿上；双手胸前结印，结跏趺坐。

主尊头顶左右侧，即头顶圆环左右，各刻一身迦陵频伽像，作相向飞翔状（图26；图版Ⅰ：39、图版Ⅰ：40）。两像皆人首鸟身，体量相近，身长约59厘米；高髻，长圆脸，身略呈"U"字形，尾上翘。左像双手身前持带茎仰莲，右像双手身前合十。

第2像　立像高219厘米，头长37厘米，肩宽54厘米，胸厚18厘米（图18；图版Ⅰ：41）。头梳双髻，系巾带，前额悬一兽头骷髅；巾带端头扬于头后。巾带之下束璎珞发箍，略蚀；其两侧刻火焰形云纹。面略右侧，眉骨高凸，眼眶深陷，双目圆睁，短鼻粗大，厚唇前凸，阔口紧闭。系圆形莲叶边肩巾，内上着翻领窄袖服，外着裲裆甲；下着短裤，止于膝下。挽袖至肘，前襟锐角垂于腿间，后摆斜向右飘。腿裙止于双膝下部。腰并系革带和腰带，围系抱肚、圆护，圆护之下刻宽大的鹘尾。腰带作结后飘垂腹前。两小腿胫甲。左手屈肘横置胸前，齐腕残断；右手斜上直伸，捻握兽尾。兽刻于肘弯处，略残；其身长腿短，尾长，似鼠。兽系细长绳，长绳斜垂胸前。跣足直立。

该像头部左上方刻立像1身（图27；图版Ⅰ：42）。高49厘米，头长13厘米，肩宽13厘米，胸厚5厘米。头戴冠，方脸略残，袒上身，腰系带，下着裙。身饰飘带，沿肩飘垂体侧。腕镯，左手握拳，斜向上举；右手握飘带，斜置体侧。着靴立于云纹上。云头高约14厘米，宽约36厘米，厚14厘米，云尾左飘后再折向右侧蜿蜒上飘。

第3像　立像高216厘米，头长34厘米，肩宽63厘米，胸厚20厘米（图19；图版Ⅰ：43）。头盔，下颌系带作结。盔呈瓜瓣状，缨呈火焰形，其根部系带作结，带斜飘两侧。面长方，眉骨外凸，眼眶较深，短鼻上翘，阔口半张，下颌刻短须。身蚀甚重，可辨肩巾、袍服、腰带、圆护等装束，腿裙止于双膝下部，小腿胫甲。左手屈肘提一人头，残蚀甚重；右臂展于体侧，自肘部残断。残断处略下壁面小圆孔内插一方形木条。跣足直立，足部分残。

该像头部左上方刻立像1身（图28；图版Ⅰ：44）。立像54厘米，头长14厘米，肩宽18厘米，胸厚6厘米。头冠，面蚀，袒上身，腰系带，下着裙。身饰飘带，沿肩飘垂体侧。左手握持飘带，展于体侧；右手屈肘上举持斧，斧略残。跣足立于云纹上。云纹由三朵云头组成，云尾沿左后侧竖直上飘。

第4像　立像高200厘米，头长35厘米，肩宽60厘米，胸厚20厘米（图20；图版Ⅰ：45）。头残面蚀，面皮外翻。头顶刻狮头，阔口衔其头，作咬合状；狮鬃垂于后侧。身略残，可辨内袍外甲，下着裤，腿裙止于双膝下。腰系革带，围系抱肚、鹘尾。革带下另系腰带，作结后下垂。小腿胫甲。飘带自双肩下垂，外扬于小腿外侧。左手屈肘掀面皮，前臂残，存补塑的黄泥；右臂齐肘残断。跣足，足略残。

该像头顶左上方刻立像1身（图29；图版Ⅰ：46）。高52厘米，头长13厘米，肩宽19厘米，胸厚7厘米。头似戴冠，面残，上身衣饰不明，下着裙。飘带沿肩下垂体侧，双手交握于腹前右侧，跣足立于云纹上。云头高9厘米，宽32厘米，厚8厘米，云尾上飘。

第5像　立像高200厘米，头长36厘米，肩宽52厘米，胸厚27厘米（图21；图版Ⅰ：47）。头残，存补塑的黄泥，身略残，可辨刻披膊，内着翻领袍服，外着甲，下着裤；腿裙垂于双膝之下。腰间并系革带、腰带，围系抱肚，圆护宽大，腹前刻兽面吞。腰带作结后垂于腹前。小腿胫甲。双臂置于体侧，皆自前臂残断，跣足而立。

图 13　第 2 号龛立面图

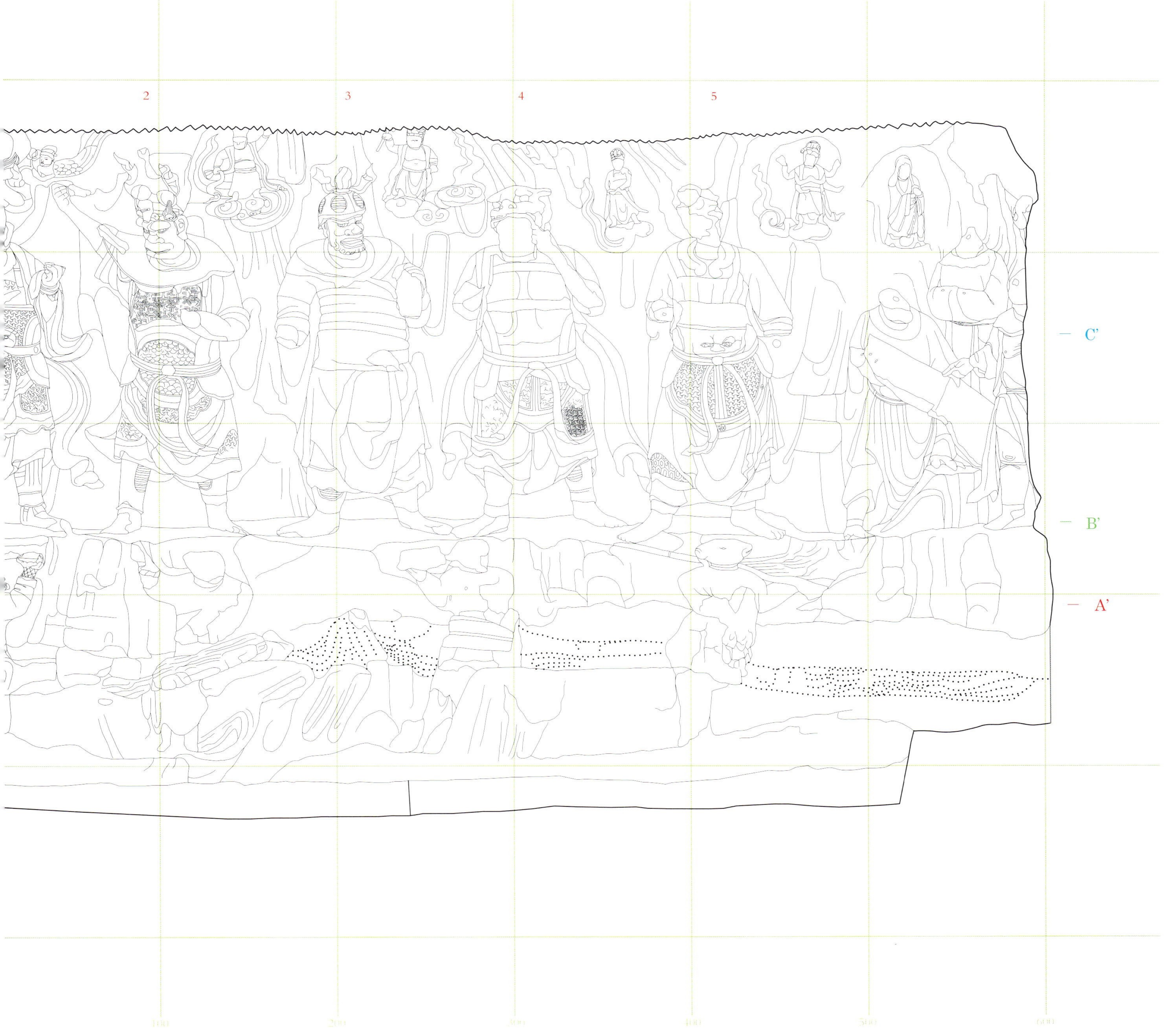

第二章 第1—5号 41

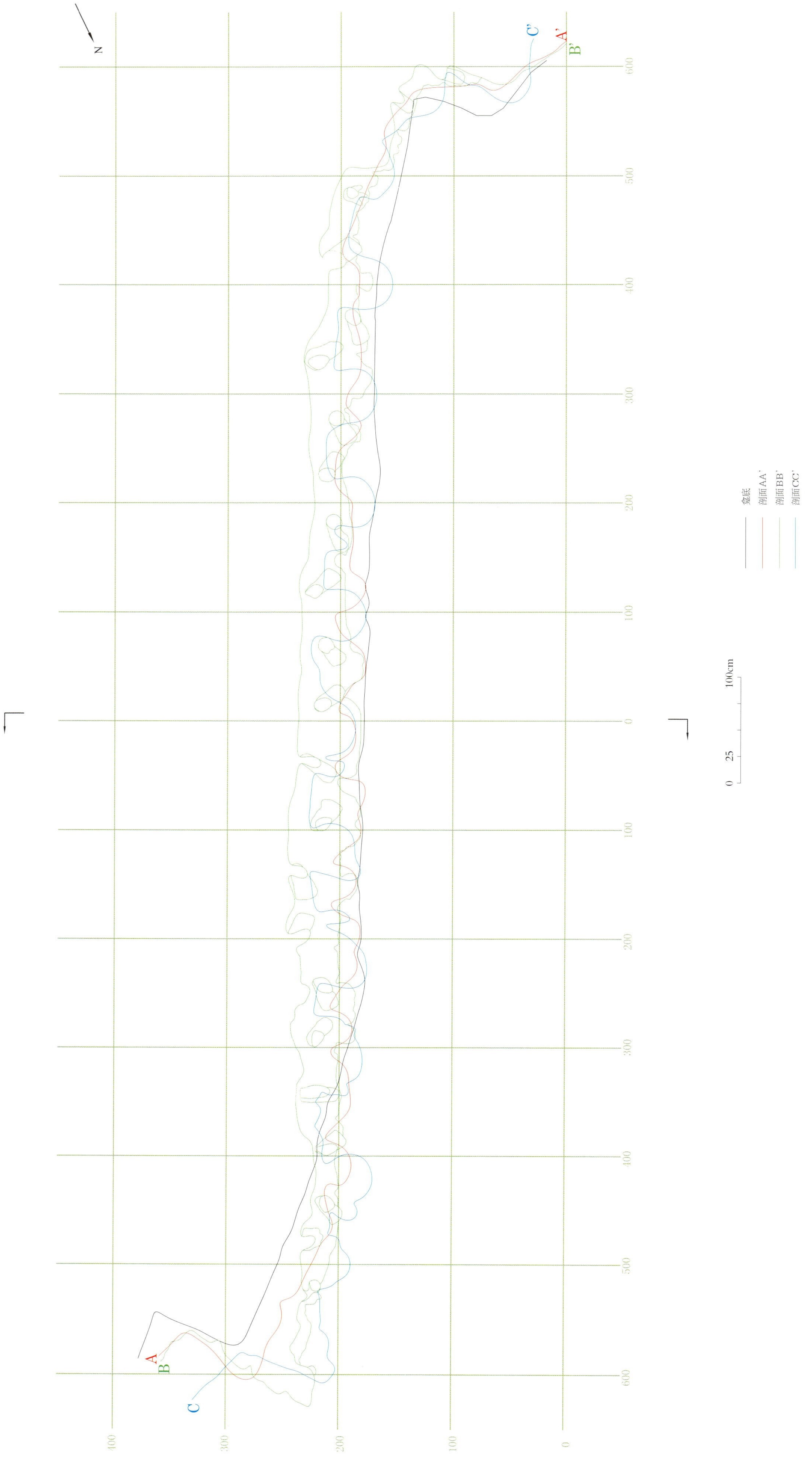

图14 第2号龛平面图

图 15　第 2 号龛剖面图

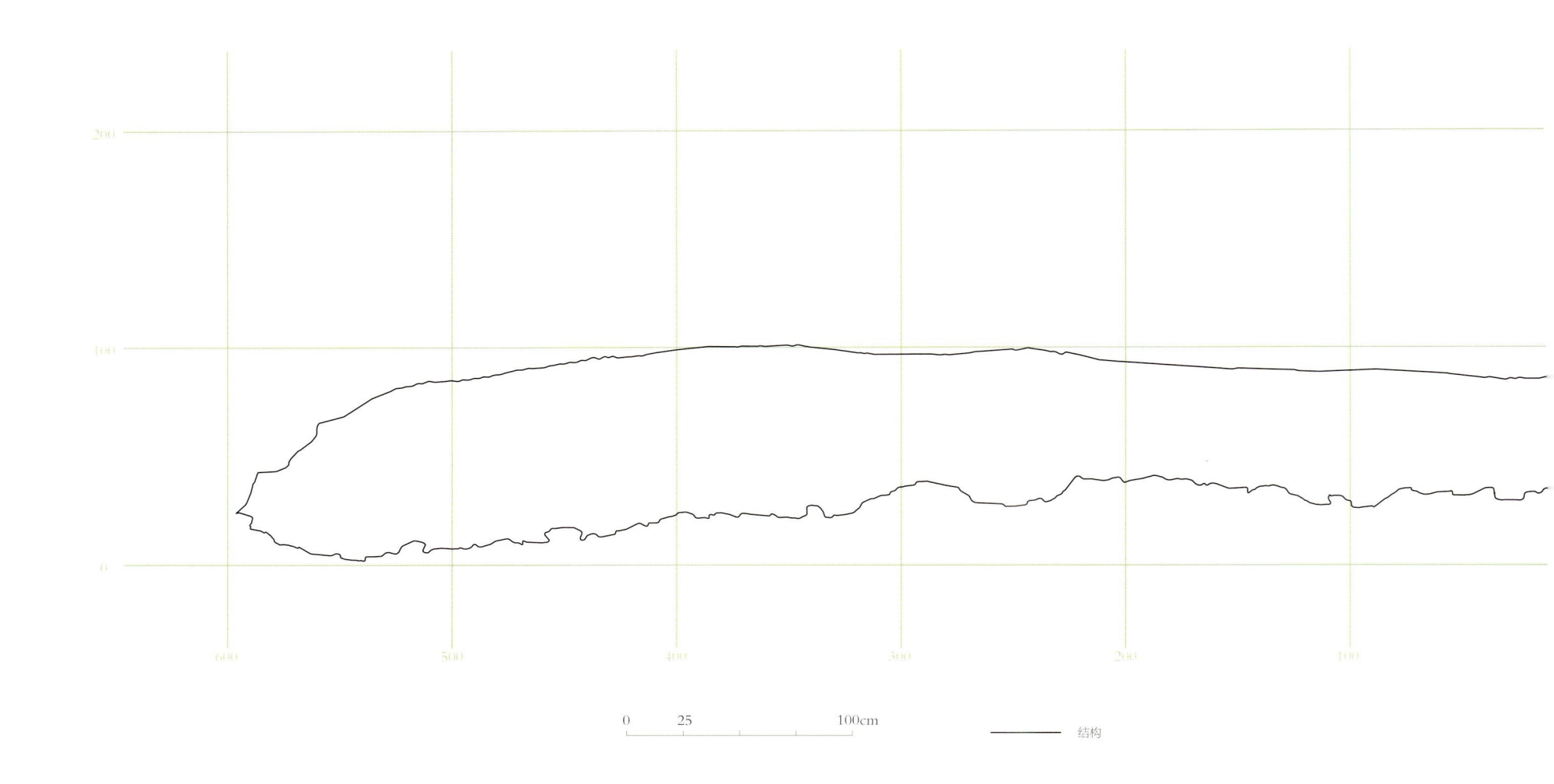

图16　第2号龛龛顶仰视图

该像头部左上方刻立像1身（图30；图版Ⅰ：48）。高63厘米，头长15厘米，肩宽19厘米，胸厚7厘米。头戴冠，面蚀，略右侧。袒上身，下着裙。飘带沿肩下垂，飘于体侧。身六臂，上两手屈肘上举，似持物；中两手胸前似结印；左下手屈肘外展，右下手腹前持剑，皆残。跣足立于云纹上。云头高10厘米，宽27厘米，厚9厘米，云尾上飘。

第6像　立像高190厘米，头长39厘米，肩宽58厘米，胸厚22厘米（图22；图版Ⅰ：49）。头梳髻扎巾，巾带上扬，额前刻一放焰珠。面方，左向侧转，眉骨凸起，双目深陷，短鼻，阔口半开，下颌前伸。刻肩巾，作结。身内袍外甲，下着裤。袍服下摆止于双膝处。腰系革带，围系抱肚、圆护。革带之下另刻腰带，作结飘垂腹前。小腿胫甲，饰刻龙首和龙鳞。左手握一小蛇，左斜向上举，小蛇残绕前臂。右手握拳置腹前，挽袖至肘。跣足站立。

该像头部上方刻立像1身（图31；图版Ⅰ：50）。高43厘米，头长12厘米，肩宽17厘米，胸厚8厘米。头略残，面右侧，袒上身，下着裙，飘带沿肩下垂体侧。双手托持金刚杵，斜靠左肩。双足隐于云纹内。云头高26厘米，宽45厘米，厚12厘米，云尾上飘。

第7像　立像高200厘米，头长35厘米，肩宽66厘米，胸厚23厘米（图23、图32；图版Ⅰ：51）。头蓄长发，呈簇状上扬。头巾绕扎两周后于额前作结，端头呈"U"字形上扬。额前刻骷髅头，面方，略右侧；眉骨外凸，双眼内陷，鼻翼宽大，阔口紧闭。内着翻领窄袖服，外着裲裆甲，腿裙止于双膝处。胸系束甲带，腰系革带，围系抱肚。革带之下刻腰带，作结后下垂腹前。前臂刻臂甲，小腿胫甲。身饰飘带，于腹前圆弧下垂，两端折入革带后再长垂至低坛。左手托持大刀，斜靠左肩；刀全长115厘米，刃最宽处约24厘米；右手横置胸前，略残。跣足站立。

该像头部右上方刻立像1身（图33；图版Ⅰ：52）。高55厘米，头长12厘米，肩宽17厘米，胸厚8厘米。头戴冠，长发后飘，面方，略残，袒胸，腰系带，下着裙。飘带绕颈后沿胸长垂双足外侧。左手握右手腕，右手腹前拄剑。剑全长55厘米。着靴立于云纹上。云头高13厘米，宽24厘米，厚6厘米，云尾上飘。

第8像　立像高199厘米，头长40厘米，肩宽60厘米，胸厚30厘米（图24；图版Ⅰ：53）。头裹巾，巾带上扬于头后。面方，眉

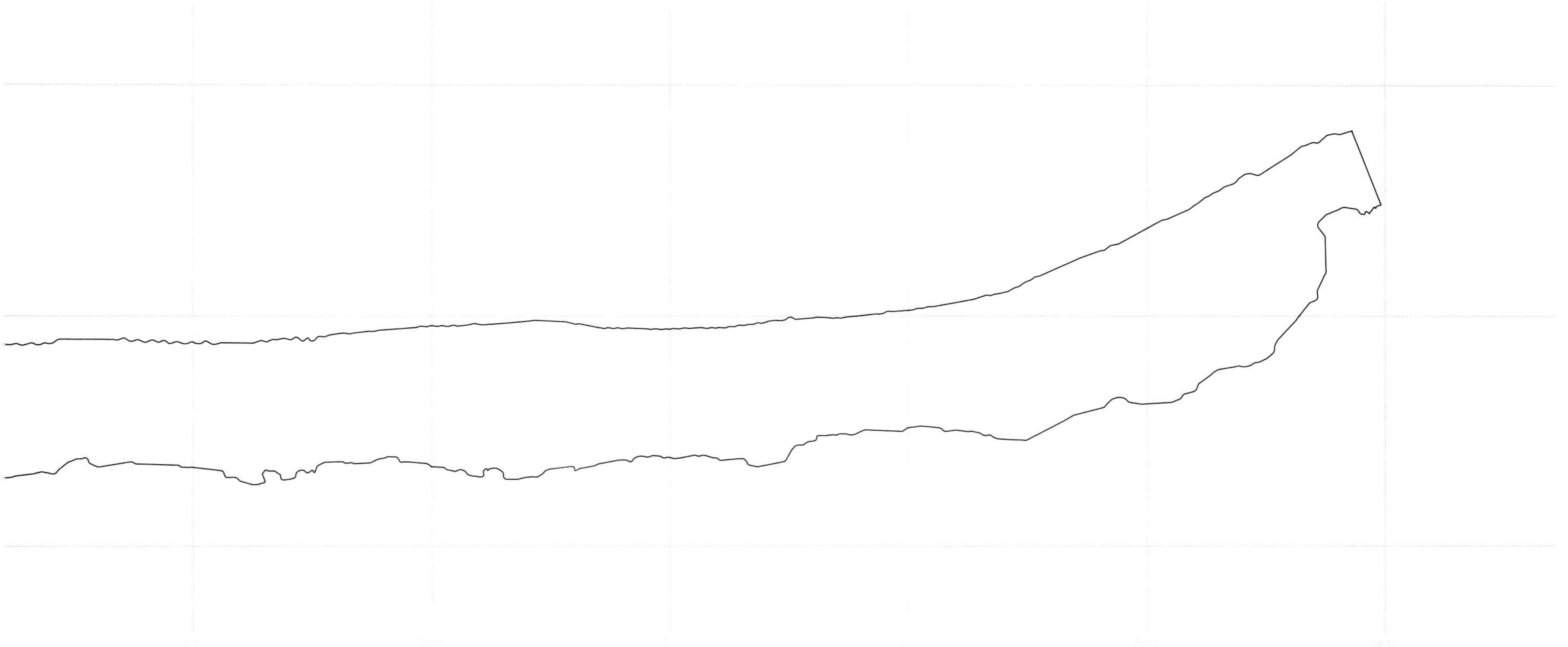

骨凸起，双眼深陷，目光下视；厚唇阔口，刻"八"字形连鬓胡须，下颌稍残。内着双层翻领袍服，内层窄袖，外层宽袖。两层袍服之间显露身甲和少许腿裙边缘。腰系革带，围系抱肚、圆护。革带之下刻腰带，作结后交垂腹前。小腿胫甲。左手胸前持一葫芦，残长约24厘米。自葫芦口飘出光焰，顺前臂向上飘至左肩外侧，并与上方云纹相接。右手屈肘上举头顶，握持短柄圆角方扇。扇全长65厘米，扇面长36厘米，宽25厘米。足靴。

该像头部右上方刻半身立像1身（图34-1；图版Ⅰ：54）。显露高43厘米，头长14厘米，肩宽15厘米，胸厚5厘米。头戴冠，冠带斜飘头部左右。面方圆，上身袒，下着裙。飘带沿肩下垂，飘于体侧。双手胸前横持一铜。身下刻云纹，云尾上飘。

第9像　立像高215厘米，头长40厘米，肩宽63厘米，胸厚25厘米（图25；图版Ⅰ：55）。头戴盔，下颌系带作结，缨上竖。面方，左侧微扬，鼓眼粗鼻，阔口紧闭，露獠牙。刻肩巾，内着翻领窄袖服，外着甲，下着裤，腿裙垂于双膝下部。胸系束甲带，作结，围系布帛。腰系革带，围系抱肚，腹前刻鹘尾。革带之下刻腰带，作结后飘垂腹前。小腿胫甲。腕裹巾，左手握拳，屈肘上举；其上刻一蹲立的猫头鹰，略残。猫头鹰上方另刻相对的两只飞鸟，身长约30厘米，皆垂首敛翅。右手于腰际处提持一物，似瓶，略残。跣足而立。

该像头部右上方刻立像1身（图34-2；图版Ⅰ：56）。高60厘米，头长14厘米，肩宽63厘米，胸厚25厘米。头梳高髻，上着圆领短袖衫，腰系带，下着裙。飘带沿胸下垂体侧。身六臂，上两手斜举，当胸两手结印，左下手斜伸握羂索，右下手斜伸持剑；直身立于云纹上。云头高8厘米，宽27厘米，厚9厘米，云尾上飘。

2. 左右两端神像

上部壁面两端圆转处各刻立式神像3身和小立像1身，共8身。其中，立式神像3身，大致作"品"字形布置（图35、图36；图版Ⅰ：57、图版Ⅰ：58）。各像特征列入表1。

图17 第2号龛低坛上部第1身护法像立面图

图 18　第 2 号龛低坛上部第 2 身护法像立面图

图 19　第 2 号龛低坛上部第 3 身护法像立面图

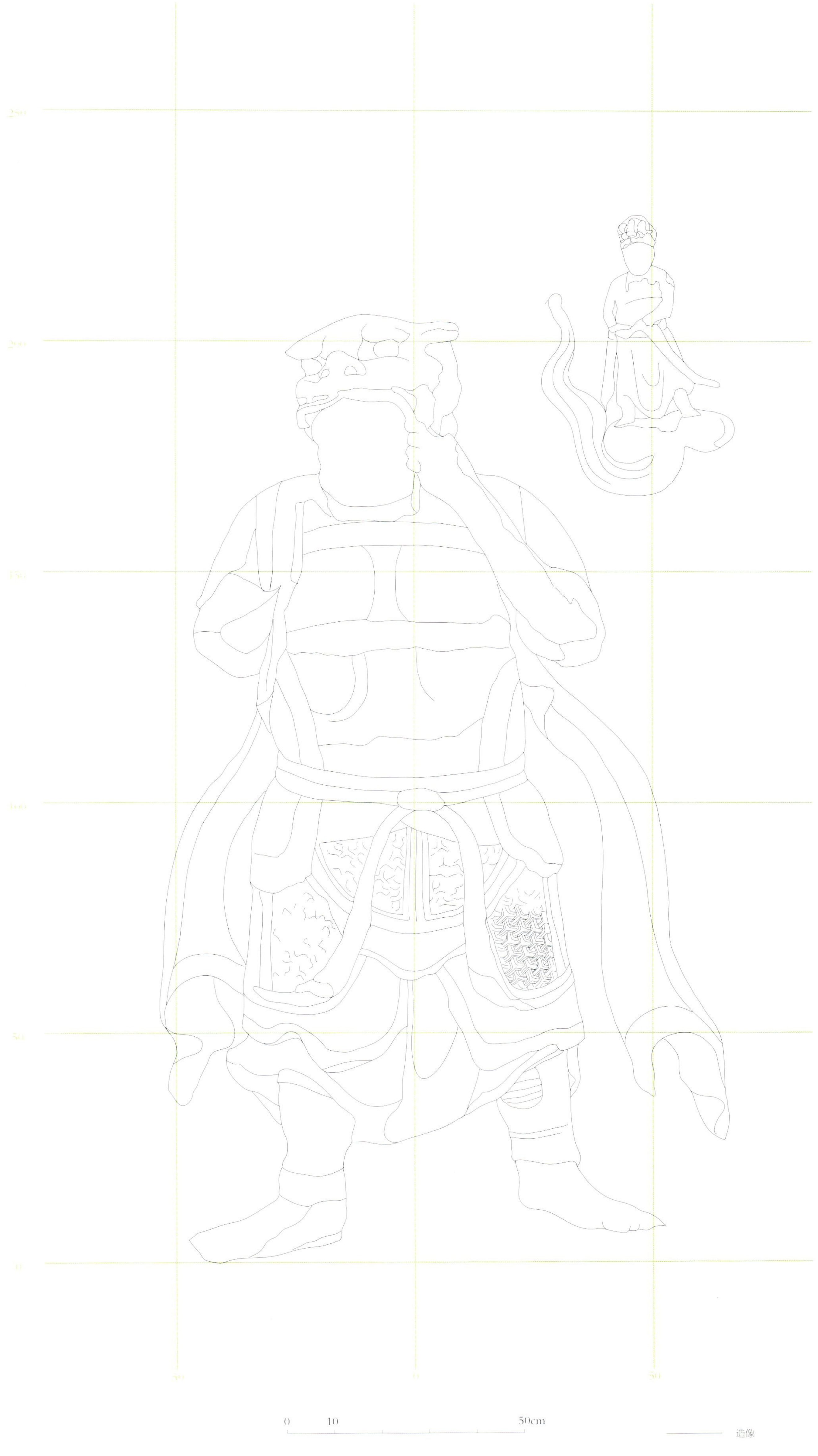

图20 第2号龛低坛上部第4身护法像立面图

图 21　第 2 号龛低坛上部第 5 身护法像立面图

图 22　第 2 号龛低坛上部第 6 身护法像立面图

图 23　第 2 号龛低坛上部第 7 身护法像立面图

图24　第2号龛低坛上部第8身护法像立面图

图 25　第 2 号龛低坛上部第 9 身护法像立面图

图 26　第 2 号龛低坛上部第 1 身护法像上方造像立面图

图 27　第 2 号龛低坛上部第 2 身护法像左上方造像立面图

第二章　第 1—5 号　55

图 28　第 2 号龛低坛上部第 3 身护法像左上方造像立面图

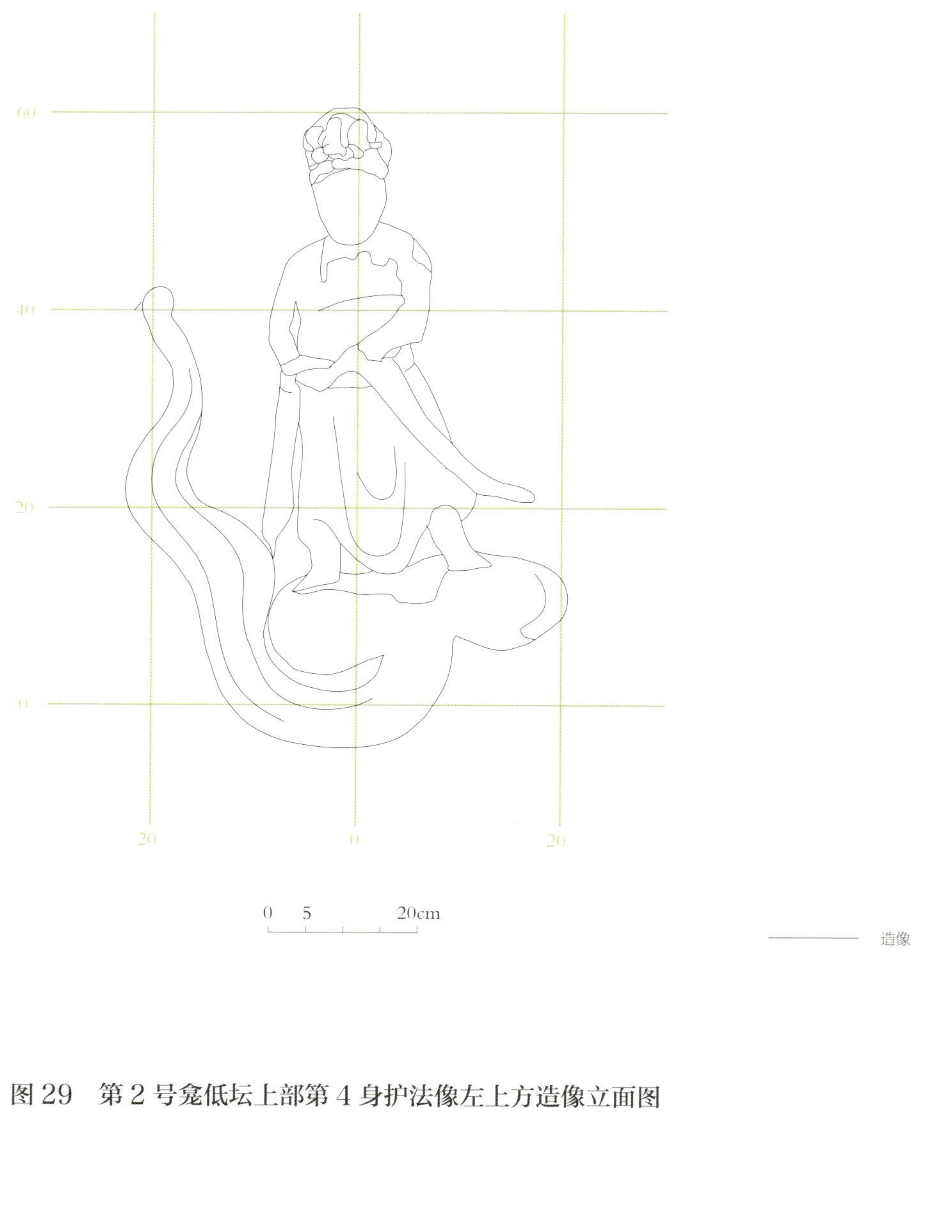

图 29　第 2 号龛低坛上部第 4 身护法像左上方造像立面图

56　大足石刻全集　第六卷（上册）

图 30　第 2 号龛低坛上部第 5 身护法像左上方造像立面图

图 31　第 2 号龛低坛上部第 6 身护法像上方造像立面图

图 32　第 2 号龛低坛上部第 7 身护法像效果图

图 33　第 2 号龛低坛上部第 7 身护法像右上方造像立面图

图 34　第 2 号龛低坛上部第 8、9 身护法像上方造像立面图
1　第 8 身护法像上方造像　　2　第 9 身护法像上方造像

图35 第2号龛低坛上部壁面左端神将像立面图

图36 第2号龛低坛上部壁面右端神将像立面图

图37　第2号龛低坛上部右端右下神将像效果图

表1　第2号龛上部壁面左右端圆转处神将像特征简表

位置	特　征	位置	特　征
左端上方像	头毁，半身，残像立高约117厘米。着圆领长服，腰系带，双手残，笼袖内，横置胸前。	右端上方像	鸟首人身，显露部分，高83厘米。圆眼尖喙，左上斜视。着圆领窄袖服，腰系革带。左手屈肘上上举，似捻一物；右手残，置右膝上。左腿不现，右腿屈膝上抬。
左端左侧像	立像高150厘米。面残，头后飘带上扬。饰肩巾，上着对襟短衫，袒胸露乳，下着短裙，腰带于右腰际作结后下垂，下腿齐膝护腿，左手屈肘外展，握举旗杆，右手右斜伸指簿，作宣读状。腹前腰带内斜置方条物，跣足直身而立，足残。旗面上方刻一鸟，身长48厘米，昂头翘尾，伸颈蹲地，作振翅欲飞状。该像头顶右上方刻立像1身（图版Ⅰ∶59），高54厘米，长发披肩，面蚀，着双层交领宽袖服。双手于左肩处共持一物，着鞋站立。	右端左侧像	立像高147厘米。前额绾髻，面方，头略右下低垂，深目短鼻，阔口微启。上着双层翻领窄袖长服，腰系革带，外层长服一角于右腰折入革带内。革带之下刻腰带，飘垂腹前。下着裤，小腿刻护腿。左手于胸前握拳，右手右下斜置持旗杆，足五爪，直立于低坛上。旗杆全长190厘米，旗缨左飘，旗面右飘。旗面刻一朵云纹，云内刻一立像。立像高48厘米（图版Ⅰ∶60），光头，圆脸略残，内着僧祇支，外着双领下垂式袈裟，下着裙，左手持锡杖，靠于左肩，右手屈肘上举结印，着鞋直立。
左端右侧像	头大部毁，残像立高150厘米。上着翻领窄袖长服，腰系带，下着裤，小腿胫甲，双手握持展开的簿册，向左像递伸。簿长103厘米，宽33厘米，厚8厘米。足三爪，左腿踏山石，右腿直立。	右端右侧像	兽头人身像，高约130厘米（图37）。圆面鼓眼，短鼻阔口，仰面上望。上着圆领窄袖长服，腰系绳带，下着裤，左手挽右手袖，右手斜伸提圆桶，桶高27厘米。身左侧，左脚前伸，足靴，弓身而立。

（二）下部

龛低坛下部壁面大致等距凿刻人形化的造像7身，水平置于山石、云纹间；相邻二像间距约60厘米（图38）。从左至右，将其编为第1—7像。

第1像 羊头人身像（图版Ⅰ：61），位于低坛第5身护法像下方。半身像高88厘米，头顶刻双角，下颌刻胡须，头右侧；身残，存补塑的黄泥。似着圆领长服。左手外展，持棍扛于肩后，棍长131厘米；右手残，似置胸前。下身不现。

第2像 残损甚重（图版Ⅰ：62），位于低坛第3、4身护法像下方。存补塑的黄泥。像残高约127厘米。可辨右手屈肘上举，托方形物。左腿弯曲，右腿直伸，余细节不明。

第3像 残损略重，似鼠头（图版Ⅰ：63），位于低坛第2身护法像下方。像残高约120厘米。衣饰难辨。左手横置胸前，似持物；右手屈肘上举持物，物残。左腿不现，右腿踏地。

第4像 龙首人身像（图版Ⅰ：64），位于低坛第1身护法像下方。像高94厘米，头裹巾，露双耳，方面略残，眉骨外凸，双目深陷，嘴长口阔，侧面向左。着圆领窄袖长服，腰束带。双手屈肘上举外展，托一盘置于头顶。盘高10厘米，宽72厘米，深23厘米；内盛物，物残。手似龙爪，手臂刻龙鳞，左腿不现，右腿刻胫甲，弓步踏地。

第5像 兔首人身像（图版Ⅰ：65），位于低坛第6、7身护法像下方。像高123厘米，长耳，侧面向左，面略残。上着圆领窄袖长服，腰系带，作结下垂，下着裤。双手拱于胸前，握持短柄斧，斧横置，全长51厘米。左腿直立，右腿不现。

第6像 猴头人身像（图版Ⅰ：66），位于低坛第7、8身护法像下方。像高110厘米，光头，圆眼，尖嘴，小耳。上着圆领窄袖服，腰束带，腰系带作结，下着裤。双手屈肘置头部左侧托举一盘；盘高6厘米，宽36厘米，深15厘米；内盛九枚瓜果。左腿屈膝踏山石，右腿直立，足不现。

第7像 头毁（图版Ⅰ：67），位于低坛第9身护法像下方。像残高97厘米，披肩巾，袒上身，下着裙。腰系革带，围系抱肚。革带下系腰带，作结垂于腹前。双膝之下毁。肩扛横置的长柄三叉，叉饰缨，全长约158厘米，其前端外侧刻一蛇，自山石间窜出。左臂平直左伸，握持三叉柄端；右手握拳横置胸前。

四 铭文

大藏佛说守护大千国土经，南宋淳熙至淳祐年间（1174—1252年）。刻于龛壁左端右下立像双手握持展开的簿册上。刻石面高32厘米，宽87厘米。文左起，竖刻16行，存71字，楷体，字径3厘米（图版Ⅱ：1）。

01　正是
02　□山一寸地土一
03　树丛林一钱物及
04　飞禽杂类等各□
05　华严大斋八万□
06　千会每会转□
07　藏经一遍□□
08　不许人妄□□
09　心侵犯谋害□
10　物命仰三界□
11　法八大六通□
12　守护若依□□
13　佛戒同护[1]□□

---

[1] 此"护"字《大足石刻铭文录》录为"获"。重庆大足石刻艺术博物馆编：《大足石刻铭文录》，重庆出版社1999年版，第94页。

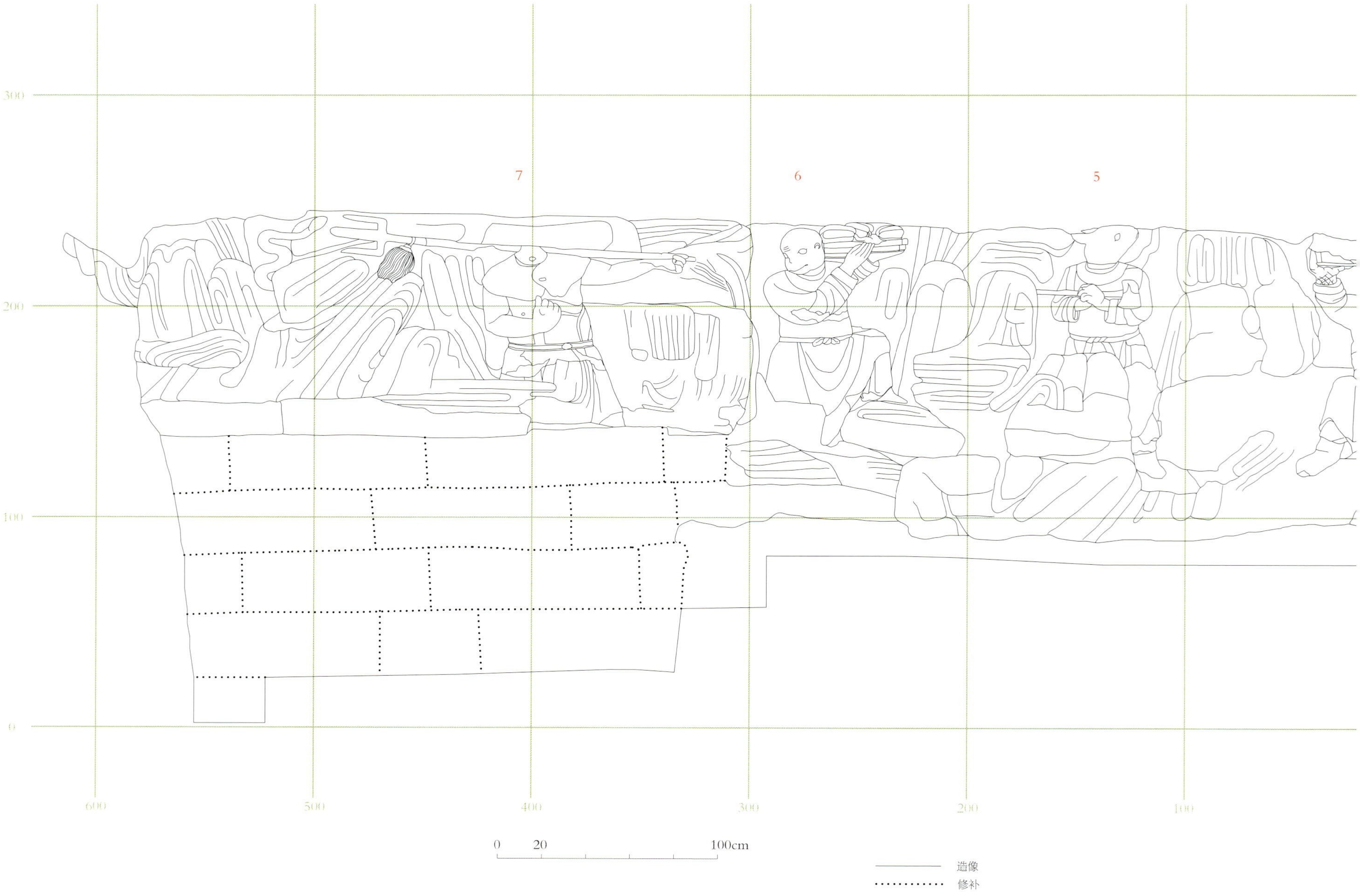

图38 第2号龛低坛下部造像立面及编号图

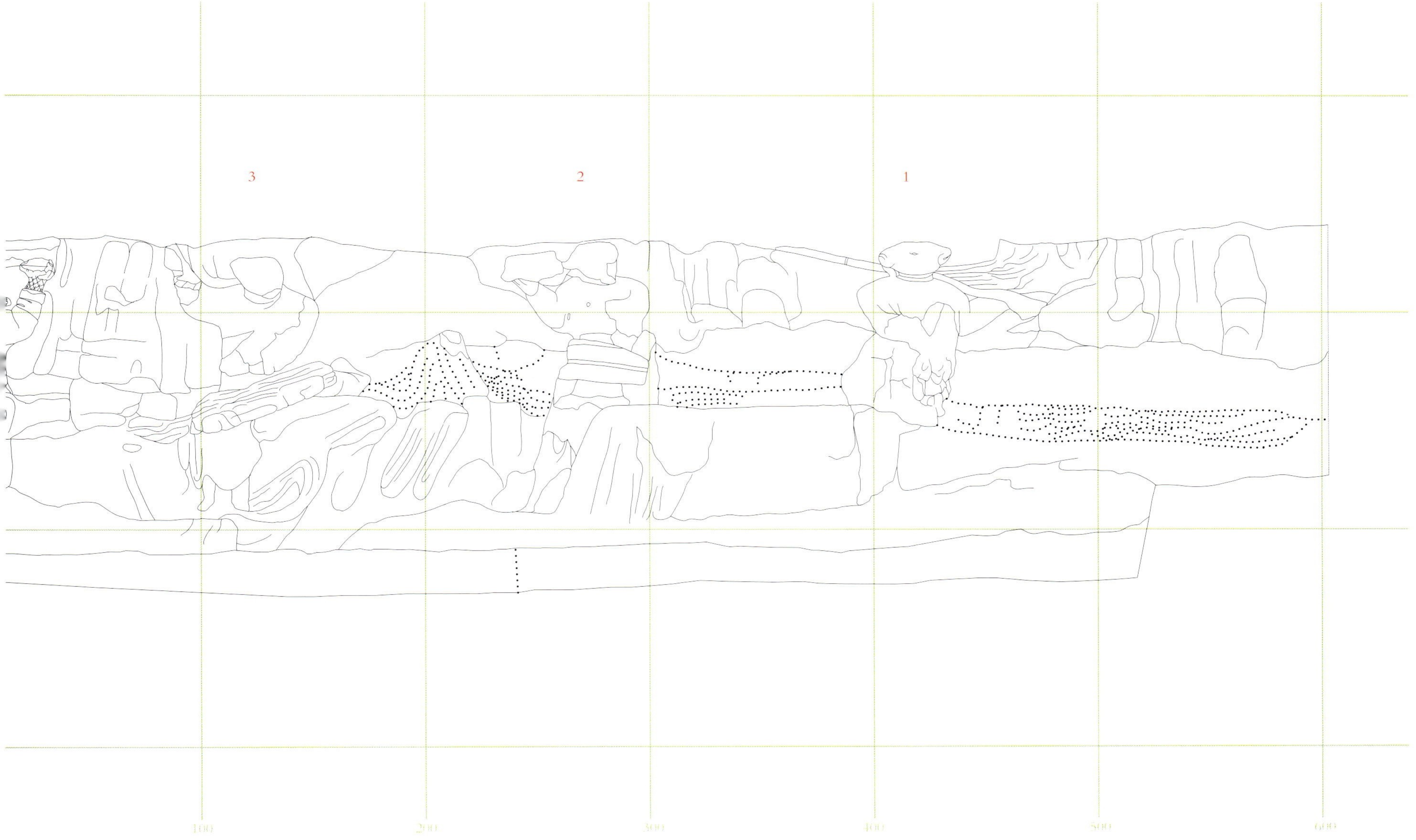

第二章 第1—5号 65

14　富贵长远□□
15　佛语受□□□
16　□三□□□[1]

五　晚期遗迹

龛内造像残损略重，后世曾以黄泥补塑，现局部脱落。造像手臂的残断面，存较小的圆孔，应是补塑遗留的痕迹。第2身护法像右臂下方和第3身护法像右胸处的圆孔内存嵌插的木条。

龛低坛右下角毁。1953年加固岩基时，以六级条石叠砌修补。修补面最高145厘米，最宽240厘米。修补面与第3号龛左下补砌条石面相接。

龛壁下部与地坪相接处，后世填砌一级条石，并以水泥抹面。抹面全长510厘米，高18厘米；左端始于龛壁中部，右端止于右下补砌的条石面。

龛壁存灰白色、红色等两种涂层。

造像保存有黑色、黄色、红色、蓝色、绿色、灰白色等六种涂层。

主尊头顶上方圆环坐佛、左右侧迦陵频伽像以及第5身护法像上方壁面的小立像贴金箔。

第四节　第3号

一　位置

位于第2号龛右侧。左与第2号龛右侧转折壁面相连，右与第4号龛紧邻；上为岩檐，下距现地坪141厘米。

龛口西北向，方向332°。

二　形制

龛口大致呈竖长方形，通高约720厘米，最宽约480厘米，檐口至后壁最深约147厘米（图39、图40、图41、图42；图版Ⅰ：68）。左上角为斜向的外凸岩檐，略呈弧形；右上角岩檐与第4号龛岩檐水平相接。左下角岩体毁，现以四级条石填砌。龛底形状不规整，最深约74厘米，最宽约274厘米；下为竖直壁面，壁面高112厘米，存密集的凿痕；其底部为一左高右低的平台，台面宽约315厘米，深120厘米，高出现地坪29厘米。龛壁中部竖直，左右侧圆转外凸。龛顶即为外挑的岩檐底部，平顶，略呈方形。

三　造像

龛中刻主尊转轮王立像1身，舒展双臂抱持巨大轮盘；其头顶上方横刻坐佛像3身；巨轮左右下缘外各刻立像2身。龛右下角刻"猫鼠图"。其余空隙壁面饰刻山石、云纹等（图39）。

按造像布置，大致分为主尊像、轮盘造像、轮缘造像、猫鼠图等四部分。

1　《大足石刻铭文录》据佛祖岩刻经对本则铭文补录4字，详见重庆大足石刻艺术博物馆编：《大足石刻铭文录》，重庆出版社1999年版，第94页。

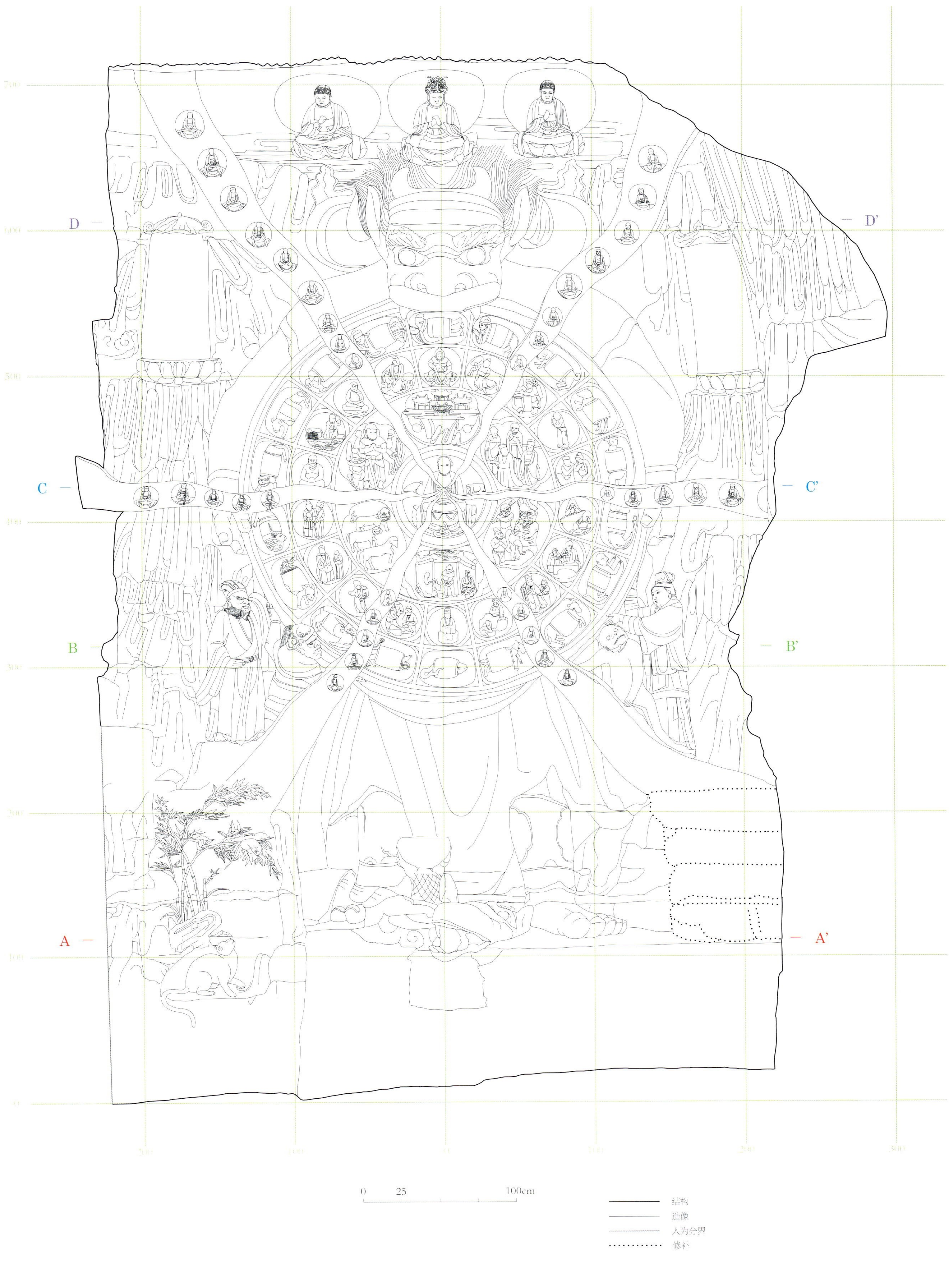

图 39　第 3 号龛立面图

第二章　第 1—5 号　67

图 40　第 3 号龛剖面图

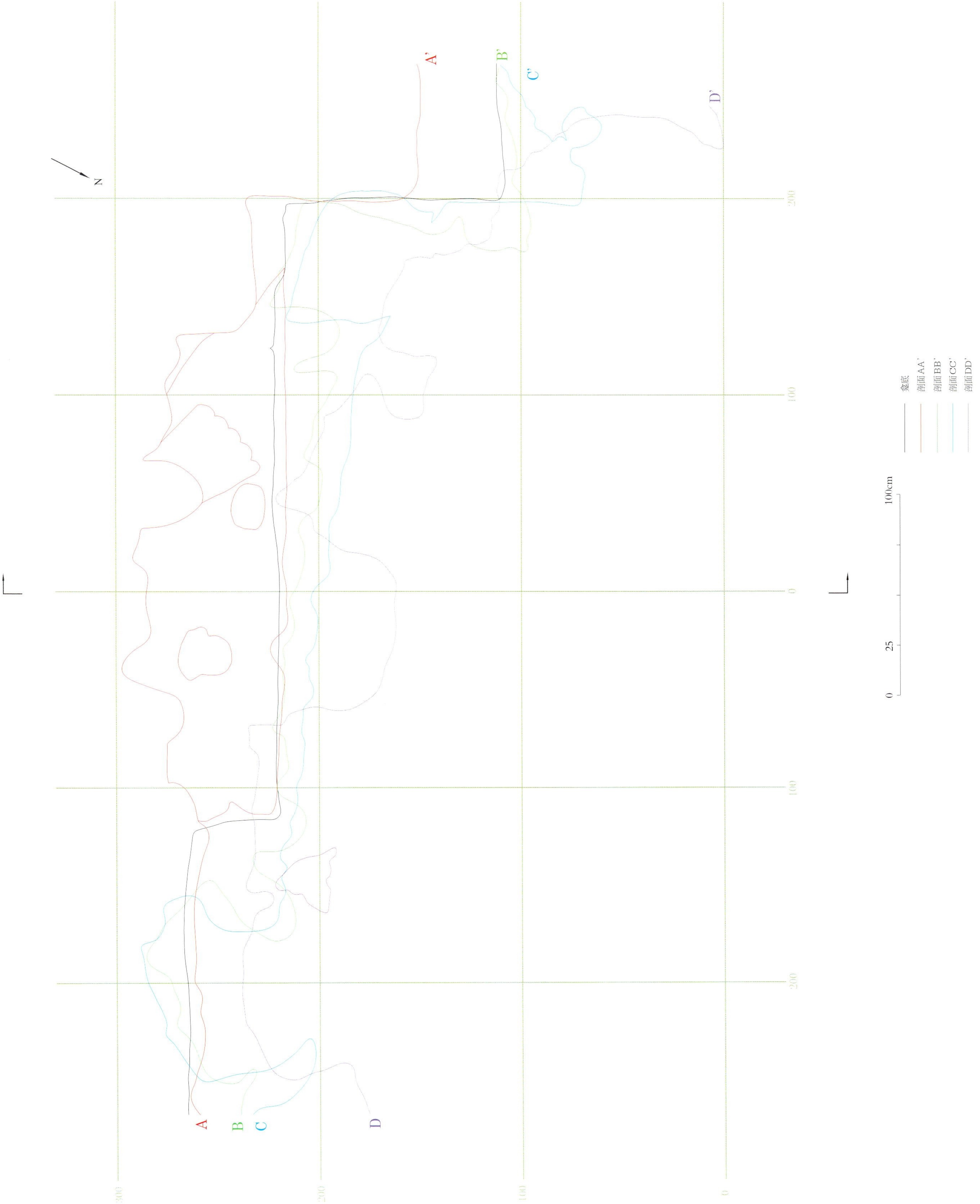

图 41　第 3 号瓮平面图

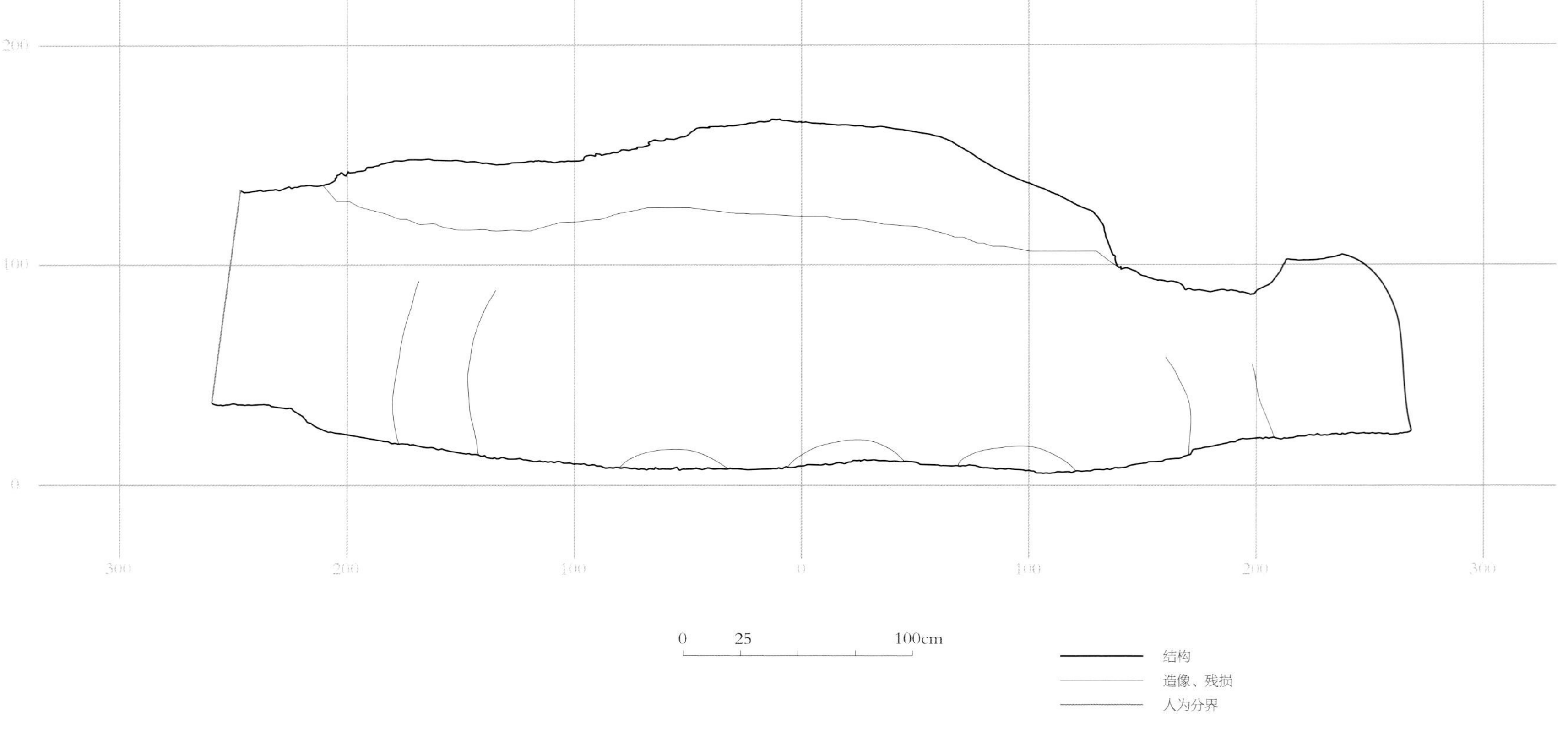

图 42　第 3 号龛龛顶仰视图

（一）主尊像

立像通高538厘米，其中头长66厘米。蓬发上竖，露"U"字形双角，形似牛角。扎头巾，作结后外展两侧。面方正，浓眉鼓凸，眼眶深陷，双目圆睁，鼻粗短，鼻翼宽大，厚唇阔口，露齿咬轮沿。长耳竖直，耳廓外翻。腕镯，舒展双臂抱持巨轮。系肩巾，衣束大部被轮盘遮挡，自轮盘下部显露短裙及袍服，小腿胫甲。腰带斜垂双腿体侧，赤足站立。两足间刻张口向外的龙头，显露部分，高34厘米，宽42厘米，长100厘米（图版Ⅰ：69）。龙口为一圆形孔洞，孔径18厘米，深20厘米，残留烟熏的黑色痕迹。龙头右侧刻一竖直向上的龙腿，四爪举握一圆钵。龙腿显露高21厘米；钵通高24.5厘米，外径35厘米，内径24.5厘米，深5.5厘米。

主尊像头顶上方横刻坐佛3身（图43；图版Ⅰ：70）。佛像体量相近，坐高约52厘米；浅浮雕圆形素面背光，直径约65—70厘米。特征略同，皆面长圆，颈刻三道肉褶线，内着僧祇支，系带作结，外着双领下垂式袈裟，下着裙。袈裟和裙摆覆搭座台前。腕镯，结跏趺坐于三重仰莲台上。台高14厘米，宽44厘米，厚17厘米。其中，中佛像头戴卷草冠，冠沿露螺髻，冠带作结下垂于肩后；冠正面下部刻团花，生出两道毫光，交绕后上至冠顶，再向左右分作两道斜飘，毫光分叉处另刻一放焰珠；双手置胸前结智拳印，略残。左佛像头布螺发，左手腹前托钵，右手屈肘上举胸前结印。右佛像头布螺发，左手置腹前，右手屈肘举胸前。

（二）轮盘造像

主尊怀抱的轮盘直径273厘米，厚34厘米。从内自外，分刻四圈造像（图版Ⅰ：71）。

1. 第一圈

为轮心，作圆形浅龛，直径58厘米，深7厘米。龛内刻卷发人坐像1身（图44；图版Ⅰ：72）。像坐高49厘米，面圆，略蚀，颈刻三道肉褶线。内着僧祇支，外着双领下垂式袈裟，袈裟袖摆与下摆覆于座前。双手腹前结禅定印，结跏趺坐于仰莲台上。台高6厘米，宽46厘米，厚9厘米。坐像左臂外侧刻一猪，部分残，头右尾左，身长12厘米，高7厘米。右臂外侧刻一蹲立的鸽子，略残，头左尾右，身长12厘米，高6厘米。坐像座台下部刻一卷曲的蛇，曲颈昂头。

自坐像胸部发出六道毫光，呈放射状向其双肩、两腰、双膝方向飘出，将轮盘均分为六个部分（图39；图版Ⅰ：68）。毫光浮雕于轮盘之上，自轮心向外，逐渐由细窄变宽扁，贯穿轮盘后，与龛外岩壁相接。上两道毫光长约350厘米，最宽约24厘米；中两道毫

图 43　第 3 号龛主尊像头顶上方三佛像立面图

图 44　第 3 号龛轮盘轮心造像立面图

第二章　第 1—5 号　71

光长约310厘米，最宽约23厘米；下两道毫光长约320厘米，最宽约22厘米。六道毫光上皆凿刻数量不等的圆形浅龛。龛径由轮心向外逐渐变大；最大者，直径约20厘米，深5厘米；最小者直径约11厘米，深2.5厘米。圆龛内皆刻坐像1身，计38身。其中，左上毫光8身，右上毫光9身，左侧毫光6身，右侧毫光5身，皆为佛像；左下和右下毫光各5身，皆为菩萨像。

毫光上的圆龛坐像皆部分残，可辨特征列入表2。

表2　第3号龛轮心毫光圆龛坐像特征简表

位置	数量（身）	造像特征
左上	8	皆佛像。螺髻，面圆，内着僧祇支，除从内至外（下同）第2像着偏衫式袈裟外，余皆着双领下垂式袈裟；结跏趺坐低台上。其中，第1、3、4、6、8像双手于腹前笼袈裟内，第2像双手腹前结印，第5像双手腹前托钵，第7像双手腹前持如意。
右上	9	皆佛像，特征与左上佛像略同。其中，第3像着偏衫式袈裟。第8像着双领下垂式袈裟，袈裟一角敷搭右肩。第1、2、4、5、7、9像双手腹前笼袈裟内，第3、8像双手腹前结印，第6像双手胸前结印。
左侧	6	皆佛像，特征与上述佛像略同。其中，第1像双手毁，第2、4、6像双手笼袈裟内，第3像双手腹前结印，第5像左手抚膝，右手胸前结印。
右侧	5	皆佛像，特征与上述佛像略同。其中，第4像着偏衫式袈裟，双手腹前结印；余像双手皆腹前笼袈裟内。
左下	5	皆菩萨像。头戴冠，面残，内着僧祇支，外着双领下垂式袈裟，双手腹前笼袈裟内，结跏趺坐于低台上。
右下	5	皆菩萨像，特征与左下菩萨像略同。

2. 第二圈

圆圈直径约152厘米，六道毫光将其均分为六个部分。各部分形如扇面，内各减地刻像1组，计6组（图45；图版Ⅰ：71）。

中上组　底部刻须弥山，山尖左右各刻一圆轮，直径6厘米，左轮墨书"日"字，右轮墨书"月"字；其上刻环绕的云纹，以示天宫（图46；图版Ⅰ：73）。云纹上承单重庑殿式楼阁四座，呈前、后、左、右四方布置。楼阁皆四柱三间，面阔10厘米，通高14厘米，屋身剥蚀，檐口呈弧线，屋面刻瓦垄瓦沟，正脊略呈"U"字形，端头饰鸱尾。

左上组　刻立像4身，呈上下两排交错布置（图47；图版Ⅰ：74）。从上至下，从左至右，第1像显露高24厘米，头戴冠，面残，可辨着长服，外罩披风，于颌下作结；双手残，置胸前。第2像显露高14厘米，头戴冠，面残，着圆领宽袖长服，双手笼袖内，置于腹前右侧。第3像显露高33厘米，头戴展脚幞头，面残，着圆领宽袖长服，腰系带；左手腹前夹持笏板，右手前伸，搭第4像左肩上。第4像显露高31厘米，头戴冠，扭头回望第3像，着交领宽袖长服，腰束带，左手笼袖内，斜垂体侧，右手屈肘托方形物。

右上组　中刻神将立像1身，高48厘米（图48；图版Ⅰ：75）。长发上竖，三面，略残。刻肩巾，上身袒，下着裙，腰系抱肚。身八臂，当胸两手拱于胸前；上两手屈肘托举圆轮，其中左轮残存墨书"日"字；左中手握弓，右中手握旁牌，左下手持羂索，右下手腹前握剑；足登靴。神将右下方刻立像1身，高16厘米。头顶盘，盘长11厘米，高2厘米，厚4厘米，内刻莲花、花果等物。扭颈仰面，斜上观望；上身袒，下着裙；左手叉腰，右手屈扶头顶上方盘。左腿直立，右腿屈膝上抬，足不现。

中下组　刻一座城楼，最高35厘米，通面阔39厘米（图49；图版Ⅰ：76）。城楼顶部刻七个墙垛，呈内三外四间置。城楼中设方形城门，高22厘米，宽16厘米。门前刻一马面人身狱卒立像，高约23厘米。上着肩巾，下着犊鼻裈；双手斜伸，拖拽身右侧罪人头部。罪人像头大部残，残高9厘米，衣饰不明，可辨双手捆缚于后背，斜坐于地，双腿蹬地，作挣扎状。门上方城墙刻一蛇，头右尾左作前行状。左侧城墙前刻一油锅，锅下刻火焰，锅内烟气上飘，以示沸腾。右侧城墙前中刻一犬，大部残，似蜷身咬蛇，作扑噬状；底部另刻少许火焰。

左下组　刻像4身（图50；图版Ⅰ：77）。左刻一饿鬼坐像，高44厘米。头硕大，蓬发上竖，双眼鼓凸，张嘴吞咬身前罪人头部。上身袒，下着犊鼻裈，双手持罪人作举送状。身略右侧，曲左腿、竖右腿而坐。罪人高28厘米，头没入饿鬼口中，上身袒，背向外，下着犊鼻裈，双手抓扶饿鬼手臂，足蹬踏饿鬼双腿，作挣扎状。右上刻一狱卒立像，高34厘米，光头，圆面，扭颈左侧，上身袒，下着犊鼻裈，双手持棍扛于右肩。右下另刻一罪人立像，高26厘米，梳髻，面圆，略残，仅着犊鼻裈，双手拱于胸前，作哆嗦状。

右下组　纵向刻三头牲畜，皆昂首向左，扬前蹄作行进状（图51；图版Ⅰ：78）。上为狮，身长27厘米，高17厘米。中为牛，身长20厘米，高17厘米。下为马，头残，身长28厘米，高18厘米。

图 45　第 3 号龛轮盘第二圈造像立面图

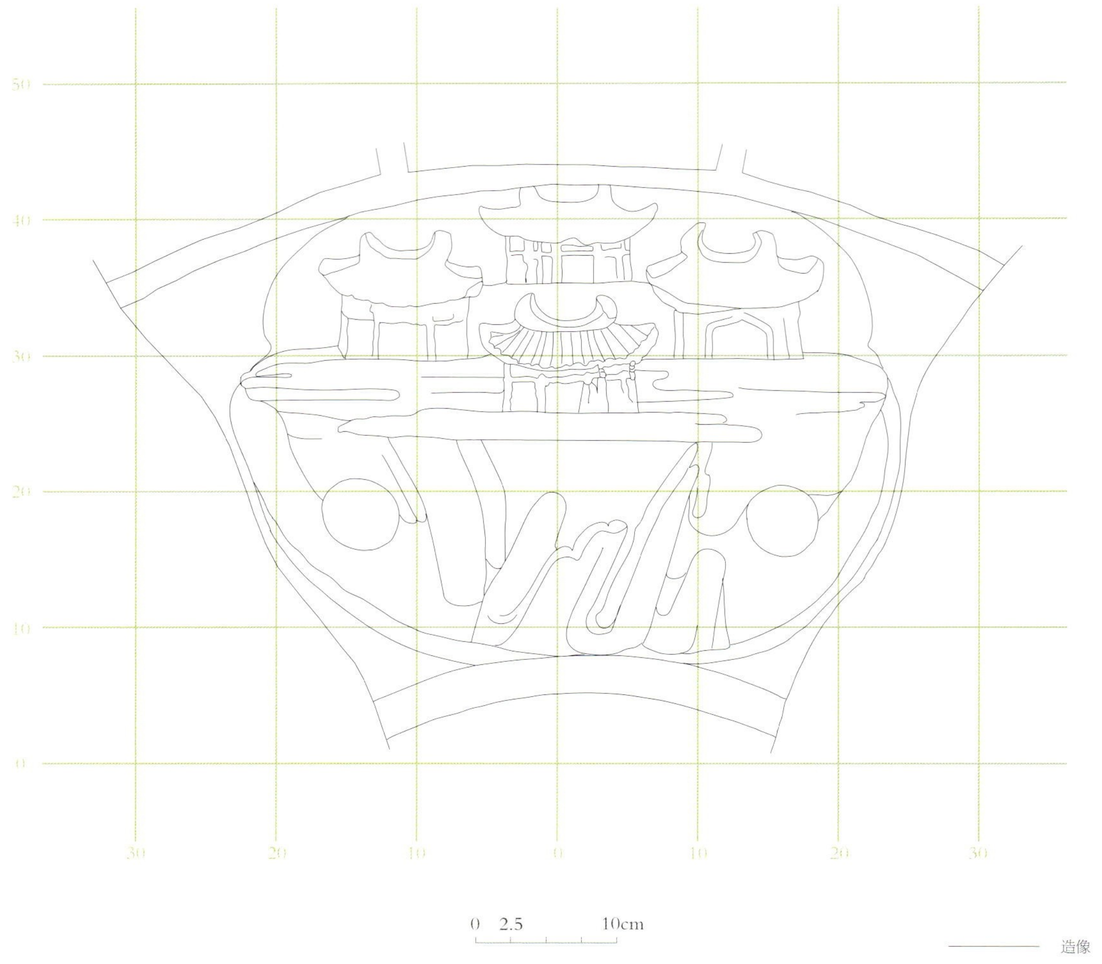

图 46　第 3 号龛轮盘第二圈中上组造像立面图

图 47　第 3 号龛轮盘第二圈左上组造像立面图

图 48　第 3 号龛轮盘第二圈右上组造像立面图

图 49　第 3 号龛轮盘第二圈中下组造像立面图

3. 第三圈

圆圈直径约215厘米，亦被毫光均分为6个部分，每部分刻梯形小格3个，计18个（图39；图版Ⅰ：71）。格内皆凿一圆龛，直径30厘米，深5厘米。龛内各减地造像1组，计18组。从上方正中圆龛像始，按逆时针方向将圆龛造像通编为第1—18组（图52）。现将各组造像情况列入表3。

表3　第3号龛轮盘第三圈圆龛造像特征简表

组号	造像
1	刻一武将坐像（图版Ⅰ：79）。像坐高27厘米，头戴盔，圆脸略蚀，肩刻披巾，着甲衣；左手撑左大腿，右手持剑拄地，足靴，端坐于低台上。
2	刻一坐像（图版Ⅰ：80）。像坐高28厘米，头梳髻，面左侧，着交领宽袖长服，腰带束衣；左手撑台，右手置右膝上；垂左腿，竖右腿坐于低台上。其身左侧刻一座三足香炉，高约9厘米。
3	刻一坐像（图版Ⅰ：81）。像坐高18厘米。光头，面残，衣饰不明，双手腹前结印，结跏趺坐于低台上。
4	刻一渔翁（图版Ⅰ：82）。像高19厘米，头巾，面残，着交领窄袖服，左手屈肘上举，右手置身前，皆残；弓步立于船头。船显露大部，船头方形，船舱后侧刻船篷，篷上饰竹条纹。船下刻横向的水波纹。
5	刻一坐像（图版Ⅰ：83）。像坐高20厘米，光头，圆脸，身略胖，衣饰不明，双手腹前捧珠，结跏趺坐。
6	刻两像握手相对而立（图版Ⅰ：84）。左为男像，高23厘米，头戴冠，面残，着宽袖长服，双手握右像双手，着鞋。右像为女像，高23厘米，头梳髻，面残，上着对襟窄袖齐膝衫，下着裙，双手与左像交握。
7	刻一立一坐两身像（图版Ⅰ：85）。右坐像高25厘米，头残，着交领宽袖长服，双手笼于腹前，端坐于低台上。左立像高18厘米，头残，着交领长服，腰束带，双手残，置腹前，躬身面右坐像直立。
8	刻一立式女像抱一小孩（图版Ⅰ：86）。女像立高23厘米。头面皆残，着交领窄袖长服，左手抱小孩，右手残，屈肘外展。小孩头毁，残高8厘米，着圆领窄袖衫，左手斜垂，右手攀于女像后颈，交足而坐。
9	刻二像（图版Ⅰ：87）。左为一女像，显露高18厘米。头梳髻，面长圆，下颌残，着交领窄袖服，双手屈置腿上，呈蹲坐状。其身前刻低台，上置一瓦罐，略残。右为一立式男像，高23厘米。头巾，面圆，上着圆领窄袖服，下着裤；左手屈举头部左侧作挥打状，右手置腹前，侧身向女像，抬左腿踢女像身前瓦罐。
10	刻一坐像（图版Ⅰ：88）。像坐高24厘米，头巾，面蚀，着交领宽袖服，双手残，置胸前，端坐于低台上。
11	刻像两身（图版Ⅰ：89）。左上刻一孕妇，高20厘米。头梳髻，面方圆，袒胸，着对襟服，下着裙。左手撑台，右手抚胸；垂左腿，盘右腿，斜躺于床榻上，作生产状。床前刻一像，高约10厘米，头毁肩残，衣饰不明，可辨双手前伸，躬身蹲坐作接生状。其身前刻一圆盆。
12	刻立像两身（图版Ⅰ：90）。右为一老者立像，高20厘米。头巾，方面微扬，下颌刻须。着交领宽袖长服，左手斜垂，隐于袖内，右手屈肘拄杖，着鞋直立。左立像高20厘米，头梳髻，面残，着圆领窄袖长服，腰系带；双手斜伸搀扶老者左臂。
13	刻像两身（图版Ⅰ：91）。左像盘坐于榻上，坐高16厘米。头巾，面蚀，着交领服，袒胸露乳，双手残，似置膝上；盘左腿，竖右腿而坐。右像高16厘米，头顶残，面圆，上着窄袖短衫，下着裙；双手捧汤碗前伸，侧身向左作侍奉状。
14	中刻一方棺（图版Ⅰ：92）。棺后侧刻一像，显露半身，高约11厘米。头披麻布，双手掩面，作哭泣状。棺前刻一坐像，高约17厘米，亦头披麻布，着宽袖长服，左手撑地，右手掩面恸哭；盘左腿，竖右腿瘫坐于地。
15	刻坐像两身（图版Ⅰ：93）。左为女像，坐高20厘米。头梳髻，圆脸，满面愁容；着对襟衫，左手置腹前，右手屈肘置颌下；盘左腿，竖右腿而坐。右为男像，坐高约18厘米，头巾，衣饰不明，侧面向女像，左手置大腿上，右手屈肘抚女像右肩，作安慰状，盘腿而坐。
16	刻一立像（图版Ⅰ：94）。侧身向右，像高24厘米，头残，似梳髻，着宽袖长服，腰束带，双手隐于袖内，举至脸右作掩面哭泣状。
17	刻像3身（图版Ⅰ：95）。左侧立一女像，高24厘米，梳髻，头低垂，着长服，腰系带，下着裙；身负背篓，内有一小孩，露半身，高4厘米，双手扶女像双肩，探身作张望状。女像面对右侧男像站立，双手前伸与男像作抓握状。右侧男像高24厘米，梳髻，面圆，着圆领长服，腰系带，下着裤。左手向前作推却状，右手残，置胸前，直身站立。
18	刻一立像牵一马（图版Ⅰ：96）。立像高24厘米，头梳髻，面残，着圆领窄袖长服，腰束带，左手斜置腹前，右手屈肘置于马头左侧，牵持缰绳。马刻于立像身后，身长26厘米，高13厘米，扬蹄跃身作奔驰状。

图 50　第 3 号龛轮盘第二圈左下组造像立面图

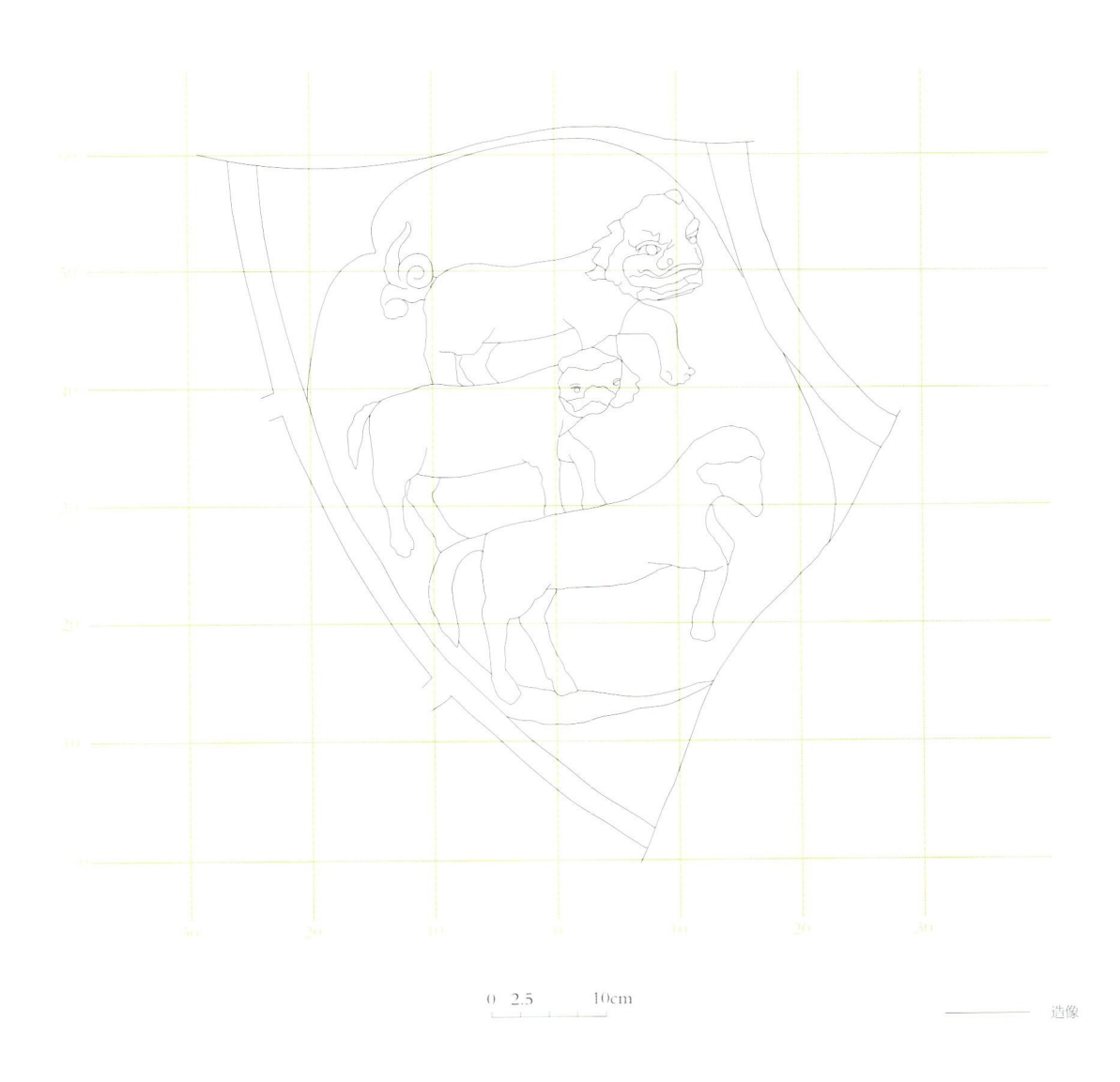

图 51　第 3 号龛轮盘第二圈右下组造像立面图

第二章　第 1—5 号　77

图 52　第 3 号龛轮盘第三圈造像立面图

4. 第四圈

圆圈直径约268厘米，亦被毫光均分为6个部分，每部分刻梯形小格3个，计18个（图39；图版Ⅰ：71）。格内皆凿一方形圆角浅龛，长35厘米，宽24厘米，深5厘米。龛内减地造像1组，计18组（图53）。

各龛内皆中刻圆筒状皮囊，中部鼓突，高17厘米，最大直径14厘米。皮囊两端分刻不同造像的前后身躯，以示进、出皮囊的两种状态；相邻格内皮囊前后端的身躯可以组合成一个完整的造像。调查时，将皮囊刻出造像上部身躯的一端视为前端，刻出造像下部身躯的一端视为后端。从最上方正中浅龛像始，按逆时针方向，将其通编为第1—18组。现将各组造像情况列入表4。

表4　第3号龛第四圈浅龛造像特征简表

组号	造像特征
1	皮囊后端刻长裙及双腿，足鞋；前端刻一女像前半身（图版Ⅰ：97）。女像梳髻，着宽袖服；飘带垂于身前。双手身前托果盘，内盛水果。
2	皮囊后端刻隐于长裙内的两小腿，小腿外侧垂飘带；前端刻一男像上身（图版Ⅰ：98）。男像头戴展脚幞头，着圆领宽袖服，双手持笏。
3	皮囊后端刻人像双小腿。前端刻黄鼠狼的前半身，圆头尖嘴，嘴叼一老鼠（图版Ⅰ：99）。
4	皮囊后端刻黄鼠狼后腿及长尾，前端刻牛头及两前腿（图版Ⅰ：100）。
5	皮囊后端刻牛后腿及牛尾，前端刻虎头及前腿。虎阔口，露虎牙（图版Ⅰ：101）。
6	皮囊后端刻虎后腿及翘竖的虎尾，前端刻曲颈的凤鸟头，头顶刻冠宇（图版Ⅰ：102）。
7	皮囊后端刻卷曲的凤尾，前端刻驴头及两前腿（图版Ⅰ：103）。
8	皮囊后端刻驴腿及驴尾，前端刻曲颈龙头，顶刻龙角，前腿弯曲（图版Ⅰ：104）。
9	皮囊后端刻上扬的龙尾及两后腿，前端刻弯曲的蛇头（图版Ⅰ：105）。
10	皮囊后端刻卷曲的蛇尾，前端刻鱼头（图版Ⅰ：106）。
11	皮囊后端刻鱼尾，前端刻马头及两前腿（图版Ⅰ：107）。
12	皮囊后端刻马尾及后腿，前端刻羊头及两前腿（图版Ⅰ：108）。
13	皮囊后端刻羊尾及后腿，前端刻猴头及二前肢（图版Ⅰ：109）。
14	皮囊后端刻猴尾及后肢，前端刻猩猩头部及前肢（图版Ⅰ：110）。
15	皮囊后端刻猩猩两后腿，前端刻鸟首（图版Ⅰ：111）。
16	皮囊后端刻鸟尾，前端刻狗头及两前腿（图版Ⅰ：112）。
17	皮囊后端刻卷曲的狗尾及后腿，前端刻猪头及两前腿（图版Ⅰ：113）。
18	皮囊后端刻猪后腿及短尾，前端刻一男像前半身（图版Ⅰ：114）。男像头巾，着圆领窄袖服，双手胸前合十。

（三）轮缘造像

轮盘左右下缘外各刻立像2身，手抚轮沿，作推动状。

1. 左下缘

刻一女像及一猴（图54；图版Ⅰ：115）。女像立身高129厘米，头长22厘米，肩宽23厘米，胸厚14厘米。头梳髻戴冠，面长圆，直鼻小口，下颌略尖，扭颈仰面向外，内着双层交领齐膝衫，外着对襟宽袖短衫，下着裙，裙摆开衩处显露下垂的腰带。双手上举，扶轮沿，着鞋站立。女像身前立一猴，高90厘米，圆头阔嘴，眼圆睁，扭头望女像。左前肢捂生殖器，右前肢斜伸隐于毫光下。叉腿蹲立，长尾下垂。

2. 右下缘

刻一文一武两身立像（图55；图版Ⅰ：116）。右侧立一文官像，高117厘米，头长25厘米，肩宽27厘米，胸厚13厘米。头戴进

图 53　第 3 号龛轮盘第四圈造像立面图

80　大足石刻全集　第六卷（上册）

贤冠，面方，眉眼上挑，作远眺状。鼻头粗圆，厚唇闭合，刻连鬓浓须。着双层交领宽袖长服，腰系革带，革带下刻腰带长垂足间。左手上举，攀扶轮沿，右手叉腰，着鞋直立。身前立一武将像，显露高90厘米。头戴盔，顶刻缨，面方，浓眉大眼，鼻翼粗大，厚唇紧闭，下颌宽大。系肩巾，腰系带，束抱肚。腕镯，展双臂扶轮沿。显露右足，略残。

（四）猫鼠图

刻于龛外右下侧。造像幅面最高175厘米，最宽88厘米（图56；图版Ⅰ：117）。

下部刻山石，山石根下刻一只猫。猫身长51厘米，瞪眼竖耳，仰头上望。左前腿作外拂状，右前腿触地，两后腿蹬地，长尾斜垂，作弓身蹲坐状。山石后侧刻草丛和五枝细竹。细竹枝叶较密。其中一竹枝上刻一老鼠，竹枝弯曲，鼠摇摇欲坠。鼠身长约15厘米，蜷身垂尾，四爪紧抓竹枝，回首下视，与猫对望。

四 铭文

2则。

第1则

偈语，南宋淳熙至淳祐年间（1174—1252年）。刻于主尊像左上方壁面。作碑形，通高130厘米。碑首为覆莲叶，碑身方形，高86厘米，宽38厘米，碑座为仰莲台。文左起，竖刻3行34字，楷体，字径7厘米（图版Ⅱ：2）。

01　汝常求出离△于佛教勤修

02　降伏生死军△如象摧草舍

03　三界轮中万种身自从贪爱业沉沦

第2则

偈语，南宋淳熙至淳祐年间（1174—1252年）。刻于主尊像右上方壁面。作碑形，通高124厘米。碑首为覆莲叶，碑身方形，高83厘米，宽44厘米，碑座为仰莲台。文左起，竖刻3行34字，楷体，字径7厘米（图版Ⅱ：3）。

01　君看轮外恒沙佛尽是轮中旧日人

02　于此法律中△常为不放逸

03　能竭烦恼海△当尽苦边际[2]

五 晚期遗迹

（一）构筑

龛外左下角毁，1956年以三级条石填塞修砌。修补面通高102厘米，宽76厘米，深64厘米；左与第2号龛右下补砌的条石垂直相接。

龛底龙口下方竖直壁面凿一不规整的凹洞。洞平面呈弦月形，洞壁略呈弧面；高约43厘米，深约17厘米。

龛外右下侧猫、鼠、竹局部后世用水泥补塑。

1996年，采用有机硅材料封护加固本龛造像。

图 54　第 3 号龛轮外左下缘造像立面图

图 55　第 3 号龛轮外右下缘造像立面图

图56　第3号龛轮外右下侧猫鼠立面图

（二）妆绘

清光绪十五年（1889年），信士戴光升装绚龛内轮盘及造像[1]。

主尊像右腿和足间局部保存修补的黄泥。

龛壁存留灰白色、红色等两种涂层。

造像保存灰白色、红色、黑色、蓝色、绿色等五种涂层。

主尊像两足间龙口残留黑色的烟熏痕迹，应系历史上信众焚香化纸所为。

1　《戴光升装彩千手观音华严三圣父母恩重经变像镌记》，见本册第93、94页。另见重庆大足石刻艺术博物馆编：《大足石刻铭文录》，重庆出版社1999年版，第257页。

第五节　第4号

一　位置

位于第3号龛右侧。左与第3号龛相连，右与第5号龛紧邻，外凸左右相邻的第3、5号龛壁面约40—100厘米。上齐抵外挑的岩檐，下与地坪垂直相接。

壁面西北向，方向321°。

二　形制

壁面呈竖长方形，通高约750厘米，最宽约370厘米（图57、图58、图59、图60；图版Ⅰ：118）。壁面左右边缘内凹转折，并与第3、5号龛圆转相接。上部为岩檐，外挑约130厘米，与左右相邻龛像岩檐水平衔接。下与地坪垂直相接。

三　造像

壁面中部横向并列高浮雕主尊坐像三身（图57）。自三主尊像头后，各升起一朵祥云，云上各坐一童子像。童子身后刻一枝紫竹，竹尖上方云纹弥漫，其上各刻一座重檐庑殿式楼阁，直至龛顶。从下至上，形成以主尊、童子、紫竹、楼阁组成的左、中、右三组纵向布置的图像。三主尊像下方，刻横长方形匾额。其余空隙壁面，皆凹凸不平，形成山石、云纹背景，间饰放焰珠、花朵等。壁面下部右侧，于清光绪年间被打破，增刻为一方碑。按其布局，现将此龛造像分为中、左、右纵向三组记述。

1. 中组

主尊坐像高93厘米，头长26厘米，肩宽44厘米，胸厚15厘米（图61、图62；图版Ⅰ：119）。面显老，蓄发中分，齐耳卷发，面方正，双眼微闭，嘴角后收；浓须，戴耳环。内着僧祇支，系带作结。外披偏衫式袈裟，下着裙；袈裟及裙摆垂搭于身前。双肩及腿间衣纹呈密集的细条纹。腕镯，双手腹前结印，结跏趺坐于山石上。身后刻弥漫的云纹。

主尊像头后，刻一朵祥云和一枝紫竹。云头顶部形成云台，台高12厘米，宽35厘米。台上坐一童子，高26厘米，光头，圆脸，戴项圈，上着宽博披巾，下着裙。披巾两端腹前交绕后敷搭双手前臂，再斜垂至云头前。双手残，置胸前，结跏趺坐。童子身后刻云纹，以作背屏。紫竹略竖直，上部枝叶茂盛。竹尖上方为祥云台，台上刻一重檐庑殿式楼阁。

楼阁通高125厘米（图版Ⅰ：120）。底层屋身四柱三间，面阔80厘米，高39厘米，进深9厘米。屋身下部刻一周勾栏，自明间断开。勾栏高7厘米，栏间华板刻壸门图案。柱身方形，柱间刻两道阑额。明间凿圆拱浅龛，高32厘米，宽30厘米，深9厘米，内刻坐佛1身。佛像坐高30厘米，头布螺髻，面圆，略蚀；着双领下垂式袈裟，双手置胸前，齐腕残，结跏趺坐。明间上方横刻方形匾额，匾额左右端及左右下方均饰云纹。匾内左起横刻"广大宝楼[3]阁"5字，字径7厘米（图版Ⅱ：4）。左右次间素平，上部刻由额。底层屋顶高24厘米，宽112厘米，屋面素平，檐口作弧线，翼角起翘。檐下与屋身交接处饰一道璎珞。再上为平座，平座承上层屋身。屋身结构与底层屋身略同，仅尺寸偏小，面阔50厘米，高28厘米，进深7厘米。明间亦设龛刻一坐佛像，高21厘米，内着僧祇支，外着双领下垂式袈裟，双手腹前笼袖内，其余与底层坐佛像同。明间上方未刻匾额。上层屋顶刻云纹遮覆，细节不明。

2. 左组

主尊坐像高93厘米，头长27厘米，肩宽44厘米，胸厚15厘米（图63、图64；图版Ⅰ：121）。面相年轻，蓄发中分，齐耳直发，面方正，额前刻圆珠状肉髻，弯眉细眼，下颌略尖，耳垂肥大。内着交领宽袖服，腰系带作结，外着袒右式袈裟，双手腹前结印，结跏趺坐于山石上。

该主尊头后及上部图像布局与中组像略同。云台上童子坐像高32厘米，光头，圆脸，胸饰璎珞，着对襟衫，双手腹前结印，结跏

图 57　第 4 号龛立面图

图 58　第 4 号龛剖面图

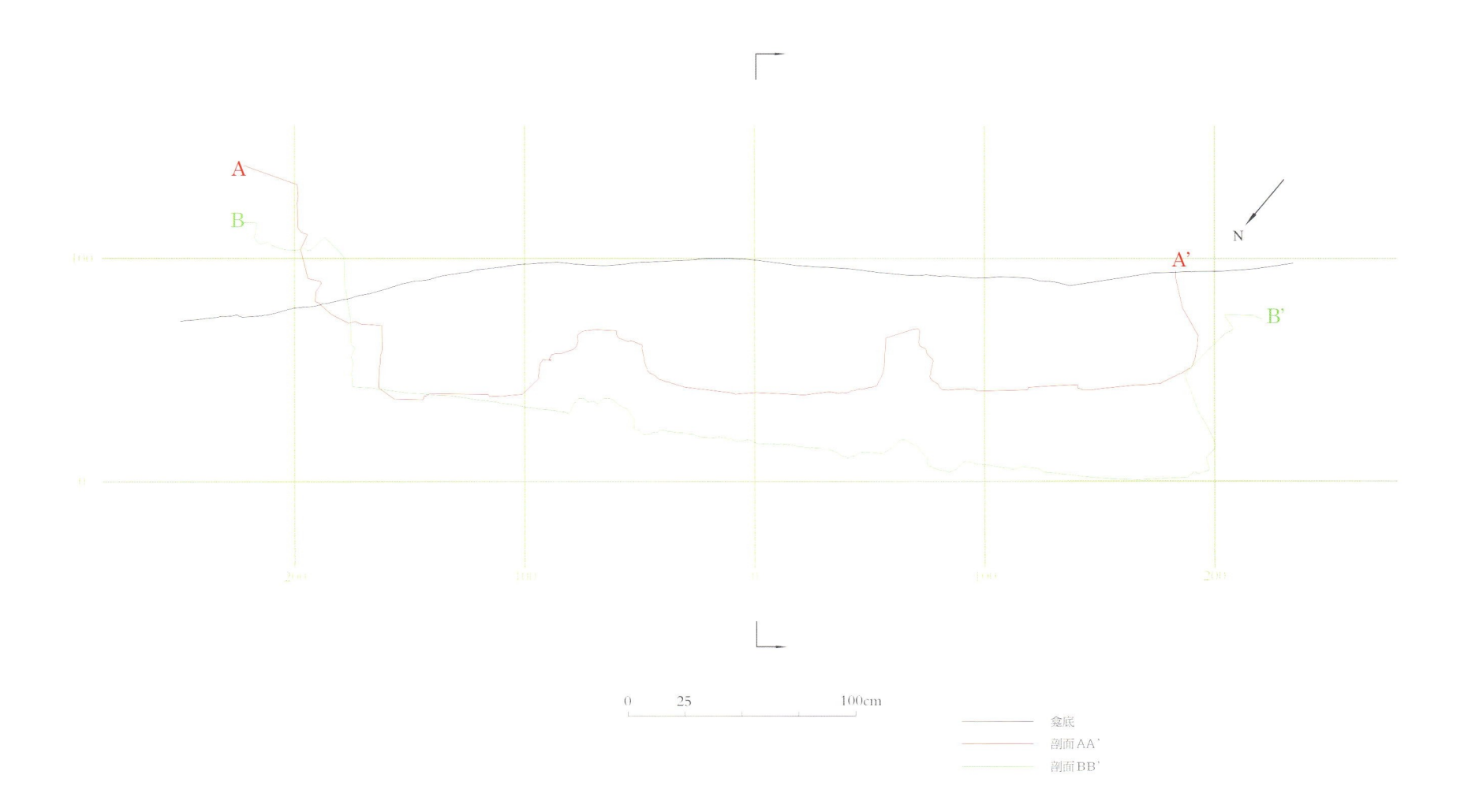

图 59　第 4 号龛平面图

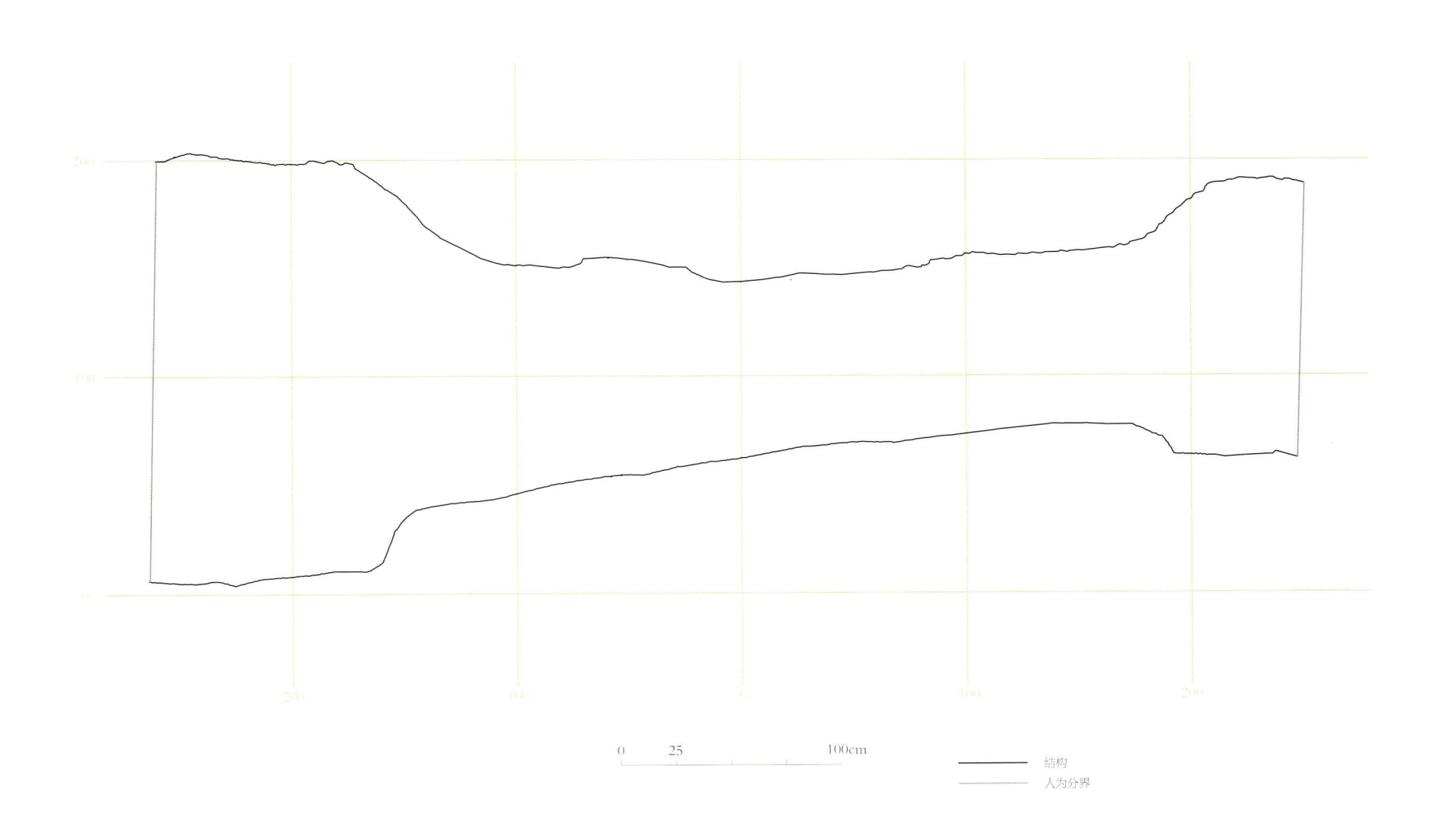

图 60　第 4 号龛龛顶仰视图

图 61　第 4 号龛上部中组造像立面图

图62　第4号龛中组主尊像等值线图

跌坐。紫竹顶部祥云台上楼阁通高113厘米，形制及结构与中组楼阁略同，但明间上方无匾额题刻（图版Ⅰ：122）。底层明间亦刻一坐佛，高24厘米，头布螺髻，面圆，略蚀；内着僧祇支，系带作结，外着偏衫式袈裟；双手腹前结印，结跏跌坐。上层明间坐佛高19厘米，内着僧祇支，外着双领下垂式袈裟，双手腹前笼袖内，余同底层坐佛。

此外，在楼阁第二层屋身左后壁刻七道斜向上飘的毫光。

3. 右组

主尊坐像高94厘米，头长28厘米，肩宽43厘米，胸厚17厘米（图65、图66；图版Ⅰ：123）。面略老成，下颌剥落，其余特征与左主尊像同。其头后上方祥云、紫竹、童子及楼阁等图像，皆与左主尊像上方图像略同（图版Ⅰ：124）。云台上童子坐像高26厘米，头后饰云纹，光头，面残，着双层交领长服，长服下摆覆于云台前；腰系带，作结下垂至云台前；双手腹前笼袖内，结跏跌坐。底层明间坐佛高22厘米，头布螺髻，面圆，内着僧祇支，外着双领下垂式袈裟，左手置腹前，右手举胸前，结跏跌坐。上层明间坐佛高19厘米，双手腹前笼袖内，余与底层佛像同。

四　铭文

杜孝严书"宝顶山"题刻，南宋嘉定十六年（1223年）[1]。刻于三主尊像下方横匾内。匾高70厘米，宽322厘米。匾心横刻"宝顶山"3字，字径66厘米。其右署款竖刻1行27字，楷体，字径3厘米（图版Ⅱ：5）。

---

[1] 李裕群先生推断，本龛上石年代应在南宋嘉定十六年（1223年）。李裕群：《大足宝顶山广大宝楼阁图像考》，《2005年重庆大足石刻国际学术研讨会论文集》，文物出版社2007年版，第224—234页。

图 63　第 4 号龛上部左组造像立面图

图64　第4号龛左组主尊像等值线图

宝顶山

朝请大夫权尚书兵部侍郎兼同修国史兼实录院同修撰杜孝严△书（署款）

五　晚期遗迹

（一）铭文

2则。

第1则

僧觉□妆彩残记，明嘉靖二年（1523年）。刻于本龛"宝顶山"题刻署款右侧。刻石面高35厘米，宽22厘米。文左起，竖刻6行，存40字，楷体，字径3.5厘米（图版Ⅱ：6）。

图 65　第 4 号龛上部右组造像立面图

图66　第4号龛右组主尊像等值线图

01　本寺释子〔觉〕□赎金妆□	04　诸佛□□万〔室〕（漶）
02　□金身〔一〕位又□圆龛二十六位	05　祖□□父□□亲〔者〕（漶）
03　徒悟〔升〕□位（漶）	06　嘉靖二年正月三日吉（漶）

第2则

戴光升装彩千手观音华严三圣父母恩重经变像镌记，清光绪十五年（1889年）。刻于壁面右下方碑内。碑打破原壁面，向内凿进约24厘米形成碑面，下距地坪125厘米。碑高95厘米，宽137厘米，深约5厘米。文左起，竖刻，存340字，楷体，字径4厘米（图版Ⅱ：7）。

盖闻兜率旨传光闪琉璃之界御花神隆锦呈
艳阳之天感宝德之焚香高高慈航驾出悯原

人之迷本迢迢愿船撑来白雀紫竹均洞天雅
堪明心见性绿杨苍松悉福地独肯粉骨报亲
千千手手手握宝千千眼眼眼藏真诚商朝□
女仙亦宝顶古迹也昔谓仙家造成□不诬矣
虽尝皇庚申叠遭兵燹附近士庶募资装金绚
采[1]奈地卑潮湿金容每多剥落不无遗恨时有
璧邑□□大路场信士戴光升字大顺者拈香
晋谒目睹千手千眼
观音大士月容减色倏[2]发虔心捐金重装满座
金身并装绚岩左石壁
大佛金身三尊八十八佛转轮金车舍利沙[3]智
宝塔送子殿满堂神像诸胜兼补[4]修十八梯石
坎数步使之焕然一新焉非敢以是沽名也不
过祈△神恩庇佑俾辞世双亲冥中获福暨本
身却病延年后嗣昌荣永膺多福已耳是为记
信士戴光升△室人张氏△男正[5]富饶氏△贵张氏△孙嗣福△禄△祯△祥
总共捐银一千余两△邑人罗性之撰△黄△增书
大清光绪十有五年岁次己丑季夏月吉旦立[4]

（二）妆绘

壁面涂抹灰白色、红色等两种涂层。

造像保存灰白色、红色、黑色、蓝色、绿色等五种涂层。

第六节　第5号

一　位置

位于第4号龛右侧。左与第4号龛相接，右与第6号龛紧邻；上为外挑的岩檐，下与地坪垂直相接。

龛口西北向，方向314°。

---

[1] 此"采"字《大足石刻铭文录》录为"彩"。重庆大足石刻艺术博物馆编：《大足石刻铭文录》，重庆出版社1999年版，第257页。
[2] 此"倏"字《大足石刻铭文录》录为"修"。同前引。
[3] 此"沙"字《大足石刻铭文录》录为"妙"。同前引。
[4] 此"补"字《大足石刻铭文录》未录。同前引。
[5] 此"正"字《大足石刻铭文录》录为"立"。同前引。

二　形制

龛口呈横长方形，最高805厘米，最宽约1545厘米，上方檐口至后壁最深约189厘米（图67、图68、图69、图70；图版Ⅰ：125、图版Ⅰ：126）。龛底内侧保存部分平整的岩石地面，其余部分后世以石板铺砌，与岩石地面水平相接，原迹不明。壁面下部建一级低坛，横贯龛壁，略呈不规则的横长方形，左端呈尖角状。坛面最深约205厘米，下距地坪约110厘米。上部壁面竖直，中间部分略内凹，两端略外凸。左右端与外凸的第4、6号龛所在壁面略垂直相接，顶部与外挑的岩檐亦垂直相接。龛顶为外挑的岩檐底部，平顶，呈方形。

三　造像

壁面中刻一佛二菩萨三身立式主尊像，外凸壁面，近似圆雕。三主尊像身后中上部壁面凿圆龛98个，内刻佛像81身，祥云等17朵。壁面下部及低坛立面遍饰山石、云纹背景，并间饰璎珞、放焰珠等。

（一）主尊像

中佛像　立像高620厘米，头长128厘米，肩宽200厘米，胸厚88厘米（图71、图72、图73、图74；图版Ⅰ：127、图版Ⅰ：128、图版Ⅰ：129）。头刻尖状螺发，发际线与耳廓上部齐平。自髻珠发出两道毫光，交绕上升与岩檐相接，再呈"八"字形外飘。身略前倾，面圆，弯眉细眼，双目低垂，鼻梁高直，双唇闭合，耳垂肥大，颈刻三道肉褶线。内着僧祇支，系带作结，外披双领下垂式袈裟，袈裟一角系于左肩哲那环上，剩余部分敷搭于左前臂；下着裙，腰带长垂足间。衣纹线条流畅，疏密有致。左手横置胸前，掌心向上，食指直伸，余指相捻；右手屈肘前伸，掌心亦向上，拇指、食指相捻，余指平伸。跣足，分踏双重仰莲台上。莲台高39厘米，直径137厘米，刻云台与低坛相接，云台大小与莲台略同，残高约18厘米。

佛像头顶上方龛顶处，存一圆形遗迹，疑为华盖（图版Ⅰ：130）。

左菩萨像　立像高613厘米，头长148厘米，肩宽189厘米，胸厚80厘米（图75、图76、图77、图78；图版Ⅰ：131、图版Ⅰ：132、图版Ⅰ：133）。头梳髻，戴七佛宝冠，冠下缘饰一道珠串，冠带作结后沿胸下垂。身略前倾，面圆，略低垂，细长眉眼，直鼻抿唇，双耳肥大，颈刻三道肉褶线。胸饰璎珞，内着僧祇支，系带作结，外着双领下垂式袈裟；袈裟搭前臂斜垂至膝，腰带飘垂至足下仰莲台。膝下小腿处显露三道璎珞，居中一道贴飘带下垂，左右两道垂膝下。腕镯，双手屈肘略前伸，掌心向上，右手叠左手，托举一座单层楼阁式塔。跣足，分踏双重仰莲台上。莲台高39厘米，直径140厘米，其下刻云纹台与低坛相接。云纹台大小与莲台略同，高约12厘米。

菩萨花冠上的七身化佛分作三排刻于冠正面，呈上二中一下四布置（图版Ⅰ：134）。化佛均略残，皆坐高约13厘米。上排两身化佛未刻头光，居中化佛浮雕圆形头光和身光，头光上缘另饰火焰纹；下排四身化佛浮雕圆形头光，其外侧两身另饰刻火焰纹。皆螺发圆脸，内着僧祇支，外着双领下垂式袈裟，结跏趺坐于双重仰莲台上。其中，居中化佛双手置胸前结印，最下左起第2身化佛双手腹前结印，第3身化佛双手腹前托钵，其余化佛皆双手腹前笼袈裟内。

菩萨手中所托的楼阁式塔通高103厘米（图79；图版Ⅰ：135）。塔基呈六边形，高23厘米，上接双重仰莲台。塔身平面呈六边形，通高44厘米，转角处镂空刻倚柱，内刻六边形塔身。倚柱上下呈圆珠形，中部为束腰方柱。塔身各面刻立佛1身，显露4身。立佛体量相近，高25厘米，皆螺发圆脸，头后刻圆形素面头光，着双领下垂式袈裟，下着裙；双手腹前笼袖内。塔顶为六角攒尖顶，略残；檐下饰一周璎珞。塔顶上承双重仰莲台，再上为四重相轮，最上为圆珠塔刹。

菩萨身前低坛立面下方起自地坪处，刻一蹲兽（图版Ⅰ：136）。兽大部残，可辨直立的身躯和蹲曲的两后腿，似大象。

右菩萨像　立像高615厘米，头长156厘米，肩宽175厘米，胸厚84厘米（图80、图81、图82、图83；图版Ⅰ：137、图版Ⅰ：138、图版Ⅰ：139）。头梳髻，亦戴七佛宝冠。面相、衣饰等与左菩萨像略同。袈裟搭前臂斜垂至膝。腕镯，左手屈肘横置

图 67　第 5 号龛立面图

第二章 第1—5号　97

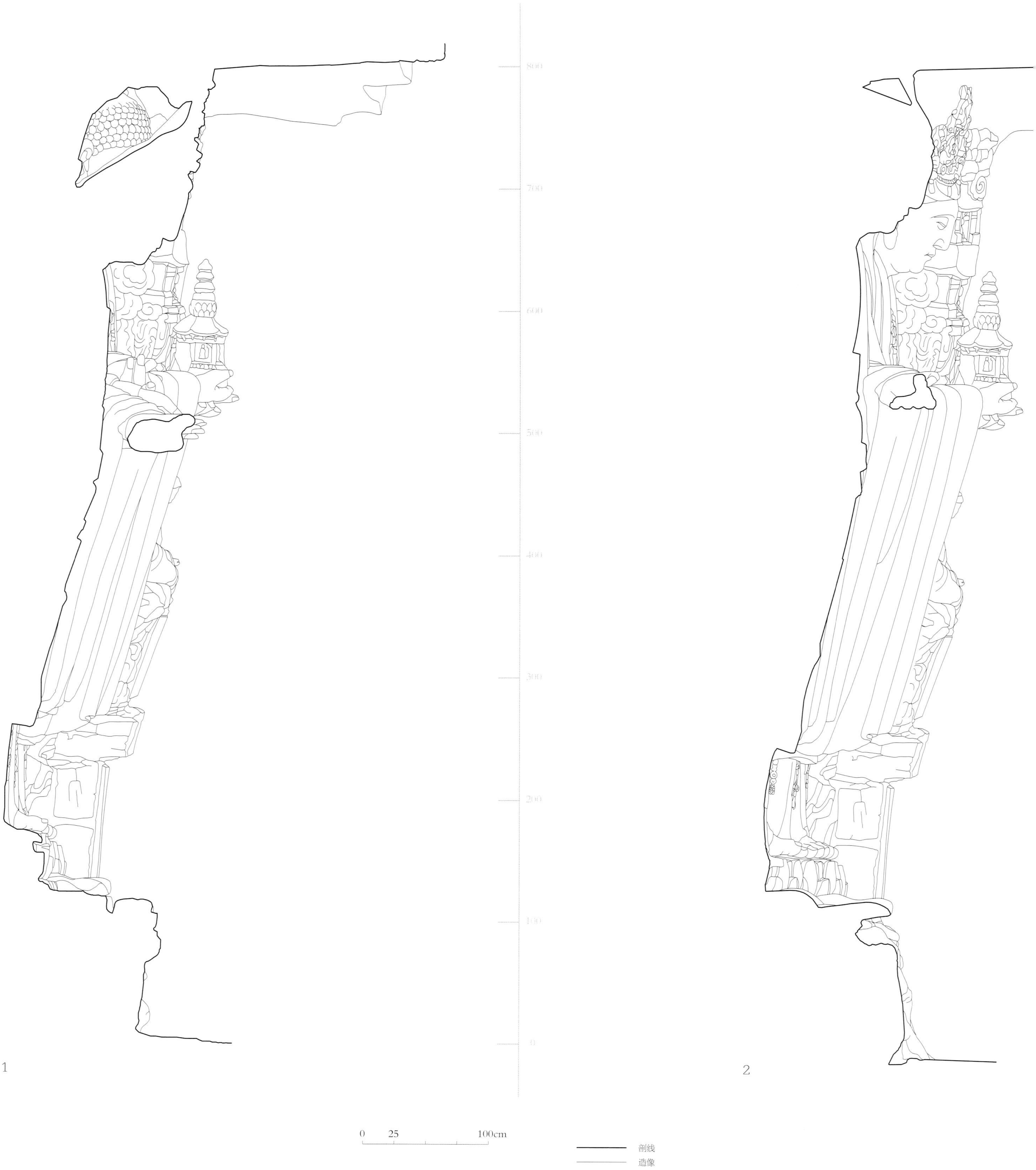

图 68　第 5 号龛剖面图
1　右菩萨像纵剖　2　中佛像纵剖　3　左菩萨像纵剖

3

第二章 第1—5号 99

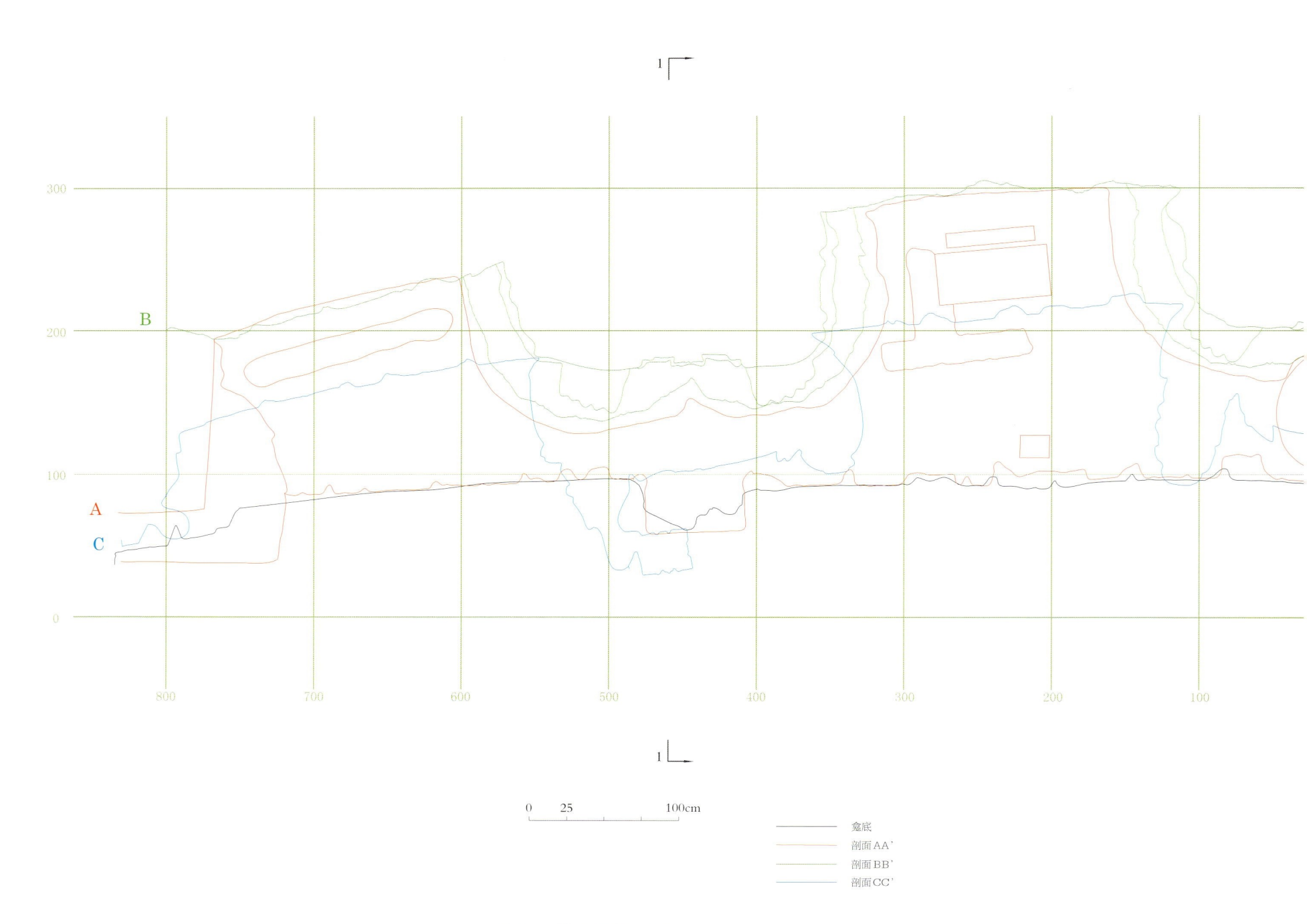

图 69　第 5 号龛平面图

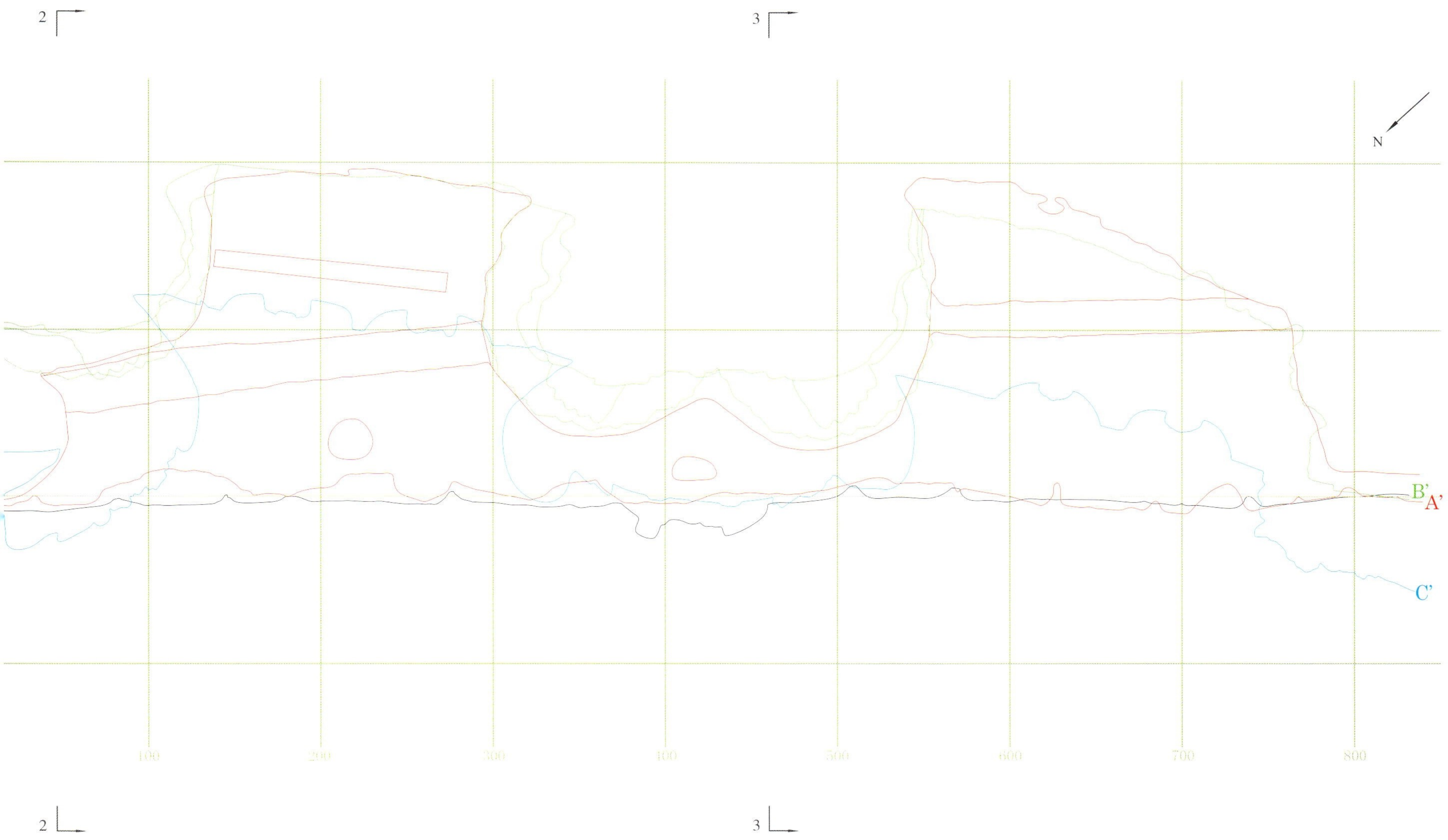

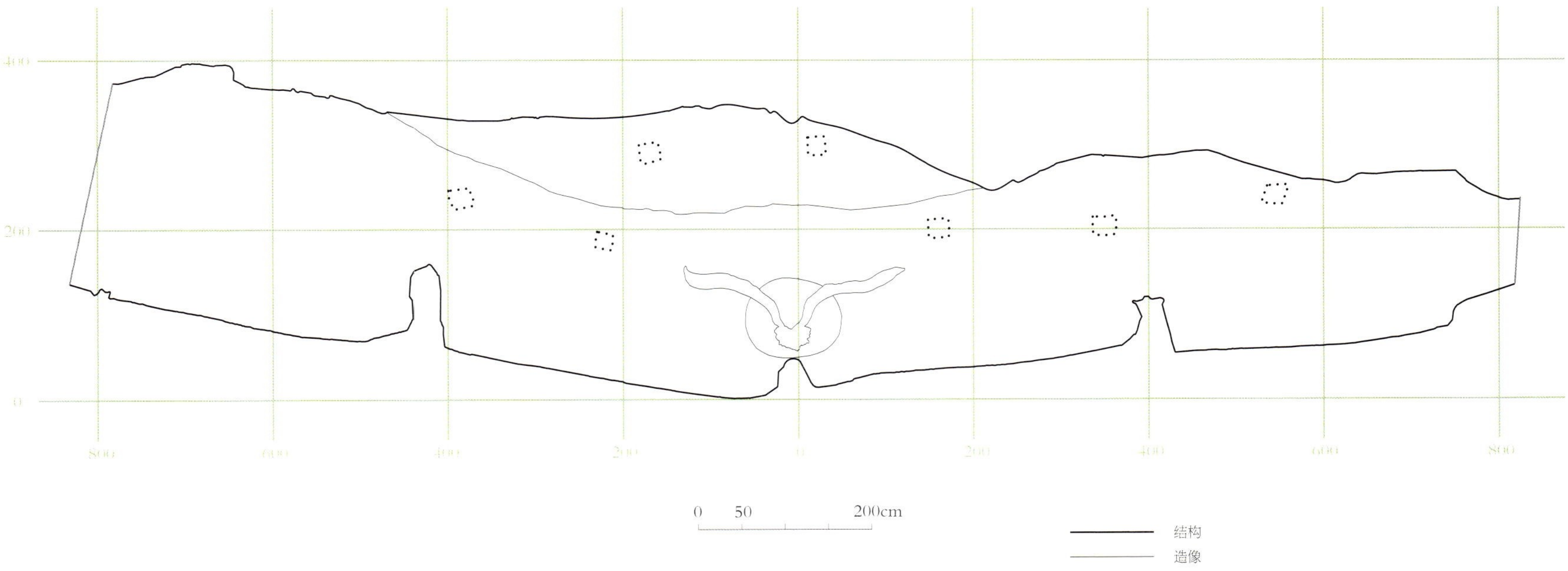

图 70　第 5 号龛龛顶仰视图

图 71　第 5 号龛主尊佛像等值线图

图 72　第 5 号龛主尊佛像立面图

图 73　第 5 号龛主尊佛像左侧视图

图 74　第 5 号龛主尊佛像右侧视图

图 75　第 5 号龛左主尊菩萨像等值线图

图 76　第 5 号龛左主尊菩萨像立面图

图 77　第 5 号龛左主尊菩萨像左侧视图

图 78　第 5 号龛左主尊菩萨像右侧视图

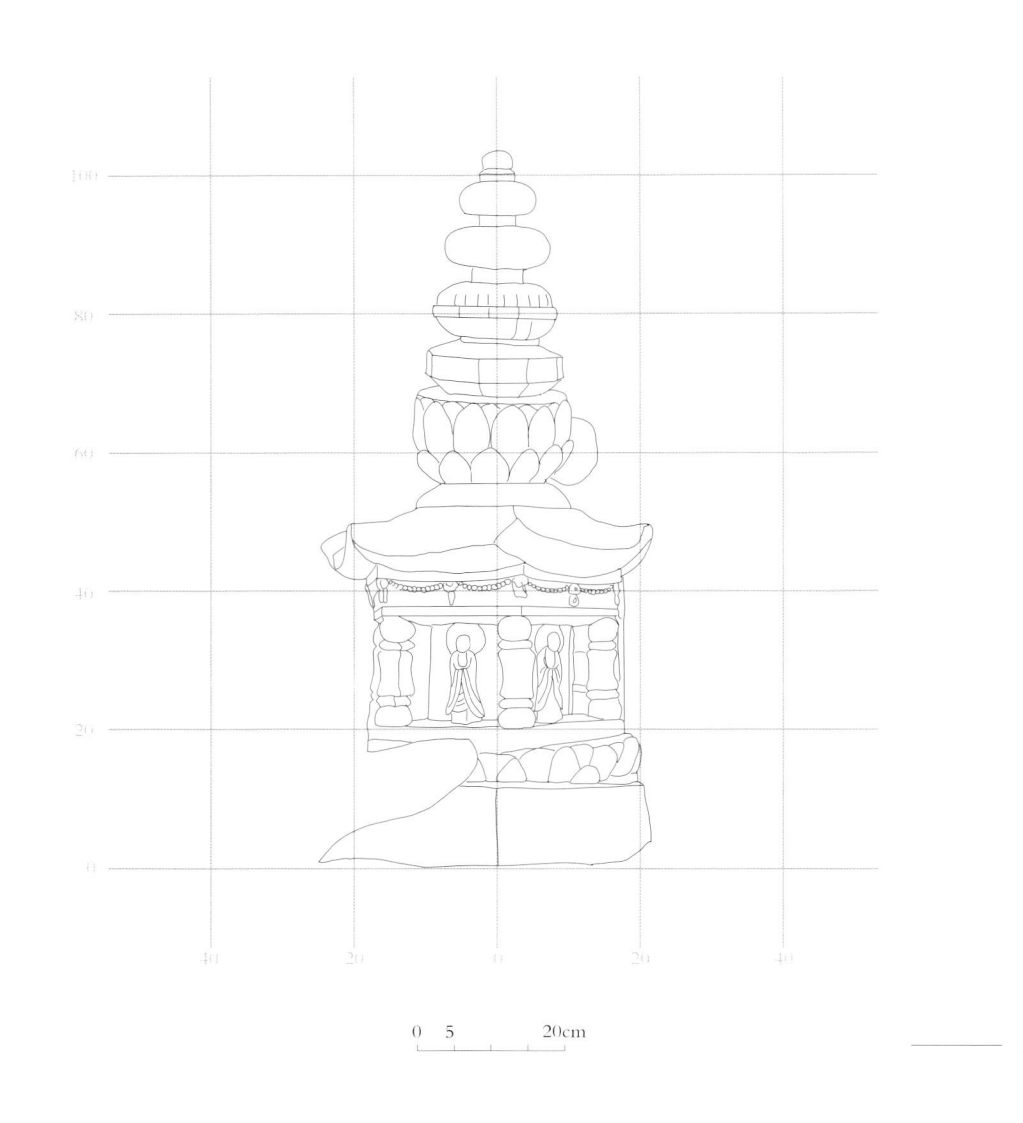

图 79　第 5 号龛左主尊菩萨像手托楼阁式塔立面图

腹前托塔基，右手屈肘上举胸前扶塔身，双手共托一塔。跣足，分踏双重仰莲台上；台高43厘米，直径129厘米，其下刻云纹台与低坛相接。云纹台大小与莲台略同，高约11厘米。

菩萨花冠上的七身化佛分作二排刻于冠正面，呈上三下四布置（图版Ⅰ：140）。化佛均蚀，皆坐高约14厘米。圆脸，内着僧祇支，外着双领下垂式袈裟，结跏趺坐于双重仰莲台上。其中，上排居中化佛头戴冠，双手置胸前结印；左右化佛浮雕圆形素面头光，双手置胸前笼袈裟内。下排四化佛皆浮雕圆形素面头光，左起第1、4身化佛双手腹前结印，第2身化佛左手置腹前，右手举胸前，残；第3身化佛左手腹前持钵，右手举胸前结印。

菩萨所托宝塔为七级楼阁式方塔，塔身底部饰云纹（图84；图版Ⅰ：141、图版Ⅰ：142、图版Ⅰ：143）。塔通高168厘米，平面呈方形，七级塔身七重檐。塔檐屋顶素平，翼角微翘。檐下皆刻珠串、流苏。塔身显露三面。正面第一至五级塔身线刻四柱三间，下部刻勾栏，望柱间刻直棂；第六级塔身两柱一间，下部勾栏线刻壸门；第七级塔身亦两柱一间，下部未刻勾栏。塔身中部开圆拱形或圆形浅龛，纵贯塔身，内刻佛像1身。左侧面第一级塔身被菩萨手遮挡，似素平；第二至七级塔身结构、圆形浅龛的布置与正面对应的塔身略同。右侧面显露第一、二、六、七级塔身，余被菩萨手遮挡；第一、二级塔身线刻四柱三间，下部勾栏未刻直棂，线刻云纹和壸门；第六、七级塔身两柱一间，下部未刻勾栏；各级塔身中部开圆形浅龛，内刻坐佛1身。塔身上承塔刹，自下而上分刻仰莲、圆形相轮和桃形刹珠。

各面塔身中部浅龛内皆刻佛像1身。其中，正面塔身7身，左侧面塔身可见6身，右侧面塔身可见4身；计17身。佛像略蚀，细节依稀可辨。头皆刻螺发，面圆，内着僧祇支，外着双领下垂式袈裟。其中，正面第一级塔身佛像为立式，高14厘米；其余佛像皆结跏趺坐，坐高约10厘米。各佛像手姿不一，第一级正面塔身佛像双手腹前笼袈裟内，第三级正面塔身佛像双手胸前结印，其余佛像腹前笼袈裟内。

菩萨身前低坛立面下方起自地坪处，刻一蹲狮，通高85厘米（图85；图版Ⅰ：144）。狮头顶托盘，昂头咧嘴露齿，直身，项下系铃，左前腿按身前绣球，绣球系飘带；右前腿上举托盘，两后腿蹲地。托盘高13厘米，宽68厘米，深35厘米；内刻花卉、水果等。

图80　第5号龛右主尊菩萨像等值线图

(二)壁面造像

三主尊像身后中上部壁面，刻7排98个小圆龛，上下相邻圆龛交错设置（图67；图版Ⅰ：125）。圆龛规制略同，直径约72—76厘米，深约13—15厘米。各圆龛内刻坐佛1身或祥云1朵；部分祥云中露少许仰莲台。其中，佛像龛计81个，祥云龛计17个。以三主尊像为界，从左至右，壁面小圆龛可分为四个部分。

1. 第一部分

位于左主尊菩萨像左侧壁面（图86；图版Ⅰ：145）。共刻小圆龛23个，部分显露少许。按从左至右、从上至下顺序，第1、3排各4个，第2、4、5、6、7排各3个。其中，第3排第4圆龛、第4排第3圆龛、第5排第1圆龛、第6排第3圆龛、第7排第1圆龛等5个圆龛内各刻祥云1朵，其余18个龛内各刻坐佛1身。

小圆龛内坐佛像体量相近，特征略同。高约41厘米，螺髻，面略蚀；内着僧祇支，系带作结，外着袈裟，下着裙，袈裟和裙摆垂搭莲台前。腕镯，手姿不一，结跏趺坐于三重仰莲台上。台高25厘米，直径60厘米，深12厘米。袈裟有两种式样，第2排第3圆龛内佛像着偏衫式袈裟，其余佛像着双领下垂式袈裟；第7排第3圆龛内佛像袈裟和裙摆衣纹刻作细密的波纹形。除上述总体特征外，现将各像相异特征列入表5。

图81　第5号龛右主尊菩萨像立面图

图 82　第 5 号龛右主尊菩萨像右侧视图

图83 第5号龛右主尊菩萨像左侧视图

图 84　第 5 号龛右主尊菩萨像手托方塔立面图

图 85　第 5 号龛右主尊菩萨像座下狮子立面图

第二章　第 1—5 号　115

图 86　第 5 号龛龛壁第一部分圆龛造像立面及编号图

表5　大佛湾第5号主尊像后壁第一部分小圆龛佛像相异特征简表

位置		造像特征
第1排	1	双手置腹前笼袈裟内。
	2	双手抚膝。
	3	左手抚膝，右手胸前结印。
	4	双手置腹前笼袈裟内。
第2排	1	双手置胸前结印。
	2	左手抚膝，右手残，置胸前。
	3	左手抚膝，右手腹前结印（图版Ⅰ：146）。
第3排	1	双手置腹前结印。
	2	双手置腹前结印。
	3	双手置腹前笼袈裟内。
	4	仅刻少许云纹。
第4排	1	双手置腹前结印。
	2	左手抚膝，右手残，置胸前。
	3	刻云纹1朵。
第5排	1	刻云纹1朵。
	2	双手置腹前托珠（图版Ⅰ：147）。
	3	双手腹前笼袈裟内。
第6排	1	左手置腹前，右手胸前结印。
	2	左手抚膝，右手置腹前持念珠（图版Ⅰ：148）。
	3	刻云纹1朵，显露少许仰莲台。
第7排	1	刻云纹1朵。
	2	双手抚膝。
	3	双手置胸前托物，物残难辨（图版Ⅰ：149）。

2. 第二部分

位于左主尊菩萨像与居中主尊佛像之间壁面，共刻小圆龛26个，部分显露少许（图87；图版Ⅰ：150）。按从左至右、从上至下顺序，第1排5个，第2、4、6排各4个，第3、5、7排各3个。其中第4排第1、4圆龛，第6排第1、4圆龛等4个圆龛内各刻祥云1朵，第4排第2、3圆龛内各刻坐式卷发人像1身，其余20个圆龛内各刻坐式佛像1身。

各坐佛像及卷发人形象、体量、衣饰、坐姿等总体特征与第一部分圆龛佛像略同。现将各像相异特征列入表6。

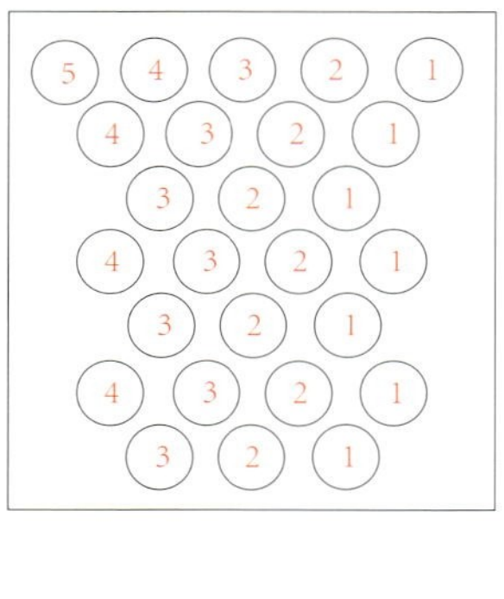

图87　第5号龛龛壁第二部分圆龛造像立面及编号图

118　大足石刻全集　第六卷（上册）

表6　大佛湾第5号主尊像后壁第二部分小圆龛佛像相异特征简表

位置		造像特征
第1排	1	身略右侧，双手置腹前笼袈裟内。
	2	左手置腹前结印，右手置胸前结印。
	3	双手拱于胸前。
	4	双手置腹前结印。
	5	双手置腹前结印。
第2排	1	双手笼袈裟内。
	2	双手置腹前结印。
	3	双手置腹前持法轮（图版Ⅰ：151）。
	4	身略右侧，双手腹前笼袈裟内。
第3排	1	双手置腹前笼袈裟内。
	2	左手抚膝，右手置腹前托钵（图版Ⅰ：152）。
	3	双手置腹前笼袈裟内。
第4排	1	刻少许云纹。
	2	头刻齐耳卷发。左手抚膝，右手置腹前持念珠（图版Ⅰ：153）。
	3	头刻齐耳卷发。双手置胸前似持物。
	4	刻少许云纹。
第5排	1	双手置腹前笼袈裟内。
	2	双手置腹前结印。
	3	双手置腹前笼袈裟内。
第6排	1	刻少许云纹。
	2	左手抚膝，右手置胸前，略残。
	3	双手抚膝。
	4	刻少许云纹。
第7排	1	双手置胸前结印。
	2	双手置腹前结印。
	3	左手置腹前，右手置胸前结印（图版Ⅰ：154）。

3. 第三部分

位于居中主尊佛像与右主尊菩萨像之间壁面，共刻小圆龛27个，部分显露少许（图88；图版Ⅰ：155）。按从左至右、从上至下顺序，第1排5个，第2、4、6、7排各4个，第3、5排各3个。其中，第4排第1、4圆龛，第6排第1圆龛，第7排第4圆龛等4个圆龛内各刻祥云1朵或少许仰莲瓣，其余23个圆龛内各刻坐佛1身。

坐佛像形象、体量、坐姿等总体特征与第一部分圆龛佛像略同。其中，第1排第2圆龛内佛像着偏衫式袈裟，其余佛像着双领下垂式袈裟。第5排第3圆龛佛像袈裟衣纹呈波纹状。现将各像相异特征列入表7。

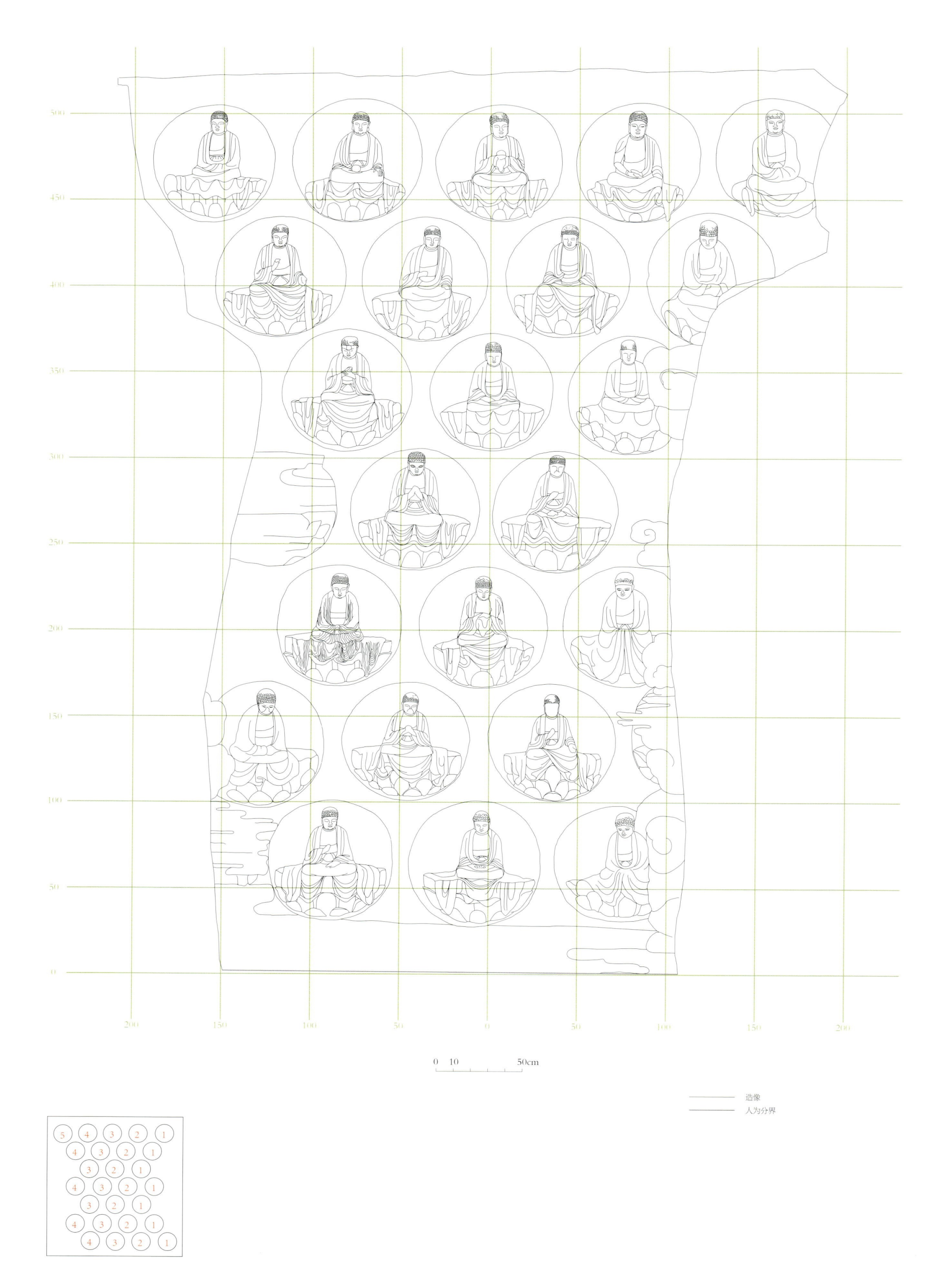

图88　第5号龛龛壁第三部分圆龛造像立面及编号图

表7　大佛湾第5号主尊像后壁第三部分小圆龛佛像相异特征简表

位置		造像特征
第1排	1	双手置腹前笼袈裟内。
	2	左手残，置膝上；右手于腹前结印（图版Ⅰ：156）。
	3	双手覆巾，举置胸前托珠。
	4	左手置左膝上，右手于腹前托珠（图版Ⅰ：157）。
	5	双手置腹前笼袈裟内。
第2排	1	双手置腹前笼袈裟内。
	2	双手于腹前结印。
	3	左手抚左膝，右手残，置胸前。
	4	左手略残，置左膝上，右手于胸前结印。
第3排	1	双手置腹前笼袈裟内。
	2	双手置腹前结印。
	3	双手置胸前结印。
第4排	1	显露少许，内刻云纹。
	2	左手于腹前结印，右手残，举置胸前（图版Ⅰ：158）。
	3	双手置胸前结印，略残。
	4	刻云纹1朵。
第5排	1	双手置腹前笼袈裟内。
	2	双手覆巾，举置胸前。
	3	双手置腹前笼袈裟内（图版Ⅰ：159）。
第6排	1	刻云纹，显露少许仰莲瓣。
	2	左手抚膝，右手残，置胸前似结印。
	3	双手残，置胸前。
	4	双手于腹前笼袈裟内。
第7排	1	双手于腹前笼袈裟内。
	2	双手于腹前结印。
	3	左手置腹前，右手残，置胸前似结印。
	4	刻云纹，显露少许仰莲瓣。

4. 第四部分

位于右主尊菩萨像右侧壁面，共刻小圆龛22个，部分显露少许（图89；图版Ⅰ：160）。按从左至右、从上至下顺序第1、2排各4个，第3—5、7排各3个，第6排2个。其中，第2排第4圆龛、第4排第1圆龛、第5排第3圆龛、第7排第3圆龛等4个圆龛内各刻祥云1朵，第2排第2圆龛内刻坐式卷发人像1身，其余17个圆龛内各刻佛像1身。

坐佛像形象、体量、衣饰、坐姿等总体特征与第一部分圆龛佛像略同。其中，第2排第2圆龛卷发人像袈裟、裙摆衣纹呈波纹状，第6排第1圆龛佛像盘左腿，竖右腿而坐。现将各像相异特征列入表8。

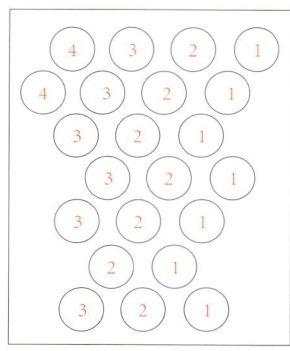

图 89　第 5 号龛龛壁第四部分圆龛造像立面及编号图

122　大足石刻全集　第六卷（上册）

表8　大佛湾第5号主尊像后壁第四部分小圆龛佛像相异特征简表

位置		造像特征
第1排	1	身略右侧，双手置腹前笼袈裟内。
	2	左手置腹前，右手于胸前结印。
	3	双手置胸前结印。
	4	左手抚膝，右手置胸前结印。
第2排	1	左手置腹前结印，右手抚膝。
	2	齐耳卷发，双手抚膝，右手残断（图版Ⅰ：161）。
	3	双手于腹前笼袈裟内。
	4	刻云纹1朵。
第3排	1	双手置腹前托珠（图版Ⅰ：162）。
	2	双手置腹前结印。
	3	身略左侧，左手置腹前，右手外展结印（图版Ⅰ：163）。
第4排	1	刻云纹1朵。
	2	双手残，置胸前结印。
	3	左手抚膝，右手残，置胸前。
第5排	1	双手置腹前笼袈裟内。
	2	双手置腹前结印。
	3	刻弥漫状云纹。
第6排	1	身左侧后仰，左手撑台，右手残，置右膝上（图版Ⅰ：164）。
	2	双手置腹前笼袈裟内。
第7排	1	双手置腹前笼袈裟内。
	2	双手置腹前笼袈裟内。
	3	刻弥漫状云纹。

四　铭文

龛下部低坛上置竖碑两通，位于居中佛像莲台左右外侧。

左碑

1. 宇文屺诗碑，南宋淳熙至淳祐年间（1174—1252年）。存方形碑身，高173厘米，宽92厘米，厚10厘米。碑文左起竖刻8行，行书。其中，前4行书诗28字，字径11厘米；后3行为跋文，末行署款，存32字，字径6厘米[1]（图版Ⅱ：8）。

01　剌云技巧欢群目金

02　贝周遭见化城大孝

03　不移神所与笙钟鳞

1　本碑跋文及署款漫蚀甚重。《大足石刻铭文录》据嘉庆《大足县志》补入27字，请参见重庆大足石刻艺术博物馆编：《大足石刻铭文录》，重庆出版社1999年版，第233页。

04　甲四时鸣（诗文）
05　宝顶□□□□石□□心可取焉目¹成绝句立□
06　山阿笙钟□□□见坡诗谓为神杌□□
07　□□也（跋文）
08　朝散郎知昌州军州□□□□□□□□□□□□△□[5]（署款）

2. 性聪书残记，明嘉靖二年（1523年）²。后世增刻于宇文屺诗碑第7、8行之间的下方。文左起，竖刻2行，楷体，存24字，字径3厘米（图版Ⅱ：9）。

01　（漶）位一尊伏愿宗风永扇香火隆兴³上报
02　（漶）癸未二月一日△性聪△书[6]

右碑

战符题《灵湫泉》诗，明代（1368—1644年）。碑座方形，高20厘米，宽77厘米，厚38厘米。碑身方形，嵌入碑座凹槽内；左右上角抹角，通高110厘米，宽62厘米，厚14厘米。碑文左起，首行竖刻"灵湫泉"3字，行书，字径7厘米。余竖刻5行36字，行书，字径6厘米（图版Ⅱ：10）。

01　灵湫泉
02　层峦石里透灵泉谁
03　凿莲花漾佛前照耀
04　金光云影净岩前又
05　喜见诸天
06　忠州刺史楚人战符[7]

五　晚期遗迹

（一）墨书题记

三主尊像在历史上曾以灰白色、红色等涂层打底，外装彩贴金。现袈裟下摆、裙摆等处涂层、金箔均不断脱落，露出部分墨书题记。有字迹者42则。其中，主尊佛像29则，左菩萨像2则，右菩萨像11则。题记书写位置大多较低，集中于造像双膝及小腿位置；最高者下距低坛约258厘米，最低者下距低坛约80厘米。

题记大多颜色较淡，部分字迹仍被涂层遮盖，辨识较为困难。现场调查时，先根据残留的字迹，厘清题记数量，分别编号标识，再逐则细辨考释。经多次、多人近距离辨识，题记依稀可辨者16则，书于清代，余26则不可辨（图90）。其中，主尊佛像可辨11则，编为第1—11则；左菩萨像可辨1则，编为第12则；右菩萨像可辨4则，编为第13—16则。皆左起，楷书，字径1—3厘米。现整理如下。

第1则
竖书，可辨12字。

常怀宝（漶）

1　此"目"字《大足石刻铭文录》录为"日"。重庆大足石刻艺术博物馆编：《大足石刻铭文录》，重庆出版社1999年版，第233页。
2　该残记无纪年。宝顶山大佛湾第18号观无量寿佛经变相龛"妆绚观经变右沿像记"中，有"嘉靖二年癸未九月一日性聪书"题记，据此推测该残记为明嘉靖二年（1523年）上石。
3　此"隆兴"字《大足石刻铭文录》录为"兴隆"。重庆大足石刻艺术博物馆编：《大足石刻铭文录》，重庆出版社1999年版，第233页。

诸佛菩萨△万千（漶）

（漶）胆

轮（漶）欢

（漶）

第2则

竖书，可辨23字（图版Ⅱ：11）。

遂宁县西路忠城里四甲（漶）

（漶）人

嘉庆八年二月十四日进香

（漶）景

第3则

竖书，可辨25字（图版Ⅱ：12）。

铜梁县立石坰信士姚承□□身

姚万美为母□万方□兄

为母四人同△香

图90 第5号龛晚期墨书题记编号图

第4则

竖书，可辨8字。

（漶）

庚辰（漶）

巴县何□涛

进香

第5则

竖书，可辨46字（图版Ⅱ：13）。

璧山县福禄里六甲地名（漶）居住

下民信人吴正乡于嘉庆□□

为父母年满八十二月十九日

进香大吉

嘉庆十五年二（漶）吉旦

第6则

竖书，可辨18字。

合（漶）甲地名□土城

为母戴（漶）

二□三（漶）正月□□□

酬恩了愿△吉

第7则

竖书，可辨5字。

璧山县（漶）

□□信人（漶）

（漶）

第8则

竖书。仅辨首行5字，余行不识（图版Ⅱ：14）。

四川北道□□府□（首行）

第9则

竖书，可辨14字。

巴县□镇二（漶）

　　（漶）

　　（漶）同□□

　　巴县□□□甲丁民姓氏□善

　　（漶）母（漶）

第10则

竖书，可辨32字（图版Ⅱ：15）。

　　□到此进香

　　□程□治

　　（漶）

　　□道□府遂宁立石□□城

　　□性□□□十余□□为己身□

　　□□进香一次

　　嘉庆六年六月二十日□

　　（漶）

第11则

竖书，可辨13字。

　　四川九□□□安岳县郭（漶）

　　（漶）

　　嘉庆六年二月（漶）

第12则

竖书，仅辨末行7字，余行不识。

　　□□四年二月七日酬（漶）（末行）

第13则

竖书，可辨15字。

　　（漶）

　　合川梁东□缅上□地八甲（漶）

　　为母何氏子天（漶）

　　（漶）

第14则

竖书，仅辨首行8字；余行不识。

　　忠城里四甲地名朝□□（首行）

第15则

竖书，可辨18字（图版Ⅱ：16）。

乾隆三十（漶）

永（漶）

父母进香（漶）

庆（漶）

□□江（漶）

（漶）身世（漶）

十五日□□庆度（漶）

第16则

竖书，可辨14字。

（漶）陈善（漶）

□进香□□寿命（漶）

乾隆三十□□岁□□二月（漶）

□民（漶）

（二）构筑

20世纪50年代中期，发现主尊佛像足前的荷叶下渗水外溢，即于地坪石板路下设一道暗沟，连通荷叶渗水点，将水排入沟内[1]。显露排水沟长117厘米，宽约16厘米，最深约5厘米（图版Ⅰ：165）。

低坛左侧凿一排水沟（图版Ⅰ：166）。左端起自坛左侧与壁面相接处，右斜向布置；右端与主尊佛足前的排水沟相接。全长770厘米，最宽19厘米，深约20厘米。

主尊佛像左侧低坛，即紧邻"宇文屺诗碑"左侧，凿一横向凹槽，长68厘米，最宽19厘米，深11厘米（图版Ⅰ：167）。

主尊佛像与右菩萨像之间低坛，即"战符题灵湫泉诗碑"前后各凿一横向凹槽（图版Ⅰ：168）。前侧凹槽长96厘米，宽13厘米，深12厘米。后侧凹槽长86厘米，宽15厘米，深9厘米。

右菩萨像右侧低坛，横向凿二凹槽，比邻布置，相距约4厘米（图版Ⅰ：169）。左凹槽长66厘米，宽15厘米，深12厘米。右凹槽长74厘米，宽15厘米，深12厘米。

上述五个凹槽估计系后世为安置方碑所凿。

龛岩檐后世加固、补接。龛顶现存七个方形孔洞（图70）。其中，外侧居中水平布置两个，内侧弧形布置五个，几乎横贯龛顶。孔洞大小相近，边宽约20厘米。

（三）妆绘

清光绪十五年（1889年），信士戴光升装绚三主尊像和后壁圆龛佛像[2]。

龛壁存灰白色、红色等两种涂层。

三主尊像存灰白色、黑色、蓝色、绿色、红色等五种涂层，其袈裟袖摆贴金箔。

圆龛佛像存灰白色、黑色、蓝色、绿色等四种涂层。

---

1 王庆煜：《大足石窟维修保护概况》，重庆大足石刻研究会编：《大足石刻研究》2002年创刊号（内刊），第60页。
2 《戴光升装彩千手观音华严三圣父母恩重经变像镌记》，见本册第93、94页。另见重庆大足石刻艺术博物馆编：《大足石刻铭文录》，重庆出版社1999年版，第257页。

注释：

[1] 本则铭文第3行第5字"钱"；第4行第5字"等"；第5行第2字"严"；第5行第4字"斋"；第7行第2字"经"；第10行第1字"物"，铭文分别为：

[2] 本则铭文第3行第1字"能"；第3行第4字"恼"，铭文分别为：

[3] 此"楼"字，铭文为：

[4] 本则铭文第7行第2字"尝"；第7行第13字"庶"；第8行第17字"时"；第9行第18字"香"；第10行第4字"睹"；第11行第13字"捐"；第13行第10字"佛"；第15行第7字"然"；第15行第13字"以"；第16行第1字"过"；第16行第8字"辞"；第17行第5字"年"；第19行第1字"总"，铭文分别为：

[5] 本则铭文第1行第5字"欢"；第1行第6字"群"，铭文分别为：

[6] 本则铭文第1行第3字"尊"；第2行第8字"聪"，铭文分别为：

[7] 本则铭文第2行第3字"石"；第2行第4字"里"；第3行第1字"凿"；第3行第4字"漾"；第4行第4字"影"；第4行第6字"岩"，铭文分别为：

第三章　第6—9号

第一节　本章各编号位置及相互关系

本章介绍的第6—9号及第9-1号等5个龛像，位于大佛湾南崖中段右端及南崖东段左侧（图91；图版Ⅰ：170）。其中，第6号龛位于南崖中段右端，左与第二章介绍的第5号龛相接（图版Ⅰ：171），右侧壁面圆转向东延伸，即为南崖东段。南崖东段壁面中部偏左位置，布置的是本章最大的龛像第8号龛。其左侧近转折壁面处布置第7号龛，右侧壁面依次布置第9号及第9-1号龛（图版Ⅰ：172、图版Ⅰ：173、图版Ⅰ：174）。

第二节　第6号

一　位置

位于大佛湾南崖中段右端。左与第5号龛相连，右圆转与第7号龛紧邻。上为外挑的岩檐，下与地坪垂直相接。塔身正面西北向，方向306°。

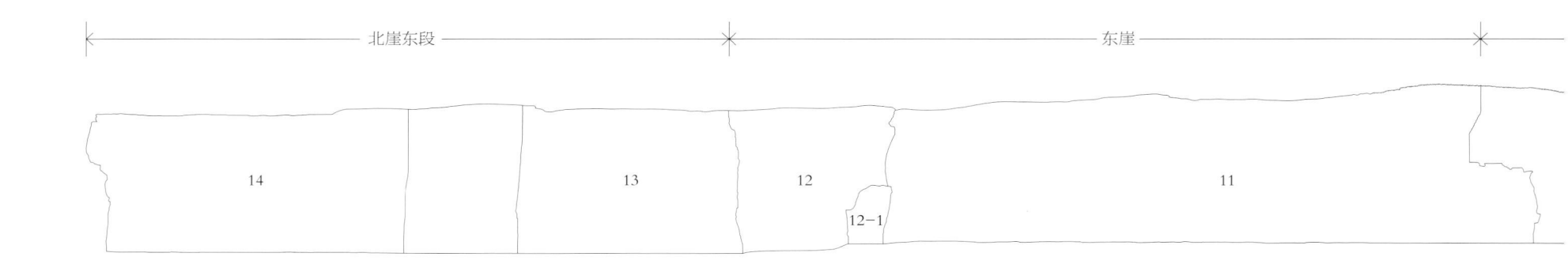

图91　第6—9号龛及第9-1号龛在本卷龛窟中的位置图

二 形制

摩崖刻一座石塔。上接岩檐，下连地坪。显露五级塔身四重檐，通高约783厘米（图92、图93、图94；图版Ⅰ：175、图版Ⅰ：176、图版Ⅰ：177）。塔身方形，外凸壁面最深约120厘米，显露正面及左右侧面。其中，左右侧面刻出大部分，与崖壁壁面垂直交接处饰云纹。塔身自下而上逐级内收，各级塔身之间刻平座。

第一级塔身高约86厘米，正面宽232厘米（图95；图版Ⅰ：178），左侧面显露宽20厘米，右侧面显露宽72厘米；其上饰云纹。转角处刻方形倚柱，显露高约31厘米，宽23厘米。塔身上方额枋呈方形，高约25厘米。正面刻壸门，内横刻一道璎珞；左右侧面显露部分结构及装饰。再上为第一重塔檐。塔檐高约33厘米，各面出檐皆25厘米，檐口呈弧形，角梁微翘，翼角饰一放焰珠及一团花（图版Ⅰ：179）。檐面刻瓦垄瓦沟，瓦当圆形，直径约9.5厘米，内各刻坐佛1身，略残，共35身；其中，正面23身，左侧面4身，右侧面8身。佛像皆坐高8厘米，螺髻、圆脸，内着僧祇支，系带，外着双领下垂式袈裟，双手腹前笼袈裟内，结跏趺坐。滴水呈如意头，线刻花朵装饰。

第一重塔檐之上为第二级塔身，高约93.5厘米，正面宽195厘米，左侧面显露最宽145厘米，右侧面显露最宽91厘米（图96、图97；图版Ⅰ：180、图版Ⅰ：181、图版Ⅰ：182）。塔身下部刻平座，正面高20厘米，宽219厘米；左右侧面显露部分。塔身抹角，正面转角处镂空刻束腰方形倚柱，通高与塔身等高。其中，柱础呈方形，高9.5厘米，面宽23厘米；其上为三重圆形仰莲台，高21厘米，直径28厘米；再上为束腰方形柱身，高63厘米，正面及左右侧面纵向饰放焰珠、花卉和珠串等；柱首为圆珠，直径22厘米。塔身显露三面各开一圆龛，其中正面、左侧面圆龛内各刻坐佛1身，右侧面圆龛仅刻部分，饰云纹。塔身上部额枋高24厘米，饰一周珠串、流苏。额枋正面刻方形匾额，斜面，倾角45°，高40厘米，宽200厘米，厚3厘米。匾心左起横刻"舍利宝塔"4字，楷体，字径32厘米（图版Ⅱ：17）。再上为第二重塔檐，通高32厘米，檐口呈弧线。檐下刻细长檐椽和转角处上翘的角梁，角梁端头翻卷呈如意头。檐面刻瓦垄瓦沟，瓦当圆形，直径9厘米，内各刻坐佛1身，共36身，其中，正面20身，左侧面10身，右侧面6身。其特征与第一重塔檐瓦当佛像同。滴水呈如意头，线刻花朵。

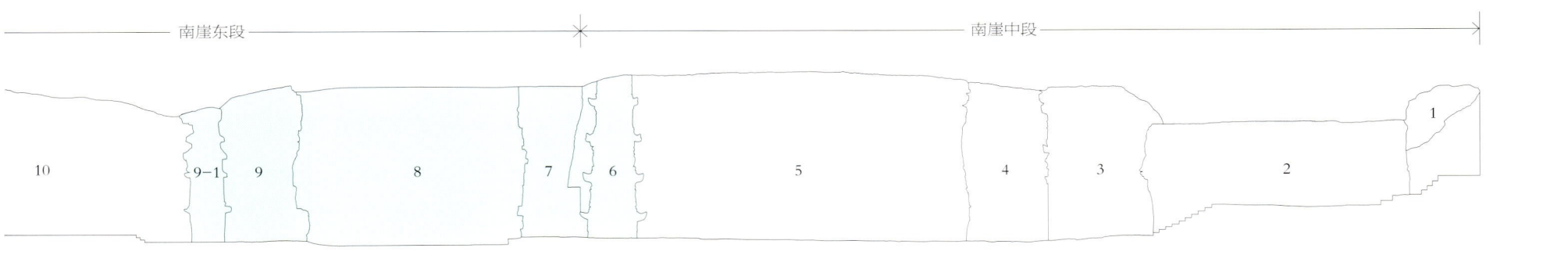

图 92　第 6 号龛立面图
1　右面　2　正面　3　左面

3

第三章 第6—9号 133

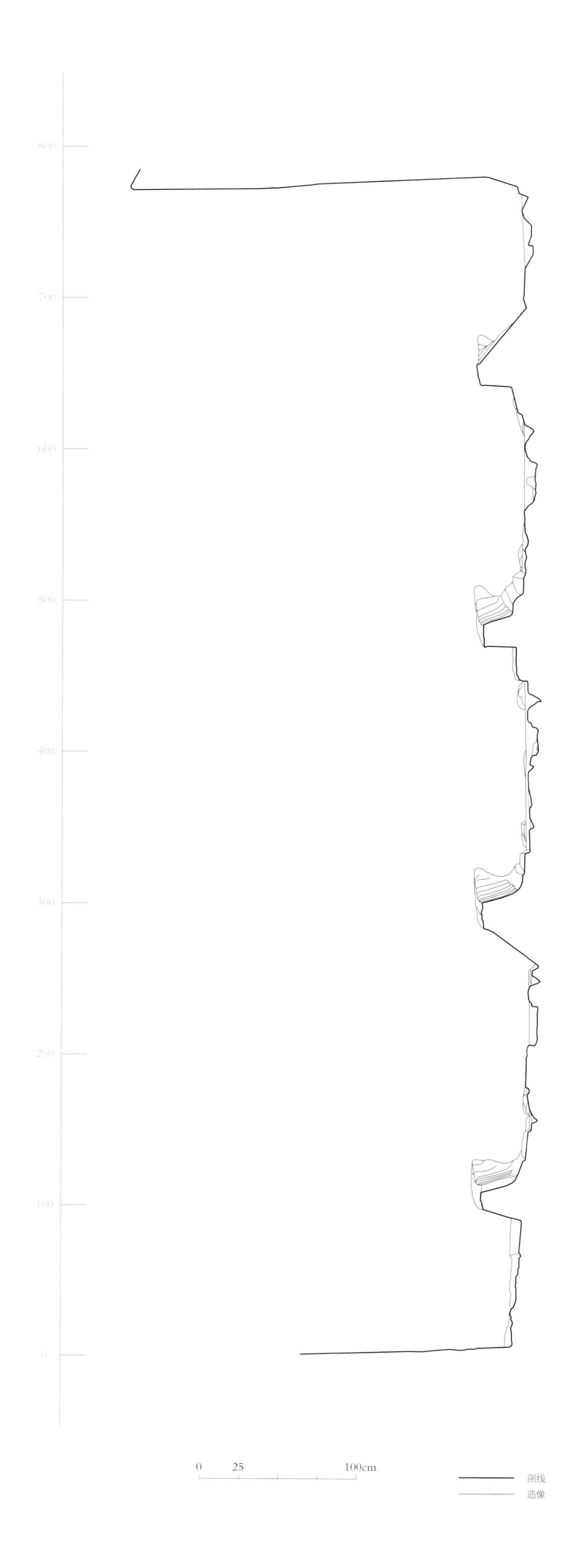

图 93　第 6 号龛剖面图

图 94　第 6 号笼平面图

第二重塔檐之上为第三级塔身，高130厘米，正面宽170厘米，左侧面显露宽95厘米，右侧面显露宽87厘米（图98、图99、图100；图版Ⅰ：183、图版Ⅰ：184、图版Ⅰ：185）。塔身下部平座高13厘米，正面宽204厘米。正面转角处刻倚柱，通高与塔身等高。柱础为三重仰莲台，高18厘米，最大直径34厘米；柱首为三重覆莲台，高20厘米，最大直径22厘米；柱身为瓜瓣形高瓶样式。塔身显露三面各开一圆龛，其中正面及左侧面圆龛内各刻坐佛1身，右侧面小圆龛内饰云纹。塔身上部额枋高20厘米，正面宽204厘米，饰一周璎珞珠串。再上为第三重塔檐，通高34厘米，各面出檐皆29厘米。角梁上翘，翼角饰一放焰珠，塔檐其余结构及装饰与第二重塔檐略同。瓦当上共刻坐佛33身，其中，正面18身，左侧面9身，右侧面6身，其体量、特征与第一重塔檐相同。

第三重塔檐之上为第四级塔身，高135厘米，正面宽191厘米，左侧面显露宽75厘米，右侧面显露宽56厘米（图101；图版Ⅰ：186、图版Ⅰ：187、图版Ⅰ：188）。塔身下部平座高15厘米，宽196厘米。正面转角处亦刻倚柱，通高与塔身等高。柱础为三重仰莲台，高25厘米，最大直径35厘米；柱身高90厘米，上下作圆形，中部为束腰方形。塔身显露三面各开一圆龛，其中，正面小圆龛刻坐佛1身，左、右侧面圆龛仅刻部分。塔身上部额枋正面刻壸门，内横刻璎珞珠串一道；左侧面额枋亦刻壸门及璎珞，显露部分；右侧面额枋素平。再上为第四重塔檐，通高37厘米，各面出檐皆31厘米。角梁底部刻一团花，坠挂铃铎，檐下饰一周珠串，其余结构及装饰与第二重塔檐同。瓦当上共刻坐佛像23身，其中，正面16身，左侧面5身，右侧面2身，其体量、特征与第一重塔檐相同。

第四重塔檐之上为第五级塔身，高116厘米，正面宽166厘米，左侧面显露宽35厘米，右侧面显露宽18厘米（图102；图版Ⅰ：189、图版Ⅰ：190）。塔身下部平座高15厘米，宽185厘米。正面转角处左倚柱保存较好，高101厘米；柱础为三重仰莲

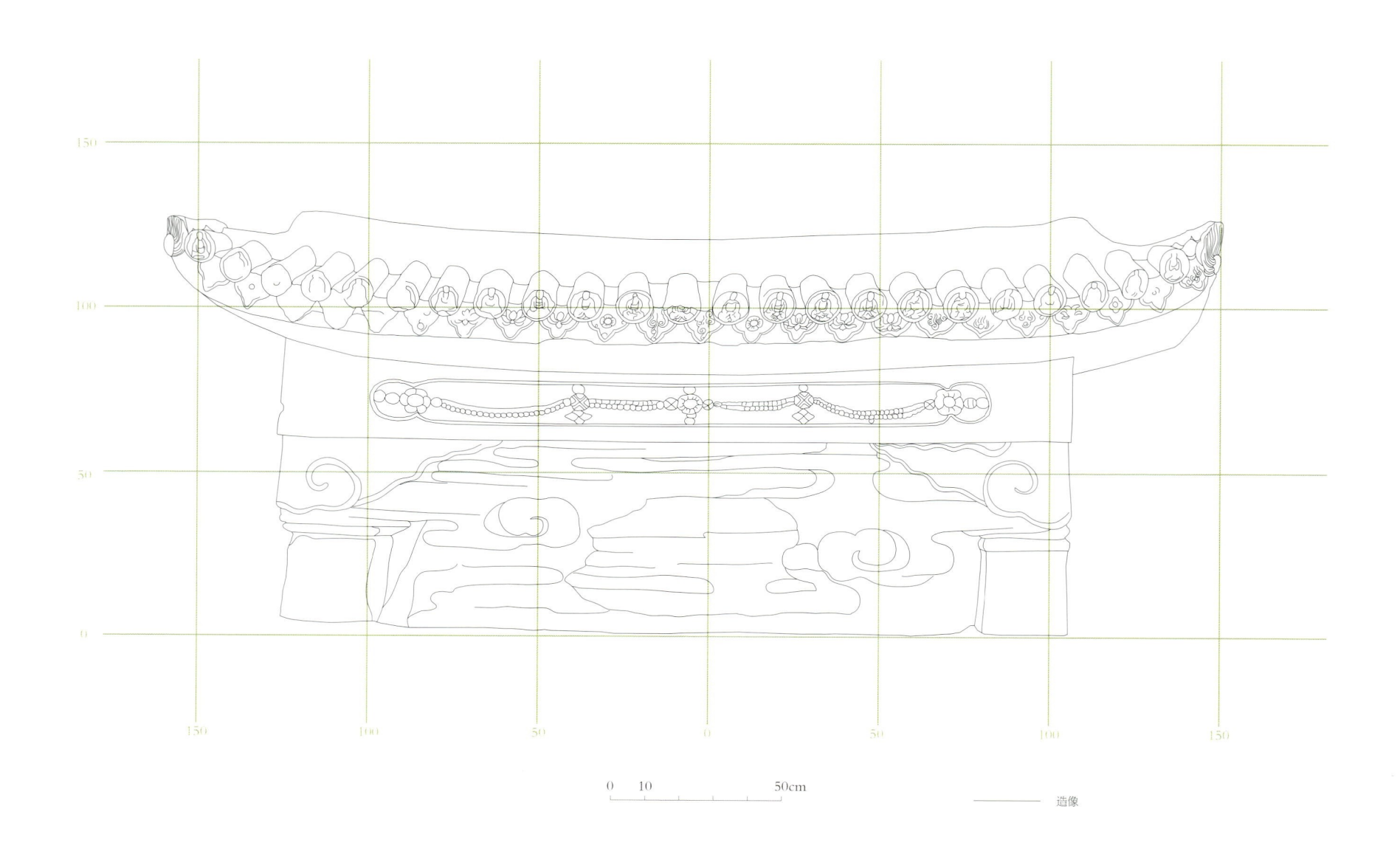

图95　第6号龛第一级塔身正面立面图

台，高13厘米，直径24厘米；柱身上下刻作圆形，中部呈三节束腰方形。右倚柱略蚀，顶部被云纹遮覆，其结构与左倚柱略同。塔身正面刻一圆龛，内刻一坐佛像；左右侧面云纹遮挡。

三　塔身圆龛造像

第二至第五级塔身各面圆龛内共刻佛像6身。其中，第二级塔身正面、左侧面各1身，第三级塔身正面、左侧面各1身，第四级、第五级塔身正面各1身。

1. 第二级塔身

正面佛像　圆龛直径97厘米，深25厘米。佛像坐高55厘米，头长18厘米，肩宽30厘米，胸厚8厘米（图96；图版Ⅰ：191）。头布螺发，刻髻珠，面方圆，眉眼细长，目光下视，直鼻小口，耳垂肥大，内着僧祇支，系带作结，外披双领下垂式袈裟，下着裙，袈裟和裙摆覆搭台前。腕镯，双手腹前托一宝珠，珠径6厘米；宝珠发出两道毫光，沿双肩斜飘至龛外，止于匾额下方。结跏趺坐于四重仰莲台上。莲台高38厘米，最宽74厘米，深20厘米。

左侧面佛像　圆龛直径64厘米，深13厘米。佛像坐高44厘米，头长15厘米，肩宽21厘米，胸厚5厘米（图97；图版Ⅰ：192）。头布螺发，圆脸略蚀，内着僧祇支，系带作结，外着双领下垂式袈裟，下着裙，袈裟袖摆和裙摆垂搭座前。双手腹前结印，结跏趺坐

图96　第6号龛第二级塔身正面立面图

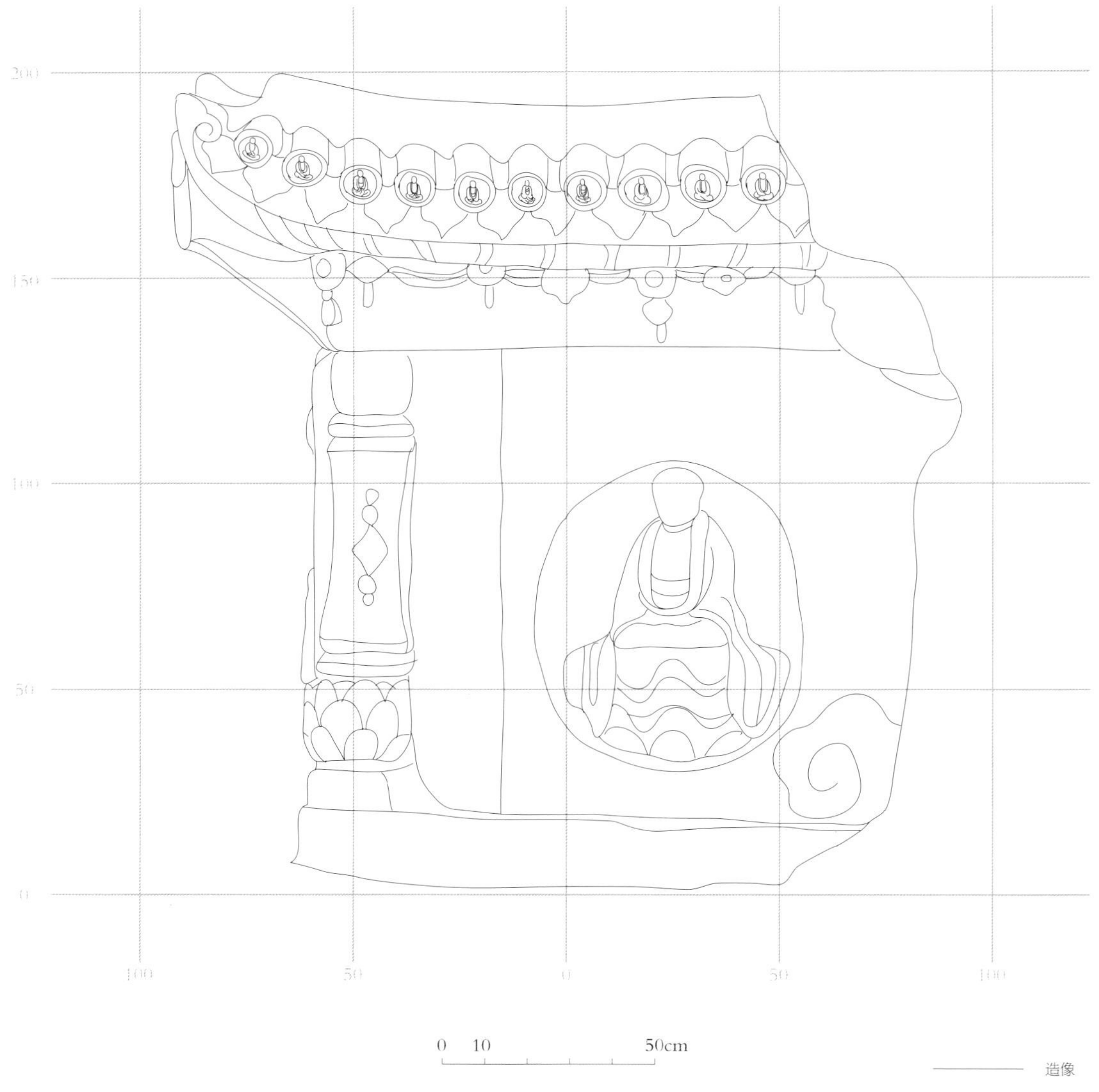

图 97　第 6 号龛第二级塔身左侧面立面图

图 98　第 6 号龛第三级塔身正面立面图

图 99　第 6 号龛第三级塔身正面圆龛佛像效果图

图 100　第 6 号龛第三级塔身左侧面立面图

于三重仰莲台上。莲台高28厘米，最宽53厘米。

2. 第三级塔身

正面佛像　圆龛直径90厘米，深16厘米。佛像坐高47厘米，头长16厘米，肩宽25厘米，胸厚7厘米（图98、图99；图版Ⅰ：193）。左手腹前托杵，杵残断，似斜置右肩，残长40厘米；右手屈肘上举，齐腕残断。右肩外侧刻一朵云纹。结跏趺坐于三重仰莲台上。莲台高32厘米，直径70厘米。其余特征与第二级塔身正面圆龛佛像同。

左侧佛像　圆龛直径84厘米，深16厘米。佛像立高79厘米，头长16厘米，肩宽26厘米，胸厚8厘米（图100；图版Ⅰ：194）。双手腹前笼袈裟内，直身而立。其余特征与第二级塔身正面圆龛佛像同。

3. 第四级塔身

佛像刻于正面圆龛内。圆龛直径95厘米，深16厘米。像坐高60厘米，头长16厘米，肩宽35厘米，胸厚8厘米（图101；图版Ⅰ：195）。头略残。左手抚膝，右手曲于胸前持带茎莲花。其余特征与第二级塔身正面圆龛佛像同。仰莲台高29厘米，直径72厘米。

4. 第五级塔身

佛像刻于正面圆龛内。圆龛直径88厘米，深15厘米。像残蚀略重，坐高51厘米，头长16厘米，肩宽24厘米，胸厚8厘米（图102；图版Ⅰ：196）。双手置胸前，略残，似结印。余特征与第二级塔身正面佛像同。

四　晚期遗迹

（一）铭文

3则。

第1则

位于第二级塔身正面圆龛外左侧。墨书，可辨左起竖书7行；字迹难辨。

第2则

位于第二级塔身正面圆龛外右侧。墨书，可辨左起竖书2行；字迹难辨。

第3则

位于第二级塔身左侧转角抹棱处。墨书竖写，仅辨"乾隆二十五年（漶）"6字，字径约2厘米。

（二）构筑

第二级塔身后侧左右与崖壁相接处的软弱夹层带，现已粘接修补。

第二级塔身左侧面存补塑的黄泥，涂抹涂层；龛内佛像亦用黄泥补塑。

第二级塔身正面右侧转角抹棱处下方凿一外敞的孔洞，存斜向凿痕。孔洞最大直径约30厘米，深60厘米。

（三）妆绘

清光绪十五年（1889年），信士戴光升装绚塔身及塔内造像[1]。

塔身后壁存灰白色、红色等两种涂层。

塔身及造像保存灰白色、红色、黑色、蓝色、绿色等五种涂层。塔身造像及檐下珠串、流苏贴有金箔。

1　《戴光升装彩千手观音华严三圣父母恩重经变像镌记》，见本册第93、94页。另见重庆大足石刻艺术博物馆编：《大足石刻铭文录》，重庆出版社1999年版，第257页。

图 101　第 6 号龛第四级塔身正面立面图

图 102　第 6 号龛第五级塔身正面立面图

第三节　第7号

一　位置

位于大佛湾南崖东段左端。左与南崖中段右端第6号龛圆转相邻，右紧邻第8号龛，二者分界较为明显。上为外凸的岩檐，下与地坪相接。

造像壁面西北向，方向332°。

二　形制

造像壁面略呈竖长方形，通高734厘米，最宽300厘米，略外凸；下与地坪垂直相接（图103、图104、图105；图版Ⅰ：197、图版Ⅰ：198）。左右边缘内折后弧面与相邻龛壁衔接。顶为垂直外挑的岩檐，深约113厘米。

三　造像

造像大致呈上、中、下三部分布置。上部刻一座方塔及六身造像，中部刻一亭一殿两座建筑及六身造像，下部刻一方匾。其余壁面遍饰凹凸的山石、云纹背景，内刻花甸、放焰珠等。

（一）上部

中刻方塔1座，塔前刻香炉1座，左右外侧对称于山石台上各刻造像3身（图106；图版Ⅰ：199）。

方塔平面呈四方形，显露四级塔身四重檐，顶部隐于岩檐，通高约187厘米。塔身外凸壁面最深约39厘米，正面完整，左右侧面显露部分。

第一级塔身高43厘米，正面宽85厘米，左侧面宽27厘米，右侧面宽39厘米。塔身素平，正面上部浮雕一匾额，高16厘米，宽58厘米，厚1厘米。匾内左起横刻"妙智宝塔"4字，字径9厘米（图版Ⅱ：18）。上为第一重塔檐，高约9厘米，出檐8厘米。檐下刻一周珠串璎珞。檐口呈弧线，翼角微翘。檐面刻瓦垄瓦沟。瓦当圆形，直径约6厘米，内各刻坐佛1身，共16身，略残。其中，正面11身，左侧面显露2身，右侧面显露3身。佛像皆坐高4.5厘米，螺髻，面圆，内着僧祇支，外着双领下垂式袈裟，双手腹前笼袈裟内，结跏趺坐。刻如意头滴水。

第二级塔身高26厘米，正面宽74厘米，左面宽26厘米，右面宽31厘米。塔身下部刻平座，显露高5.5厘米。塔身正面中刻一圆龛，直径20厘米，深6厘米，内刻坐式菩萨像1身。像坐高16厘米。头戴花冠，面蚀，胸饰璎珞，着双领下垂式袈裟，双手腹前结印，结跏趺坐。左右侧面塔身素平。第二重塔檐高7.5厘米，结构及装饰与第一重塔檐略同。瓦当直径6厘米，正面刻佛像9身，左侧面刻佛像4身，右侧面刻佛像3身，共16身，其特征与第一重塔檐瓦当佛像同。

第三级塔身高28厘米，正面宽68厘米，左侧面宽20厘米，右侧面宽29厘米，结构、布置与第二级塔身同。平座显露高5厘米。塔身正面圆龛直径17厘米，深6厘米。龛内菩萨坐像高约19厘米，特征与第二级塔身正面圆龛菩萨像同。第三重塔檐高7厘米，结构及装饰仍与第一级塔檐略同。瓦当直径约4.5厘米，正面刻佛像9身，左侧面刻佛像4身，右侧面刻佛像3身，共16身，特征亦与第一重塔檐瓦当佛像同。

第四级塔身高19厘米，正面宽60厘米，左侧面宽6厘米，右侧面宽6厘米，结构、布置与第二级塔身同。平座显露高4厘米。塔身正面圆龛直径19厘米，深4厘米。龛内佛像坐高19厘米，螺髻，面蚀，内着僧祇支，外着通肩式袈裟，双手腹前结印，结跏趺坐。第四重塔檐高6厘米，其结构及装饰仍与第一重塔檐同。其中，正面9个瓦当5个各刻佛像1身，其余4个素平，间置其中；左侧面瓦当

图 103　第 7 号龛立面图

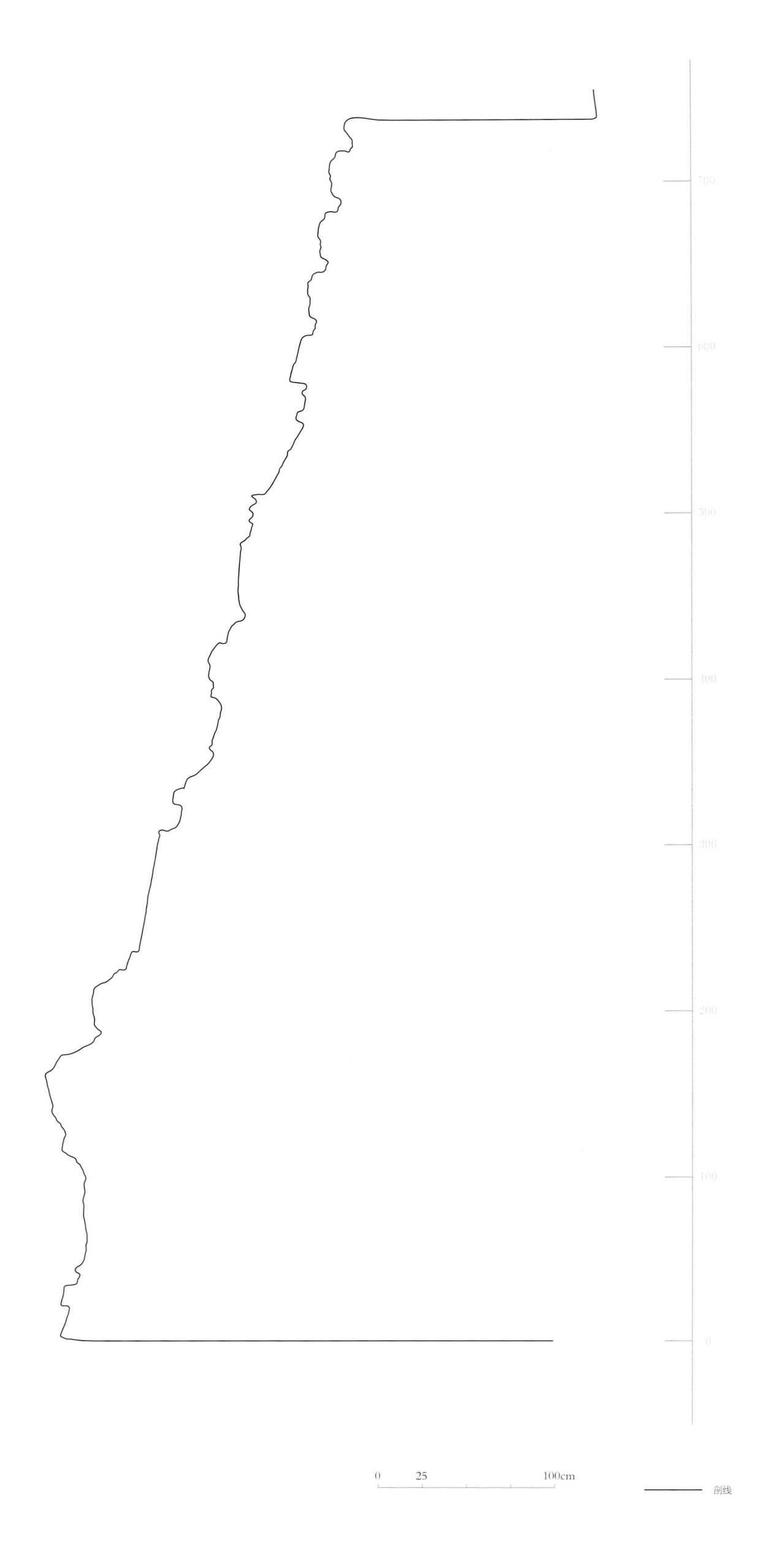

图 104　第 7 号龛剖面图

图 105 第 7 号龛平面图

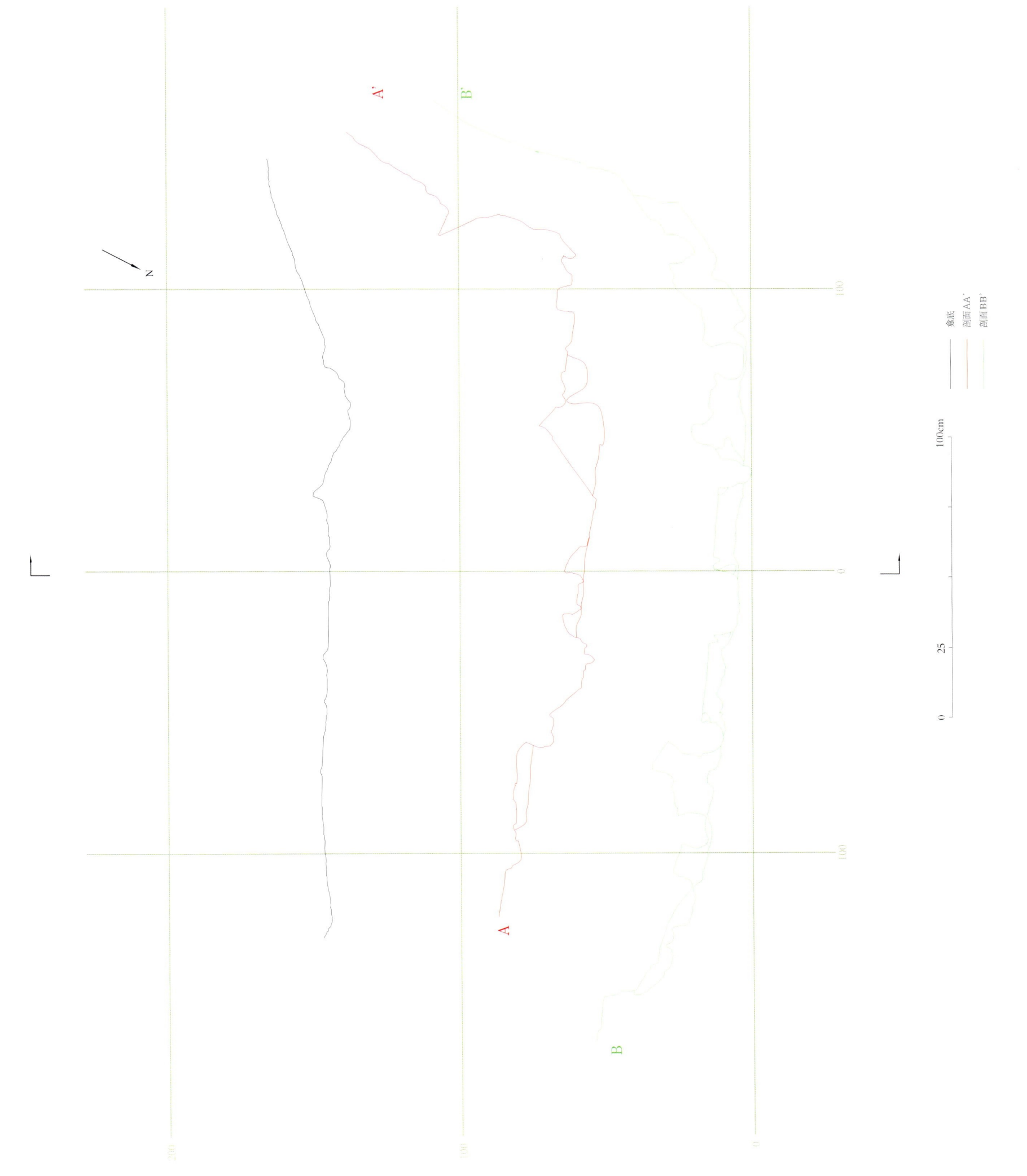

刻佛像2身，右侧面瓦当刻佛像2身。瓦当共刻佛像9身，特征与第一重塔檐瓦当佛像同。

再上为第五级塔身，显露少许，高约10厘米，与岩檐相接。

塔身正前刻一座香炉，双耳，通高24厘米，宽27厘米，厚11厘米；显露前侧双足。

塔身左右侧各刻像3身，对称布置（图版Ⅰ：200、图版Ⅰ：201）。以香炉为界，左侧3身从内至外编为左第1—3像，右侧3身从内至外编为右第1—3像，其特征列入表9。

表9　大佛湾第7号龛上部方塔左右造像特征简表

左侧	造像特征	右侧	造像特征
1	女跪像，跪身高40厘米，头长12厘米，肩宽12厘米，胸厚6厘米。头梳髻戴冠，面蚀，着交领窄袖长服，腰系带，双手笼袖内，拱于胸前。双腿跪地，右向侧身面塔礼拜。	1	女跪像，高39厘米，头长13厘米，肩宽13厘米，胸厚5厘米。头梳髻，着交领窄袖长服，腰系带，双手笼袖内，拱于胸前。双腿跪地，左向侧身面塔礼拜。
2	头毁，残高39厘米，肩宽12厘米，胸厚5厘米。着圆领宽袖长服，腰系带，双手残，置胸前；身略左侧。	2	头毁，残高38厘米，肩宽11厘米，胸厚5厘米。着圆领宽袖长服，腰系带，左手在下，右手在上，双手置胸前执一物，物残；足鞋站立。
3	男立像，高65厘米，头长11厘米，肩宽14厘米，胸厚5厘米。头戴平顶方冠，着交领宽袖长服，腰系带，双手胸前合十，身略左侧站立。	3	女立像，高58厘米，头长12厘米，肩宽14厘米，胸厚5厘米。头戴凤冠，内着圆领长服，腰系带，外披长袍，双手拱于胸前。

（二）中部

中刻一座六边形单檐攒尖顶亭阁，亭内及亭外刻像4身及虎1只；亭外左右各刻方碑1通。亭外右下另刻一座单重庑殿顶建筑，屋身前刻像2身（图107；图版Ⅰ：202）。

亭阁平面呈六边形，下部隐于云纹内，通高约160厘米，外凸壁面约23厘米，显露三面。正面四柱三间，面阔67厘米；左右侧面两柱一间，进深约30厘米，素平。立柱方形，宽4厘米。柱间皆施上下两道阑额。正面明间开圆拱浅龛，龛高64厘米，宽31厘米，深7厘米，内刻坐像1身。顶为攒尖顶，翼角微翘，檐角略呈弧线。檐下与亭身之间刻一周璎珞。亭刹底部为双重仰莲台，再上为瓜瓣圆台，最上显露一级相轮，其余部分隐于云纹。

亭内浅龛坐像高28厘米，头长8.5厘米，肩宽10厘米，胸厚3.5厘米（图版Ⅰ：203）。头蚀，面圆，着交领服，腰系带，双手抚膝，结跏趺坐。

该坐像前侧下方刻一方案，高30厘米，宽22厘米，厚11厘米；覆帷幔，案上置圆盘状物，似托盘，残高1厘米，宽12厘米，深7厘米。案左右各刻立像1身，相对作礼拜状。左立像头毁，残高38厘米，肩宽12厘米，胸厚4厘米。着交领窄袖长服，腰系带；腹前斜置一剑鞘。双手胸前作拱，着靴侧身站立。身后约5厘米处刻一虎，昂头向右，身长40厘米，高20厘米；鼓眼闭口，颈系项圈，长尾上翘，贴于山石之上。右立像高44厘米，头长11厘米，肩宽7厘米，胸厚4厘米。头戴幞头，幞脚残；面蚀，着圆领窄袖长服，腰系带，左手不现，右手曲于左肩前扶持如意曲头杖，杖首悬挂珠串璎珞；杖通高73厘米。足残，侧身而立。

此外，亭身右侧前刻立像1身，部分隐于云纹内，显露高28厘米（图版Ⅰ：204）。头、身蚀，衣饰不明，双手扶持如意曲头杖。杖高52厘米，杖首悬挂珠串璎珞。侧身贴亭直立。

亭阁右下方刻一座单重庑殿顶建筑，显露通高59厘米，面阔29厘米，进深15厘米。明间刻双扇门。檐下饰珠串璎珞。建筑右下方云纹中显露一根望柱。屋身左前侧刻云纹，内现半身像2身（图版Ⅰ：205）。左像侧身向右，高40厘米。头巾，着宽袖长服，腰系带，于后腰处作结下垂。双手置胸前持笏；笏长约9厘米。右像背身向内，高约31厘米，戴软脚幞头，着圆领宽袖服，左手斜伸抚云纹，右手不现。

图106　第7号龛上部造像立面图

图107　第7号龛中部造像立面图

第三章　第6—9号　147

（三）下部

刻一方匾，通高72厘米，宽208厘米，内进中部壁面约15厘米；其左下角残；后世以水泥补塑完整；右下角被凿毁，现为一空洞。匾心左起篆书"毗卢庵"3字，字高60厘米，宽56厘米；右竖刻署款1行25字，字高2厘米，宽7厘米（图版Ⅱ：19）。

毗卢庵
朝散大夫守太常少卿兼国史院编修实录院检讨官魏了翁△书（署款）

四　铭文

偈语，南宋淳熙至淳祐年间（1174—1252年）。刻于中部亭外左、右侧方碑内。碑制相同，通高70厘米，外凸壁面约2厘米。碑首为覆莲叶，碑身方形，高55厘米，宽7厘米，碑座为仰莲台。碑内皆竖刻1行10字，楷体，字径5厘米（图版Ⅱ：20）。

假使热铁轮△於我顶上旋（左）
终不以此苦△退失菩提心（右）

五　晚期遗迹

（一）碑刻

匾额左下角壁面内凹处，即岩体软弱夹层带前，比邻置竖方碑2通[1]，相距约3厘米。

左碑

净明立遥播千古碑，清乾隆十三年（1748年）。碑高85厘米，宽46厘米，厚9厘米，边沿线刻卷草纹。额左起横刻"遥播千古"4字，楷体，字径10厘米。下部碑文左起，竖刻，存161字，楷体，字径2厘米（图版Ⅱ：21）。

遥播千古（额）
四川东道重庆府大足县米粮里宝顶住持方丈大和尚
上净下明△徒监院德舟△焚献应舟
乡约会首黄成先△穆源远△刘成漳
南无千手大士法像一堂以及两傍[2]罗汉又并钱炉一座
于己己[3]岁重妆方丈△刘九星
释迦与阿难迦叶金童二尊△阳文炳彭舟芳
荣昌县术士张可则△徒王应瑞△徒谢君福
三大士共韦驮伽蓝真容△刘九荣
龙神山皇土地圣像△王应祥杨应章
大清乾隆拾叁年戊辰仲冬月△穀旦△三□镌匠张仁山[1]

右碑

悟朝立善功部碑，明隆庆四年（1570年）。碑高109厘米，宽61厘米，厚14厘米，边沿线刻卷草纹。额左起横刻"善功部"3

1　此二方碑为竖碑，可移动，置于此处时间不明。
2　此"傍"字《大足石刻铭文录》录为"旁"。重庆大足石刻艺术博物馆编：《大足石刻铭文录》，重庆出版社1999年版，第256页。
3　此"己"字《大足石刻铭文录》录为"巳"。同前引。

字，篆书，字径14厘米。下部碑文左起，竖刻17行206字，楷体，字径3厘米（图版Ⅱ：22）。

　　　　　善功部（额）
01　据本省潼川州遂宁县净明等[1]
02　住持比丘悟惊
03　同徒本堂本钦本合
04　本观本国本冲
05　徒孙宗教宗贤宗太
06　宗义宗顶宗珠
07　诱引禅僧悟祖
08　荣昌县妆匠吴自贤男吴仲秋兵艾
09　伏念惊等忝为空门什子怩无报谢
10　佛恩施财妆千手观音金像一堂先同本
11　师觉寿兄悟惇妆大卧佛一尊九族四位
12　修砌圆觉洞顶大佛三尊菩莎[2]三位竖法
13　堂施银十两又香炉一座施油烛斋供十
14　余有年广大庵正佛一尊功德钱前后共
15　四百两余各处含赟[3]不枚具此善功刻石
16　为记△伏愿普报四恩同登十地〔观音寺[4]〕
17　大明隆庆四年庚午秋本寺住持悟朝[2]

（二）构筑

龛下部匾额下方软弱夹层带后世填塞修补、作旧，并饰刻云纹，涂抹红色涂层。其右端显露嵌砌的石块和勾缝的黄泥。

龛壁中下部存纵向布置的一列三个枋孔；龛外左侧与第6号龛相交的弧壁中部亦存一列三个枋孔；估计系为搭建木构建筑后的遗存。枋孔大小不一，最大者高约15厘米，宽9厘米，深7厘米；最小者高10厘米，宽4厘米，深4厘米。

（三）妆绘

清光绪十五年（1889年），信士戴光升装绚塔身及塔内造像[5]。

龛壁存灰白色、红色等两种涂层。

造像存灰白色、红色、黑色、蓝色、绿色等五种涂层。

龛上部方塔浅龛三身造像、中部亭阁正面坐像、檐下璎珞和曲杖悬挂的璎珞皆贴金。

1　此"等"字《大足石刻铭文录》录为"寺"。重庆大足石刻艺术博物馆编：《大足石刻铭文录》，重庆出版社1999年版，第253页。
2　此"莎"字《大足石刻铭文录》录为"萨"。同前引。
3　此"赟"字《大足石刻铭文录》录为"资"。同前引。
4　此"观音寺"3字《大足石刻铭文录》未辨识。同前引。
5　《戴光升装彩千手观音华严三圣父母恩重经变像馈记》，见本卷报告第93、94页。另见重庆大足石刻艺术博物馆编：《大足石刻铭文录》，重庆出版社1999年版，第257页。

第四节　第8号

一　位置

位于大佛湾南崖东段中部。左邻第7号龛，右邻第9号龛；上为外挑的岩檐，下与地坪相接。龛前立"大悲阁"建筑。龛口西北向，方向343°。

二　形制

略呈圆形龛（图108、图109、图110、图111；图版Ⅰ：206、图版Ⅰ：207、图版Ⅰ：208）。

本龛所在崖壁高9.5米。龛口左右呈弧形，上下边平直。左右最宽1250厘米，上下最高720厘米。龛口左右缘刻素面弧形边沿，宽约18厘米，深约35厘米，弧长约645厘米，使本龛与左右相邻龛像所在壁面分界明显。龛沿内侧彩绘锯齿状的火焰纹，宽约10厘米。龛底大部毁，仅存少许原岩体，外凸壁面约15厘米。自原岩体前侧向下凿进约11—27厘米后形成一方形平台，向前延展后，与"大悲阁"大殿内石板地坪水平相接（图版Ⅰ：209）。龛底内侧左右各建一级山石低坛，形制相当；坛面高90厘米，宽250厘米，最深60厘米。龛壁竖直，略前倾，与龛顶垂直相接。龛顶即为岩檐底部，外挑约115厘米。

三　造像

龛内中刻主尊千手观音坐像1身，结跏趺坐于二力士像举抬的仰莲台上。观音身后浮雕千手，状如孔雀开屏；千手或持法器或结印，密布整龛。左右低坛上各刻立像2身，对称布置。龛左右下角分刻穷人、饿鬼像1身[1]。

（一）千手观音像

像坐高331厘米，头长129厘米，肩宽159厘米，胸厚68厘米（图112；图版Ⅰ：210）。梳髻，露额发，垂发披肩。戴化佛宝冠，冠翼略外展，冠带作结后沿双肩斜飘至大腿外侧。冠下缘饰刻一道珠串，坠流苏。头略低垂，慈眉善目，眉间竖刻一目；直鼻小口，双唇微闭，下颌圆润，耳垂肥大；颈刻三道肉褶线。胸饰璎珞，网状覆于胸前。内着僧祇支，系带作结，外着双领下垂式袈裟；下着长短两层裙。腰带长垂座前，裙摆垂搭台前。自两裙摆间垂一道璎珞和两道飘带，敷搭于座前。身正面刻手臂12支，皆腕镯。其中，当胸两手合十；腹前内侧两手结定印；腹前外侧两手结印；左右侧两上手屈肘半举，左手仰掌托宝珠，右手覆巾[2]；左右侧两中手平直前伸，置大腿上，手背与大腿间饰云纹相接；左右侧两下手抚膝。结跏趺坐于三重仰莲台上。台通高135厘米，最大直径324厘米。

化佛冠刻48身坐佛，横向布置，共5排（图版Ⅰ：211）。自上而下，第1排1身，第2排9身，第3排11身，第4排14身，第5排13身。佛像坐高皆约8厘米，浮雕圆形背光，着双领下垂式袈裟，结跏趺坐于仰莲台上。

观音所坐莲台左右，各刻半身力士像1身，如自地踊出（图版Ⅰ：212、图版Ⅰ：213）。二像体量相近，高103厘米，头长42厘米，肩宽55厘米，胸厚27厘米。头戴凤翅盔，下颌系带作结，顿项披垂后肩。方面，鼓眼闭口，鼻翼宽大。饰肩巾，着宽袖袍服，腰系革带，刻抱肚。飘带绕后背及双肩，隐于胸前。展双臂，侧面向台座，相对作抬举状。

观音左右及身后浮雕千手（臂），层层叠叠，状如涌出，令人目眩。手皆腕镯，或伸、或曲、或正、或侧，千姿百态。单手或多手握持法器，未持法器者，则结各种印相。手臂中，掌心外露者，皆于掌心处刻一半睁的眼睛。调查时，为便于充分观察，并遵循不接触文物本体的原则，在距离本体平均约0.7米的位置，通过搭架布线，在水平和垂直方向上用22根直径约0.3毫米的白色尼龙线分别作为横向和纵向坐标，将本龛正立面划分为1米×0.86米的若干网格，使之形成上下9层，左右11列，总共99个局部区域，并以网格右

---

[1] 2008年8月，宝顶山大佛湾千手观音造像抢救性保护工程经国家文物局批准立项实施，至2015年6月竣工。本文现场调查记录系按照修缮前的状况记录，在其后的整理过程中，部分参考了《大足石刻千手观音造像抢救性保护工程前期研究》的成果。大足石刻研究院、中国文化遗产研究院编：《大足石刻千手观音造像抢救性保护工程前期研究》，文物出版社2015年版。

[2] 此手已毁，原迹不明，历史上将其修补为覆巾。2008—2015年，宝顶山大佛湾千手观音造像抢救性保护工程项目组普遍查资料、多方寻证未果，后根据宝顶山千手观音手持法物大多左右对称的原则，比照左手，将其修缮为仰掌托珠。

下角（东下角）为坐标基点，对各区域进行编号（图113；图版Ⅰ：214—图版Ⅰ：312）。各区域编号依次为该区域所在的层数和列数，用"层数-列数"表示，如：第3层、第5列的区域编为"3-5"，第3层、第6列的区域编为"3-6"，其余类推。

根据上述区域编号，再对观音像手臂的位置、数量和法器进行编号统计调查[1]。同一区域内，手臂的排列序数统计方法是从右至左（以造像本身为背向）、从下至上依次编号统计。相邻不同区域的手臂，以手臂大部分所在区域为准，经核对后再编号，避免重复计数。手以S表示，臂以B表示。如：第2层、第2列区域中第2支手，编为"2-2-S2"；第3层、第9列、第3支臂，编为"3-9-B3"。

同一区域中，单手持法器者，法器的统计方法是根据手臂的编号进行统计，并以F表示。如第2层、第2列区域中第2支手臂持法器，编为"2-2-F2"。多支手臂持法器者，则统计主要持物的手臂，标注方法相同。同一件法器，跨区域布置时，亦以持物手臂大部分所在区域为准进行统计标注。

按上述分区、编号原则，现将各区域观音手臂数量、法器号、法器名及特征列入表10[2]。

表10　大佛湾第8号龛主尊观音像手臂数量、法器号、法器名及特征简表

区域号	手臂数量（支）	法器号	法器名	法器特征（厘米）
1-1—1-11	无			无
2-1	1	2-1-F1	经卷	圆筒形，全长33、直径6。
2-2	4	2-2-F2	钵	高19、直径25。
2-3	2			无
2-4	无			无
2-5	2	2-5-F2	盘	呈八角形，显露宽42、高15；内置物，物残。物上覆1带。
2-6	无			无
2-7	1	2-7-F1	盆	八角形，高13、宽40。内置果实。
2-8	1			无
2-9	4	2-9-F3	云	云头如意形。
2-10	2	2-10-F1	圆珠	珠发出一道上飘的毫光，珠径9。
2-11	2	2-11-F1	璧	橄榄形，长7、宽5。
		2-11-F2	珠宝	由钱币、放焰珠等组成。
3-1	6			无
3-2	14	3-2-F1	莲	放出五道毫光，顶部中央置一圆珠。
		3-2-F2	杨枝	呈斜垂状。
		3-2-F8	盒	方形，长25、宽9、高8。正面装饰壶门。盒内置物及鱼，物残难辨，鱼放出一道毫光上飘。
		3-2-F13	莲	带茎莲1朵。

---

[1] 观音像身前12支手臂亦纳入相应区域进行调查、统计。
[2] 本表是在《大足石刻千手观音造像抢救性保护工程前期研究》成果基础上，结合此前实地调查记录完成。

续表10

区域号	手臂数量（支）	法器号	法器名	法器特征（厘米）
3-3	11	3-3-F1	珠花	由花朵、圆珠等组成。
		3-3-F6	贝叶经	最长47、最宽9。
		3-3-F11	食盒	宽25、高29。
3-4	5	无		
3-5	5	3-5-F1	经册	长31、宽12、厚4。中部系带。
		3-5-F3	钱币	叠置5枚。
3-6	5	无		
3-7	4	3-7-F1	钱币	数枚叠置。
3-8	6	3-8-F3	经册	长31、宽9、厚3。中部系带。
		3-8-F6	花匄	残。
3-9	11	3-9-F1	花匄	残。
		3-9-F5	贝叶经	最长48、最宽9。
3-10	6	3-10-F1	如意	全长72。
		3-10-F2	钵	高18、口径15。
		3-10-F4	珠花	系一带。
3-11	6	3-11-F1	经卷	长38、直径6。中上部系圆环。
		3-11-F4	盒	方形，长37、宽42、高16。盒上置"鱼"形物。
4-1	9	4-1-F2	法螺	上部残，中部系带，长飘左下。
		4-1-F6	化佛	坐式化佛，高21。浮雕有椭圆形身光及圆形头光，头光顶部刻云纹1朵。光头，面蚀，内着僧祇支，外着双领下垂式袈裟，双手置腹前，结跏趺坐于束腰莲台上。
		4-1-F9	斧	长柄，全长122，斧面最宽24。
4-2	12	4-2-F1	莲	莲花1朵。
		4-2-F11	葡萄	带茎、叶葡萄1串。
		4-2-F12	火焰纹	火焰纹1朵。
4-3	14	4-3-F4	放焰珠	珠径7。
		4-3-F6	盘	呈方形，棱角内凹，通宽33、高6。盘上置方形小盒。
		4-3-F11	剑	全长132，柄系剑穗。
4-4	11	4-4-F8	经卷	长44、直径6。
		4-4-F11	念珠	部分残断。
4-5	5	4-5-F1	珠花	由菱形、圆形珠玉组成。
4-6	3	4-6-F1	巾	覆搭掌面[1]。
4-7	3	4-7-F1	珠	圆珠1粒，直径12。

1　2015年千手观音造像抢救性保护工程中，修缮为掌心托圆珠，无巾。

续表10

区域号	手臂数量（支）	法器号	法器名	法器特征（厘米）
4-8	11	4-8-F2	印	方形，长21、宽13、厚4。印带下垂。
		4-8-F4	念珠	部分残断。
4-9	19	4-9-F4	放焰珠	珠径9。
		4-9-F6	盒	方形，长29、宽13、高8。盒盖上刻圆形钮。
		4-9-F9	盘	方形，通宽33、高6。内置宝珠及小方盒。方盒放出两道毫光。
		4-9-F15	经卷	长39、直径5。
		4-9-F19	无脚幞头	通高28，最宽18、厚7。
4-10	15	4-10-F2	莲	带茎仰莲1朵。
		4-10-F9	花	团花1朵。
		4-10-F14	剑	全长92。剑柄圆环上系带，作结下飘。
4-11	12	4-11-F6	法螺	高32、宽17。底部系带。
		4-11-F8	葡萄	带茎、叶葡萄1串。
5-1	8	5-1-F8	圆珠	珠径10。发出一道毫光，蜿蜒上飘。
5-2	14	5-2-F1	放焰珠	珠径7。
		5-2-F2	花	物残，视其外形，似花。
		5-2-F7	释迦果	释迦果1枚。
		5-2-F13	剑	全长83。
5-3	12	5-3-F1	塔	密檐塔1座，通高99。
		5-3-F3	绣球	表面饰柿蒂纹，两端系带。
		5-3-F8	拍板	两块，单块全长33、宽6。
5-4	13	5-4-F1	花	形似花蕾，略残。
		5-4-F6	细腰鼓	全长42，鼓面径约26。
		5-4-F8	拍板	两块，单块全长38、宽10。
5-5	10	5-5-F2	经册	长72、宽5。
		5-5-F3	金刚铃	残，通高33。
		5-5-F4	铜	方形，全长53。
		5-5-F10	印	方形，长34、宽15。印带右下飘飞。
5-6	2			无
5-7	7	5-7-F2	金刚铃	下部残，通高约28。
		5-7-F3	铜	方形，上部残，残长56。
		5-7-F6	坐佛	佛像坐高38。刻圆形素面头光，直径28。头布螺髻，头顶发出一道毫光上至华盖下部。面圆，内着僧祇支，系带，外着双领下垂式袈裟，袈裟下摆覆于座前。双手腹前结印，结跏趺坐于三重带茎仰莲台上。台高19，最宽53。佛像头顶刻八角形屋顶式华盖，高30、最宽40，顶置仰莲，其上刻放焰珠1粒。

续表10

区域号	手臂数量（支）	法器号	法器名	法器特征（厘米）
5-8	15	5-8-F4	细腰鼓	通长38，鼓面径28。
		5-8-F5	经册	长35、宽11。
		5-8-F10	拍板	两块，单块全长38、宽7。
		5-8-F13	葡萄	带茎、叶葡萄1串。
		5-8-F14	印	方形，长34、宽13。印带下垂。
5-9	11	5-9-F4	塔	密檐塔1座，通高80。第1层塔身正面圆拱龛内刻坐佛1身。佛像坐高12，可辨双手腹前笼袖内，结跏趺坐。
		5-9-F8	拍板	两块，单块长38、宽6。
		5-9-F10	圆珠	大部残。
5-10	14	5-10-F5	云	上部宽扁，下部细长；疑为云纹。
		5-10-F6	放焰珠	大部残，可辨火焰
		5-10-F11	箭	大部残，残长73。
		5-10-F14	绣球	大部剥蚀，球直径约33，系飘带。
5-11	13	5-11-F3	化佛	化佛坐高21。刻圆形头光及身光。头布螺髻，面圆，内着僧祇支，系带，外着双领下垂式袈裟，袈裟下摆覆于台前。双手腹前笼袖内，结跏趺坐于云台上。
		5-11-F5[1]	圆珠	珠直径3。
		5-11-F11[2]	云	云纹1朵。
		5-11-F13	斧	全长109，斧面残，最宽约11。
6-1	6	6-1-F6	经函	长23、宽8。中部系带，带长垂。
6-2	15	6-2-F2	圆珠	珠径11。发出三道毫光。
		6-2-F14	狮	伏狮身长29、高16。头右尾左，鼓眼阔口，扭头左望。
		6-2-F15	绣球	直径7。
6-3	13	6-3-F1	弓	全长约91。
		6-3-F3	箭	一束。全长77。
		6-3-F4	山石	山石置于方盘内。山石高23。方盘宽30、高5。
		6-3-F6	经卷	展开全长46。
		6-3-F12	经函	方形，长27、宽8、高6。
6-4	18	6-4-F4	葡萄	带茎、叶葡萄1串。
		6-4-F6	化佛	化佛坐高13。光头，内着僧祇支，外着双领下垂式袈裟，双手置腹前，结跏趺坐于仰莲台上。
		6-4-F7	印	方形，略残，长28、宽11。印带下垂。
		6-4-F8	如意	略残，全长约66。
		6-4-F10	经册	长30、宽9。其上斜置1支软笔。
		6-4-F18	经卷	略残，残长36。

---

1 《大足石刻千手观音造像抢救性保护工程前期研究》一书中，此法器未编号。

2 同前引。

续表10

区域号	手臂数量（支）	法器号	法器名	法器特征（厘米）
6-5	10	6-5-F3[1]	羂索	大部残。
		6-5-F4	念珠	大部残。
		6-5-F5	莲	带茎，莲叶舒展，上刻仰莲。
6-6	5	6-6-F2	莲	带茎莲花1朵。茎系带作结后下垂。
		6-6-F5	莲	带茎莲花1朵。茎系带作结后下垂。
6-7	8	6-7-F1	细带	自指尖飘垂而下。
		6-7-F6	拂子	大部分残断，残长21。
6-8	14	6-8-F3	莲	带茎，莲叶舒展，上刻仰莲1朵。
		6-8-F4	念珠	略残。
		6-8-F5	如意	残断，残长58。
		6-8-F6	经卷	全长35。
		6-8-F12	圆珠	珠径10。
		6-8-F13	钵	高13、口径18。内盛物。
6-9	13	6-9-F2	山石	山石置于方盘内。山石高20。方盘宽26、高7。
		6-9-F3	经卷	展开的经卷长48、宽13。
		6-9-F4	化佛	大部残，仅辨双手腹前笼袖内，结跏趺坐于仰莲台上。莲台置于云纹上。
		6-9-F9	经册	长24、宽13。其上斜置1支软笔。
		6-9-F12	经函	左端残，正面饰壸门。长27、宽10、高8。
		6-9-F13	笔	软笔全长24，置于经册上。
6-10	15	6-10-F1	弓	全长144。
		6-10-F7	狮	伏狮身长30、高13。头左尾右，扭颈右望，颈下系铃。
		6-10-F9	圆珠	珠径3。
		6-10-F11	贝叶经	全长43、最宽10。
		6-10-F12	镜	圆形，直径20。镜带下垂。
		6-10-F13	旁牌	兽面，通高58、最宽18。
6-11	8	6-11-F4	经函	方形，长33、宽9、高4。中部系带。
		6-11-F7	象	卧象身长27、高13。头左尾右，扭颈向外，鼻卷曲。
7-1	6	7-1-F2	象	卧象身长28、高12。头右尾左，鼻内卷。

---

1 《大足石刻千手观音造像抢救性保护工程前期研究》一书中，此法器未编号。

续表10

区域号	手臂数量（支）	法器号	法器名	法器特征（厘米）
7-2	12	7-2-F3	旁牌	兽面。通高58、最宽17。
		7-2-F4	莲	双重莲瓣，高9、直径14。
		7-2-F8	宫殿	重檐庑殿顶宫殿1座，通高52。置于双重仰莲台上。底层屋身明间圆龛内刻坐佛1身。佛像坐高10，光头，内着僧祇支，外着双领下垂式袈裟，双手置腹前（残），结跏趺坐。
		7-2-F11	花	由云纹、团花、方形珠玉组成。
7-3	18	7-3-F1	笔	软笔全长30，置于经册上。
		7-3-F2	镜	圆形，直径23。镜带下垂。
		7-3-F4	贝叶经	全长33、最宽10。
		7-3-F5	亭	单檐攒尖亭1座，通高60，置于双重仰莲台上。亭身正面圆拱龛内刻立佛1身。佛像高13，光头，上着双领下垂式袈裟，下着裙，双手腹前笼袖内。
		7-3-F6	莲	1支仰莲。
		7-3-F15	钵	高13、口径18。钵内刻口衔珠的龙1条。
		7-3-F16	放焰珠	珠径6。
		7-3-F18	月轮	轮径22，云纹承托。
7-4	15	7-4-F2	钵	高11、口径17。
		7-4-F11	法轮	大部残。
		7-4-F14	鼓槌	残长18。
		7-4-F15	碗	瓜棱状，高11、口径17。内盛花。
7-5	15	7-5-F2	圆珠	珠径8。
		7-5-F4	五色云	云纹1朵。
		7-5-F6	拂子	大部残断，残长40。
		7-5-F7	鼓	圆鼓，鼓面径30、厚10。
		7-5-F8	骷髅头	通高约13。
		7-5-F9	瓶	通高22。
		7-5-F13	金刚杵	全长约23。
		7-5-F14	篮	篮高11、宽23。内置花朵。
		7-5-F15	贝叶经	全长33、最宽11。
7-6	15	7-6-F1	念珠	环绕2周。
		7-6-F7	香炉	长柄，全长43。
		7-6-F10	香炉	长柄，全长43。
		7-6-F11	扇	扇面方形，残高53、宽19。

续表10

区域号	手臂数量（支）	法器号	法器名	法器特征（厘米）
7-7	12	7-7-F1	念珠	环绕2周，略残。
		7-7-F2	骷髅头	通高约13。
		7-7-F5	金刚杵	下部残，残长33。
		7-7-F10	贝叶经	全长36、最宽11。
		7-7-F11	篮	篮高11、宽14。内置物。
		7-7-F12	扇	扇面方形，残高53、宽19。
7-8	16	7-8-F2	五色云	云纹1朵。
		7-8-F3	鼓	圆鼓，鼓面径36、厚9。
		7-8-F4	鼓槌	残长19。
		7-8-F5	圆珠	大部残，疑为圆珠。
		7-8-F9	碗	瓜棱形，高14、口径18。内盛物。
		7-8-F10	圆珠	珠径5。
		7-8-F12	瓶	通高34。
		7-8-F13	念珠	大部残。
		7-8-F15	化佛	化佛1身，坐高23厘米。头布螺髻，面圆，内着僧祇支，系带作结，外着双领下垂式袈裟，袈裟袖摆及下摆覆于台前，双手腹前笼袖内，结跏趺坐于云台上。佛像头顶刻屋顶式华盖，略残。
7-9	14	7-9-F3	亭	单檐攒尖亭1座，通高43，置于双重仰莲台上。亭身正面圆拱龛内刻立佛1身。佛像高59，光头，上着双领下垂式袈裟，下着裙，双手置胸前。
		7-9-F7	法轮	部分残，轮径17。
		7-9-F11	圆珠	略残，珠径6。
		7-9-F14	日轮	轮径17，云纹承托。
7-10	11	7-10-F1	莲	带茎覆莲1支。
		7-10-F9	钵	高18、口径13。上刻一蹲鸟。
		7-10-F10	花	全长19、最宽10。
7-11	8	7-11-F3	圆珠	珠径10，放出少许毫光。
		7-11-F5	宫殿	重檐庑殿顶宫殿1座，通高45，置于云台上。底层屋身明间圆拱龛内刻坐佛1身。佛坐高12，光头，着双领下垂式袈裟，双手腹前笼袖内，结跏趺坐。
8-1	2			无
8-2	10	8-2-F5	骷髅头	高约12，系带。
		8-2-F7	石榴	石榴1束。
		8-2-F8	莲	带茎，莲叶舒展，双重仰莲。全长68。
8-3	11	8-3-F5	戟	部分残，全长142。
		8-3-F10	锡杖	六环，全长128。

续表10

区域号	手臂数量（支）	法器号	法器名	法器特征（厘米）
8-4	14	8-4-F5	放焰珠	珠径5。
		8-4-F6	羂索	环绕2周。
		8-4-F7	化佛	化佛1身，坐高21。刻圆形素面头光及身光。头布螺髻，面圆，内着僧祇支，系带，外着双领下垂式袈裟，袈裟下摆覆于台前，双手腹前笼袖内，结跏趺坐于云台上。佛像头顶刻四角屋顶式华盖。
		8-4-F11	法螺	部分残，全长约20。
8-5	16	8-5-F2	笏板	全长68。
		8-5-F3	念珠	大部残。
		8-5-F11	经册	长38、宽10。底部垂带。
		8-5-F13	莲	带茎仰莲1支。
		8-5-F15	烛	通高73，烛台上置圆形蜡烛1支，顶部刻光焰。
8-6	15	8-6-F2	葫芦	部分残，高17。
		8-6-F5	葫芦	部分残，高17。
		8-6-F11	山石	通高31，最宽25。
		8-6-F14	坐佛	坐佛高39。刻素面桃形头光及圆形身光。头布螺髻，刻髻珠，自髻珠放出两道毫光，分别向斜上飘至岩檐。面圆，内着僧祇支，系带作结，外着双领下垂式袈裟，袈裟袖摆及下摆覆于台前，双手胸前结智拳印，结跏趺坐于云纹承托的三重仰莲台上。莲台高21、宽40。云台高19、宽58。
8-7	12	8-7-F3	莲	带茎仰莲1支。
		8-7-F5	经册	长35、宽9。底部垂带。
		8-7-F10	山石	通高30，最宽25。
8-8	14	8-8-F2	笏板	全长48。
		8-8-F9	盏	八角形，高11、宽30。上置两枚果实。
		8-8-F13	坐佛	坐佛1身，坐高48。刻圆形素面背光。头顶残，面圆，内着僧祇支，系带作结，外着偏衫式袈裟，袈裟下摆覆于台前。双手腹前结定印，结跏趺坐于云纹承托的三重仰莲台上。莲台高16、宽46。
8-9	17	8-9-F2	法螺	部分残。
		8-9-F3	羂索	环绕2周。
		8-9-F7	锡杖	六环，全长103。
		8-9-F11	拍板	六合板，通高39。
8-10	12	8-10-F1	圆珠	珠径5。
		8-10-F2	团花	团花1朵。
		8-10-F4	骷髅头	大部残，依稀可辨。
8-11	4	8-11-F2	石榴	石榴1束。
9-1	无			无
9-2	10			无

续表10

区域号	手臂数量（支）	法器号	法器名	法器特征（厘米）
9-3	11	9-3-F2	铜	全长61。
		9-3-F7	桃	高约18。
		9-3-F11	葡萄	带茎、叶葡萄1串。
9-4	11	9-4-F1	拍板	六合板，通高47、最宽17。
		9-4-F4	坐佛	坐佛1身，坐高44。刻圆形素面头光及身光。头布螺髻，刻髻珠，面圆，内着僧祇支，系带作结，外着双领下垂式袈裟，袈裟下摆覆于台前。左手腹前结印，右手胸前结印，结跏趺坐于云纹承托的双重仰莲台上。莲台高13、宽46。
9-5	13	9-5-F2	盏	八角形，高6、宽30。上置三枚果实。
		9-5-F3	瓶	通高33。
9-6	8	9-6-F3	塔	平面呈八角形，置仰莲台上，显露第1、2级塔身及塔檐，通高约48。底层塔身正面刻圆龛，直径16厘米。龛内刻坐佛1身，坐高14。光头，内着僧祇支，外着双领下垂式袈裟，双手腹前笼袖内，结跏趺坐。
9-7	14	9-7-F3	烛	部分残，残通高73。烛台上置一圆形蜡烛。
		9-7-F5	瓶	通高30。
		9-7-F6	塔	显露高48；其形制、造像内容与9-6-F3略同。
9-8	8	9-8-F5	葡萄	带茎、叶葡萄1串。
9-9	15	9-9-F8	铜	全长78。顶部残。
		9-9-F9	桃	高约19。
9-10	15	9-10-F1	戟	部分残，全长110。
		9-10-F12	莲	茎略残，莲叶舒展，上刻三重仰莲。
9-11	无			无

据上表统计，千手观音像手和臂共计830支[1]，其中，手掌817支，臂（未刻手掌）13支。手臂大致以主尊像为中线，左右两侧略对称分布，即左手臂位于左侧，右手臂位于右侧。各区域手臂数量统计入表11。

表11　大佛湾第8号龛主尊观音像手臂数量统计简表

	列1	列2	列3	列4	列5	列6	列7	列8	列9	列10	列11	合计（支）
层9	0	9+1	11	9+2	12+1	8	13+1	8	12+3	12+3	0	94+11
层8	2	10	11	14	15+1	15	12	14	17	12	4	126+1
层7	6	11+1	18	15	15	15	12	16	14	11	8	141+1
层6	6	15	13	18	10	5	8	14	13	15	8	125
层5	8	14	12	13	10	2	7	15	11	14	13	119
层4	9	12	14	11	5	3	3	11	19	15	12	114
层3	6	14	11	5	5	5	4	6	11	6	6	79

1　各区域手臂数量为手和臂数量总和，如第9-2区手臂数量为9+1，则为手9只，臂1只。此统计方法，参考了《大足石刻千手观音造像抢救性保护工程前期研究》成果。

续表11

	列1	列2	列3	列4	列5	列6	列7	列8	列9	列10	列11	合计（支）
层2	1	4	2	0	2	0	1	1	4	2	2	19
层1	0	0	0	0	0	0	0	0	0	0	0	0
合计	38	89+2	92	85+2	74+2	53	60+1	85	101+3	87+3	53	817+13

经现场辨识、统计，千手观音像手臂所持法器总计231件。其类别繁多，主要有莲、珠、钵、印、狮、象、扇、螺、铃、剑、戟、斧、弓、塔、瓶、盒、鼓、经册、贝叶经、念珠、如意、宫殿、拍板、葡萄、骷髅等72种。法器亦随手臂分布，呈左右、成组对应布置（图114）。现依据法器类别，将其名称、数量和编号等信息列入表12。

表12　大佛湾第8号龛主尊观音像手持法器名称、数量、编号等信息简表

序号	名称	数量	编号
1	莲	15	3-2-F1、3-2-F13、4-2-F1、4-10-F2、6-5-F5、6-6-F2、6-6-F5、6-8-F3、7-2-F4、7-3-F6、7-10-F1、8-2-F8、8-5-F13、8-7-F3、9-10-F12
2	圆珠	14	2-10-F1、4-7-F1、5-1-F8、5-9-F10、5-11-F5、6-2-F2、6-8-F12、6-10-F9、7-5-F2、7-8-F5、7-8-F10、7-9-F11、7-11-F3、8-10-F1
3	经册	8	3-5-F1、3-8-F3、5-5-F2、5-8-F5、6-4-F10、6-9-F9、8-5-F11、8-7-F5
4	经卷	8	2-1-F1、3-11-F1、4-4-F8、4-9-F15、6-3-F6、6-4-F18、6-8-F6、6-9-F3
5	念珠	8	4-4-F11、4-8-F4、6-5-F4、6-8-F4、7-6-F1、7-7-F1、7-8-F13、8-5-F3
6	贝叶经	6	3-3-F6、3-9-F5、6-10-F11、7-3-F4、7-5-F15、7-7-F10
7	钵	6	2-2-F2、3-10-F2、6-8-F13、7-3-F15、7-4-F2、7-10-F9
8	化佛	6	4-1-F6、5-11-F3、6-4-F6、6-9-F4、7-8-F15、8-4-F7
9	拍板	6	5-3-F8、5-4-F8、5-8-F10、5-9-F8、8-9-F11、9-4-F1
10	葡萄	6	4-2-F11、4-11-F8、5-8-F13、6-4-F4、9-3-F11、9-8-F5
11	放焰珠	6	4-3-F4、4-9-F4、5-2-F1、5-10-F6、7-3-F16、8-4-F5
12	花	5	4-10-F9、5-2-F2、5-4-F1、7-2-F11、7-10-F10
13	珠花	4	3-3-F1、3-10-F4、4-5-F1、8-10-F2
14	法螺	4	4-1-F2、4-11-F6、8-4-F11、8-9-F2
15	印	4	4-8-F2、5-5-F10、5-8-F14、6-4-F7
16	塔	4	5-3-F1、5-9-F4、9-6-F3、9-7-F6
17	铜	4	5-5-F4、5-7-F3、9-3-F2、9-9-F8
18	坐佛	4	5-7-F6、8-6-F14、8-8-F13、9-4-F4
19	经函	4	6-1-F6、6-3-F12、6-9-F12、6-11-F4
20	山石	4	6-3-F4、6-9-F2、8-6-F11、8-7-F10
21	骷髅头	4	7-5-F8、7-7-F2、8-2-F5、8-10-F4
22	瓶	4	7-5-F9、7-8-F12、9-5-F3、9-7-F5
23	盒	4	3-2-F8、3-3-F11、3-11-F4、4-9-F6

续表12

序号	名称	数量	编号
24	盘	3	2-5-F2、4-3-F6、4-9-F9
25	云	3	2-9-F3、5-10-F5、5-11-F11
26	如意	3	3-10-F1、6-4-F8、6-8-F5
27	剑	3	4-3-F11、4-10-F14、5-2-F13
28	绣球	3	5-3-F3、5-10-F14、6-2-F15
29	羂索	3	6-5-F3、8-4-F6、8-9-F3
30	币	2	3-5-F3、3-7-F1
31	花甸	2	3-8-F6、3-9-F1
32	斧	2	4-1-F9、5-11-F13
33	细腰鼓	2	5-4-F6、5-8-F4
34	金刚铃	2	5-5-F3、5-7-F2
35	箭	2	5-10-F11、6-3-F3
36	狮	2	6-2-F14、6-10-F7
37	弓	2	6-3-F1、6-10-F1
38	拂子	2	6-7-F6、7-5-F6
39	笔	2	6-9-F13、7-3-F1
40	镜	2	6-10-F12、7-3-F2
41	旁牌	2	6-10-F13、7-2-F3
42	象	2	6-11-F7、7-1-F2
43	宫殿	2	7-2-F8、7-11-F5
44	亭	2	7-3-F5、7-9-F3
45	法轮	2	7-4-F11、7-9-F7
46	鼓槌	2	7-4-F14、7-8-F4
47	碗	2	7-4-F15、7-8-F9
48	五色云	2	7-5-F4、7-8-F2
49	鼓	2	7-5-F7、7-8-F3
50	金刚杵	2	7-5-F13、7-7-F5
51	篮	2	7-5-F14、7-7-F11
52	香炉	2	7-6-F7、7-6-F10
53	扇	2	7-6-F11、7-7-F12
54	石榴	2	8-2-F7、8-11-F2
55	戟	2	8-3-F5、9-10-F1
56	锡杖	2	8-3-F10、8-9-F7
57	笏板	2	8-5-F2、8-8-F2

续表12

序号	名称	数量	编号
58	烛	2	8-5-F15、9-7-F3
59	葫芦	2	8-6-F2、8-6-F5
60	盏	2	8-8-F9、9-5-F2
61	桃	2	9-3-F7、9-9-F9
62	盆	1	2-7-F1
63	璧	1	2-11-F1
64	珠宝	1	2-11-F2
65	杨枝	1	3-2-F2
66	火焰纹	1	4-2-F12
67	巾	1	4-6-F1
68	无脚幞头	1	4-9-F19
69	释迦果	1	5-2-F7
70	细带	1	6-7-F1
71	月轮	1	7-3-F18
72	日轮	1	7-9-F14

（二）低坛

左右低坛上各刻立像2身，呈对称布置，皆身略前倾（图115、图116）。

1. 左低坛

内侧像　为男像，立高196厘米，头长40厘米，肩宽51厘米，胸厚18厘米（图117；图版Ⅰ：313）。头戴通天冠，面方正，弯眉，双眼半睁，斜向上扬，直鼻抿唇。上着双层交领宽袖长服，腰束带，下垂腹前作结后垂至双足间，下着裙。双手胸前持笏，笏残断。着鞋站立。

外侧像　为女像，立高182厘米，头长40厘米，肩宽43厘米，胸厚21厘米（图版Ⅰ：314）。头梳髻，髻上横饰一道珠串。髻顶刻猪头，双眼圆睁，阔耳垂搭，张口衔髻。面方圆，眉眼细长，直鼻厚唇。内着抹胸，外着交领窄袖齐膝短衫，胸下系带，作结后垂于腹前。下着裙，腰带自短衫下缘显露，长垂足间。腰带坠饰一道璎珞，长裙双膝处各刻一道绕膝璎珞，并垂坠饰物。飘带沿胸下垂，敷搭双手前臂后长垂体侧。双手交握胸前，似持物。着尖头鞋。

2. 右低坛

内侧像　为女像，立高195厘米，头长40厘米，肩宽45厘米，胸厚18厘米（图118；图版Ⅰ：315）。头梳髻，戴凤冠，面长圆，眉眼细长，直鼻小口，戴花钿耳饰。内着双层圆领宽袖长服，肩罩云肩，下着裙。腰带腹前作结后交垂双足间。飘带沿肩下垂，止于双足外侧。双手覆巾，举于胸前，似持物，物毁。着尖头鞋直立。

外侧像　为女像，立高187厘米，头长42厘米，肩宽40厘米，胸厚21厘米（图119；图版Ⅰ：316）。头梳髻，髻顶刻一象头，六齿，阔耳卷鼻，张口衔髻。戴项圈，着交领窄袖齐膝短衫；腰系带，束短衫，作结下垂至腹前。双手胸前合十，其余特征与左低坛外侧像同。

（三）龛左右下角

龛左右下角分刻穷人、饿鬼像1身。

穷人像　位于左下角，显露高102厘米，头长39厘米，肩宽33厘米，胸厚19厘米（图120；图版Ⅰ：317）。头巾，方脸上扬。着圆领宽袖服，左肩、左胸及左肘处皆刻一破洞；腰系带。口咬袋口，双手半举，牵扯袋口，作乞讨状。袋口刻两枚钱币。小腿以下不现，侧身向右面观音像。

饿鬼像　位于右下角，显露高122厘米，头长50厘米，肩宽42厘米，胸厚22厘米（图121；图版Ⅰ：318）。蓬发上竖，鼓眼阔口，露獠牙，身枯瘦，上身袒，披肩巾，双手捧钵，钵内盛圆状物，侧身向左面观音像，下半身隐于身前云纹内。

四　晚期遗迹

（一）铭文

张龙飞装修千手观音像记，清乾隆四十五年（1780年）。2014年4月26日，千手观音造像抢救性保护工程项目组在主尊观音像腹部位置发现一空腔。空腔口宽31厘米，高9厘米，左横向进深20.5厘米，右横向进深32.8厘米。空腔内有较多填充物，主要有瓷碗残件3件，瓷油灯残件2件，金箔残片若干，石砖1件，石质残件1件，粘花金属铁丝2件，动物骨头5根，塑料残片若干，残绢（含绢花）2片，其中一片带尼龙绳。石砖为长方形，长30厘米，宽20厘米，厚8厘米，其正面和背面刻铭文。正面铭文左起竖刻10行71字，楷体，字径4厘米（图版Ⅱ：23）。

01　遂宁县中安里
02　地名七佛寺
03　善士张龙飞同
04　缘黄氏男昌文德
05　合家发心装修宝鼎
06　观音大士金容一尊
07　装修圆满天赐富有
08　四海贵为天子受享
09　洪福悠久无疆
10　乾隆四十五年四月△立[3]

背面铭文左侧竖刻，书写不规整，录为5行，共23字，楷体，字径7厘米（图版Ⅱ：24）。

佛光主照[4]
乙丑年十二月
十三日巳时生（左）
父张济有
母贺氏（右）

（二）构筑

龛内主尊观音像腹部、腿部及莲台右上部软弱夹层带部位，共用四块砂岩石块填塞修补；修补面与原岩体接合部位用泥质云纹修饰。其中，莲台右上部用石一块，腹部及腿部由内到外并列用石三块。

从龛左沿中部至上方岩檐，纵向凿一列枋孔，计12个，大小不一。最大者高20厘米，宽10厘米，深8厘米；最小者高7厘米，宽2厘米，深4厘米。

龛左右低坛二立像间最下壁面各凿一枋孔，其孔纵向下方，即坛台底部与龛底相接处亦各凿一枋孔，左右对应布置。四枋孔形制

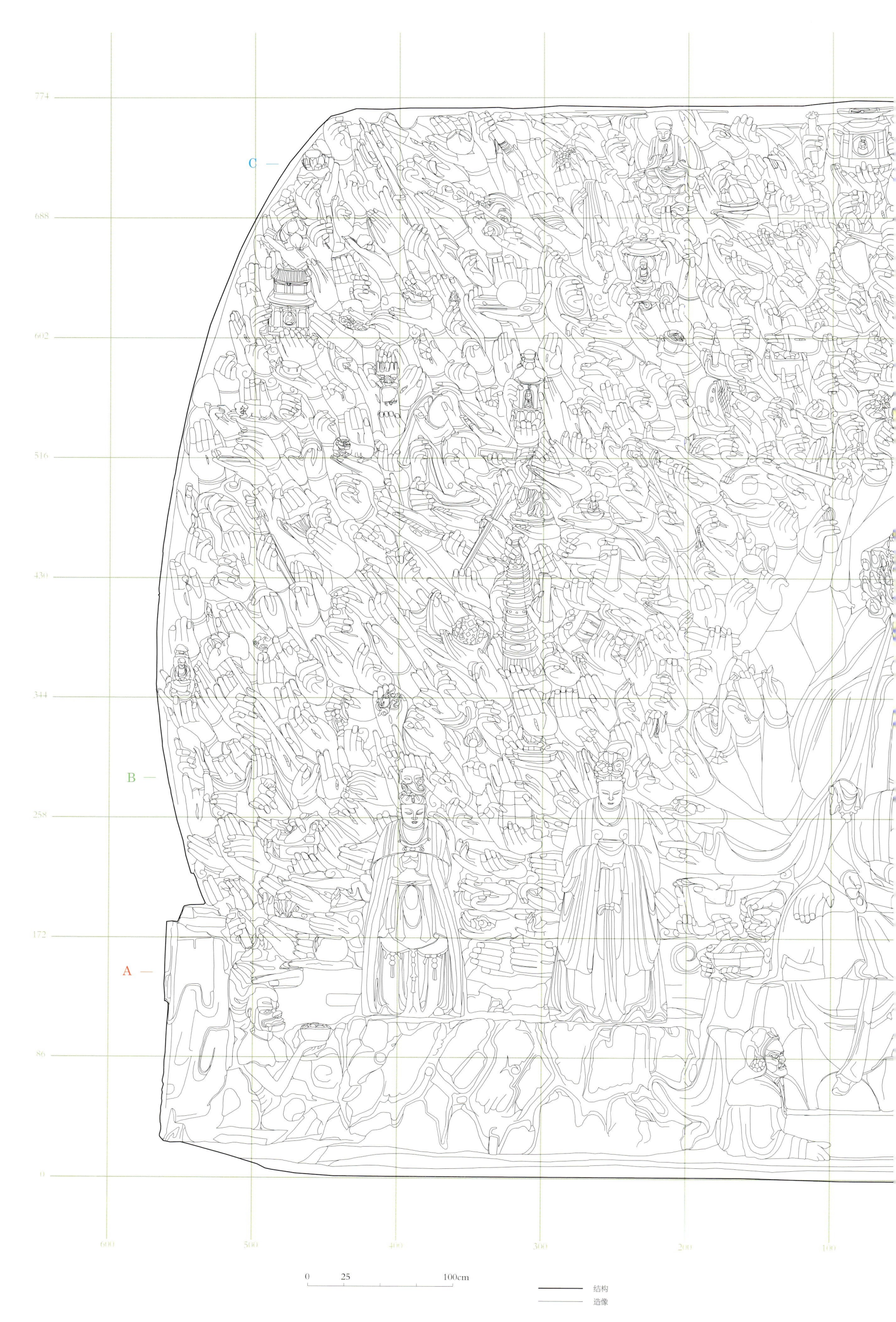

图 108　第 8 号龛立面图

第三章 第6—9号 165

图 109 第 8 号龛剖面图

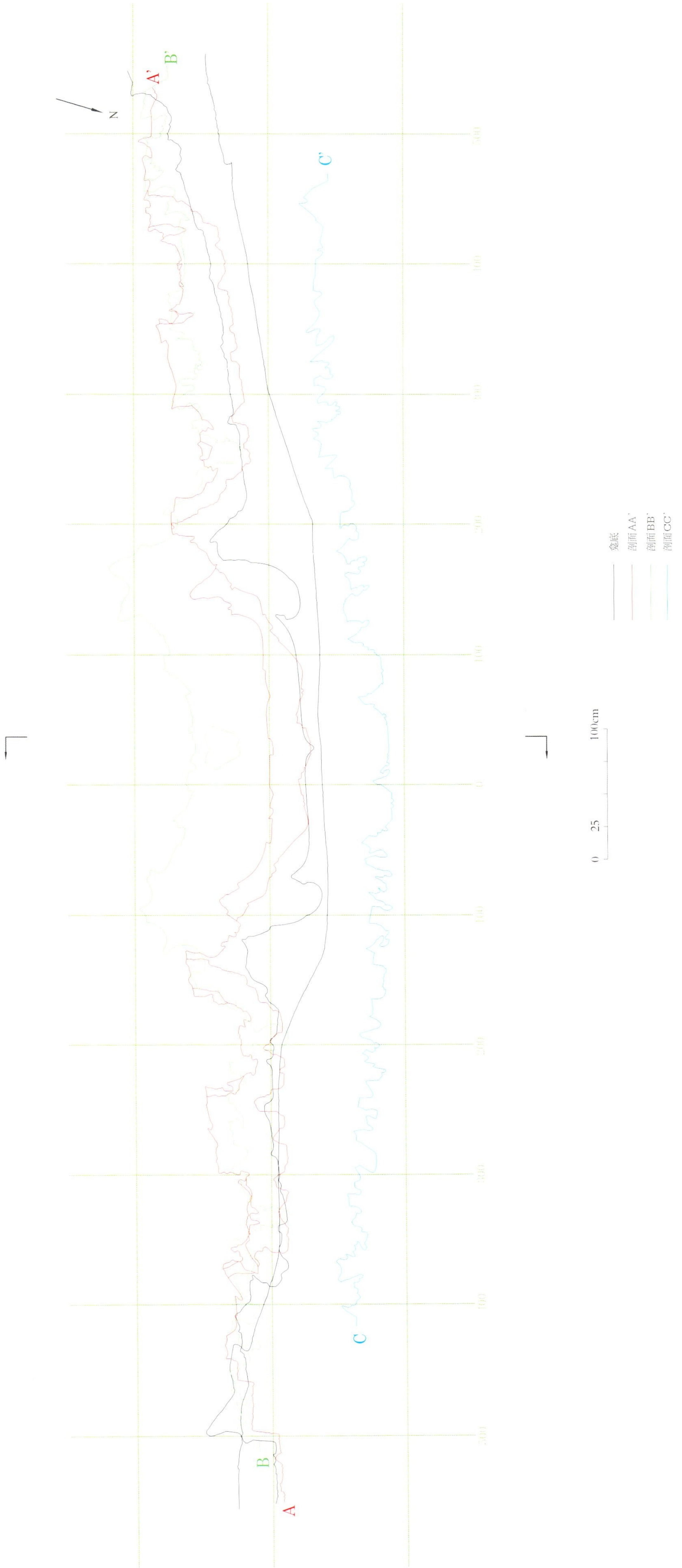

图110 第8号笼平面图

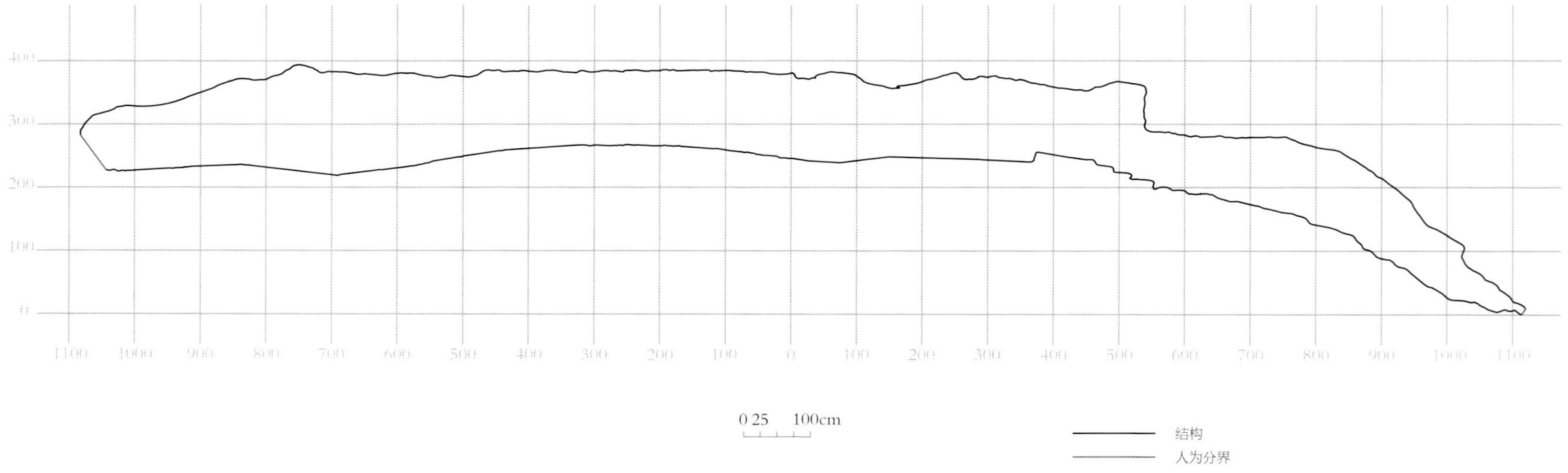

图111　第8号龛龛顶仰视图

相近，高13厘米，宽6厘米，深3厘米。

龛左下方与第7号龛之间的壁面，纵向凿一凹槽。上端始自第7号龛匾额右下角，下端与地坪纵向凹槽相接。壁面上的凹槽高250厘米，宽22厘米，深20厘米。地坪凹槽长250厘米，宽20厘米，深18厘米；内砌基石，上安置木质护栏，阻隔崖壁与"大悲殿"后壁之间的通道。

龛前存木构"大悲阁"，依崖而建，坐东南向西北，为重檐歇山式建筑，通高约13米，占地约193.8平方米（图122—127；图版Ⅰ：319）。底层屋身面阔七间，通面阔20.4米，进深9.5米。明间中设大门，门楣之上悬挂"净土珠光"匾额。明间、次间抬梁式结构，柱间无扇面墙和隔断墙，形成礼拜厅堂。稍间和尽间穿斗式结构，砌筑墙身；其后部屋檐与岩檐相接，屋身后壁与龛壁之间相距约2.2米，形如廊道。上层屋身低矮，面阔五间，室内砌筑方格形天花板。屋顶为歇山式，翼角微翘，檐口略显平直。屋面铺设小青瓦。正脊中部设宝鼎，以四仙人拉绳固定；左右脊端饰鸱尾。垂脊端头设蹲狮，戗脊装饰鳌头和立式仙人像。明洪熙元年（1425年），僧惠妙重整[1]。1955年，大足县文物保管所对其维修[2]。

龛顶上方崖顶边缘，开凿一条近东西向的排水沟，以疏导大悲阁屋顶的雨水和上部山体的来水。排水沟全长约1055厘米，断面呈上宽下窄的梯形，上宽约27—50厘米，下宽约7—39厘米，深约8—68厘米。

1　刘畋人撰《重开宝顶石碑记》，见本报告集第七卷上册第313页；另见重庆大足石刻艺术博物馆编：《大足石刻铭文录》，重庆出版社1999年版，第212页。
2　因殿步水檐柱低矮，不仅殿内潮湿、昏暗，而且造像风化，又不便参像，维修时决定加高中柱和步水头，将檐柱升到四米五高，重新装修俯壁门窗，做脊筑檐，加瓦翻盖屋面，新添中鳌宝盖的铁拉绳四根，重做蹲狮四个以固拉绳。王庆煜：《大足石窟维修保护概况》，重庆大足石刻研究会编：《大足石刻研究》2002年创刊号（内刊），第60页。

图 112　第 8 号龛主尊千手观音像等值线图

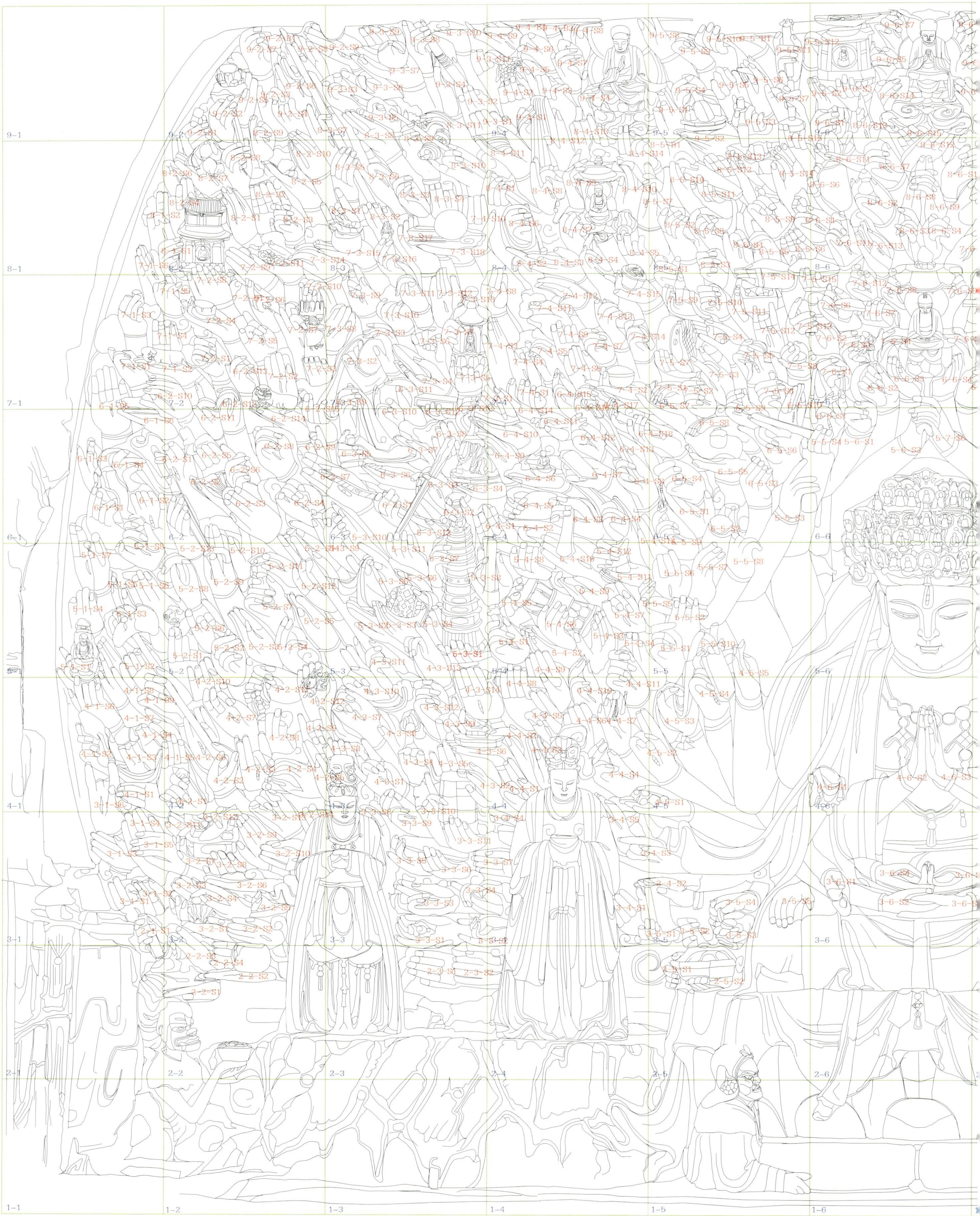

图113 第8号龛造像分区及手臂编号图

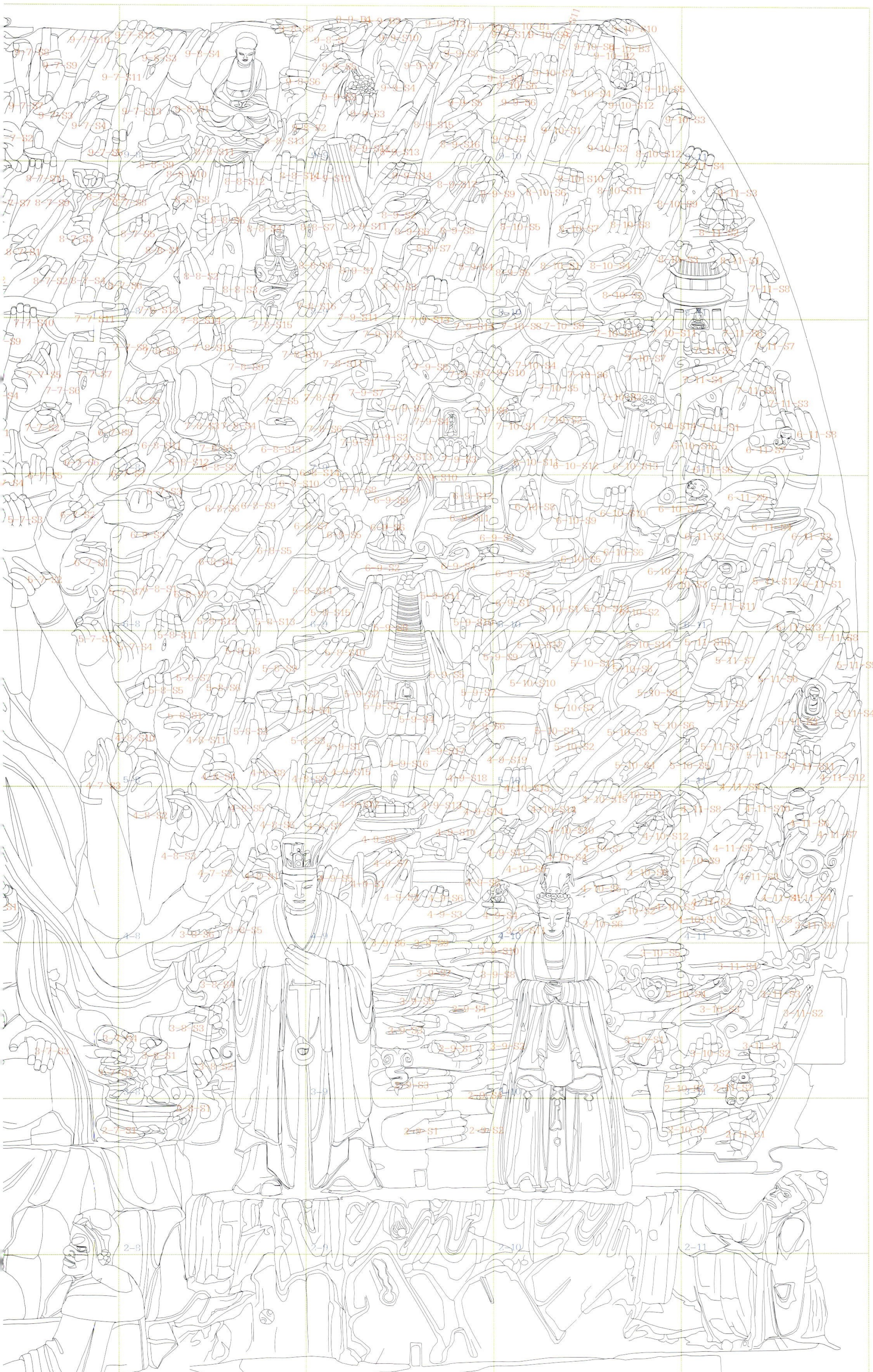

第三章　第6—9号　171

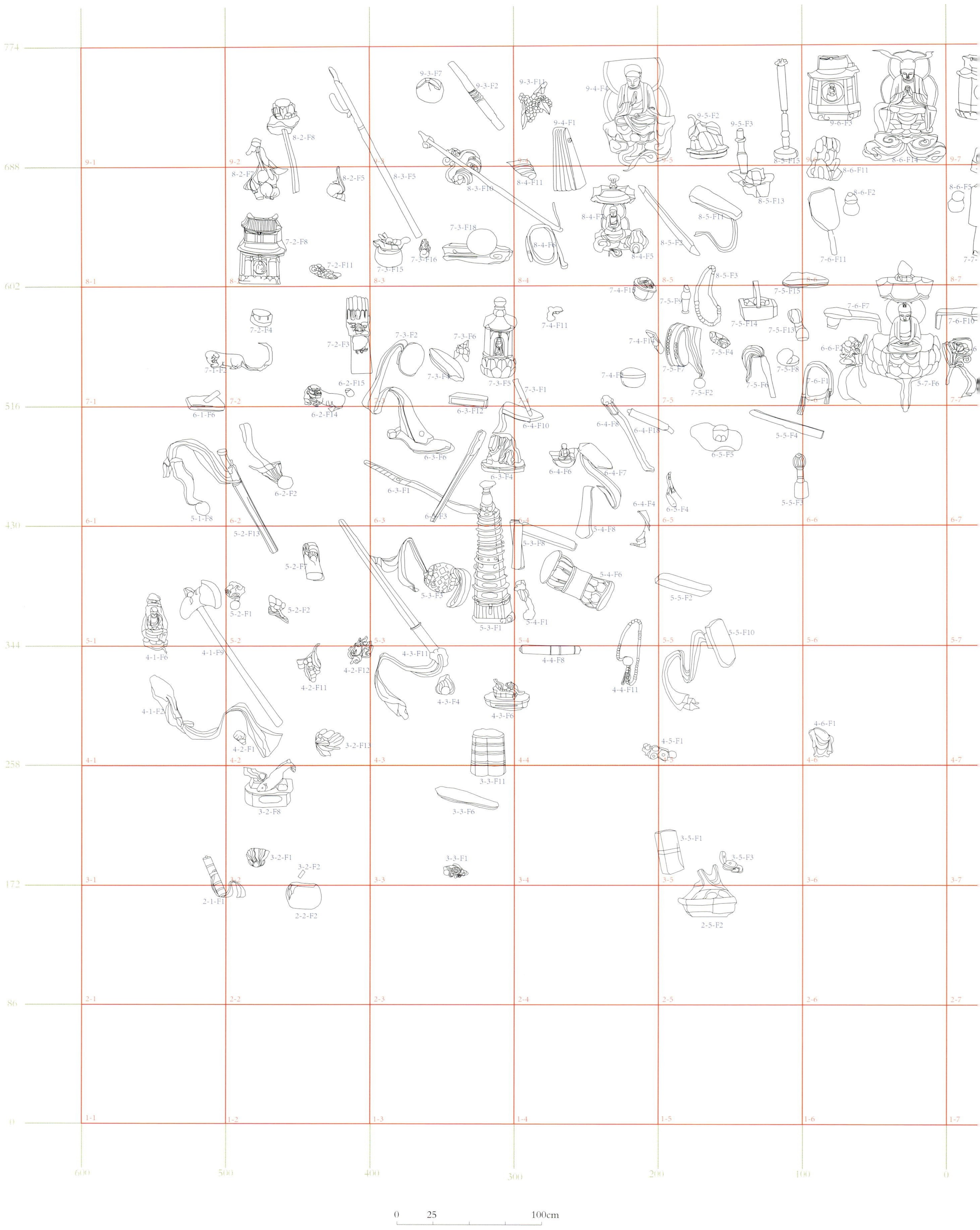

图 114　第 8 号龛法器立面及编号图

第三章 第6—9号

图 115　第 8 号龛左低坛造像立面图

（三）妆绘

本龛历史上有准确记载的较大规模补塑、妆绘、贴金活动有四次[1]，分别为明隆庆四年（1570年）[2]、清乾隆十三年（1748年）[3]、清乾隆四十五年（1780年）[4]和清光绪十五年（1889年）[5]。

2008年8月，千手观音抢救性保护工程正式启动，历时七年，经前期勘察、方案设计、实施修复三个阶段，于2015年6月竣工[6]，为其历史上最大规模的一次抢救性保护工程。

---

[1] 此外，据《戴光升装彩千手观音华严三圣父母恩重经变像镌记》碑刻史料推断，清同治年间还有一次妆绘。大足石刻研究院、中国文化遗产研究院编：《大足石刻千手观音造像抢救性保护工程前期研究》，文物出版社2015年版，第10页。

[2] 《悟朝立善功部碑》："施财妆千手观音金像一堂"。重庆大足石刻艺术博物馆编：《大足石刻铭文录》，重庆出版社1999年版，第253页。另见本书第148、149页。

[3] 《净明立逼播千古碑》："南无千手大士法像一堂以及两旁罗汉又井钱炉一座于己巳岁重妆"。同前引。另见本书第148页。

[4] 本龛晚期铭文"善士张龙飞同缘黄氏男昌文德合家发心装修宝鼎观音大士金容一尊"。又见《张龙飞装修大佛湾、圣寿寺像记》，同前引，第260页。又见本报告集第八卷上册第413页。

[5] 《戴光升装彩千手观音华严三圣父母恩重经变像镌记》："目睹千手千眼观音大士月容减色修发虔心捐金重装满座金身"，同前引，第257页。另见本书第93、94页。

[6] 详见大足石刻研究院、中国文化遗产研究院编：《大足石刻千手观音造像抢救性保护工程前期研究》，文物出版社2015年版。

174　大足石刻全集　第六卷（上册）

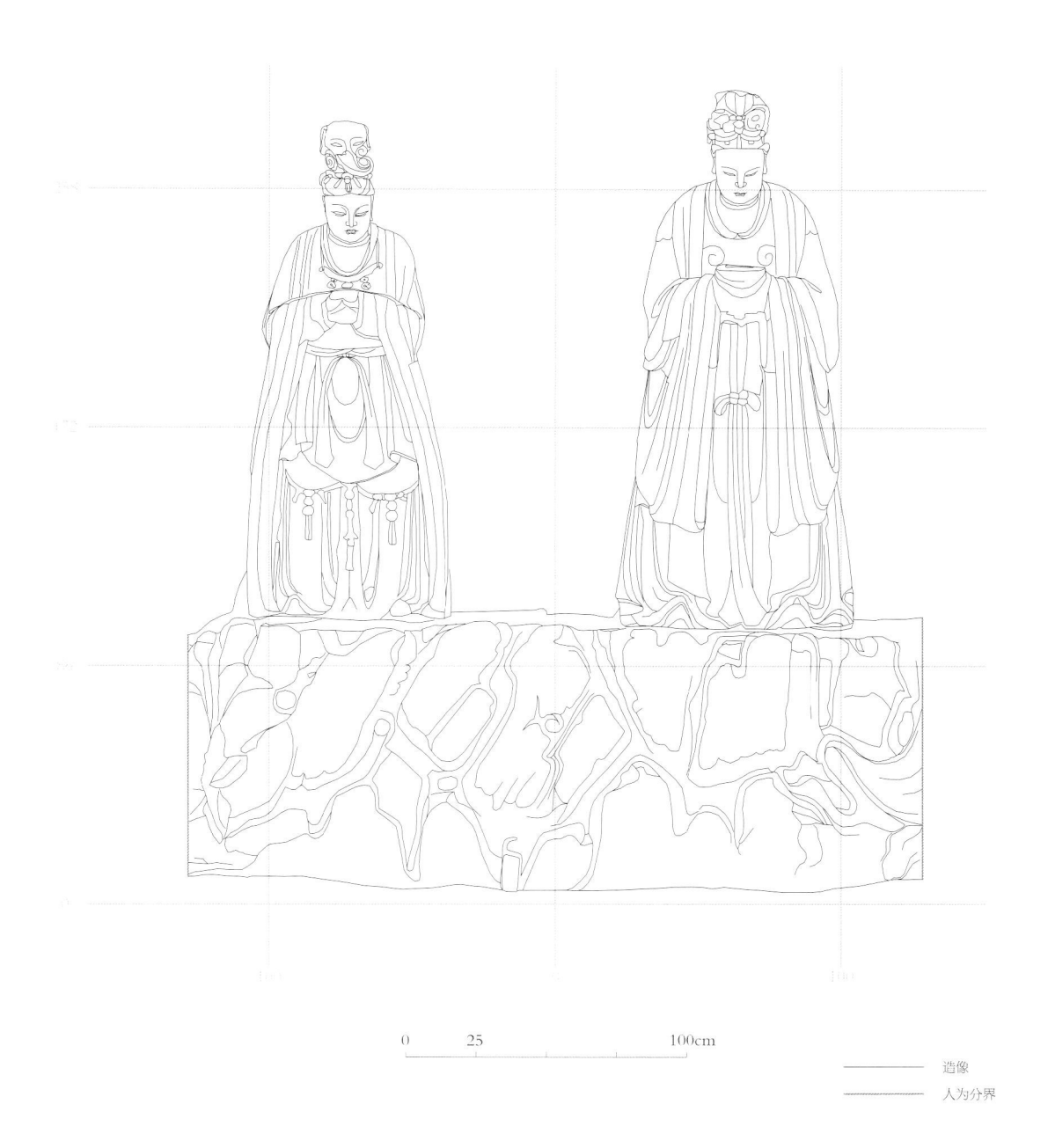

图116　第8号龛右低坛造像立面图

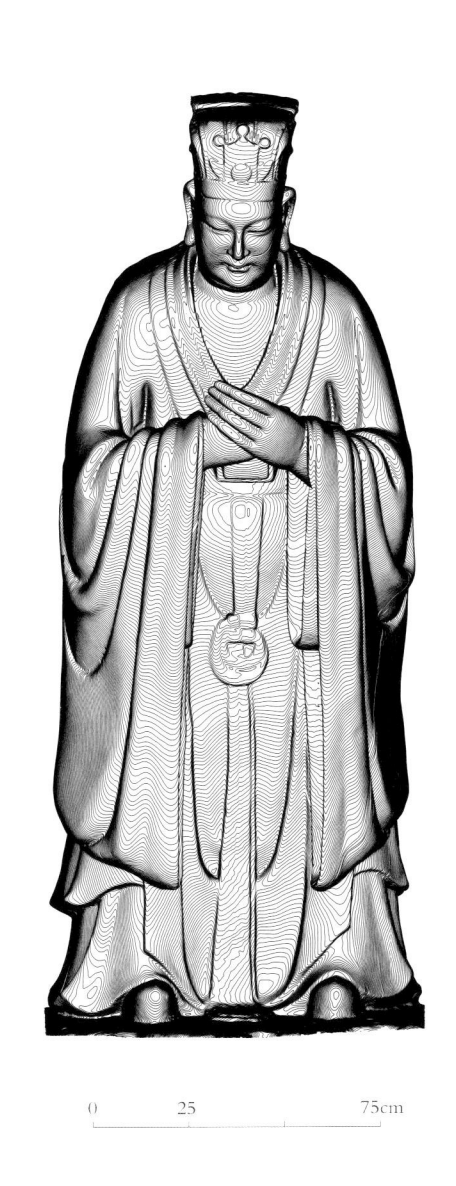

图117　第8号龛左低坛内侧立像等值线图

图 118　第 8 号龛右低坛内侧立像等值线图　　　　　　　　图 119　第 8 号龛右低坛外侧立像等值线图

图 120　第 8 号龛龛外左侧穷人像立面图

图 121　第 8 号龛龛外右侧饿鬼像立面图

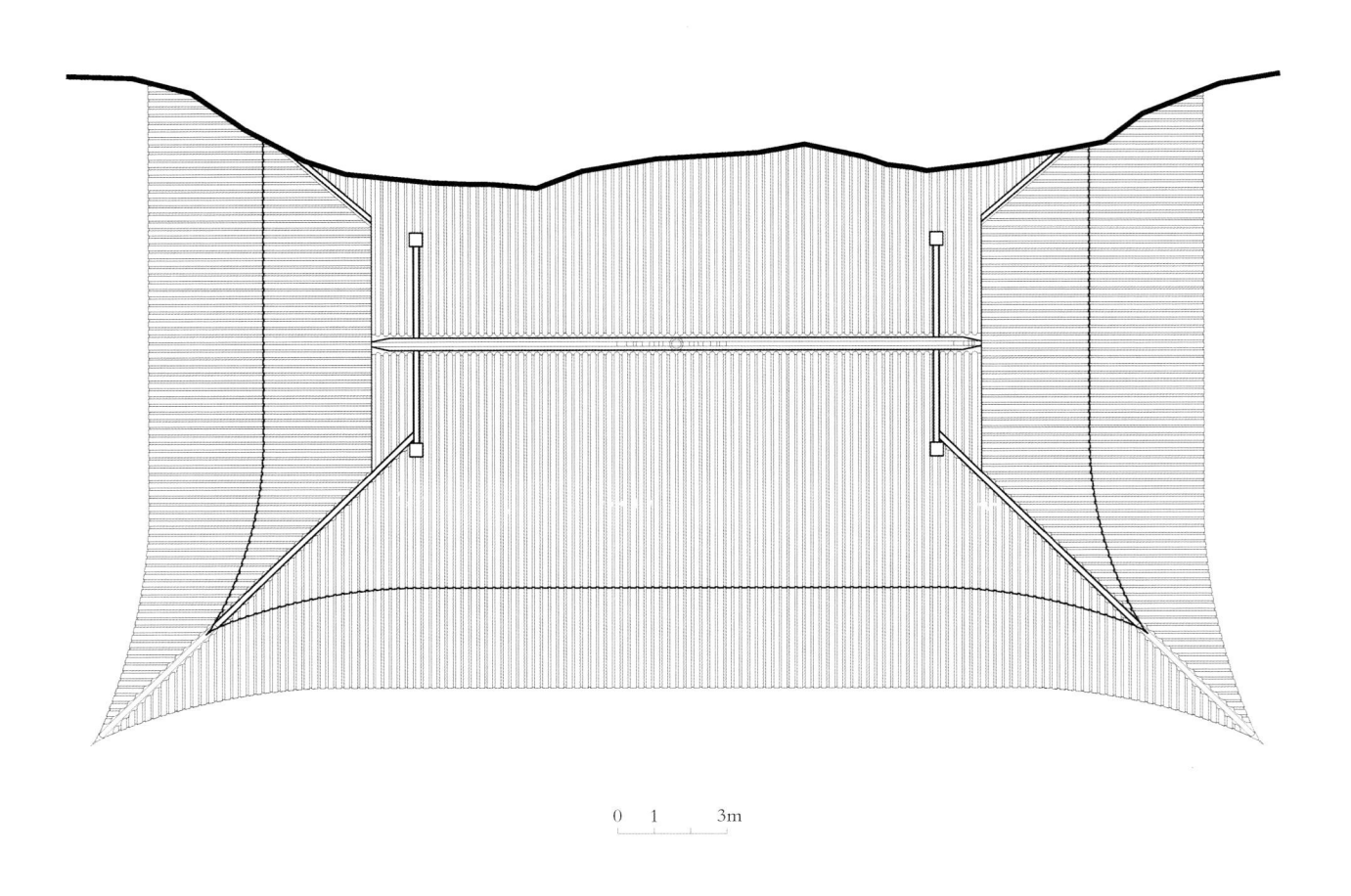

图 122　第 8 号龛龛前大悲阁屋顶平面图
采自李先逵等编著《大足石刻与古建筑群》，重庆大学出版社，2015 年

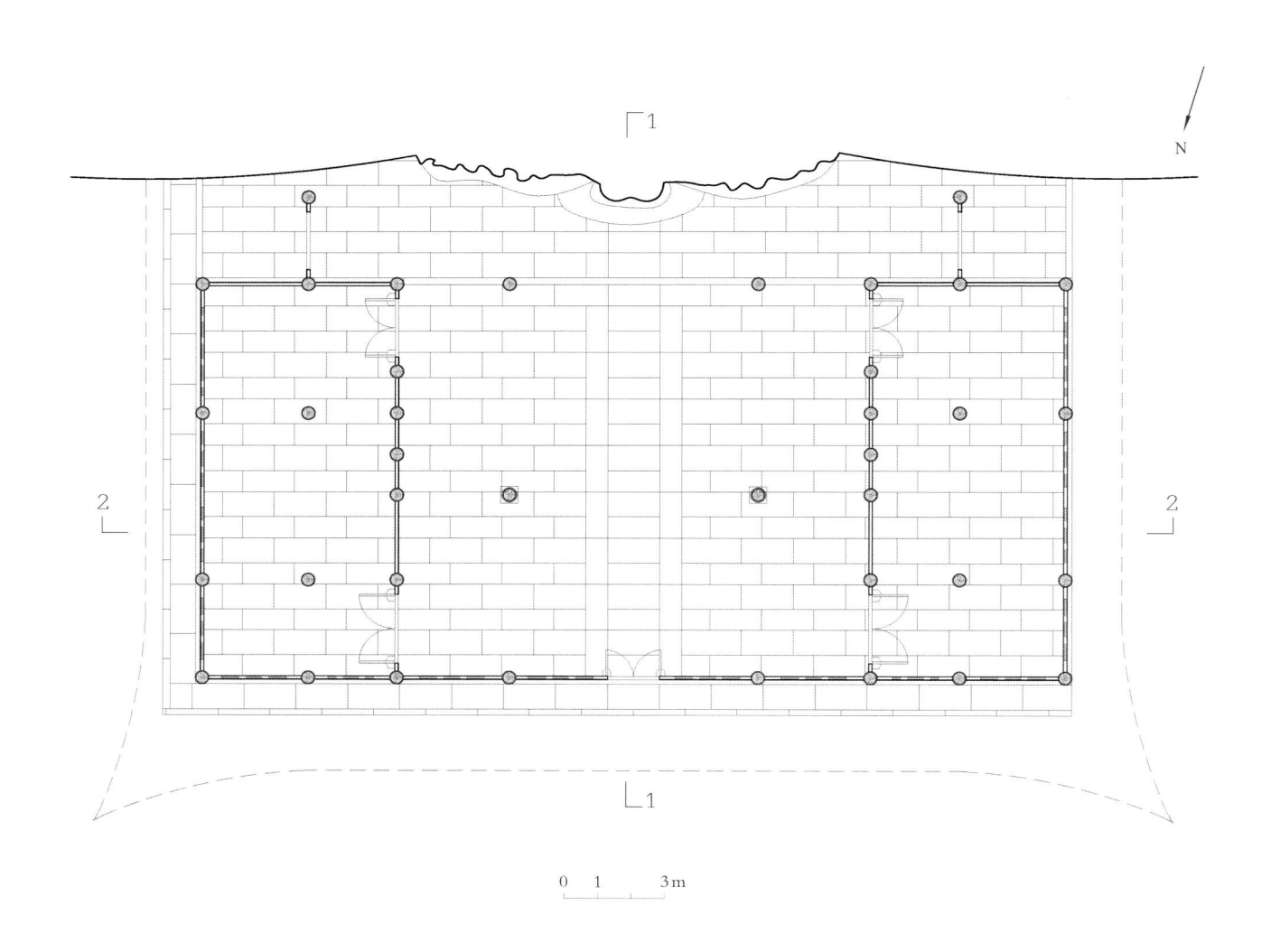

图 123　第 8 号龛龛前大悲阁平面图
采自李先逵等编著《大足石刻与古建筑群》，重庆大学出版社，2015 年

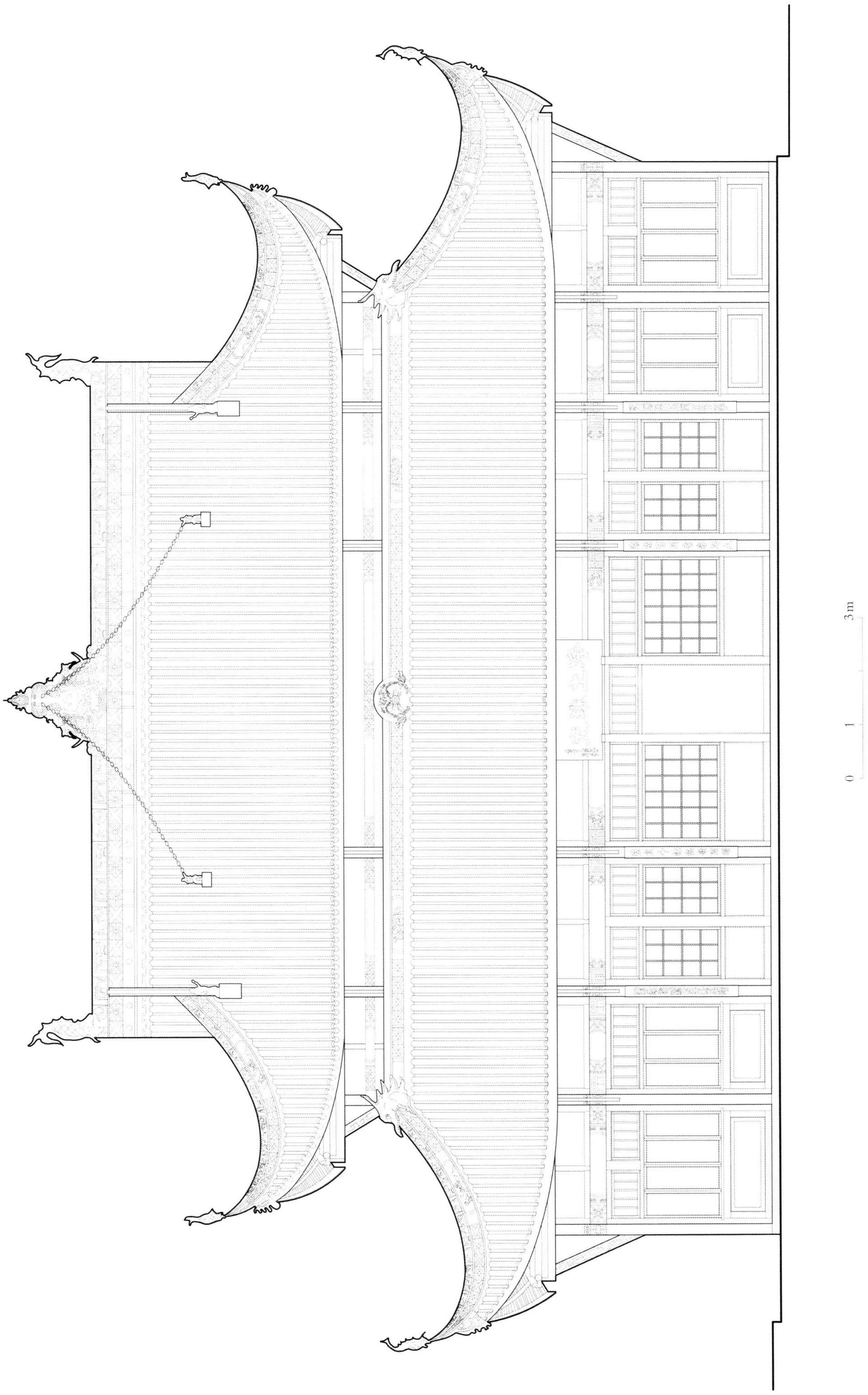

图 12.4 第 8 号龛前大悲阁正立面图

采自李光达等编著《大足石刻与古建筑群》，重庆大学出版社，2015 年

图 125　第 8 号龛龛前大悲阁侧立面图
采自李先逵等编著《大足石刻与古建筑群》，重庆大学出版社，2015 年

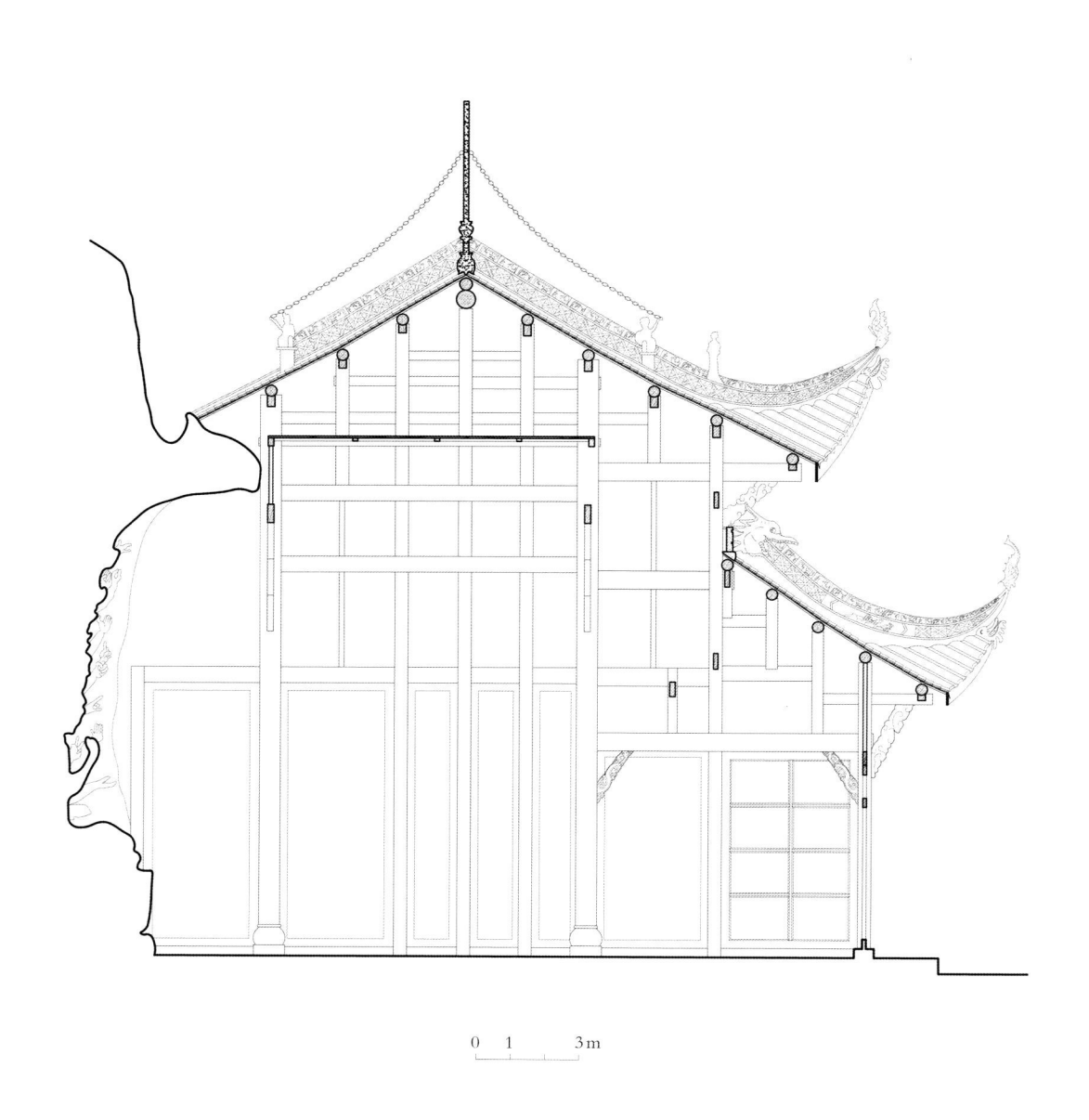

图 126　第 8 号龛龛前大悲阁横剖面图
采自李先逵等编著《大足石刻与古建筑群》，重庆大学出版社，2015 年

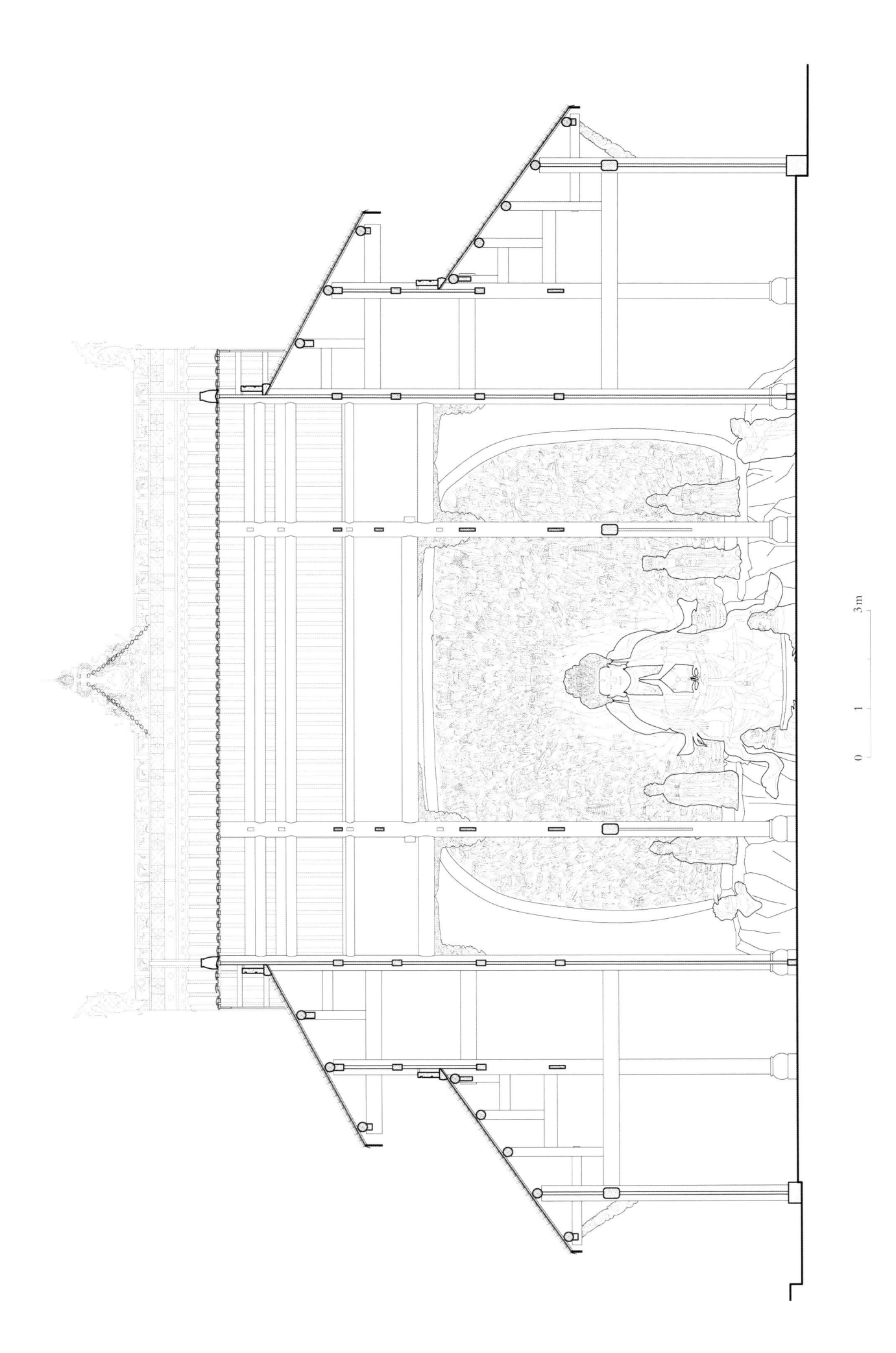

图 127 第 8 号龛龛前大悲阁纵剖面图

采自李先逵等编著《大足石刻与古建筑群》，重庆大学出版社，2015 年

第三章 第 6—9 号

第五节　第9号

一　位置

位于第8号龛右侧。左与第8号龛紧邻，右与第9-1号龛相接。上为外挑的岩檐，下至地坪。

壁面西北向，方向343°。

二　形制

壁面呈竖长方形，通高594厘米，最宽315厘米，略外凸（图128、图129、图130；图版Ⅰ：320）。左缘内折后与第8号龛相邻，右缘呈圆弧外凸，与第9-1号龛相接。上齐抵岩檐，岩檐外挑约73厘米，下部与地坪垂直相接。

三　造像

壁面遍刻略外凸的山石、云纹图案，其间减地刻像。造像皆残毁甚重，自下而上，可辨四组（层）以建筑为中心的图像。各组图像间又以弥漫的横向云纹略作上下分界（图128）。据此，自下而上，将其分为四层记述。

（一）第一层

刻建筑两座，左为殿阁，右为亭（图131；图版Ⅰ：321）。

殿阁呈斜向布置，左高右低，通高最高74厘米，宽72厘米（图版Ⅰ：322）。屋身显露明间和左次间。明间最高44厘米，宽39厘米，内刻双扇板门。门额上方刻方形匾额。额高8厘米，宽28厘米；内刻"化城"2字，字径5厘米（图版Ⅱ：25）。次间素平。上方屋顶残蚀甚重，细节不辨。

殿阁左右外侧刻城墙，城墙上刻城垛。左侧一段城墙斜上隐于山石中，右侧城墙向右延伸一段后，再折向右上方后，亦隐于山石中。

亭位于右侧城墙转折处的内侧，平面呈方形，通高85厘米（图版Ⅰ：323）。亭斜置，显露两面，左面宽23厘米，设圆拱门；右面显露宽30厘米，素平，略蚀。顶残，为攒尖顶。

（二）第二层

横向刻建筑3座。其中，居中建筑内刻像3身，左右建筑未见刻像（图132；图版Ⅰ：324）。

中部建筑为楼阁，置于高台上，显露两柱一间和少许屋顶，通高78厘米，面阔100厘米，进深约10厘米（图版Ⅰ：325）。立柱呈六棱形，面宽约3.5厘米，刻仰莲柱础。柱间刻阑额和雀替。屋顶大部隐于云纹中，右侧翼角起翘。立柱间刻像3身。中为主尊坐像，左右为侍者立像。主尊坐像头残，残高24厘米；着交领服，腰系带。双手残，置腹前；小腿以下残，倚坐于凭几上。凭几高12厘米，宽32厘米，厚6厘米；其下刻方案。方案高12厘米，宽41厘米，厚7厘米；刻圭脚。像身后刻方形屏风，高50厘米，最宽55厘米；内线刻菱格纹。左右侍者像略侧身而立，残高34厘米；皆残损甚重，仅辨小腿及着鞋的双足。建筑下方高台正面右侧另存相对的二残像轮廓。

左侧建筑为单檐歇山式楼阁，风蚀甚重；可辨山墙向外，通高约62厘米，显露面阔约36厘米，进深一间，深34厘米（图版Ⅰ：326）。檐口呈弧线，翼角起翘，屋面素平。屋身左外侧斜向刻一段城墙，上刻二城垛。

右侧建筑风蚀甚重，残高约59厘米，仅可辨轮廓（图版Ⅰ：327）。

图 128　第 9 号龛立面图

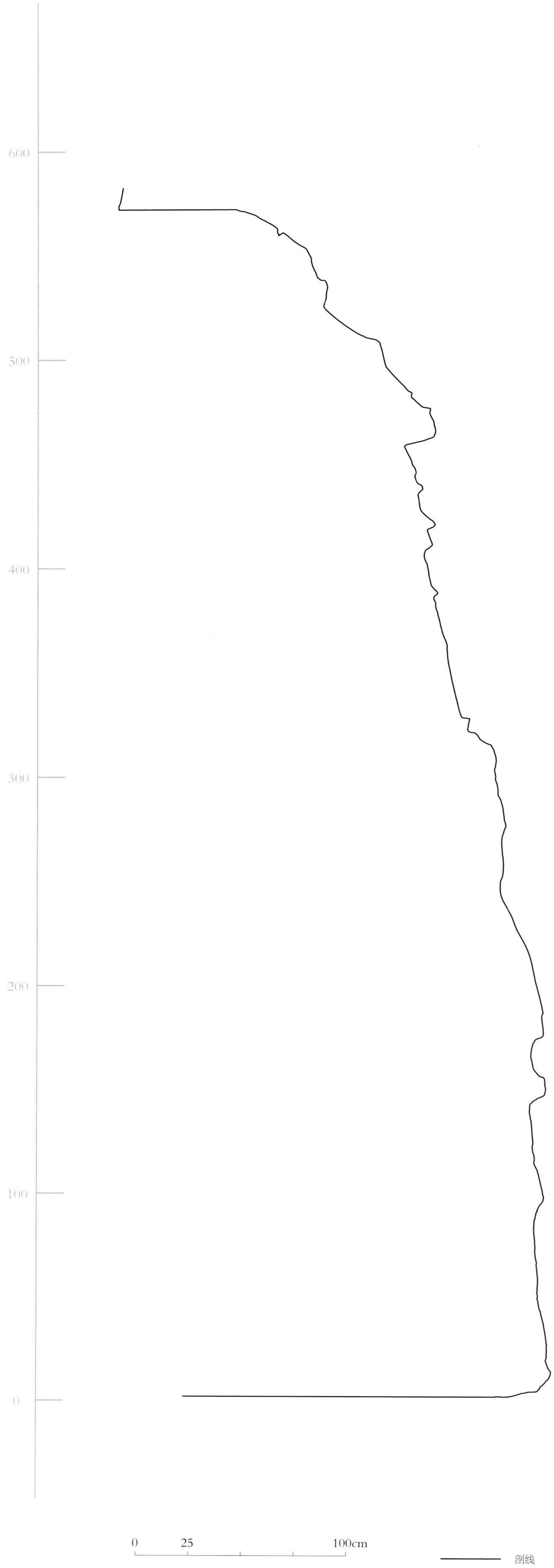

图 129　第 9 号龛剖面图

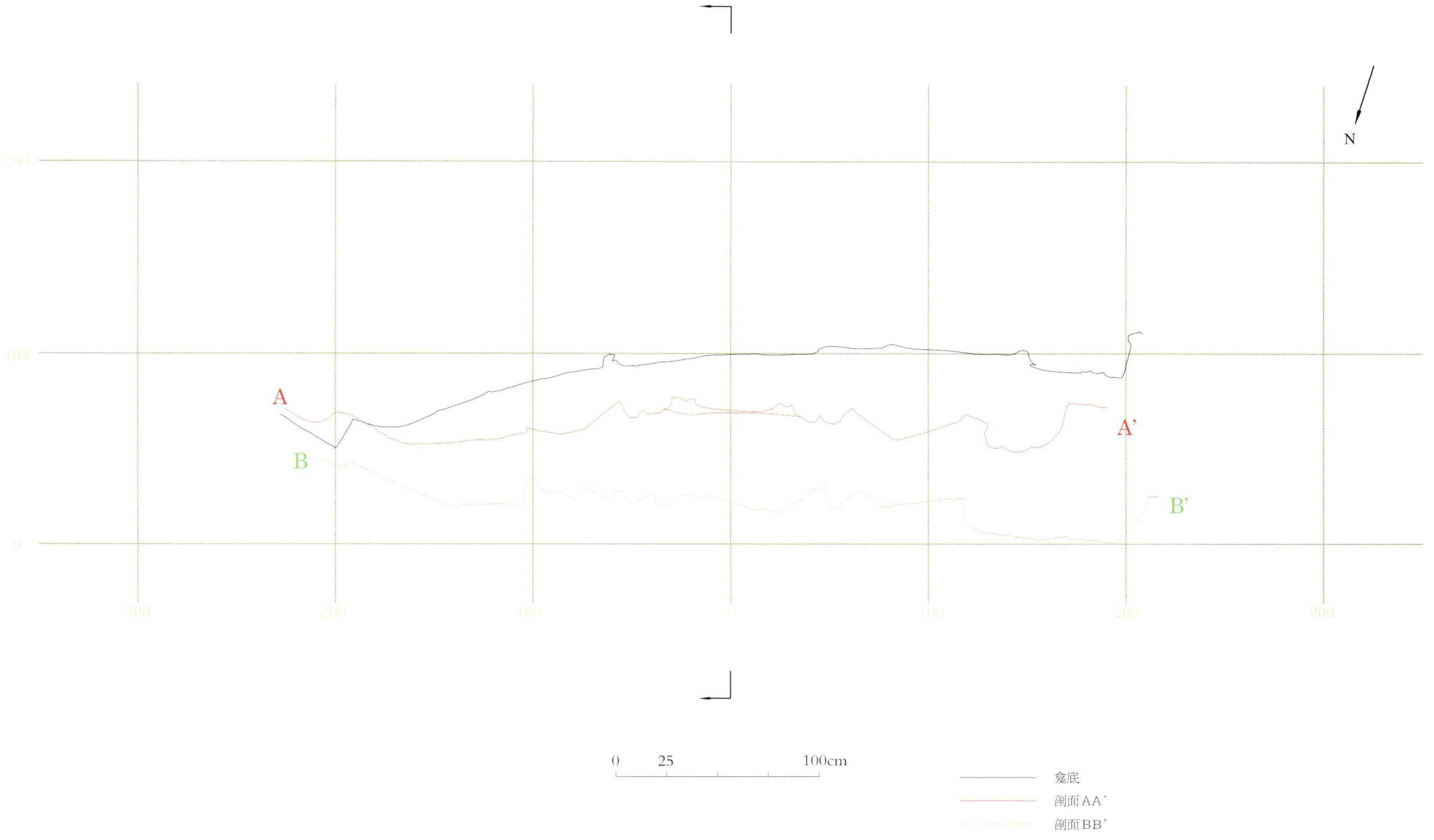

图130　第9号龛平面图

（三）第三层

造像可分为左侧、右上、右下三部分（图133；图版Ⅰ：328）。

1. 左侧

刻一座重檐庑殿顶楼阁，底层屋身前侧刻立像6身（图版Ⅰ：329）。

楼阁显露右侧部分，通高144厘米。底层屋身显露明间和右侧次间，通宽约70厘米，进深约8厘米。第一重屋顶略残，高约17厘米，素平。第二层屋身亦显露明间和右侧次间，通宽约50厘米，进深18厘米。立柱间刻上下两道阑额。屋身前刻一周勾栏，自明间断开；勾栏高11厘米。明间宽31厘米，内刻双扇格子门，其上横刻一匾额，内左起横书"正觉院"3字，字径7厘米（图版Ⅱ：26）。右次间宽16厘米。再上屋顶为庑殿顶，素平；正脊右端鸱尾内卷。屋身右外侧刻树一株，枝干分叉。

底层屋身明间、次间前侧共刻像6身（图版Ⅰ：330）。其中，明间前侧刻立像5身，自上而下作3排布置，第1、2排各2身，第3排1身，按从上至下、从左至右顺序，编为第1—5像；次间前侧刻武士坐像1身，编为第6像。

第1像　立像高36厘米。头长6厘米，肩宽8厘米，胸厚3厘米。头戴软脚幞头，面蚀，略右侧，着圆领窄袖长服，腰系带。左手于左肩外侧托一圆鼓，直径7厘米，厚4厘米，右手执鼓槌作击鼓状。着鞋。

第2像　立像高36厘米。头长7厘米，肩宽9厘米，胸厚4厘米。头戴软脚幞头，面蚀，身略右侧，着圆领窄袖长服，腰系带。双手横置胸下持笛，作吹奏状；笛残长约9厘米。着鞋。

第三章　第6—9号　185

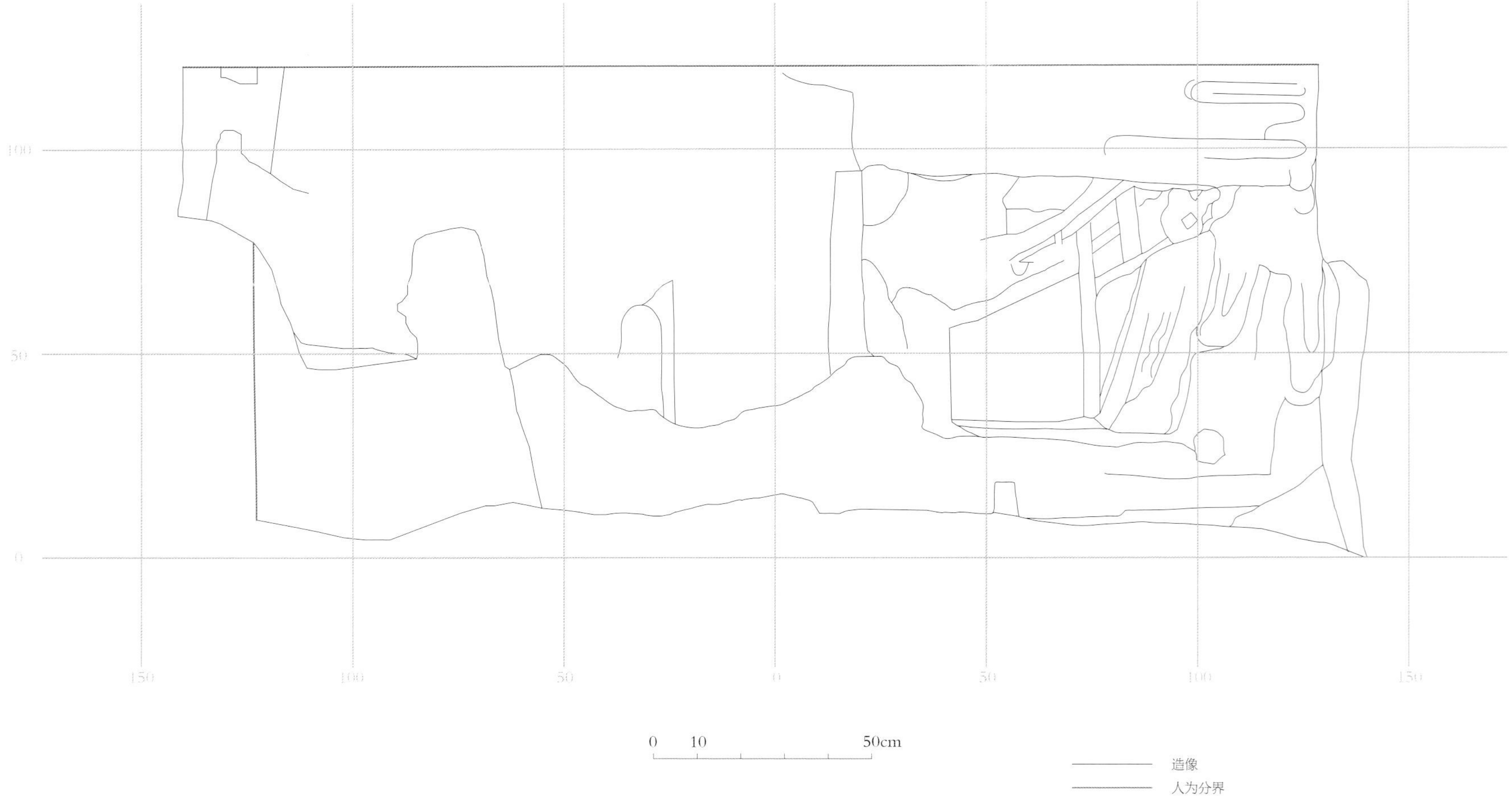

图131　第9号龛第一层造像立面图

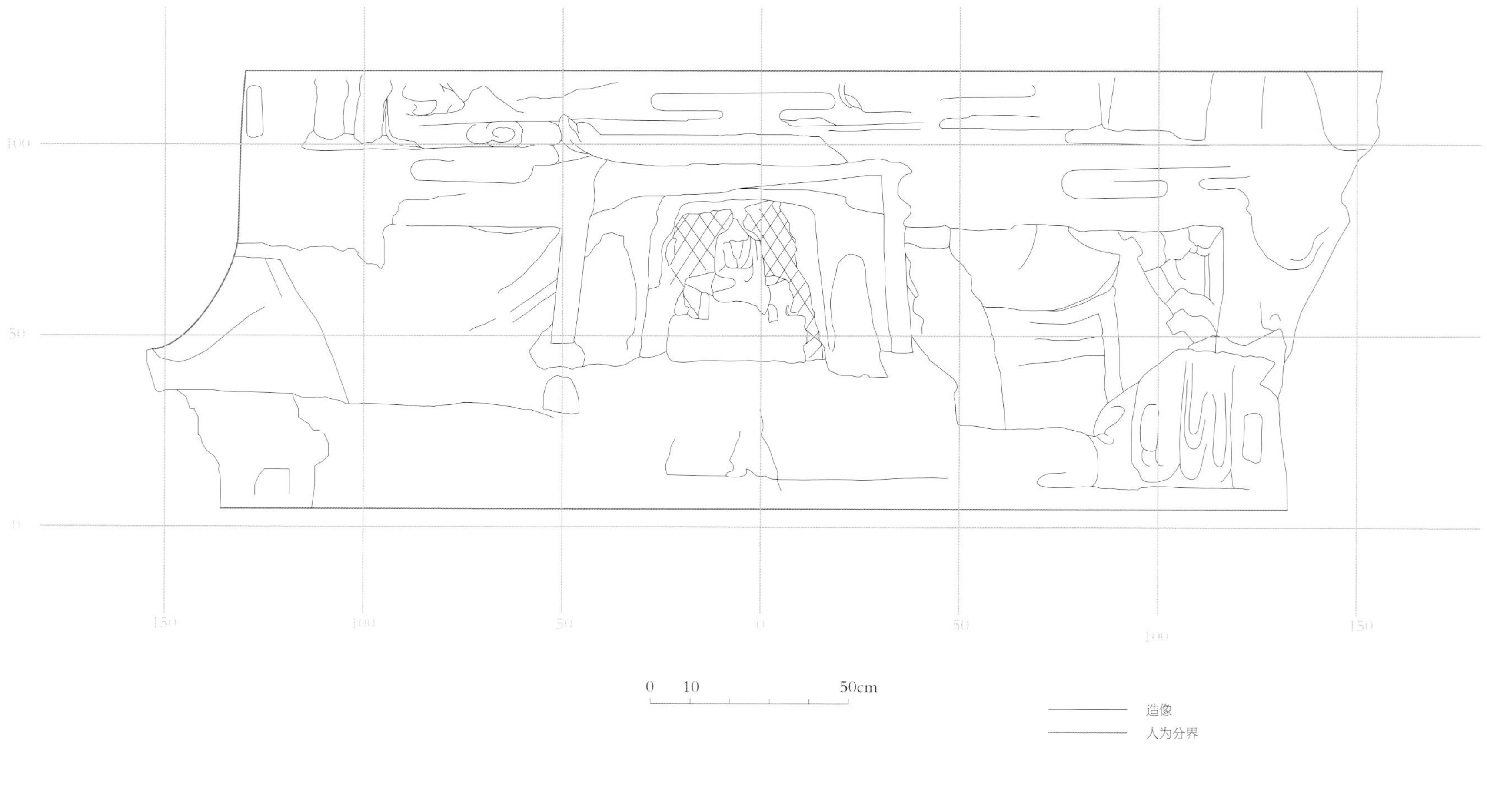

图132　第9号龛第二层造像立面图

第3像　立像高38厘米。头长10厘米，肩宽10厘米，胸厚3厘米。头戴软脚幞头，面蚀，略向右微仰。着圆领窄袖长服，腰系带。双手胸前持拍板。拍板残高4厘米，最宽3.5厘米，厚2.5厘米，略残。着鞋。

第4像　立像高33厘米。头长8厘米，肩宽10厘米，胸厚3厘米。似光头，面蚀，着交领宽袖长服，左手贴体下垂，右手屈置胸前，着鞋，侧身向左站立。

第5像　立于最下低台，高28厘米。头长3.5厘米，肩宽6厘米，胸厚3厘米。头似梳髻，着圆领长服，腰系带，左手置胸前，右手前伸，似持一物，物残。躬身向右，似向第4像作礼拜状。着鞋。

第6像　为武士坐像，略残（图版Ⅰ：331）。像坐高35厘米。头长13厘米，肩宽15厘米，胸厚6厘米。头戴冠，冠带垂于头后。面残身蚀，胸似系带，下着短裙。飘带环于头后，沿肩下垂至座台前侧，端头卷曲。左臂毁，右手置右膝上竖持一铜，斜靠右肩。铜残长约16厘米。垂左腿，盘右腿坐于方台上。台高14厘米，宽26厘米，厚8厘米。

2. 右上

刻一座单檐庑殿顶楼阁和立像5身（图版Ⅰ：332）。

楼阁显露左侧部分，通高约73厘米，进深24厘米。转角立柱方形，柱顶刻栌斗，柱间刻横枋；檐下刻一道瓔珞。檐口略弧，翼角微翘。屋顶为庑殿顶，高约23厘米，素平。正脊全长约70厘米，上下高5厘米，左右端头刻内卷的鸱尾。鸱尾高17厘米（图版Ⅰ：333）。屋顶右侧浮雕云纹。

楼阁右外侧刻立像5身，作上、下两排布置（图版Ⅰ：334）。其中，上排1身，下排4身。自上而下，从左至右编为第1—5像。

第1像　显露半身，高39厘米。头长14厘米，肩宽13厘米，胸厚7厘米。头冠，面蚀。似着圆领服，腰系带束抱肚，腰带作结垂于腹前。双手左肩处共持一幡。幡三绺，向左斜飘至楼阁屋顶。幡通高62厘米。

第2像　头毁，身残，残高36厘米。可辨腰系带，下着裙。左手笼袖内，前伸托葫芦。葫芦高约8厘米，自葫芦口发出火焰纹，飘于屋顶之上。直身站立。

第3像　立高48厘米。头长14厘米，肩宽13厘米，胸厚6厘米。头巾，面蚀。着圆领宽袖长服，腰系带束抱肚，腰带作结垂于腹前。左手似屈肘上举至耳，右手抱持第4像左臂。足残。

第4像　头残，残立高38厘米，头长8厘米，肩宽12厘米，胸厚6厘米。着交领宽袖长服，胸下系带。左手笼袖内，斜向直伸，被第3像抱持；右手屈肘置于右胸外侧，足残。

第5像　残蚀甚重，残立高44厘米。可辨双手似置胸前，直立。

3. 右下

刻像3身。其中，左刻坐式主像1身，其身右侧刻立像2身（图版Ⅰ：335）。

主像坐高22厘米，头长8厘米，肩宽9厘米，胸厚5厘米。头残面蚀，着交领长服，腰系带，双手腹前笼袖内，结跏趺坐于方台上。左立像为女像，立高33厘米。头梳髻，面蚀，身着长服，腰系带，双手残，置胸前；侧身向左，面主像而立。右立像残蚀甚重，残高33厘米，仅辨侧身站立的轮廓。

（四）第四层

并刻两座楼阁（图134；图版Ⅰ：336）。

左楼阁，显露屋身正面及左侧山墙大部，通高53厘米，显露宽46厘米，进深18厘米（图版Ⅰ：337）。立柱宽4厘米，柱间刻两道阑额。明间宽24厘米，上刻一横匾，高11厘米，宽30厘米，厚2厘米；匾心左起横刻"净土宫"3字，字径7厘米（图版Ⅱ：27）。

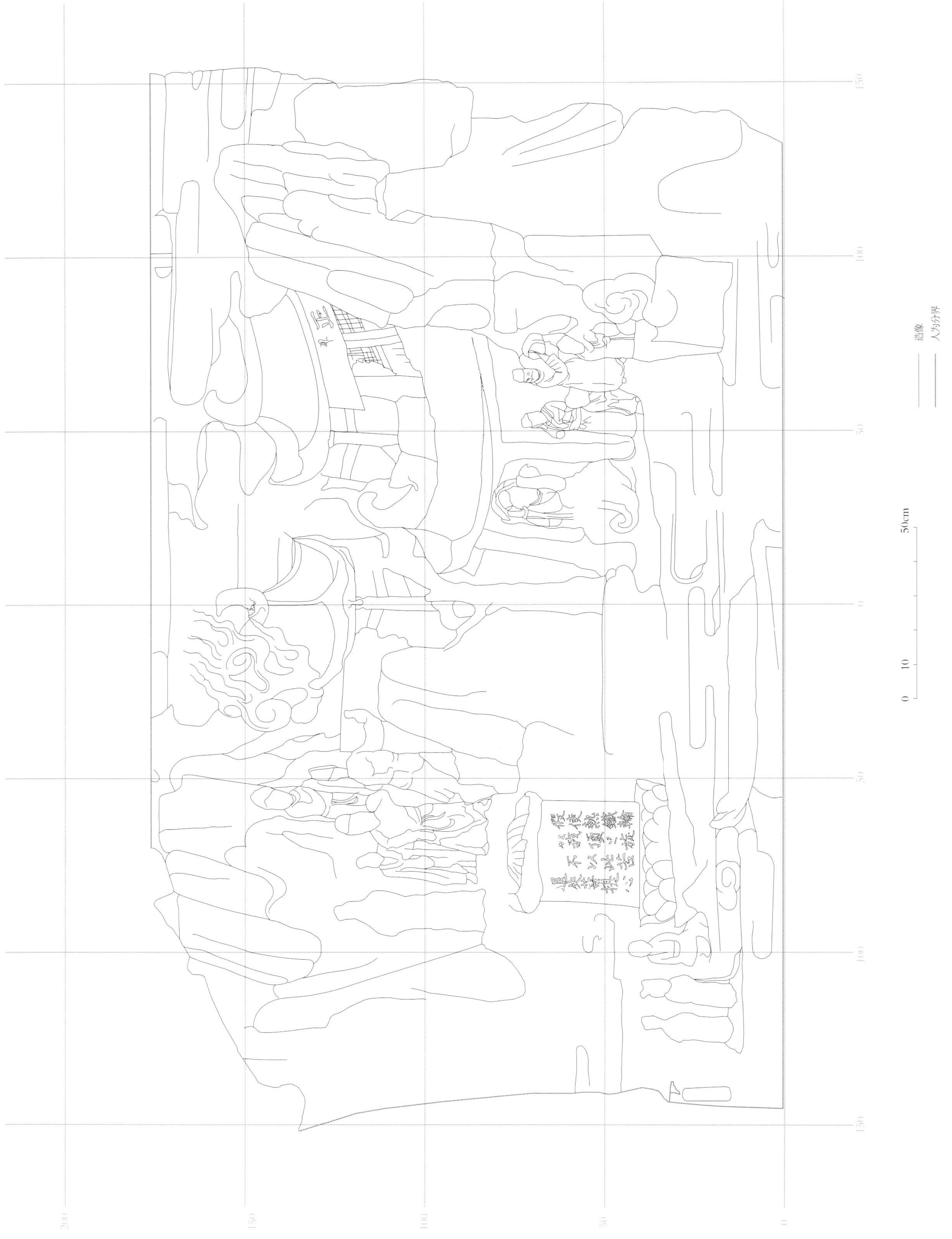

图133　第9号龛第三层造像立面图

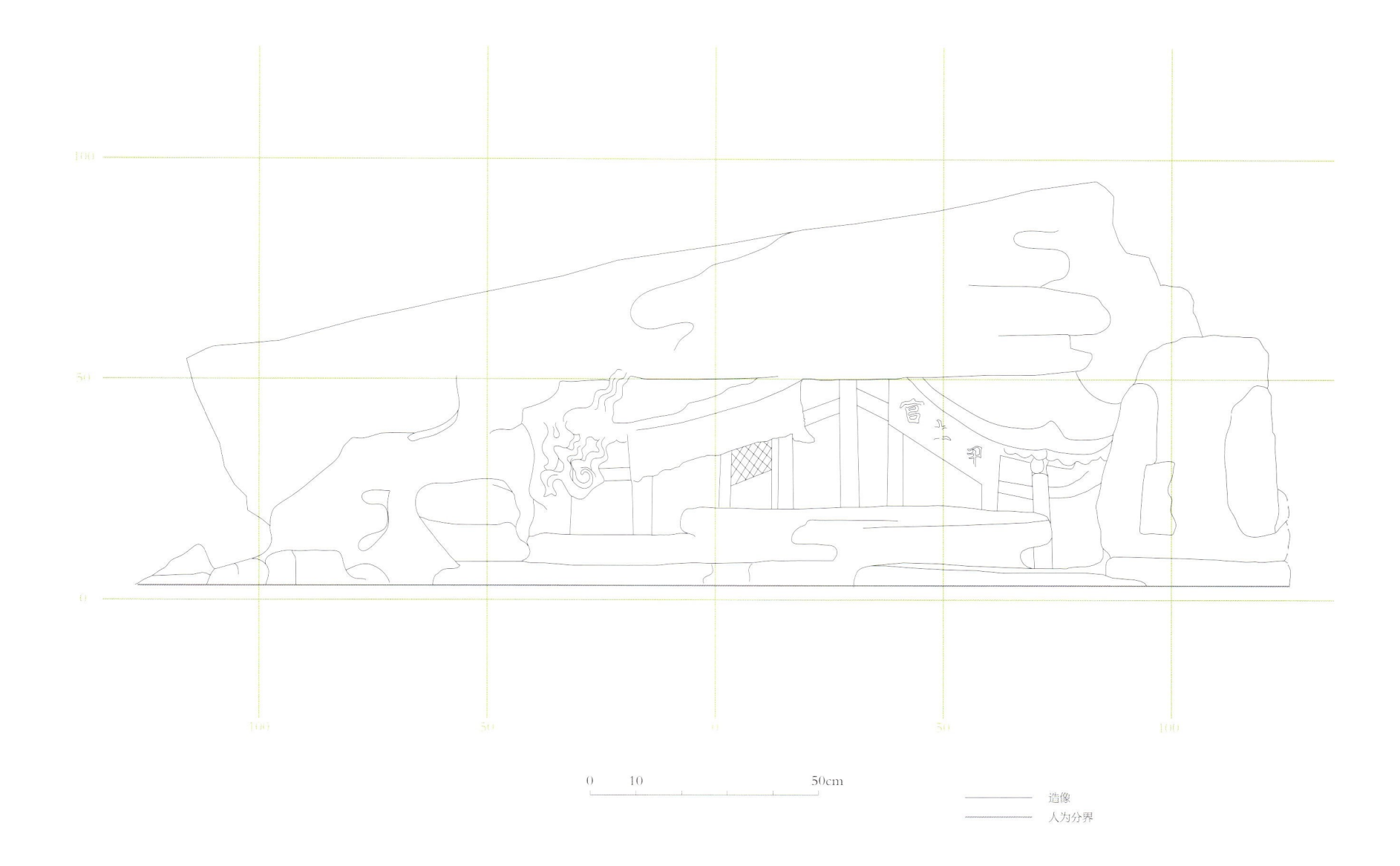

图134　第9号龛第四层造像立面图

檐口呈弧形，翼角微翘。檐下刻一道璎珞。屋顶显露部分，为庑殿顶，素平。

右楼阁，显露大部，通高50厘米（图版Ⅰ：338）。屋身四柱三间，面阔76厘米，进深22厘米。立柱方形，宽4厘米，柱间刻两道阑额。明间宽36厘米，内刻双扇菱形格子门，上方刻一匾，匾心左起横刻"光□□"[1] 3字，字径4厘米（图版Ⅱ：28）。左次间宽16厘米，右次间宽21厘米，皆素平。右侧屋身转角立柱前刻一火焰纹（图版Ⅰ：339）。屋顶大部隐于云纹内。

四　铭文

偈语，南宋淳熙至淳祐年间（1174—1252年）。刻于第三层右上造像下方与右下造像左上方之间。作碑形，碑通高59厘米。碑首为覆莲叶，碑身方形，高34厘米，宽36厘米，碑座为三重仰莲台。文左起，竖刻4行20字，楷体，字径6厘米（图版Ⅱ：29）。

01　假使热铁轮
02　于我顶上旋
03　终不以此苦
04　退失菩提心

---

[1] 现仅存"光"字。2003年现场调查时仍存"明殿"2字，调查资料现存大足石刻研究院资料室。

五　晚期遗迹

壁面左侧边缘，自上而下凿三个方孔。上孔高20厘米，宽8厘米，深21厘米；下距中孔约70厘米。中孔高16厘米，宽5.5厘米，深10厘米；下距下孔约100厘米。下孔高10厘米，宽9厘米，深8厘米。

壁面右外侧边缘中部纵向凿一列六个方孔，大小不一。最大者高30厘米，宽8厘米，深11厘米；最小者高8厘米，宽4厘米，深6厘米。

第一层左殿阁下方另凿一方孔，高12厘米，宽5.5厘米，深6厘米。第二层左侧楼阁左下方凿一半圆孔，孔直径10厘米，深9厘米。第二层中部楼阁右下角凿一方孔，边宽11厘米，深8厘米。第四层左建筑下方7厘米处凿一圆孔，直径18厘米，深15厘米。该圆孔下缘凿一方孔，高10厘米，宽5厘米，深6厘米。第四层右建筑屋顶上方中部凿一方孔，高11厘米，宽14厘米，深12厘米。

壁面存灰白色、红色等两种涂层。

造像存灰白色、红色、黑色等三种涂层。

第六节　第9-1号

一　位置

紧邻第9号龛右侧。右与第10号龛紧邻。上为岩檐，外挑约75厘米，下与地坪相接。

塔身西北向，方向343°。

二　形制

壁面刻楼阁式塔1座（图135、图136；图版Ⅰ：340）。如自地踊出，上与岩檐相接，通高约640厘米；显露四级塔身四重檐。塔身呈方形，外凸壁面最深约25厘米；显露正面和部分左右侧面。塔身风蚀甚重，自下而上逐级内收；各级塔身之间刻平座。

第一级塔身通高125厘米。其中，正面宽174厘米，内竖刻偈语4行；左侧面宽19厘米，右侧面宽23厘米，皆素平。第一重塔檐通高37厘米，檐下刻一周珠串、流苏。檐面刻瓦垄瓦沟，瓦当圆形，直径8厘米，刻如意头滴水。瓦当内刻坐佛1身。其中，正面存5身，左、右侧面各2身。佛像可辨头布螺髻，内着僧祇支，外着双领下垂式袈裟，双手腹前笼袖内，结跏趺坐。

第二级塔身通高151厘米。其中，正面宽161厘米，内竖刻塔名；左侧面宽21厘米，右侧面宽60厘米，皆素平。第二重塔檐通高28厘米，形制与第一重塔檐略同。瓦当刻佛像，正面11身，左侧面1身，右侧面3身，共15身，特征与第一重塔檐佛像同。

第三级塔身通高144厘米，正面宽156厘米，左侧面宽11厘米，右侧面宽18厘米，皆素平。第三重塔檐通高32厘米，形制与第一重塔檐略同。瓦当刻佛像，正面10身，左、右侧面各2身，共14身，特征与第一重塔檐佛像同。

第四级塔身仅刻正面，通高129厘米，宽175厘米。第四重塔檐通高约82厘米，檐口弧形，顶隐于岩檐。

此外，第二级塔身左外侧壁面线刻一组毫光，可辨四道，斜向上飘（图版Ⅰ：341）。第二重塔檐右外侧壁面浮雕一道略宽的毫光，右斜向上飘至岩檐底部（图版Ⅰ：342）。

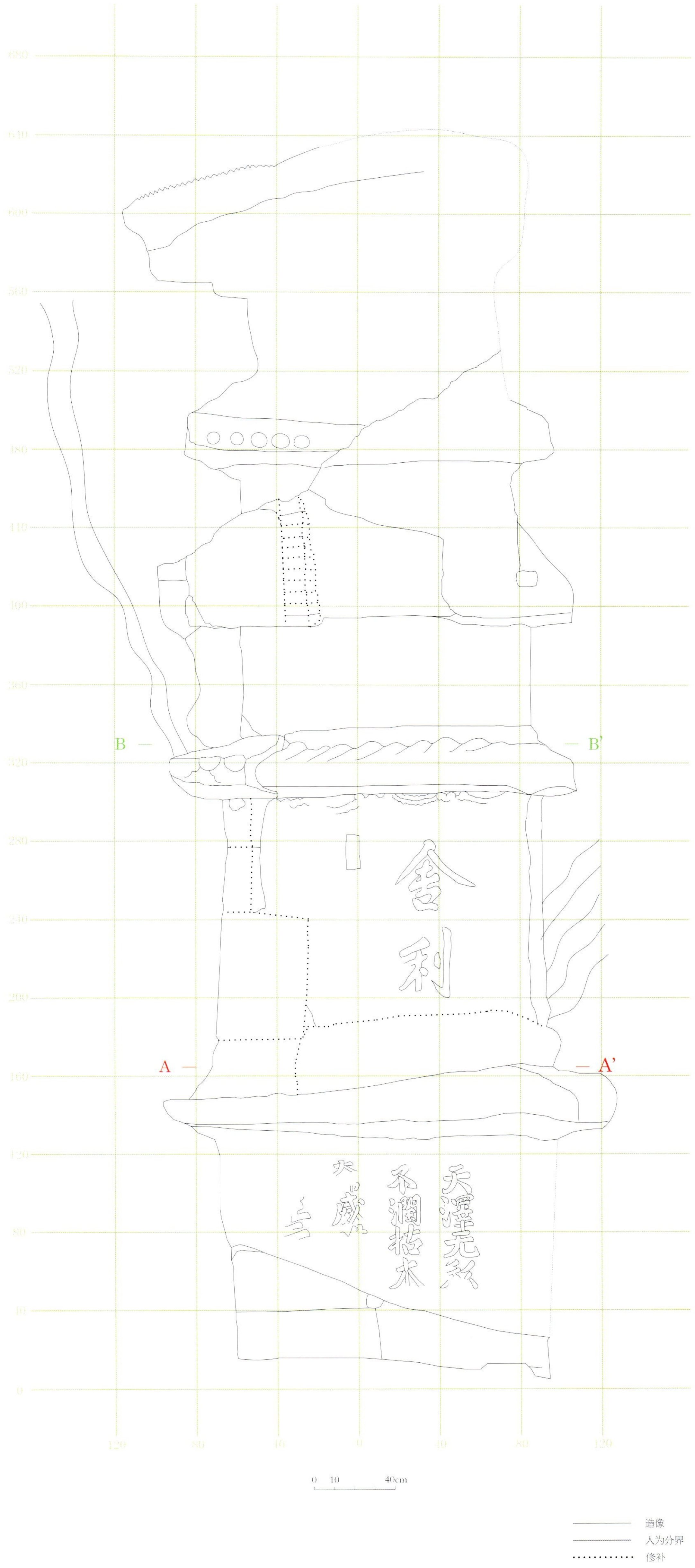

图 135　第 9-1 号龛立面图

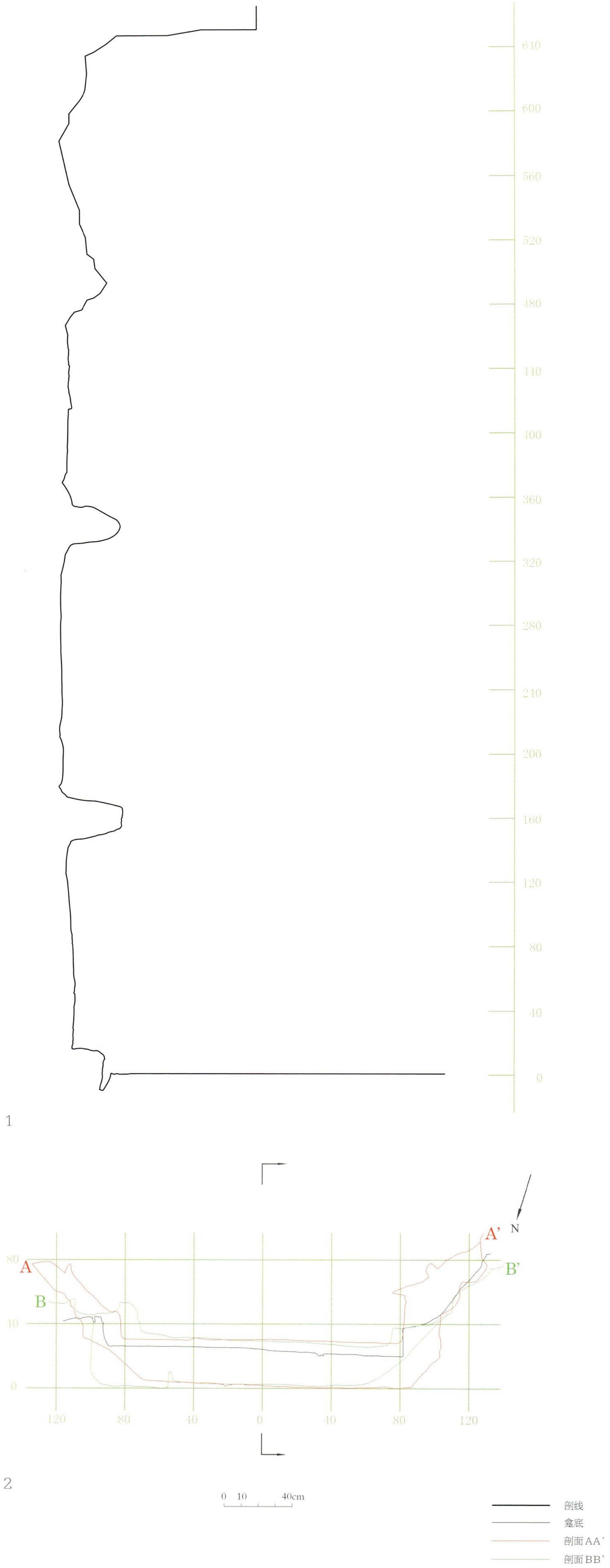

图 136 第 9-1 号龛平、剖面图
1 剖面图　2 平面图

三 铭文

2则。

第1则

偈语，南宋淳熙至淳祐年间（1174—1252年）。刻于第一级塔身正面。刻石面高86厘米，宽130厘米。文左起，竖刻4行，存14字，楷体，字径21厘米（图版Ⅱ：30）。

01　天泽无私
02　不润枯木
03　佛威虽普
04　□立无□[1][5]

第2则

"舍利宝塔"题名，南宋淳熙至淳祐年间（1174—1252年）。刻于第二级塔身正面。刻石面高90厘米，宽110厘米。文左起，竖刻2行4字，楷体，字径36厘米（图版Ⅱ：31）。

01　舍利
02　宝塔

四 晚期遗迹

第二级塔身正面中上部凿一方孔，高18厘米，宽7厘米，深17厘米。

第一、二级塔身左外侧，纵向布置二方孔，上下相距约235厘米。孔大小相近，高20厘米，宽6厘米，深6厘米。在其上方孔洞左侧紧邻凿一方孔，尺寸略小。

壁面存灰白色、红色等两种涂层。

造像存灰白色、红色、黑色等三种涂层。

注释：

[1]　本则铭文第2行第6字"监"；第2行第12字、第7行第11字"应"；第5行第4字"岁"；第5行第6字"妆"；第6行第3字"与"；第6行第7字"叶"；第7行第2字"昌"；第8行第5字"韦"；第8行第6字"驮"；第8行第8字"蓝"；第9行第1字"龙"；第9行第7字"圣"；第9行第8字"像"；第10行第2字"清"；第10行第3字"乾"；第10行第4字"隆"；第10行第7字"年"；第10行第13字"穀"，铭文分别为：

1　宝顶山小佛湾第2号七佛壁所刻《南无金幢宝胜佛教诫》中，有"天泽无私，不润枯木，佛威虽普，不立无根"一句，据此，第4行第1字应为"不"，第4字应为"根"。

驮像年　监清　龙乾　圣隆
状　　监清毅　龙乾　圣隆

[2] 本则铭文第1行第1字"据"；第1行第8字"宁"；第1行第9字、第8行第3字"县"；第4行第2字"观"；第4行第4字"国"；第7行第3字"禅"；第8行第4字、第10行第5字、第11行第7字"妆"；第8行第6、10字"吴"；第9行第1字、第16行第3字"伏"；第9行第2字"念"；第9行第6字"为"；第10行第8字"观"；第10行第10字"金"；第10行第11字"像"；第11行第2字、第12行第4字"觉"；第11行第9字"卧"；第11行第12字、第12行第10字、第14行第10字"尊"；第11行第14字"族"；第12行第3字"圆"；第12行第15字"竖"；第13行第5字、第15行第3字"两"；第13行第14字"斋"；第14行第3字"年"；第14行第12字"德"；第14行第13字"钱"；第15行第4字"余"；第15行第7字"舍"；第15行第13字"善"；第15行第16字"石"；第16行第1字"为"；第16行第4字"愿"；第17行第4字"庆"，铭文分别为：

据国伏金尊两钱石　宁禅念像族斋余为　县妆为竟圆年捨愿　观吴观卧竖德善庆

[3] 本则铭文第1行第2字"宁"；第1行第3字"县"；第3行第5字"飞"；第4行第1字"缘"；第5行第3字"发"；第5行第8字"鼎"；第9行第4字"久"，铭文分别为：

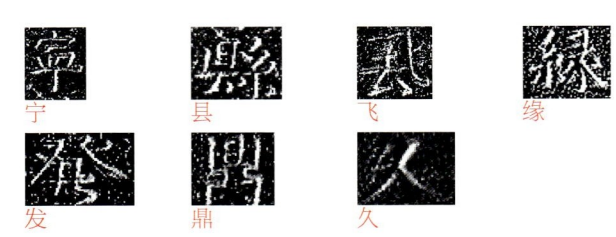

宁　县　飞　缘
发　鼎　久

[4] 此"照"字，铭文为：

照

[5] 本则铭文第1行第4字"私"；第3行第1字"佛"，铭文分别为：

私　佛

第四章　第10—12号

第一节　本章各编号位置及相互关系

本章介绍的第10—12号及第12-1号等4个龛像，位于大佛湾南崖东段右端及大佛湾东崖崖面（图137）。其中，第10号龛位于大佛湾南崖东段右端，左与第9-1号龛紧邻，右与大佛湾东崖略垂直相接（图版Ⅰ：343）。第11号龛位于大佛湾东崖，横贯整个壁面，是大佛湾幅面最大的龛像。其崖顶上方平台边缘建一座"灵官殿"。第12号龛位于大佛湾东崖与北崖转折相接处，断面略呈倒置的三角形，原系天然的排水沟，石窟开凿时以条石砌筑为崖壁并刻像；其左比邻第11号龛（图版Ⅰ：363），其右紧邻第13号龛（图版Ⅰ：405）。第12-1号龛位于第11号和第12号龛下方壁面之间。

第二节　第10号

一　位置

位于大佛湾南崖东段右端。左与第9-1号龛紧邻，右与第11号龛垂直相接。上为外凸的岩檐，外挑131厘米；下接地坪。壁面略北向，方向346°。

二　形制

壁面略呈横长方形，最高635厘米，最宽1445厘米（图138、图139、图140；图版Ⅰ：344、图版Ⅰ：345）。中部内凹，左侧略外凸，与第9-1号龛所在壁面分界明显；右侧延展外凸，与第11号龛所在壁面略垂直相接。上部为岩檐，外挑约88厘米。岩檐左上角圆弧下斜，与第9号龛岩檐相接；右侧岩檐倾斜上升，与东崖第11号龛岩檐转折相接。下部与地坪垂直相接，岩体毁，现以条石叠砌修补，修补面最高约180厘米。

三　造像

此壁面历史上遭受渗水侵蚀，现造像残毁甚重，模糊难辨。整体观察，似为一座封闭的城池。其中，城池中下部前侧（壁面下方）刻一座门楼，左右端各连接两段转折的护墙，其端头隐入云内。城池内（即壁面中上部）中刻一座主殿，左右对称横刻一座配殿。各建筑内外共浮雕人物造像25身。壁面遍饰云纹背景，建筑、人物皆置其中。此外，壁面右上侧刻菩提树，可辨菩提叶。

（一）门楼及造像

1. 门楼

刻于壁面下方，略外凸于壁面，显露屋身和歇山式屋顶，通高约297厘米，最宽约370厘米（图141；图版Ⅰ：346）。屋身残蚀，可辨檐下少许璎珞。屋面刻瓦垄瓦沟。瓦当圆形，内刻一朵团花；刻如意头滴水。正脊略弧，中刻脊珠，左右端鸱尾微翘。

屋身左右外侧刻护墙。护墙一端连接屋身，一端水平延展后转折斜上延伸，端头隐入云内（图版Ⅰ：347、图版Ⅰ：348）。墙上各刻三枚如意头墙垛。其中，右侧水平段护墙表面线刻纵横相接的砌缝。

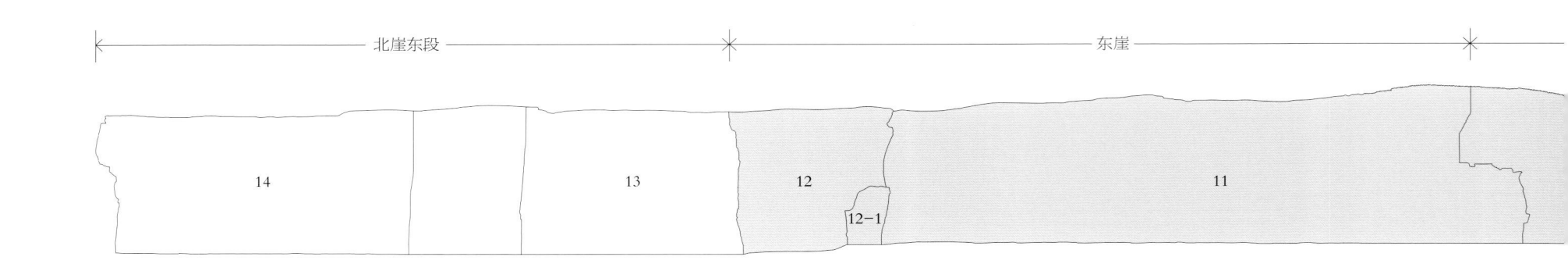

图137　第10—12号龛及第12-1号龛在本卷龛窟中的位置图

2. 造像

（1）门楼正面

刻立像4身，等距布置，皆残损甚重，仅辨轮廓遗迹。

（2）护墙外侧

左右护墙外侧各刻造像4身（图142）。

Ⅰ.左侧

共4身，分作两组。其中，左上两身为第一组，位于斜向段护墙外侧（图版Ⅰ：349）；右下两身为第二组，位于水平段护墙外侧下方（图版Ⅰ：350）。

第一组　右上像残高约60厘米。头巾，面残，刻长须；着交领宽袖服，身微躬，左手于左胸前握杖，杖端齐耳；右手举于胸前，食指、中指直伸，余指弯曲。左下像，头毁身残，显露残高59厘米，侧身向右，可辨着交领服，双手似前伸。

第二组　二像水平相距约115厘米，其间刻饰云纹。左像残损甚重，显露高50厘米，可辨腰束带，双手似置胸前。右像残高71厘米。头残，似着圆领窄袖长服。左手残，屈肘外展；右手笼袖内下垂体侧，握持旗杆。旗杆全长约89厘米，旗面呈三角形，斜展于头后。双脚隐没。

Ⅱ.右侧

共4身，亦分作两组；皆置于右侧斜向护墙外侧（图143）。

第一组　刻坐像1身。像高82厘米（图版Ⅰ：351）。光头，略侧面向棺；上着交领宽袖服，下着裙。双手屈肘置胸前捧物，物残。垂左腿，盘右腿，着鞋而坐。

第二组　中刻一棺，旁刻三像（图版Ⅰ：352）。棺显露部分，断面呈圆拱形，上覆帷幔，通高68厘米，最宽70厘米。从左至右，第1像立高112厘米，头残面蚀，着宽袖长服，腰系带，垂至足间，下着裙。双手笼袖内交置腹前，右肘斜靠棺上，着鞋站立。第2像位棺内侧，露半身，高54厘米。头大部残，残毁处凿一圆孔，直径约2厘米。着宽袖服。双手展帷布，作覆棺状。第3像立高87厘米，头、肩及后背残，上着宽袖长服，下着裙。双手抚棺，侧身弯腰伏于棺上，作悲泣状。

| 南崖东段 | | | | | | | | | 南崖中段 | |

10　9-1　9　8　7　6　5　4　3　2　1

（3）护墙内侧

左右护墙内侧各刻造像2身。

Ⅰ.左侧

刻像2身，其下半身隐于护墙内（图144；图版Ⅰ：353）。左像显露高48厘米，头残，似戴冠，面蚀，着窄袖长服。左手屈肘上抬，掌心斜上，右手屈肘平伸，似作抚摸状；侧身向左。右像显露高48厘米，头微仰，戴凤翅盔，下颌系带作结；顿项披垂。盔缨系带，作结上飘。面长圆，略蚀，内着窄袖服，外着宽袖服。双手残，拱于胸前；身略左侧。其身后刻一树，树干分叉，树冠隐于云纹中。

Ⅱ.右侧

刻像2身，其下半身隐于护墙内（图145；图版Ⅰ：354）。左像显露高48厘米，似戴凤翅盔，面略蚀，仰头，下颌系带作结。着宽袖服，双手胸前平伸，似捧物递右像。右像显露高66厘米，头顶残，似戴束发冠，头部分残，扭颈回望左像。着交领宽袖服。左手执弓扛于左肩，弓弦呈泥条状绕于弓上；右手平举前伸，作指引状。其手前侧刻圆筒形箭靶，表面可辨五环凸显，横置于云纹内。二像之间刻一树，树干分叉，树冠隐于云纹中。

（二）主殿及造像

1. 主殿

置于外凸壁面约35厘米处的基台上，显露屋身及屋顶，通高约187厘米（图146；图版Ⅰ：355）。屋身四柱三间，高362厘米，面阔470厘米。立柱方形，外凸于屋身墙壁面。屋身上部刻匾额，高30厘米，与屋身等宽；内素平。屋顶较宽，通高50厘米，宽470厘米；上部与岩檐相接。檐下刻纱幔，其上饰珠串、璎珞和流苏。屋面显露部分瓦垄瓦沟，瓦当圆形，内刻团花，刻如意头滴水。

2. 造像

左右次间前侧各刻半身立像2身，置于基台上，两两对应（图版Ⅰ：356、图版Ⅰ：357）。从明间至两次间，编为左第1、2像和右第1、2像。其特征列入表13。

图 138　第 10 号龛立面图

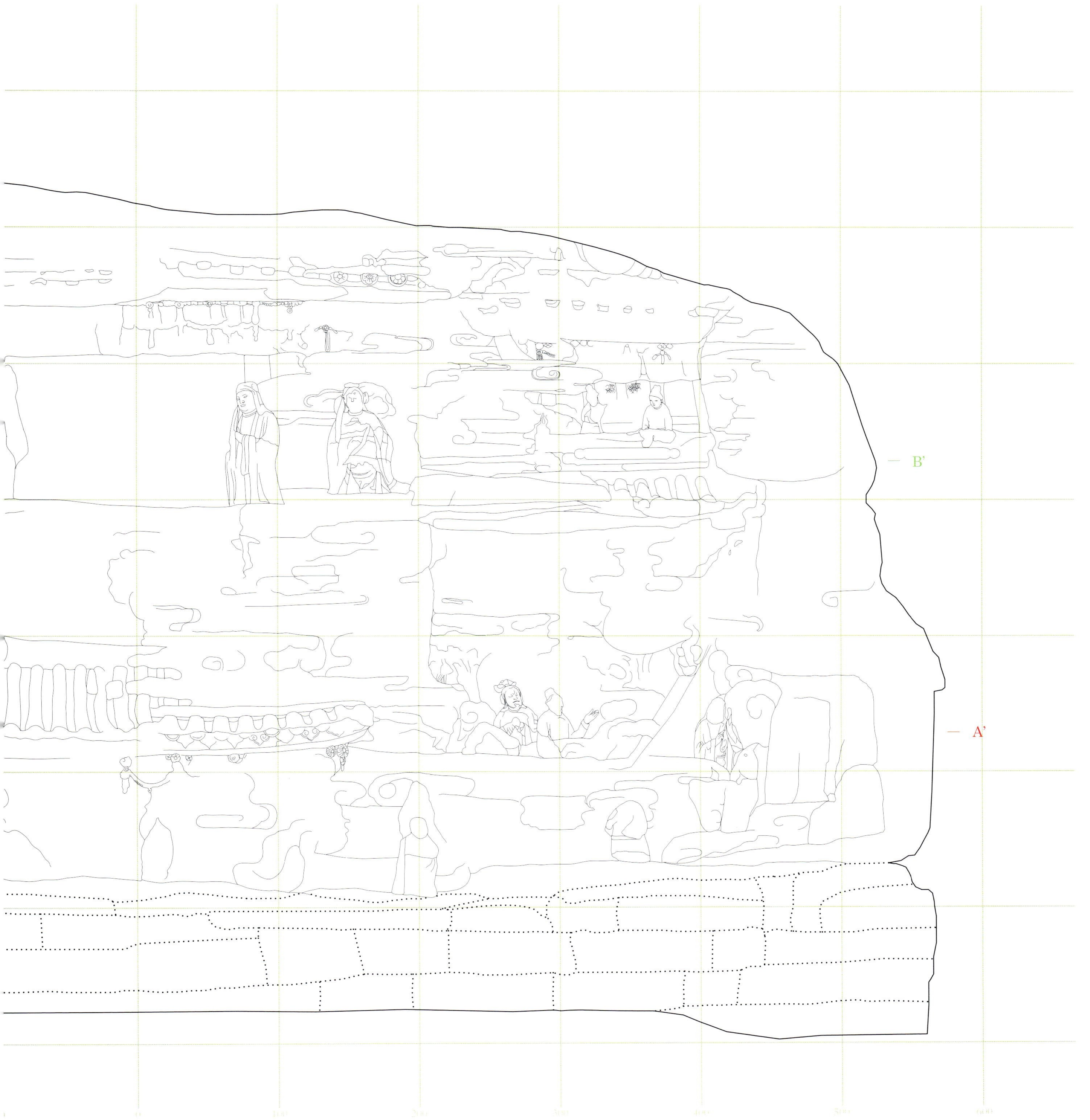

第四章　第 10—12 号　199

图 139 第 10 号龛剖面图

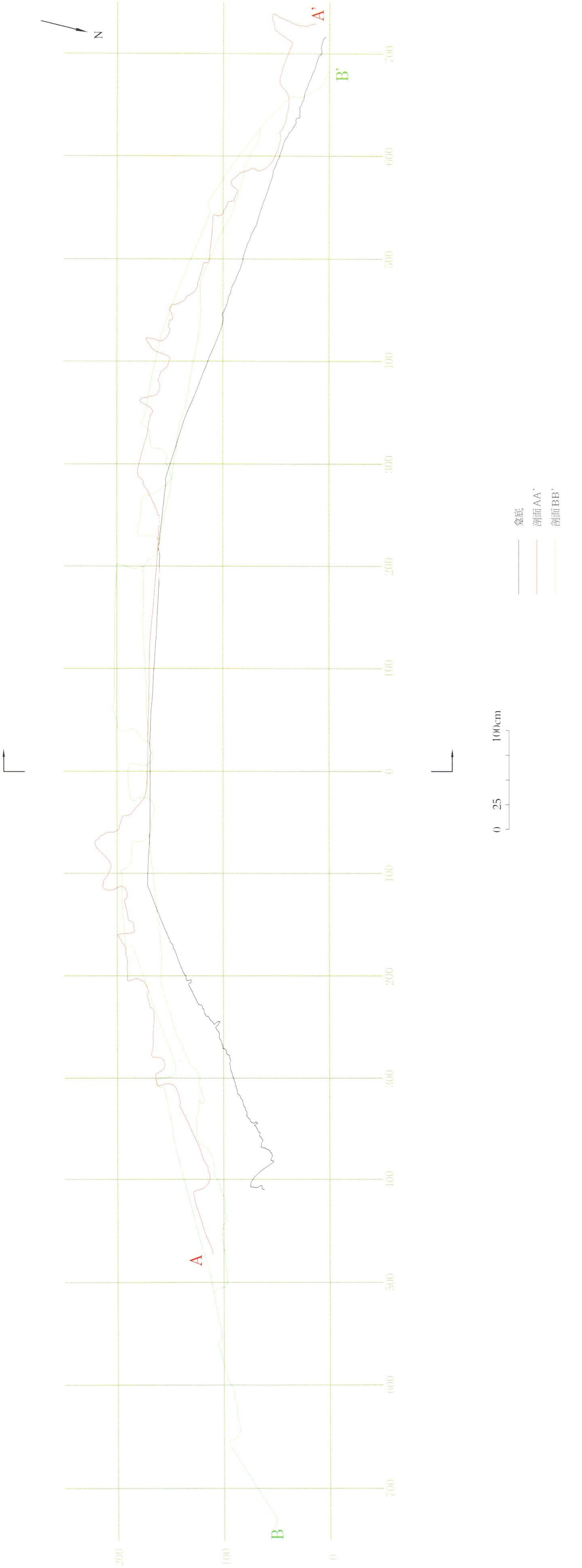

图 140　第 10 号瓮平面图

第四章　第 10—12 号

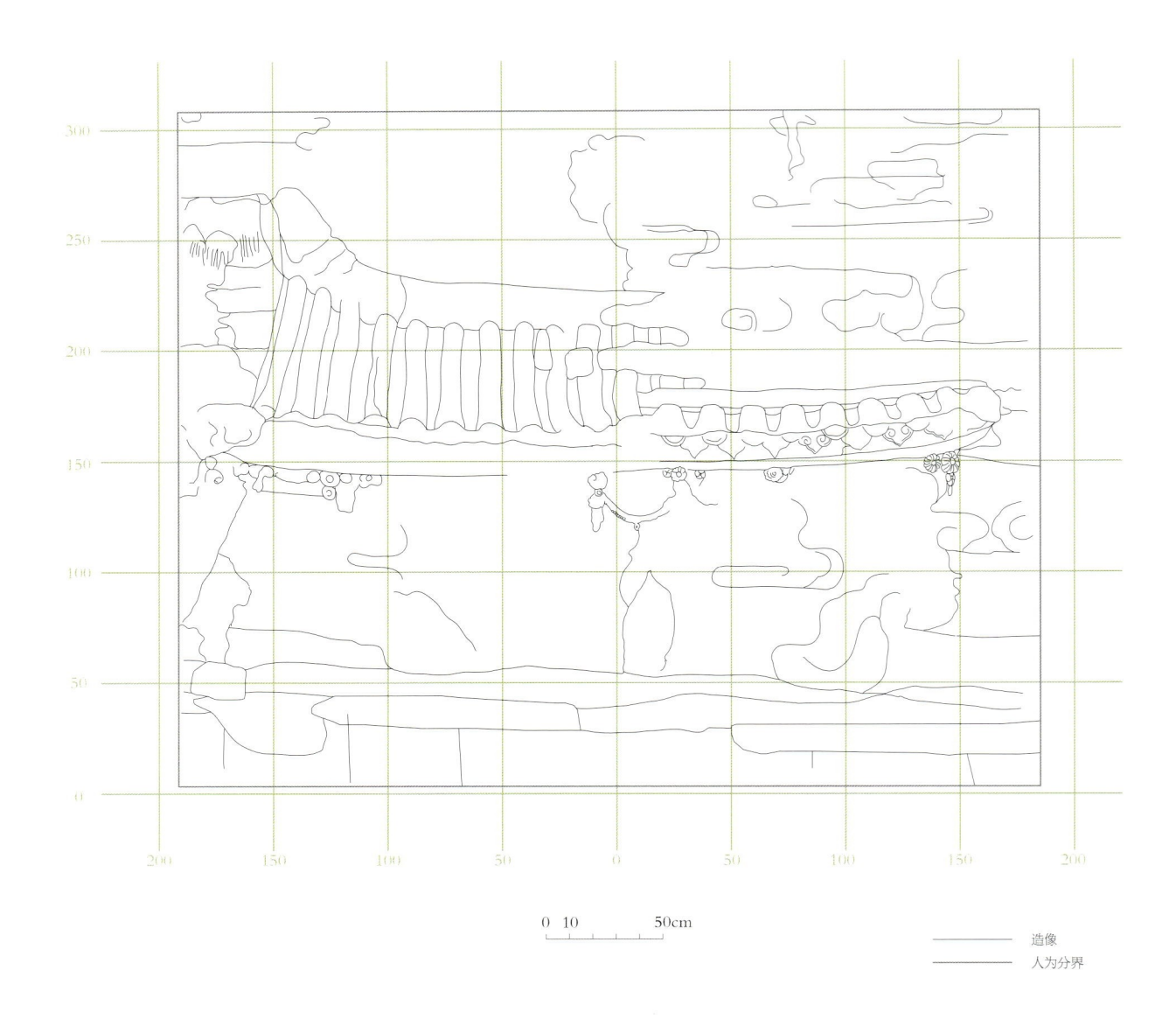

图 141　第 10 号龛下部门楼及造像立面图

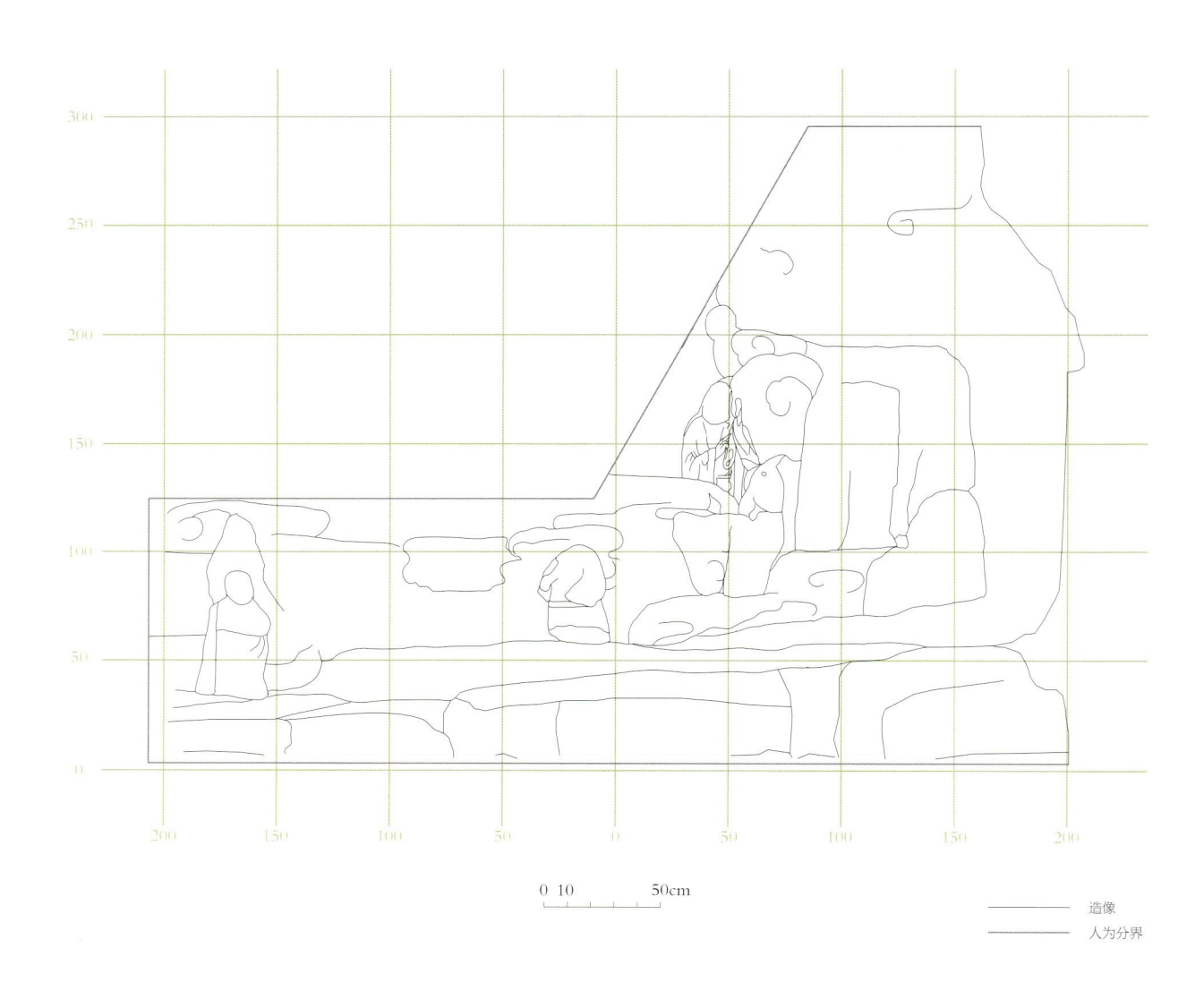

图 142　第 10 号龛下部左端护墙外侧造像立面图

图 143　第 10 号龛下部右端护墙外侧造像立面图

图 144　第 10 号龛下部左端护墙内侧造像立面图

图 145　第 10 号龛下部右端护墙内侧造像立面图

图 146　第 10 号龛上部主殿及造像立面图

204　大足石刻全集　第六卷（上册）

表13　大佛湾第10号龛主殿左右次间立像特征简表

左次间	造像特征	右次间	造像特征
第1像	男立像，显露高90厘米。头巾，面残，内着圆领宽袖服，外着交领宽袖服。双手胸前持物，斜挎右肩；侧身向右而立。	第1像	残损甚重，残高约76厘米，可辨侧身向左与左第1像相对而立。
第2像	武士像，显露高81厘米。头戴凤翅盔，顿项披垂，面残，仰面向右。身蚀，可辨着圆领宽袖服，腰系革带束抱肚、圆护，圆护下刻鹘尾。身饰飘带，飘带绕于颈后，沿上臂下垂飘于身侧。双手胸前持物，手及物残。	第2像	武士像，显露高83厘米。双手置腹前，侧身向左，余特征与左第2像略同。

（三）左配殿及造像

1. 左配殿

显露一级屋身和上下两重屋顶，通高约192厘米（图147；图版Ⅰ：358）。下重屋顶略残，可辨屋面瓦垄瓦沟，瓦当圆形。屋身四柱三间，显露面阔约123厘米；其下部刻一周勾栏，栏板饰刻壸门。右侧望柱柱顶刻一放焰珠。明间似刻双扇格子门，左右次间素平。屋身上部刻一周纱幔。上重屋顶显露部分，屋面刻瓦垄瓦沟，瓦当圆形，内饰一朵团花。檐下饰一周珠串、璎珞、流苏。屋顶上刻一圆轮（图版Ⅰ：359）。轮径36厘米，自下方向左右侧各出两道毫光，斜向飘飞。

2. 造像

明间立柱前刻女像两身，露半身，下部隐于勾栏内。左像显露高38厘米。头略右侧，戴冠，圆面，皆蚀。身似着圆领长服。双手残，似扶于勾栏上。右像显露高36厘米。头身残蚀，可辨头似梳髻，着圆领窄袖服，腰系带。身饰飘带，飘带于颈后沿胸下垂于身侧；手残。

（四）右配殿及造像

1. 右配殿

显露一级屋身和上下两重屋顶，通高约183厘米，面阔112厘米；形制、结构与左配殿略同（图148；图版Ⅰ：360）。

2. 造像

明间立柱前存二造像遗迹，估计与左配殿明间柱前造像对应，仅体量略小。

上重屋顶祥云内刻立像3身，显露大半身，皆残甚重（图版Ⅰ：361）。中主像骑于马背上，残高50厘米。可辨头戴冠，双手身前持缰绳，身右侧，骑于马背上，足残。马亦残，头右尾左，作行进状。其身后刻立像1身，残高约62厘米。头戴冠，面蚀，扭头向中像；似刻连鬓胡须。着交领宽袖长服，一段飘带敷搭右前臂后垂于体侧。双手置腹前，似持物，手及物残。身直立，略左侧。马头前侧刻立像1身，残高37厘米。可辨头戴冠，衣饰不明，双手残，屈肘外展，扭头侧身向中主像。

四　晚期遗迹

龛下方门楼右侧护墙外第3像头部残毁面存一圆孔，估计是后世补塑遗留的痕迹。

龛壁下部与地坪之间的壁面以条石填塞修补，横贯龛壁。修补面最多用石4级，最高约95厘米，全长约1065厘米。

1953年，龛前地坪右侧砌筑一扇面蓄水池，上宽约300厘米，下宽约140厘米，高约254厘米；与第11号龛前"九曲黄河"排水沟相连。

龛壁存灰白、红色等两种涂层。

造像存黑色、红色、灰白色等三种涂层。

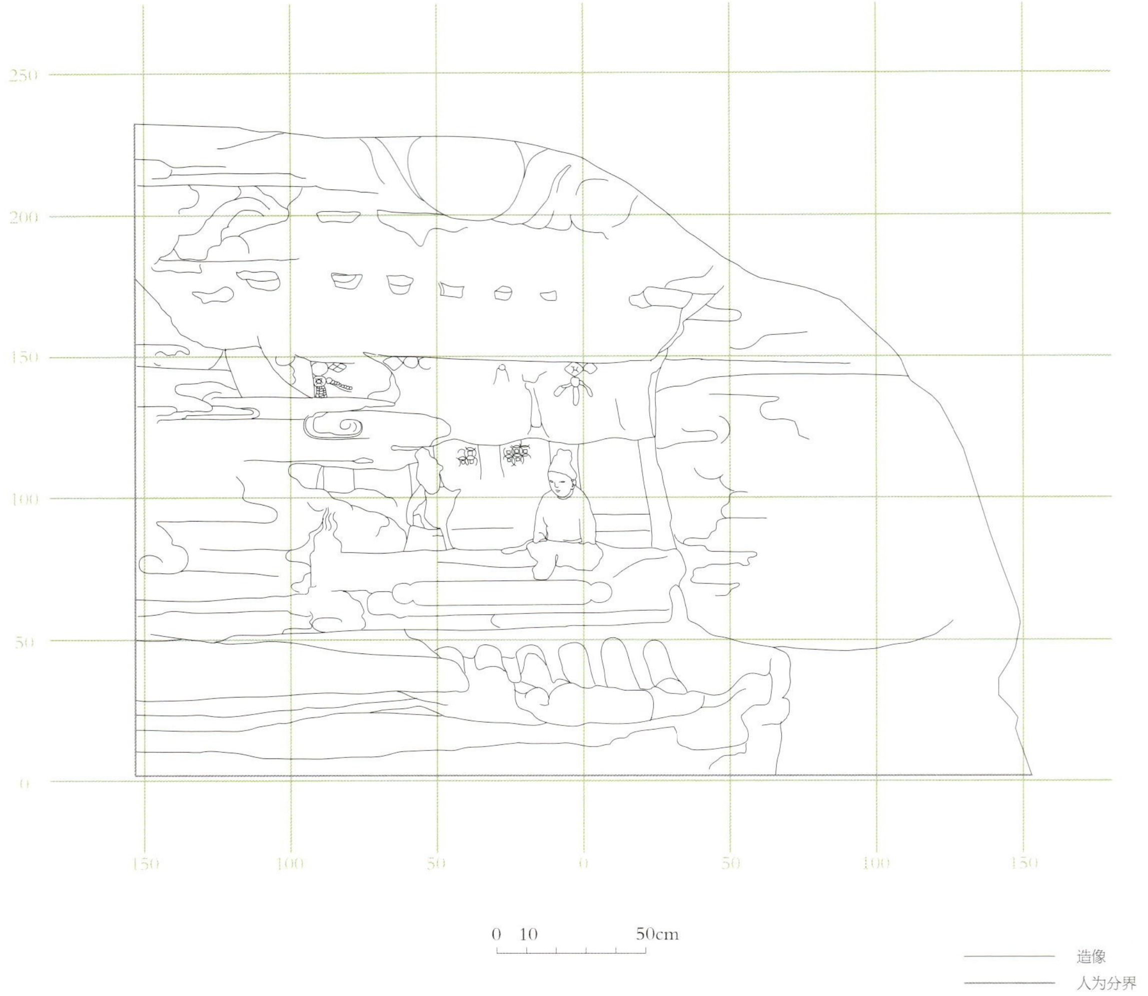

图 147　第 10 号龛上部左配殿及造像立面图

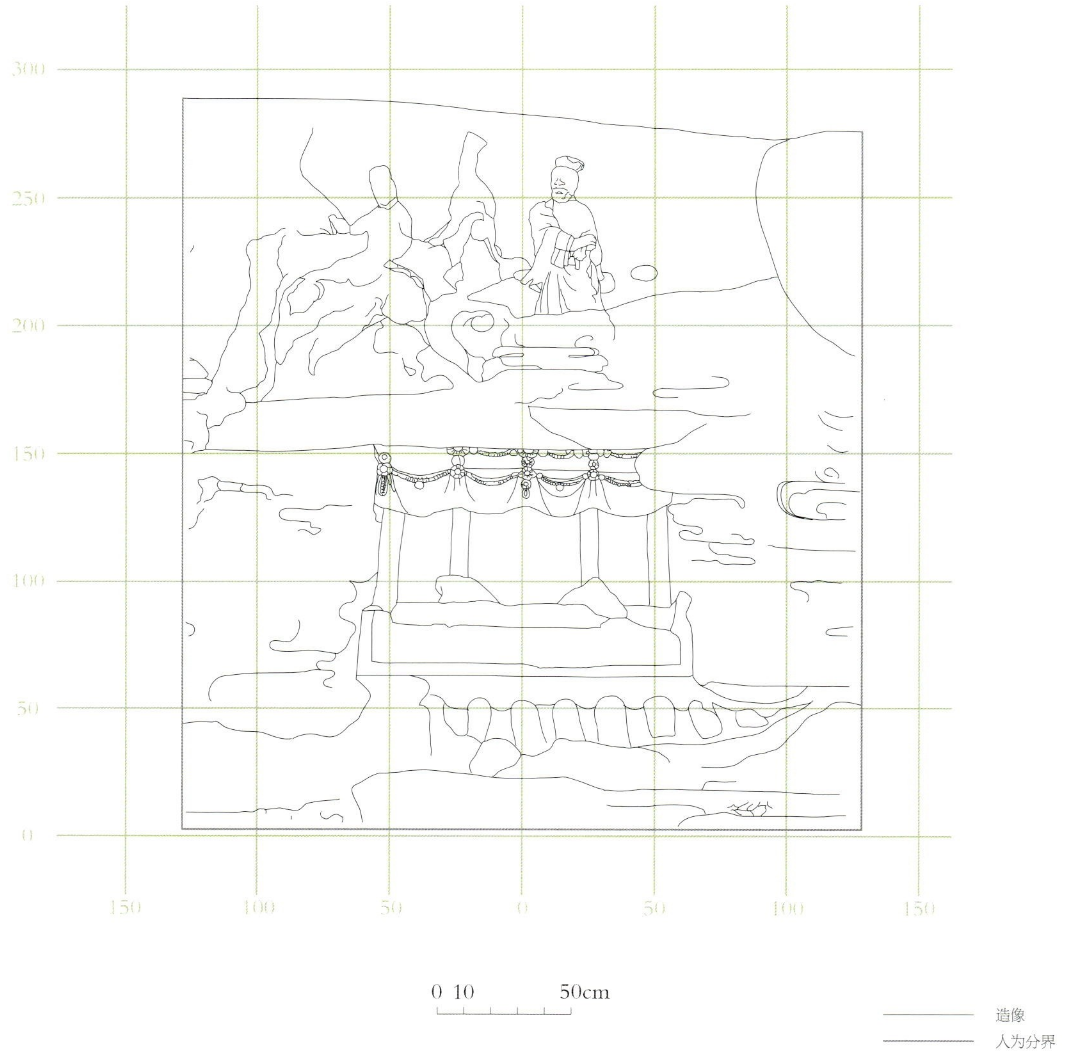

图 148　第 10 号龛上部右配殿及造像立面图

206　大足石刻全集　第六卷（上册）

第三节　第11号

一　位置

位于大佛湾东崖。左与第10号龛所在壁面转折垂直相交，右紧邻第12号龛。上为岩檐，最上岩顶边缘存清代"灵官殿"木质建筑一座，下与地坪相接。

龛口西南向，方向253°。

二　形制

龛口呈横长方形，上下最高约673厘米，左右最宽约3160厘米，深约446厘米（图149、图150、图151、图152；图版Ⅰ：362、图版Ⅰ：363、图版Ⅰ：364）。底呈横长方形，外沿中部及右侧残，现砌筑一级条石，高约40厘米，与龛底齐平；左侧毁，后世砌筑条石4级，通高81厘米，高出右侧龛底45厘米，下部与地坪垂直相接。壁面竖直，左右端圆转外凸，与壁面转折处弧面相接。龛壁与龛顶弧面相接。龛顶即为外挑的岩檐，呈横长方形；檐口中部平直，左右端略呈弧形。

三　造像

龛正壁刻主尊释迦牟尼卧像1身。佛身前立天王、侍者、弟子等像14身。佛胸腹前刻外凸的方案，由四天王像举抬；案前立礼拜的国王像。案台后侧刻祥云，略外凸，形如倒置的三角形，直抵岩檐；上端形成云台，台正面横刻眷属及侍者像9身。佛像腿前刻菩提双树，自龛底齐抵龛檐；左侧菩提树前刻一锡杖（图149）。

据其位置，划分为主尊佛像、佛前造像、方案造像、云台造像等四部分。

（一）主尊佛像

佛像头北（右）脚南（左），背东面西，侧身横卧，显露半身（图153；图版Ⅰ：365）。身长3160厘米，头长675厘米，额宽425厘米。描绘圆形头光，显露上方（头左侧）部分，最宽约186厘米，饰"二龙戏珠"图案。头光上方刻菩提树叶。头刻尖状螺发，发际线平直，与耳齐平；刻髻珠，珠径60厘米。方面，额刻圆珠状白毫，直径15厘米，外凸5厘米。弯眉，眼长128厘米，微闭；鼻梁粗大，鼻翼圆润，双唇微闭；耳垂肥大，耳廓全长318厘米，最宽106厘米。头枕方枕，枕显露高80厘米，宽316厘米，深60厘米。颈刻三道肉褶线。内着僧祇支，外着双领下垂式袈裟，下着裙。腹前衣纹呈泥条状，作连续的"U"字形，其上后世彩绘云纹。左手平置体侧，部分残，右手不现，隐于龛下。膝部以下亦隐于南崖之中。

佛像大腿前侧原刻菩提双树，经多次修补为现今状况，形如石柱[1]。石柱下至条石平台，上至岩檐，通高682厘米，上饰云纹。柱下部饰云纹包裹，高215厘米；中部柱身椭圆形，高249厘米，最大横径95厘米；柱顶刻作漏斗方形云台，与岩檐相接（图版Ⅰ：362、图版Ⅰ：363）。与菩提树相接的部分檐顶线刻菩提树叶。左侧菩提树根部右前侧显露锡杖杖首，略残，通高240厘米。杖首呈葫芦形，双股，套12个小环，杖首顶部刻一粒放焰珠（图版Ⅰ：366）。

（二）佛前造像

佛像身前刻半身像14身，似从地涌出，作一排横向布置，大多经后世修补[2]。按从右（北）至左（南）顺序，将其编为第1—14像（图149；图版Ⅰ：367）。

1　1957年，治理"释迦涅槃"膝部顶盖病害。因原石柱风化，不知何时用小青砖紧箍石柱砌筑柱一根。1961年，为根除"释迦涅槃"膝部的坍塌，采用钢筋混凝土接檐恢复其原貌。他山采石砌筑手部云石，表施云纹，扎十字抬梁支承于柱间。王庆煜：《大足石窟维修保护概况》，重庆大足石刻研究会编：《大足石刻研究》2002年创刊号（内刊），第61页。1993年，在宝顶山摩崖造像治水工程中，卧佛脚端两根柱子还原成娑罗树。见大足石刻研究院工程档案资料：《大足宝顶山摩崖造像治水工程》，档案号：2-14。

2　1979年，四川省文物局拨款培补佛前造像及案台造像。第1像头像仿造第14号龛前天王头泥塑小样模塑而成，第3像断头采用打卯与化学粘接复原。第2像头风化，第3像、第12像头面残破，案台上泥塑供品剥残，经此次修补后复原。陈明光：《大足石刻档案（资料）》，重庆出版社2012年版，第166页。

图149　第11号龛立面图

第四章 第 10—12 号 209

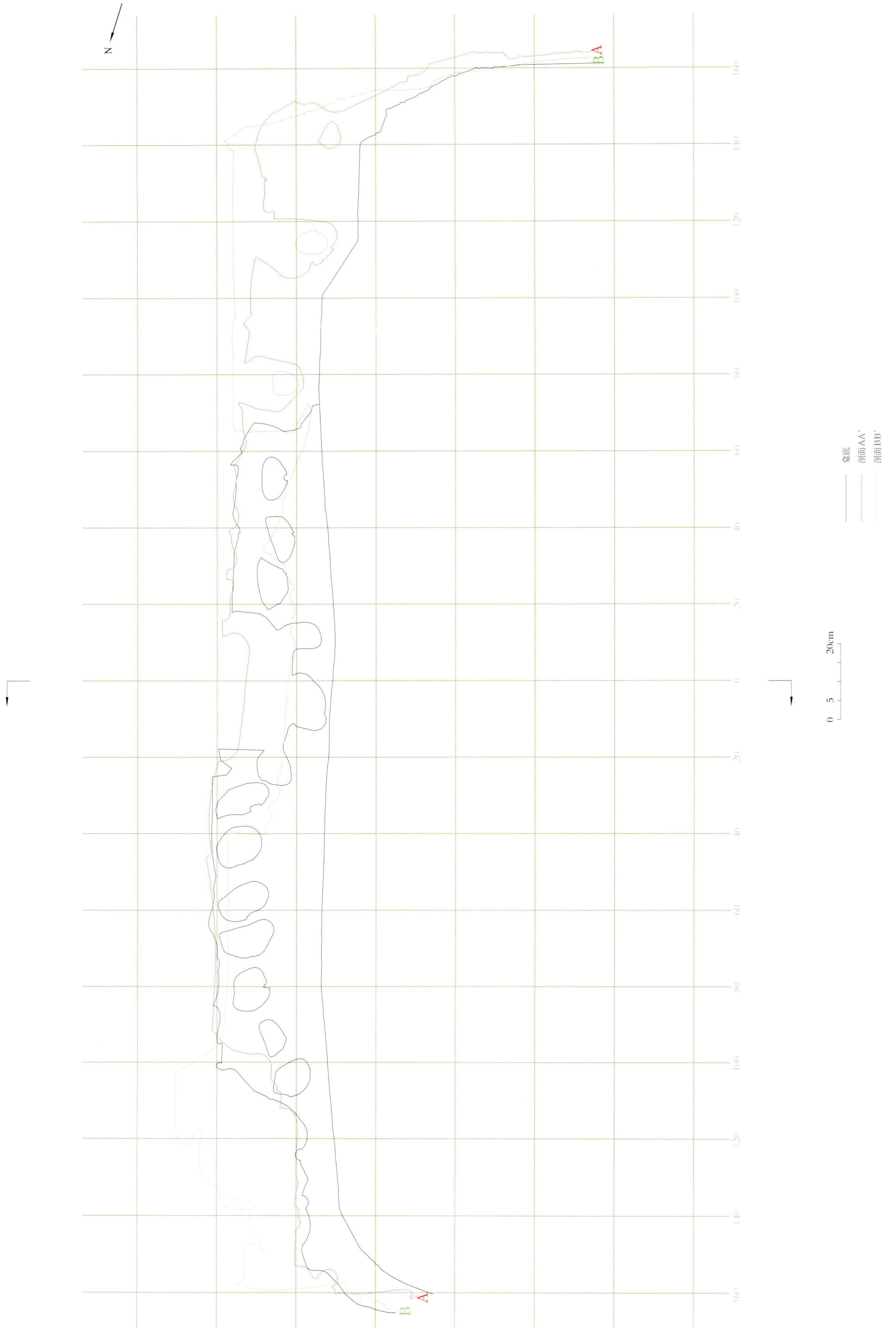

图150 第11号龛平面图

图151　第11号龛剖面图

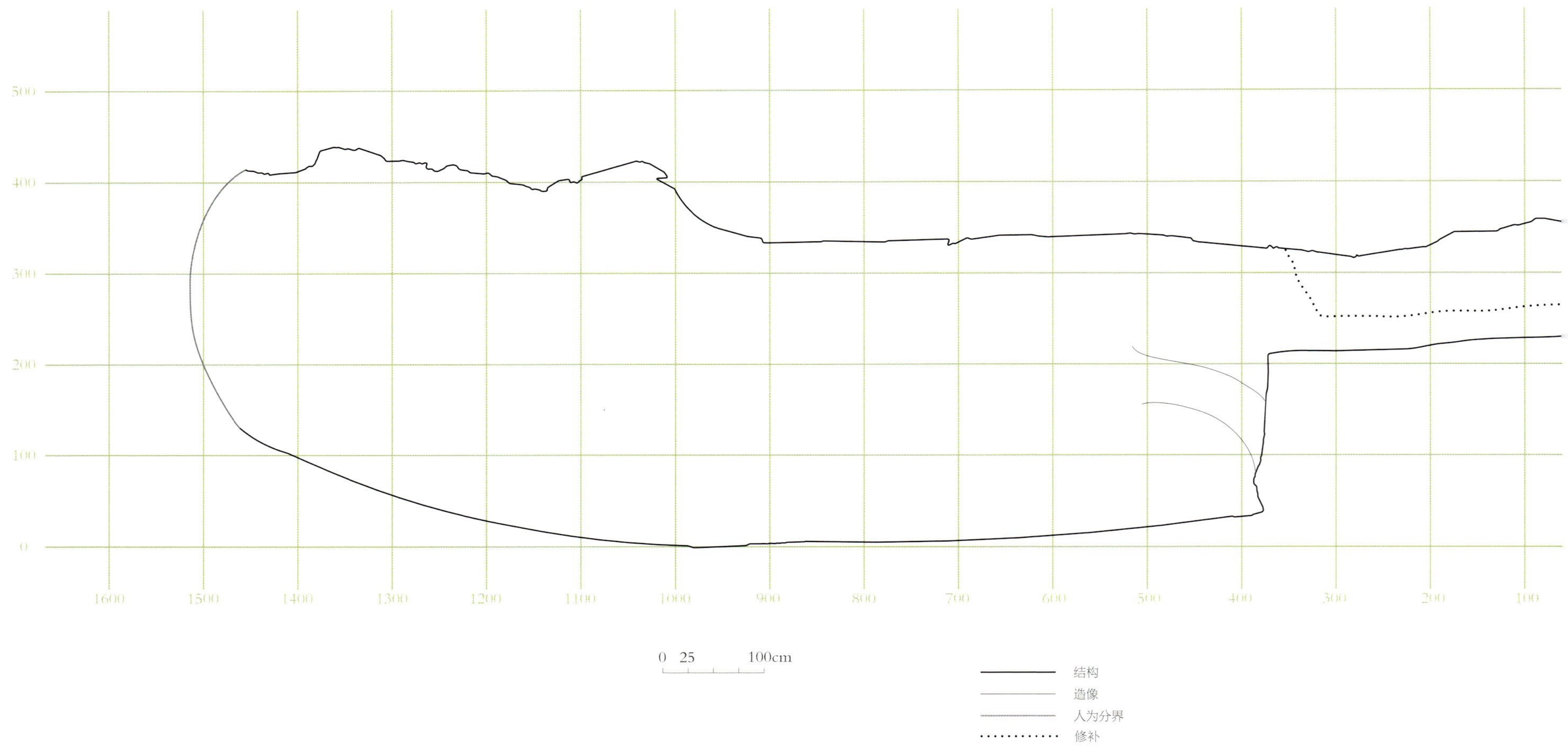

图152　第11号龛龛顶仰视图

第1像　为天王像，位于佛像头顶前侧。显露高293厘米，头长85厘米，肩宽110厘米，胸厚35厘米（图154；图版Ⅰ：368）。头毁，后世重塑。戴通天冠，面方正，额心凸起，眉骨略凸，睁双目，眼角上翘，直鼻抿唇。饰肩巾，内着窄袖服，外着交领宽袖袍服，腰系带，作结飘垂腹前，腰带围系抱肚、圆护。身饰飘带，绕颈一周后沿胸下垂。双手拱于胸前，侧身向左。

第2像　弟子像。显露高160厘米，头长49厘米，肩宽90厘米，胸厚45厘米（图155；图版Ⅰ：369）。头蚀，后世修补。现齐耳卷发，面方正，额刻圆珠状白毫，戴圆形耳环。着双层对襟宽袖服，双手拱于胸前，侧身向左。

第3像　弟子像。显露高159厘米，头长62厘米，肩宽75厘米，胸厚37厘米（图156；图版Ⅰ：370）。头断，面残破，后世修补。现头戴巾，圆脸，眉目低垂，直鼻抿唇。内着交领窄袖服，外着交领宽袖服。右手覆巾，于胸前托持圆形瓜状物，左手屈肘扶于物上，侧身向右，与第2像略相对。物高33厘米，横径38厘米。

第4像　弟子像。正面向外，显露高168厘米，头长64厘米，肩宽82厘米，胸厚34厘米（图157；图版Ⅰ：371）。头梳髻，戴束发冠，面方圆，眉眼细长，略上挑，直鼻小口。着双层交领宽袖服，左手覆巾，于胸前托七楞瓶，右手扶瓶颈。瓶高43厘米。

第5像　菩萨像。正面向外，显露高192厘米，头长87厘米，肩宽84厘米，胸厚34厘米（图158、图159；图版Ⅰ：372）。头梳髻，戴卷草化佛冠，冠带作结后下垂双肩后侧。冠下缘刻一道珠串，正面中刻坐式化佛1身。化佛坐高约18厘米，可辨头布螺髻，面圆，内着僧祇支，外着双领下垂式袈裟；双手腹前笼袈裟内，结跏趺坐于双重仰莲台上。菩萨面方圆，弯眉细眼，棱鼻小口，耳垂肥大，垂发披肩。胸饰璎珞，内着僧祇支，外着双领下垂式袈裟。腕镯，右手覆巾，胸前托长圆盘，内置圆钵；左手扶钵身，侧身向右。盏高5厘米，最长41厘米，宽24厘米。钵高23厘米，口径29.5厘米。

第6像　菩萨像。右向侧身，显露高195厘米，头长85厘米，肩宽83厘米，胸厚35厘米（图160、图161；图版Ⅰ：373）。头梳髻，戴卷草冠，冠带作结后垂于胸前。冠下缘刻一道珠串，正面中刻一立式化佛，左右侧各饰一粒放焰珠。化佛头毁，残高22厘米；身修长，内着僧祇支，外着双领下垂式袈裟，下着裙，双手腹前笼袈裟内，立于双重仰莲台上。菩萨面方圆，袈裟一角以环系于左胸。左手覆巾，横置胸前托壶，右手握壶柄。壶通高54厘米，腹径23厘米，口径19厘米；有壶嘴、壶柄，壶身饰兽面。其余特征与第5像略同。

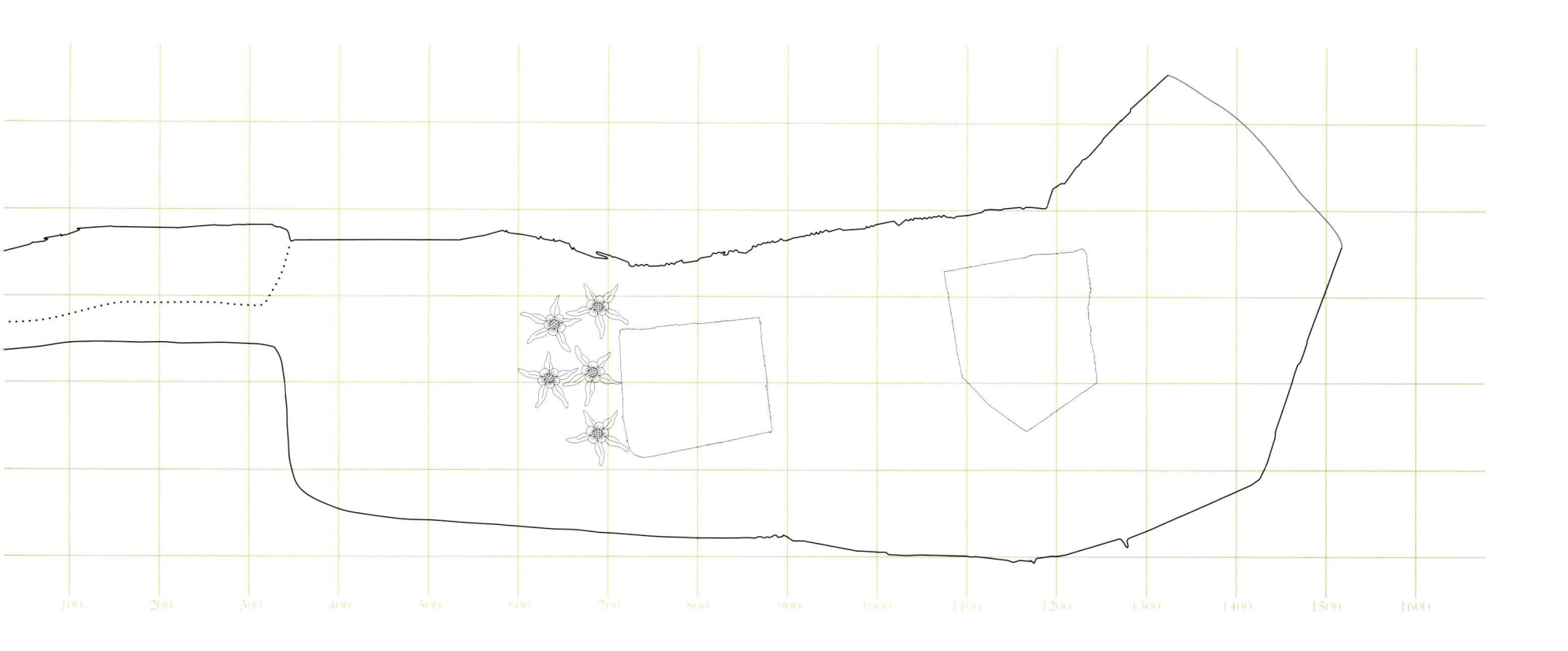

第7像 菩萨像。右向侧身，显露高197厘米，头长89厘米，肩宽83厘米，胸厚36厘米（图162；图版Ⅰ：374）。头梳髻，戴卷草冠，冠带作结后下垂双肩后侧。冠正面刻坐式化佛1身。化佛坐高约18厘米，头为后世补塑，梳髻戴冠，眉间刻白毫；内着僧祇支，外着双领下垂式袈裟，结跏趺坐于云台上。菩萨身略剥蚀，存后世修补的黄泥。左手屈肘置腹前握莲茎，右手屈肘举胸前托仰莲，带茎仰莲通高94厘米；其余特征与第5像略同。

第8像 菩萨像。身略右侧，显露高203厘米，头长84厘米，肩宽85厘米，胸厚36厘米（图163；图版Ⅰ：375）。头梳髻，戴卷草莲花冠，冠带作结后沿肩垂于胸前。冠正面刻坐式化佛1身。化佛坐高约18厘米，梳髻戴冠，内着僧祇支，外着双领下垂式袈裟，结跏趺坐于云台上。菩萨左手覆巾，横置胸前托方盒，盒上置三枚瓜果，右手扶盒。盒长51厘米，宽30厘米，高12厘米。其余特征与第5像略同。

第9像 菩萨像。身略右侧，显露高208厘米，头长93厘米，肩宽86厘米，胸厚36厘米（图164、图165；图版Ⅰ：376）。头梳髻，戴卷草冠，冠带作结后垂于双肩后侧。冠正面刻坐式化佛1身，高约18厘米，身着袈裟，结跏趺坐于云台上，左右各饰一粒放焰珠。菩萨腕镯，双手胸前合十，夹持经函。经函长59厘米，宽22厘米，厚8厘米。其余特征与第5像略同。

第10像 菩萨像。侧身向右，显露高183厘米，头长80厘米，肩宽86厘米，胸厚35厘米（图166；图版Ⅰ：377）。头梳髻，戴卷草冠，冠带作结后沿肩下垂，止于双手前臂外侧。冠正面刻坐式化佛1身。化佛坐高约13厘米，浮雕圆形身光，直径13厘米；光头圆面，内着僧祇支，外着双领下垂式袈裟，下着裙；双手腹前笼袈裟内，结跏趺坐于双重仰莲台上。菩萨双手覆巾，左下右上，屈肘交叠胸前；其右手托宝珠。珠直径19厘米，发出一道毫光，沿左胸过左上臂斜飘至外侧。其余特征与第5像略同。

第11像 菩萨像。正面向外，显露高185厘米，头长80厘米，肩宽83厘米，胸厚36厘米（图167；图版Ⅰ：378）。头梳髻，戴卷草冠，冠带作结后下垂双肩后侧。冠正面中刻立式化佛1身。化佛高21厘米，浅浮雕圆形头光，直径9厘米，光头圆脸；内着僧祇支，外着双领下垂式袈裟，下着裙，双手腹前笼袈裟内，直立于单层仰莲台上。菩萨双手覆巾，屈肘横置胸前。其余特征与第5像略同。

第12像 弟子像。正面向外，显露高149厘米，头长62厘米，肩宽85厘米，胸厚33厘米（图168；图版Ⅰ：379）。头面残，后世补塑。现头戴软脚幞头，面方正，眉眼细长，着双层圆领宽袖长服，双手拱于胸前。

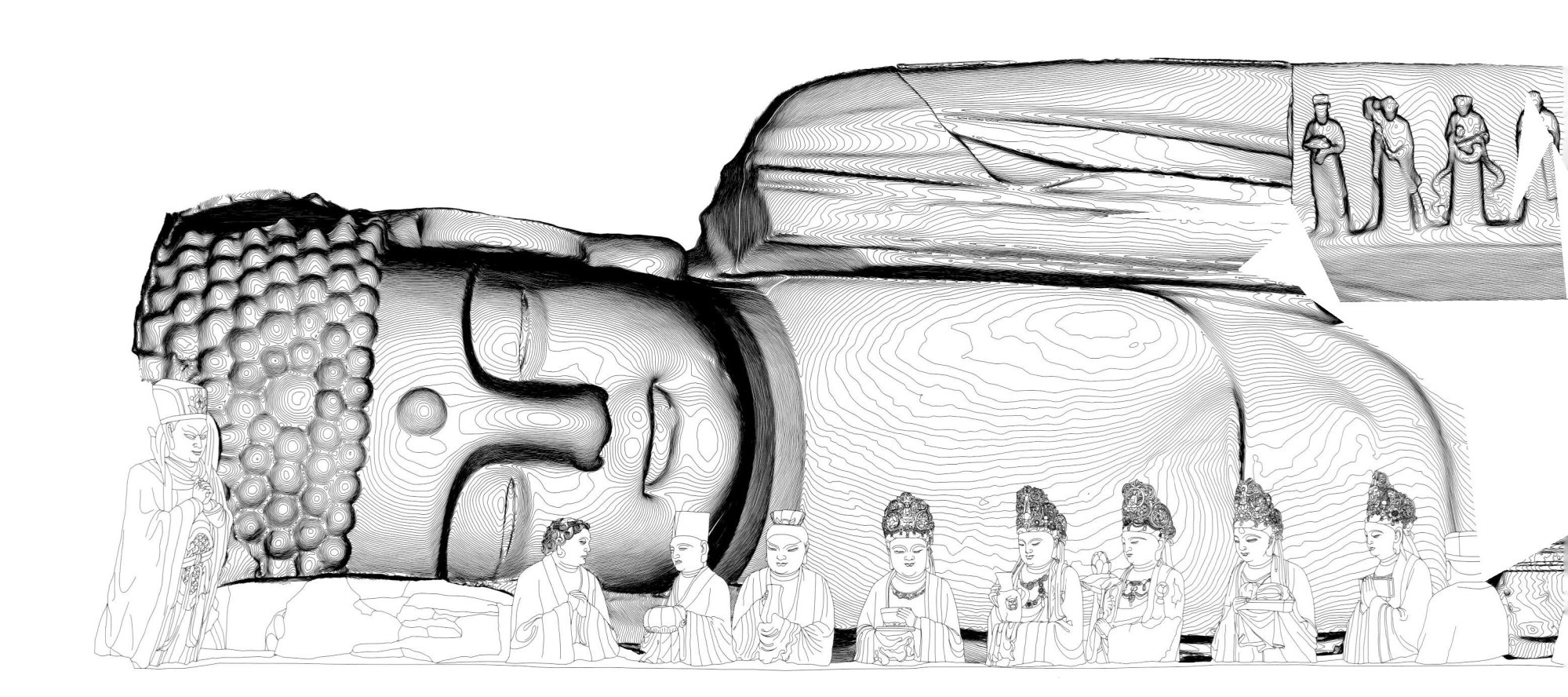

图 153　第 11 号龛主尊像等值线图

第四章　第 10—12 号　215

第13像　菩萨像。侧身向右，背靠菩提树，显露高195厘米，头长85厘米，肩宽74厘米，胸厚36厘米（图169；图版Ⅰ：380）。头梳髻，戴卷草冠，冠带作结后，沿肩下垂，飘于双手前臂外侧。冠正面刻坐式化佛1身。化佛坐高11厘米，饰圆形身光，直径17厘米；头蚀，圆脸，内着僧祇支，外着双领下垂式袈裟；双手腹前笼袈裟内，结跏趺坐于单层仰莲台上。菩萨面方圆，戴圆环项圈，垂挂璎珞；内着僧祇支，外着双领下垂式袈裟；左手覆巾，横置胸前，与右手共托一盘，盘长56厘米，高7厘米，宽37厘米；盘内置圆钵，高15厘米，口径25厘米。自钵内发出一道毫光，向右侧斜飘，止于头部右侧上方。

第14像　菩萨像。侧身向右，位于东崖和南崖相接处；显露高222厘米，头长92厘米，肩宽96厘米，胸厚45厘米（图170、图171；图版Ⅰ：381）。头梳髻，戴卷草冠，冠带作结后沿胸下垂。冠正面刻坐式化佛1身。化佛坐高约23厘米，浮雕圆形素面头光，直径18厘米；头顶残，圆脸，内着僧祇支，外着双领下垂式袈裟，下着裙；双手腹前笼袈裟内，结跏趺坐于双重仰莲台上。菩萨面方，额心凸起，眉眼上挑。内着翻领窄袖服，外着圆领宽袖服，肩覆巾，腰系带。双手胸前夹持如意，全长115厘米。如意头饰卷草纹，正中刻坐佛1身。其余特征与第5像略同。

（三）案台造像

佛像腹前刻方案，高125厘米，宽302厘米，深125厘米（图149；图版Ⅰ：382）。案下部饰云纹，上部沿边叠涩内凹，内饰一周花朵。案面堆置花朵、葡萄、香蕉、桃、仰莲、石榴等供品。供品中部置一圆台，高27厘米，直径62厘米。台上刻一朵仰莲，内置一钵，钵高22厘米，口径36厘米；钵内发出一道毫光，飘至方案后侧云纹后，再分左右两道贴云纹两侧外缘上飘至龛顶，再向左右端飘飞。

图154　第11号龛主尊佛前右起第1身造像立面图

图 155　第 11 号龛主尊佛前右起第 2 身造像立面图

图 156　第 11 号龛主尊佛前右起第 3 身造像立面图

图 157　第 11 号龛主尊佛前右起第 4 身造像立面图

图 158　第 11 号龛主尊佛前右起第 5 身造像等值线图

图 159　第 11 号龛主尊佛前右起第 5 身造像立面图

图 160　第 11 号龛主尊佛前右起第 6 身造像立面图

图 161　第 11 号龛主尊佛前右起第 6 身菩萨像等值线图

图 162　第 11 号龛主尊佛前右起第 7 身造像立面图

图163　第11号龛主尊佛前右起第8身造像立面图

图 164　第 11 号龛主尊佛前右起第 9 身造像立面图

图 165　第 11 号龛主尊佛前右起第 9 身造像效果图

图 166　第 11 号龛主尊佛前右起第 10 身造像立面图

图 167　第 11 号龛主尊佛前右起第 11 身造像立面图

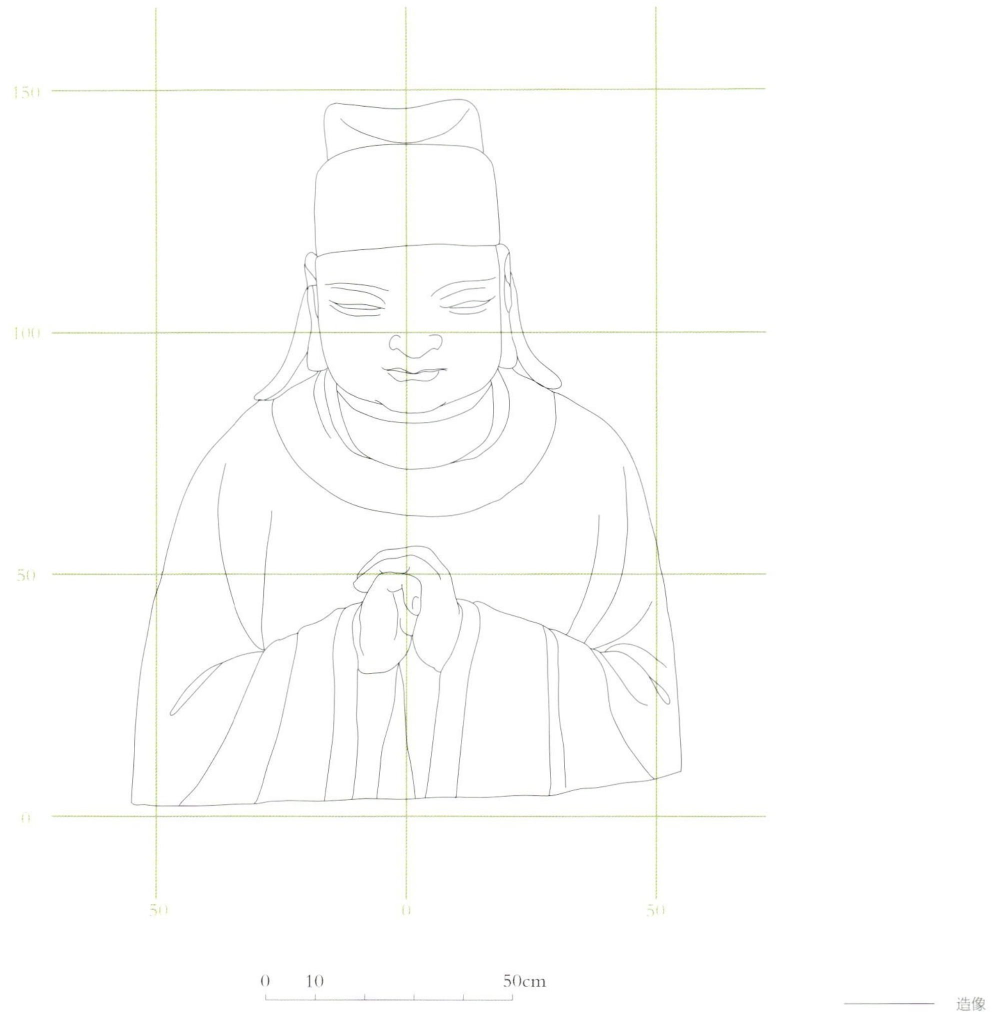

图 168　第 11 号龛主尊佛前右起第 12 身造像立面图

图 169　第 11 号龛主尊佛前右起第 13 身造像立面图

228　大足石刻全集　第六卷（上册）

图 170　第 11 号龛主尊佛前右起第 14 身造像立面图

图 171　第 11 号龛主尊佛前右起第 14 身造像等值线图

第四章　第 10—12 号　229

方案前侧刻国王像1身，案四角各刻天王像1身，作抬举状。国王、天王像皆半身，似从地踊出。

国王像　显露高193厘米，头长73厘米，肩宽102厘米，胸厚47厘米（图172；图版Ⅰ：383）。头戴冕旒，延前圆后方，其前后檐垂十二旒，与冠下缘齐平。缨垂充耳，遮覆双耳，纮垂至胸前。面方正，双颊略鼓，胡须下垂胸前。着交领宽袖长服，腰系带。双手覆巾，置于胸前握持玉圭。圭通高34厘米，宽14厘米，厚51厘米。略侧身向内面佛，作礼拜状。

天王像　显露高132—138厘米。现将各像特征列入表14。

表14　大佛湾第11号龛主尊佛像腹前案台四角天王像特征简表

位置	特征	位置	特征
左内侧	梳髻戴冠（图173-1；图版Ⅰ：384），方面贴案台，鼓眼抿唇，饰肩巾，内着窄袖服，外着圆领宽袖长服，左手屈肘举案，右手不现。	右内侧	显露少许（图174-1；图版Ⅰ：386），头戴束发冠，方脸，睁眼皱眉，薄唇紧闭，内着翻领服，外着对襟衫，右手左伸扶案台，左肩贴于案角，正面向外。
左外侧	头戴进贤冠（图173-2；图版Ⅰ：385），方面，鼓眼皱眉，双唇紧闭，内着翻领服，外着交领宽袖长服，左手胸前持铜，铜显露长76厘米；右手隐没不现，右肩紧靠案角，侧身向右。	右外侧	头戴通天冠（图174-2；图版Ⅰ：387），面方，鼓眼皱眉，弓鼻，双唇闭合，内着翻领服，胸下系带，外着对襟长服，双手胸前持仰莲，右肩紧贴案台，侧身向佛面。

（四）云台造像

自方案内侧升起云纹，呈倒置三角形上升，云端化作平直的横长方形云台。台高约285厘米，宽约700厘米，厚约150厘米。云台中部立面向内凿进约18厘米后，形成一高115厘米、与云台等宽的壁面，上刻九身立像（图175；图版Ⅰ：388）。其中，居中刻立式主像1身，体量略大；左、右侧各刻立像4身，体量略小，呈对称布置。

主像　为女像。立像高160厘米，头长26厘米，肩宽44厘米，胸厚20厘米（图版Ⅰ：389）。头梳髻戴冠，略残，长圆脸，眉眼残蚀，小口微闭。饰云肩，内着翻领宽袖长服，外着宽袖长袍，下着裙。腰带长垂至双足间。披巾沿肩下垂，止于双足外侧。双手覆巾，横置胸前，似持物；双手交握处凿一方形槽孔，长9.5厘米，宽4厘米，深5厘米。双足不现。

左右立像　体量相近，立像高约150—163厘米。以居中主像为界，从内至外，左侧四身编为左第1—4像，右侧四身编为右第1—4像。现将各像特征列入表15。

表15　大佛湾第11号龛上方云台左右立像特征简表

左侧	特征	右侧	特征
1	头梳髻，戴冠，面方圆，眉目清晰，戴圆形耳饰（图版Ⅰ：390）。刻云肩，内着翻领宽袖长服，外着宽袖袍服，下着裙。腰带长垂至双足间。披巾沿肩下垂，止于双足外侧。双手覆巾，举至胸前，似持物，物饰珠串，垂于巾前。	1	略同左第1像（图版Ⅰ：394）。
2	头残，似梳双髻，身蚀，可辨着交领窄袖长服，腰系带，作结下垂腹前，披巾沿肩下垂，交垂腹前后敷搭前臂，再飘垂体侧（图版Ⅰ：391）。左手似笼袖内，双手胸前捧盘。盘高4厘米，宽26厘米，深15厘米；内置假山。假山高16厘米。	2	头梳双髻（图版Ⅰ：395），戴花冠，长圆脸，左手横置胸前笼袖内，持长柄香炉，右手胸前（残）。香炉全长37厘米，炉身高约9厘米，口径10厘米。余同左第2像。
3	头戴花冠（图版Ⅰ：392），冠残，可辨冠正面刻化佛1身，坐于莲台上。方面，略残，刻云肩，上着交领宽袖长服，腰系带，垂至足间，下着裙。披帛沿胸下垂，止于双足外侧。左手置上胸处，右手置腹前，持带茎莲，手及莲蓬部分残。	3	左手置胸前（图版Ⅰ：396），右手曲置右肩处，共持带茎仰莲，全长约69厘米；莲茎及右手存后世补塑的黄泥。余同左第3像。
4	头戴交脚幞头（图版Ⅰ：393），与壁面相接处刻云纹。方脸，身剥蚀，部分残，可辨着圆领窄袖长服，腰系带，下着裤。左手托盘沿，右手隐于袖内，举盘底。盘高5厘米，宽26厘米，深18厘米；内盛葡萄。	4	左手笼袖内，横置胸前举盘，右手扶盘（图版Ⅰ：397）。盘高7厘米，宽28厘米，深16厘米；内盛物难辨；余同左第4像。

图 172　第 11 号龛香案前端国王像立面图

图173　第11号龛香案左侧天王像立面图
1　左内　2　左外

图174 第11号龛香案右侧天王像立面图
1 右内 2 右外

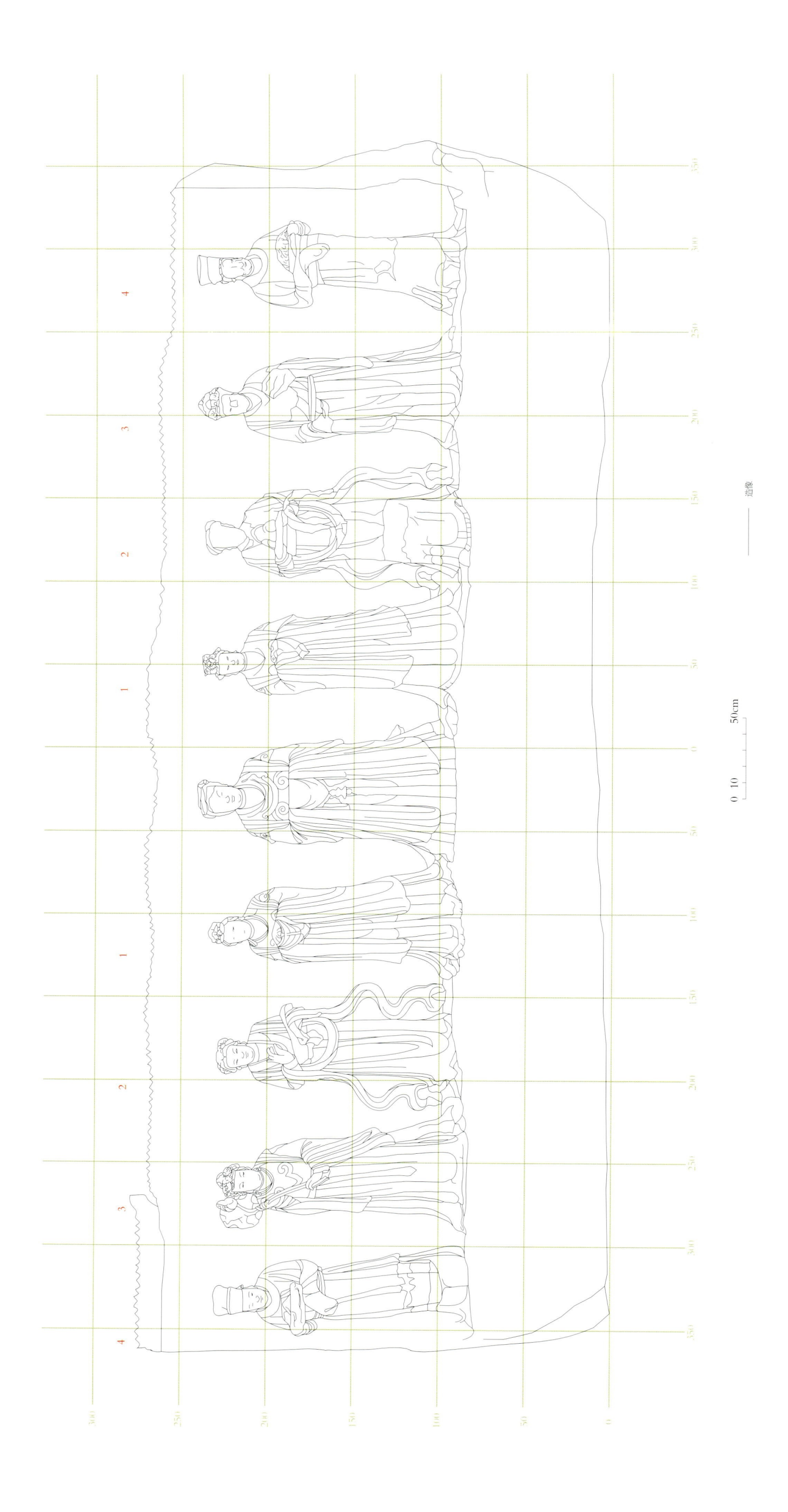

图 175　第 11 号龛上方云台造像立面图

此外，在本龛上方岩顶后侧圣迹池东侧凸露的石堡上刻有一双佛足印，足跟后侧存一身立式佛像；足印石堡西侧的另一石堡上刻臀印。详见本报告集第八卷《宝顶山小佛湾及周边石窟考古报告》上册附录二"宝顶山圣寿寺·圣迹池"部分。

四　晚期遗迹

（一）构筑

1953年，在龛前地坪设一条弯曲的排水沟，俗称"九曲黄河"。沟长约4500厘米，宽27—35厘米（图版Ⅰ：398）。其左与第10号龛前扇形蓄水池相连，右与第12号龛前半圆形蓄水池相接。同年，拆除龛前原民国时期修建的木构建筑一座[1]。

1954年，龛檐中部崩塌。1957年，用钢筋混凝土补接龛檐。1972年四川省文化局拨款补接卧佛佛足上方龛檐。

1956年大佛湾岩基加固时，在龛底左侧低台（卧佛膝部以下）补砌四级条石。

1972年10月，四川省文化局拨款维修卧佛脚部崖顶残损龛檐。

1979年8月，四川省文化局拨款修复卧佛前弟子群像及卧佛头处的天王像。

1986年，采用有机硅化学材料封护加固本龛局部造像。

（二）妆绘

明隆庆四年（1570年），僧悟惊妆绘主尊像及云端平台四身立像[2]。

清同治年间（1862—1874年），信众募化装彩主尊卧佛和云端平台九身立像[3]。

壁面及造像保存红色、灰白色、黑色、蓝色等四种涂层。

第四节　第12号

一　位置

位于大佛湾东崖与北崖相接处。左与第11号龛圆转相交，右与第13号龛紧邻；上为外挑的岩檐，下与地坪相接。

壁面西南向，方向195°。

二　形制

壁面通高648厘米，最宽790厘米（图176、图177、图178；图版Ⅰ：399）。壁面上部原为一条自然冲沟，断面呈倒置的三角形。石窟开凿时以条石砌填为竖直壁面。下部为自然岩体，略外凸。顶为后世修补的外挑岩檐。底与地坪相接。

三　造像

壁面下部正中，刻释迦牟尼太子坐像，高83厘米，头长31厘米，肩宽50厘米，胸厚18厘米（图版Ⅰ：400）。浅浮雕半圆背光，直径约165厘米。光头，自头顶发出两道毫光，交绕后略呈"U"字形上飘至左右壁面中上部，最宽处约60厘米；头左右部分毫光内横向凿一凹槽，承接上方龙口流水。圆脸，垂目抿唇，袒身，双手胸前合十，端坐于金刚台上，台高38厘米，宽230厘米，最深82厘

---

[1] 邓之金：《大足石刻维修工程四十年回顾》，《大足石刻研究文集》（2），重庆出版社1997年版，第582页。
[2] 《悟朝立善功德碑》，见本册第148、149页；另见重庆大足石刻艺术博物馆编：《大足石刻铭文录》，重庆出版社1999年版，第253页。
[3] 《众善立善由人作碑》，见本报告集第八卷上册第344页；另见重庆大足石刻艺术博物馆编：《大足石刻铭文录》，重庆出版社1999年版，第258页。

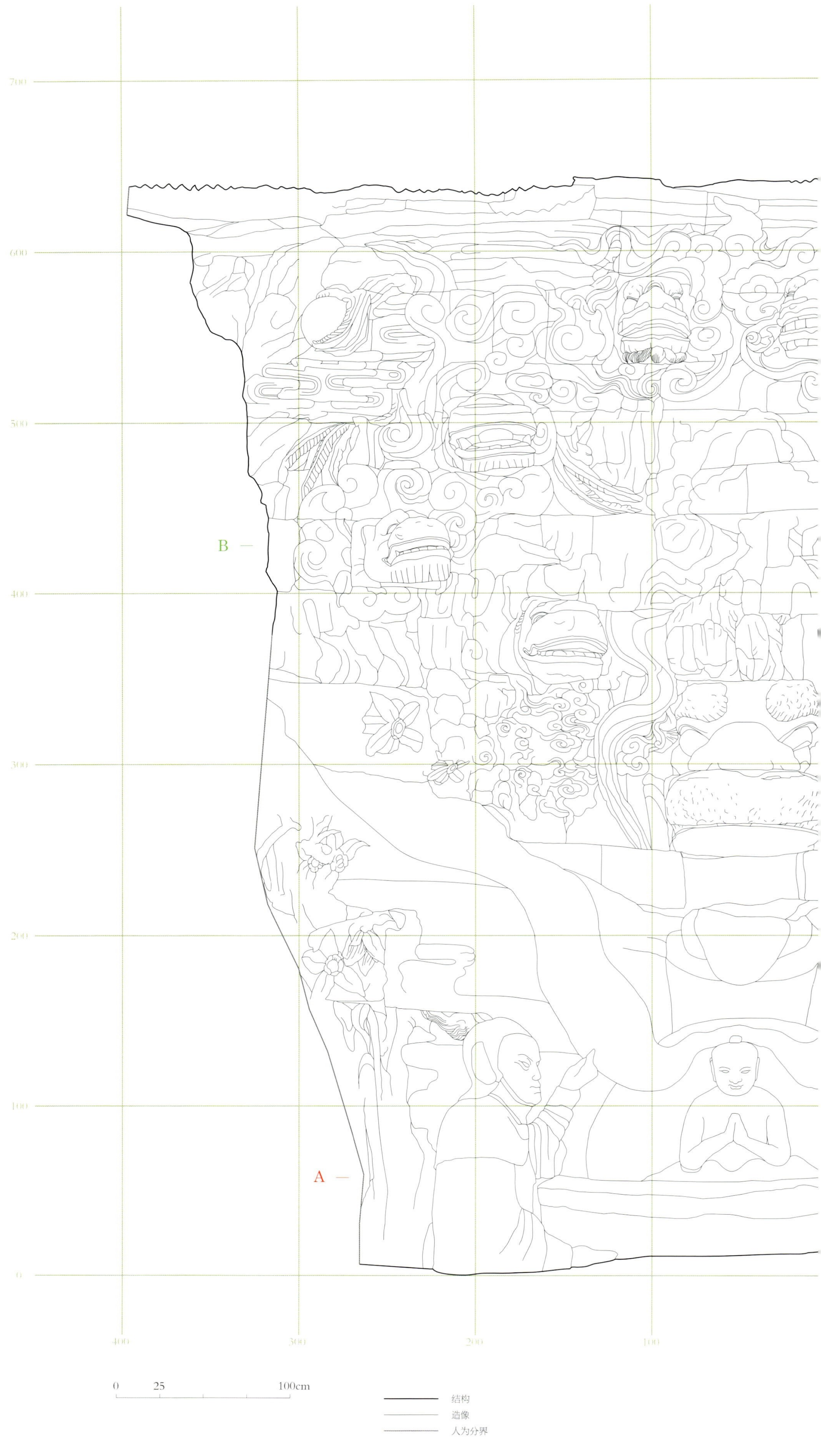

图 176　第 12 号龛立面图

第四章 第10—12号 237

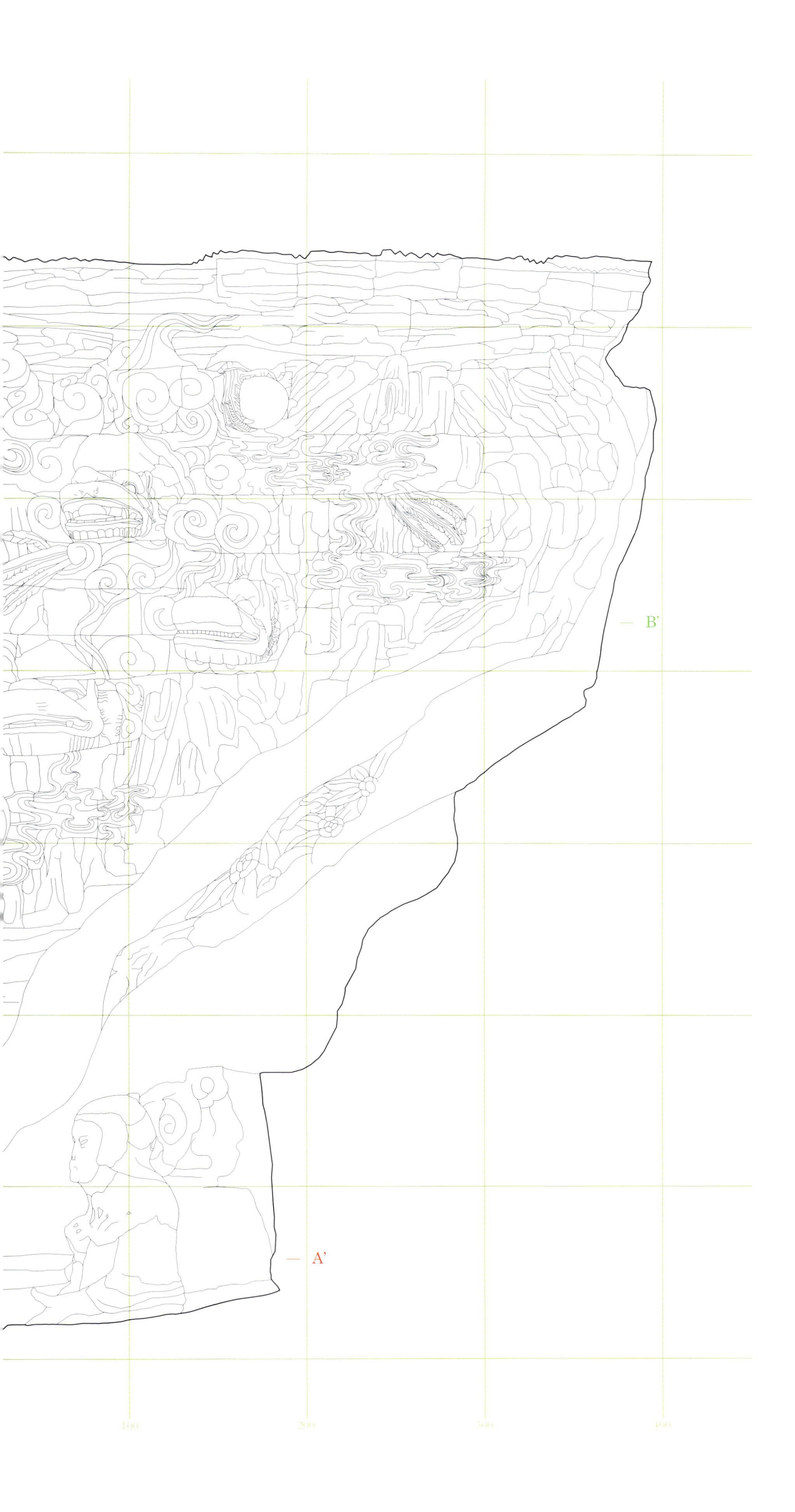

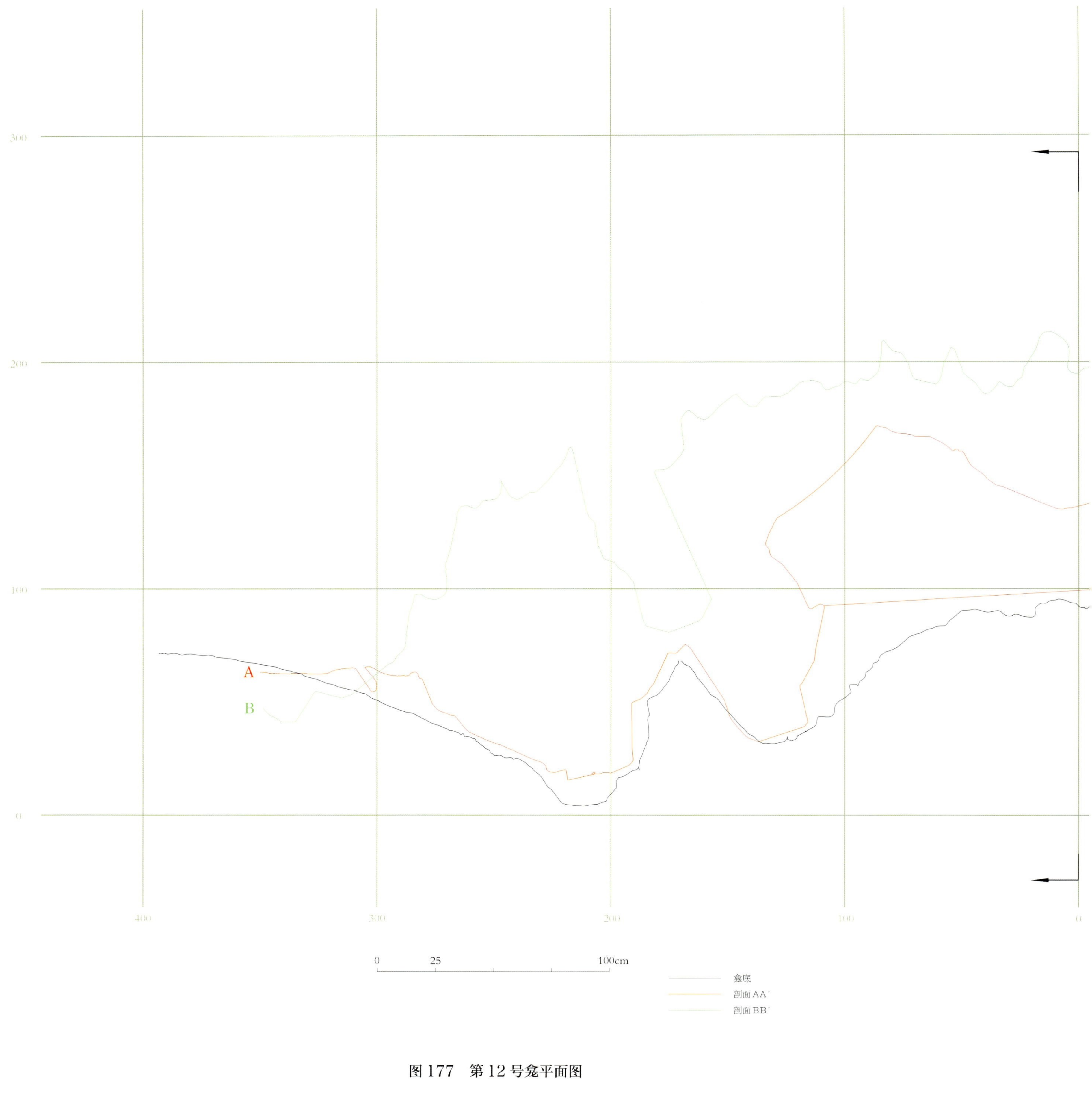

图 177　第 12 号龛平面图

238　大足石刻全集　第六卷（上册）

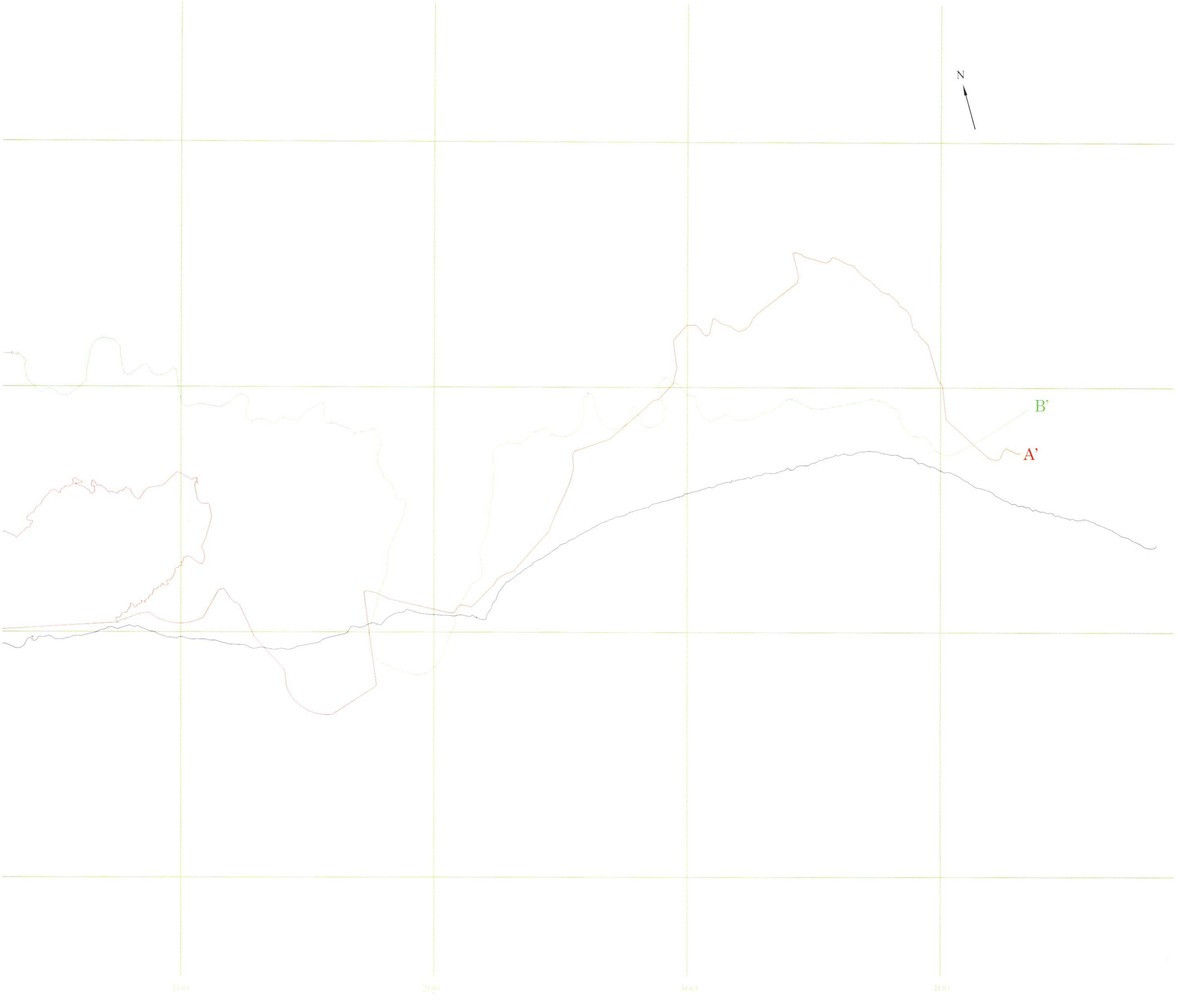

B'

A'

第四章　第10—12号

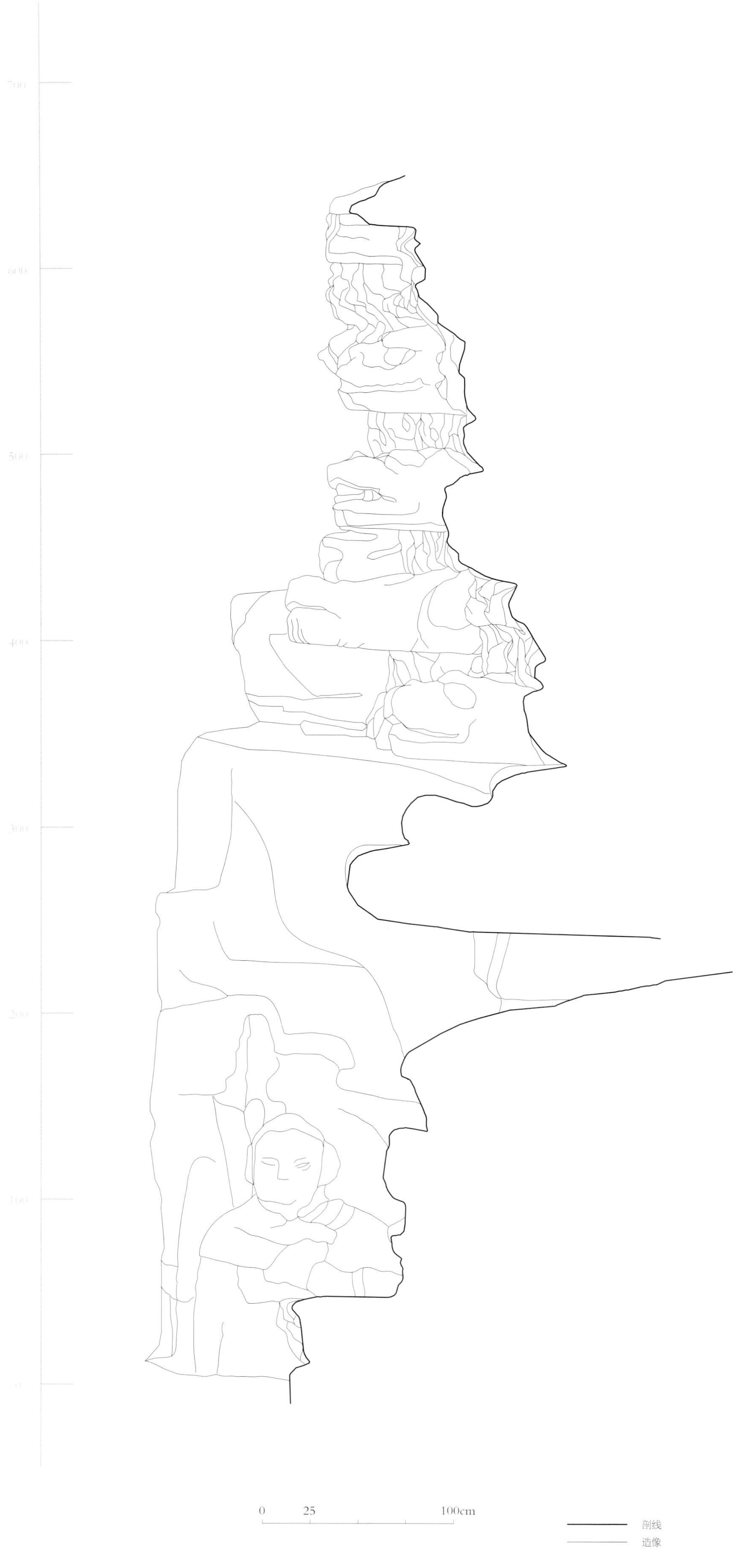

图 178　第 12 号龛剖面图

米。台左右两端，各刻一天王像，皆半身，高140厘米，头长51厘米，肩宽70厘米，胸厚37厘米（图179；图版Ⅰ：401、图版Ⅰ：402）。头顶残，戴凤翅盔，顿项披垂。其中，左天王盔缨残，右天王盔缨系带上竖。圆脸，刻肩巾，着圆领窄袖服，腰束带，系抱肚，相对托盆。左天王左手托台，右手置胸前；右天王左手外展，食指上竖，右手托台。二像身后皆饰云纹。

壁面上部遍饰山石、云纹，其间有圆雕外凸的九龙头。下方正中龙头最大，高200厘米，宽83厘米，外凸壁面约115厘米，鼓眼，阔口大开，龙舌下垂，作喷水沐浴其下的释迦太子状；自嘴角发出毫光，蜿蜒上升。其上方及左右略成圆弧形布置八龙头，皆阔口微张，大小相近，高46厘米，宽50厘米，外凸壁面约83厘米，略等距布置，相距约27厘米。其中，按左下至右下顺序，第3、第6龙头口衔宝珠，珠直径18厘米。在九龙头围合的中部壁面，刻外凸的一座山石，高64厘米，宽83厘米，外凸壁面约12厘米。

此外，山石、云纹中，另刻六个龙爪，皆四趾。其中，左右上角二龙爪握宝珠，珠径27厘米；其下中部横向凿刻的四龙爪抓握山石。上下壁面相接处的倾斜石面上，饰菩提树叶。

四　晚期遗迹

1953年在龛前设半圆形蓄水池，最大直径340厘米，深70厘米，池沿外凸地坪26厘米，与第11号龛前弯曲的排水沟相连。

1962年，对龛上部垮塌壁面进行复原。主要包括重砌壁面，安置龙头，加宽加深正中最大龙口。工程结束后，经作旧处理，复原该龛[1]。

第五节　第12-1号

一　位置

位于第12号龛左下角。左与第11号龛主尊身前右侧第1像相接，右与第12号龛紧邻；上为竖直的空隙崖壁，下与第11号龛底齐平。龛口东南向，方向168°。

二　形制

外立面略呈方形，高230厘米，宽210厘米，至后壁最深约80厘米（图180、图181；图版Ⅰ：403）。底呈半圆形。壁为弧壁，与顶弧面相接。顶为平顶，略呈半圆形，部分脱落。

三　造像

刻像3身。其中，中刻主尊立式女像1身，其右臂袖口下方刻半身小孩像1身。女像左侧身后刻侍女立像1身。龛壁下部饰刻云纹。

主尊像　为女像，显露高203厘米。头长45厘米，肩宽49厘米，胸厚19厘米。头部为后世修补，梳髻，戴冠，冠正面刻化佛1身。化佛坐高14厘米，光头、圆脸，内着僧祇支，外着双领下垂式袈裟，双手腹前结印，结跏趺坐于单层仰莲台上。女像面长圆，上着对襟宽袖长服，腰系带，腰带作结后长垂腿间，下着裙。身饰飘带，沿胸下垂，飘于体侧。左手横置腹前，握持一物，似如意，柄残；右手屈肘外展，握持树枝。两小腿隐于地坪之下。其身右侧近龛口处刻一树，残损甚重，仅辨少许树干、枝条及树叶。

小孩像　立像高85厘米。光头，圆脸，眉目清晰，袒身，左手斜垂，右手横置，抚腹，下身隐于主尊飘带之后。

侍女像　立像高166厘米，头长29厘米，肩宽49厘米，胸厚13厘米。头梳双髻，方圆脸，着圆领窄袖长服，腰束带。飘带沿胸下垂，经双腿外侧，止于身前。双手覆巾，于胸前持物。双足隐于地坪之下。

---

[1] 龛上部壁面在清代时被洪水冲垮，仅存吐水大龙头一个，左右邻近小龙头两个。此次修复采用加宽加深龙口吐水，限制上方泡水（圣迹池）流速，新石砌面，旧石填厢，龙头预制安装等措施，并在空处留足雕造花纹山石，复原九龙壁。王庆煜：《大足石窟维修保护概况》，重庆大足石刻研究会编：《大足石刻研究》2002年创刊号（内刊），第62页。

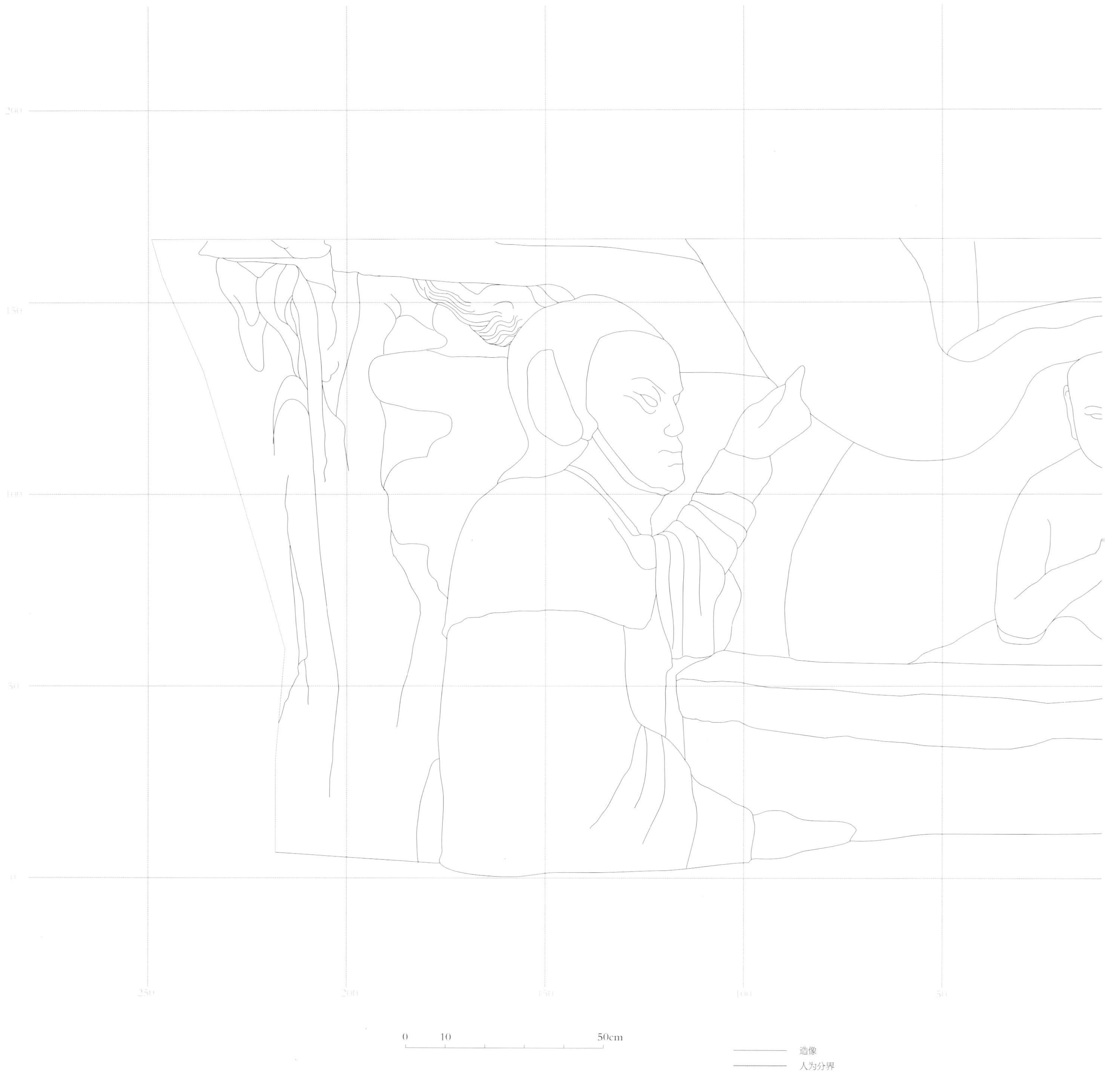

图 179　第 12 号龛下部太子及天王像立面图

第四章 第10—12号 243

图180 第12-1号龛立面图

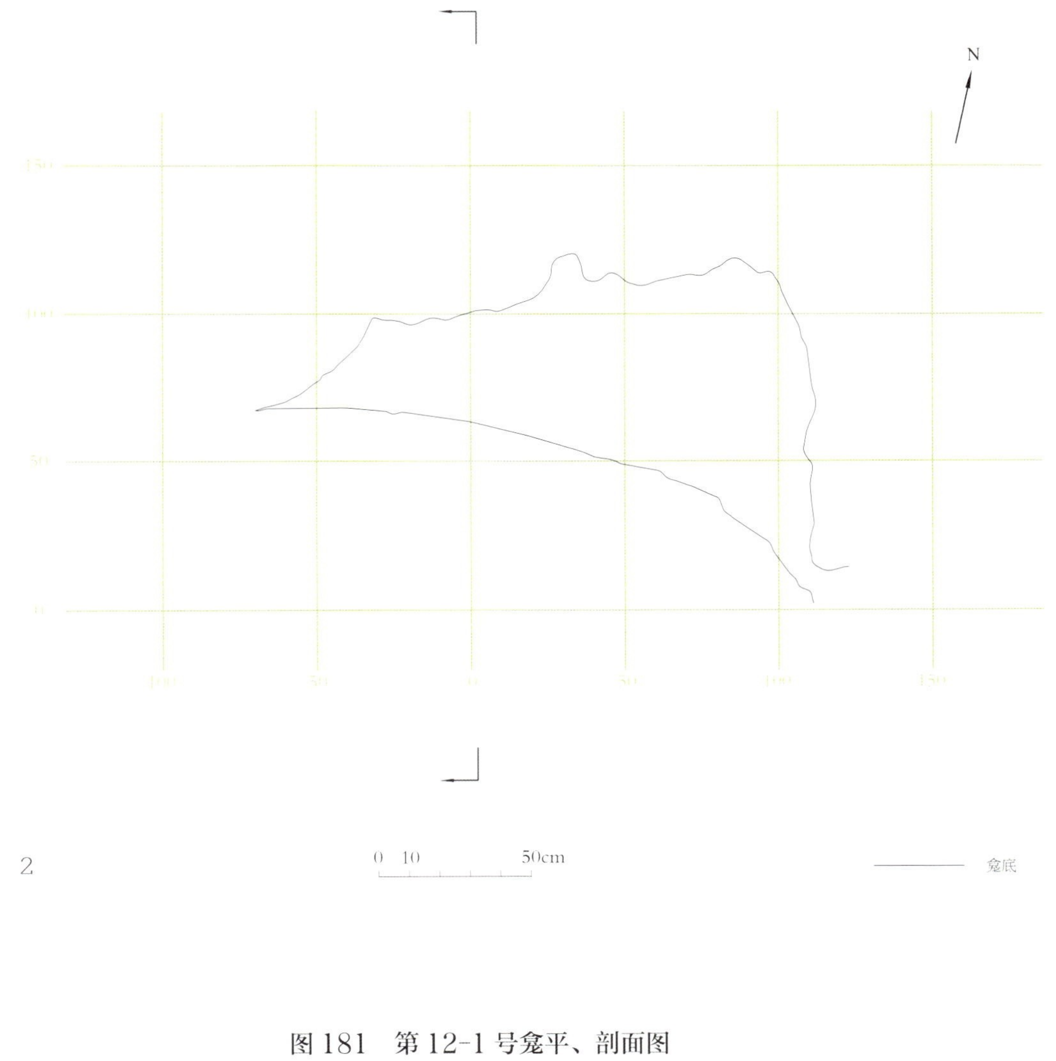

图181　第12-1号龛平、剖面图
1　剖面图　2　平面图

四　晚期遗迹

1998年，修复龛内主尊头部、双肩，小孩头部等部位。

龛口上方后世凿一凹槽，自第11号龛右缘斜向右下方延伸。凹槽全长约390厘米，宽7—22厘米，最深约20厘米；内填塞石块。

龛内及造像存灰白色、黄色、红色等三种涂层。

第五章　第13—14号

第一节　本章各编号位置及相互关系

本章介绍的第13号和第14号两个龛窟像，位于大佛湾北崖东段（图182；图版Ⅰ：404）。其中，第13号龛位于北崖东段左侧，左与第12号龛圆转相邻，右与第14号窟外崖壁相接；第14号窟位于北崖东段右侧，其窟外左崖壁与第13号龛相连，右崖壁与北崖中段的第15号龛相接（图版Ⅰ：405、图版Ⅰ：406、图版Ⅰ：407）。

第二节　第13号

一　位置

位于大佛湾北崖东段左侧。龛左端圆转与第12号龛比邻，右接第14号窟左外崖壁，相距第14号窟门左侧约1120厘米；上为后世补接的外挑岩檐，下与地坪相接。

龛口东南向，方向130°。

二　形制

龛口略呈长方形（图183、图184、图185、图186、图187、图188；图版Ⅰ：408）。中部最高628厘米，左右两端高495厘米；龛底宽1000厘米，龛顶宽972厘米；至后壁最深246厘米。原龛底毁，仅右侧中部存一外凸的石堡，略呈半圆形，最高40厘米，最宽150厘米，深80厘米。龛底后世以条石、石板补砌平整，略呈方形，其外缘下距地坪19厘米（图版Ⅰ：409）。龛正壁为弧壁，中部内凹，左右外凸，圆转与左右侧壁相接。正壁下部右侧及右侧壁下部毁，后世以三至四级条石叠砌修补，修补面通高121厘米，通宽800厘米。左侧壁竖直，外缘略残损；右侧壁外侧毁，后世以条石补砌，与原龛口在同一竖直面上。龛顶大部毁，仅存内侧少许，外侧后世补接完整（图版Ⅰ：410）。现龛顶略起伏。

三　造像

龛内中刻近似圆雕的主尊菩萨坐像1身。以主尊像为中线，左右侧造像大致作上、下两排布置。壁面空隙处，饰山石、云纹作背景，其间饰有花朵及放焰珠等（图183、图189；图版Ⅰ：408）。

（一）主尊菩萨像

像坐高281厘米，头长107厘米，肩宽145厘米，胸厚49厘米（图190、图191、图192；图版Ⅰ：411、图版Ⅰ：412、图版Ⅰ：413）。浅浮雕圆形头光和身光，头光最大直径268厘米，彩绘数道毫光，左侧部分颜色脱落；身光最大直径309厘米。头梳髻，垂发披肩，戴七佛宝冠，冠带作结后沿胸下垂。面方圆，略低伏，弯眉细眼，双眼下视，眉间刻白毫，直鼻小口[1]，耳垂肥大，颈刻三道

---

[1] 2010年，重庆大足石刻艺术博物馆在对其进行日常保养时修复。

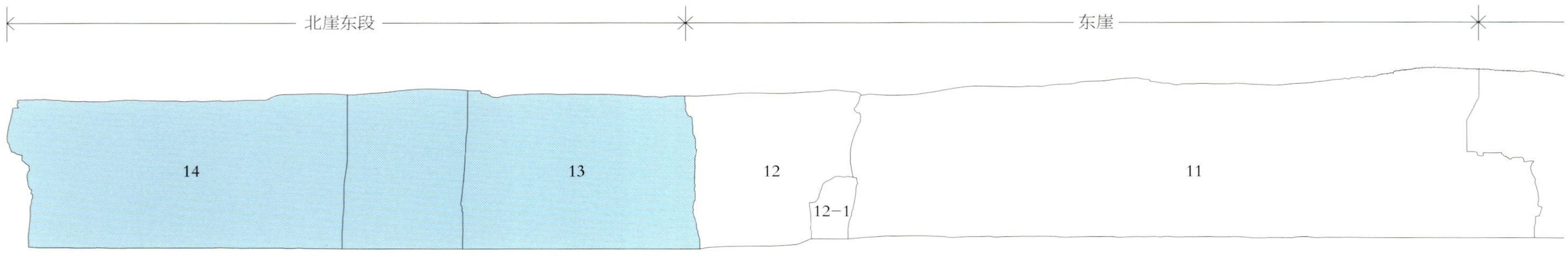

图182　第13、14号龛窟在本卷龛窟中的位置图

肉褶线。胸饰璎珞，内着僧祇支，系带作结；外着双领下垂式袈裟，下着裙；袈裟和裙摆垂覆座前。身四臂，皆腕镯。左上手屈肘置胸前持孔雀尾，右上手斜置腹前握带茎莲；左下手置大腿上，持经册，略残，长35厘米，宽15厘米，厚4.5厘米；右下手平置大腿外侧，托举圆盘，盘内盛花朵、果实。结跏趺坐于孔雀背负的三重仰莲座上。座通高90厘米，最大直径210厘米，下部饰云纹。孔雀仅露胸部以上，下部或被毁，或未刻出；通高310厘米，展翅最宽480厘米，顶刻冠宇，圆眼、尖嘴、喙残，粗颈，双翅外展，背负仰莲台；尾羽上竖，大部被主尊背光遮覆，少许显露于背光两侧。

菩萨花冠上刻七身化佛，略残，呈上三下四布置（图版Ⅰ：414）。其中，上层居中化佛为立式，通高约20厘米，着双领下垂式袈裟，双手胸前结印，立于双层仰莲台上。其余六身化佛为坐式，体量相近，坐高约10厘米；皆着双领下垂式袈裟，双手腹前结印，结跏趺坐于双层仰莲台上。

（二）主尊左侧

刻像8身，布置于正壁左侧及左侧壁上部（图189；图版Ⅰ：415、图版Ⅰ：416）。其中，上部壁面存像5身，大致分为三组；下部壁面3身，为一组。从内至外、从上至下将其分为四组记述。

1. 第一组

并刻立像2身（图193；图版Ⅰ：417）。

左立像高157厘米，头长28厘米，肩宽41厘米，胸厚15厘米。头戴凤翅盔，下颌系带作结，顿项覆肩。面椭圆，略右侧；鼓眼粗鼻，双唇紧闭，下颌略凸。身略残，似内着甲，外着交领宽袖长服。双手略残，于左胸外侧握持一物，物残。双足残。其身后刻一树，通高约91厘米，枝叶繁茂。

右立像高126厘米，头长37厘米，肩宽41厘米，胸厚22厘米。头梳髻，戴冠。方面略蚀，内着圆领窄袖服，外着对襟宽袖长服，双手拱胸前，横向夹持一锏。锏全长44厘米。双足不现，似隐于云纹中。

2. 第二组

存立式残像1身，残高约105厘米，可辨长服后襟左飘和直立的二小腿[1]（图194；图版Ⅰ：418）。其上方右侧刻一旗面，残高72厘米，宽32厘米。旗面自上而下斜刻"药叉[11]"2字，字径约18厘米（图版Ⅱ：32）。旗面左侧刻较大的一只手掌，五指张开，掌心向内。掌通高52厘米，最宽27厘米。

3. 第三组

存一立一匍两身像，位于左侧壁上方（图195；图版Ⅰ：419）。

左立像高85厘米。光头，圆脸，小眼直鼻，口微张，着对襟宽袖长服，双手胸前合十，夹持经函；目光下视，张口作念诵状；双足不现。

右匍像身长75厘米。光头，侧面贴地，露右侧脸颊；着对襟衫，左手不现，右手斜垂，握持短柄手斧，匍匐于低台上，作昏迷状。斧全长26厘米。其身后右侧刻一树，通高157厘米。树干粗大，枝叶繁茂直至龛顶。树干中部分叉处刻一树洞，自洞内窜出一蛇，蜿蜒垂至树根，略残。

该二像身后刻一座楼阁，部分残，显露通高92厘米，宽68厘米；可辨角梁及少许屋顶。屋身正面上部横刻"火浴"2字，下部竖刻经文1则。文左起，可辨11行，存32字，楷体，字径3厘米（图版Ⅱ：33）。

01　大藏经云有一
02　苾蒭名曰莎底
03　出家未久新受
04　近圆〔学〕□□□
05　□□□□□〔营〕
06　□□□□□〔黑〕

1　该处壁面造像残毁甚重，原应有更多遗迹。《大足石刻志略》载："内现三旗，一标'药叉'二字、一标'富楼那'三字、一标'天胜修罗'四字。"陈习删：《大足石刻志略》，1955年油印本，第147页。

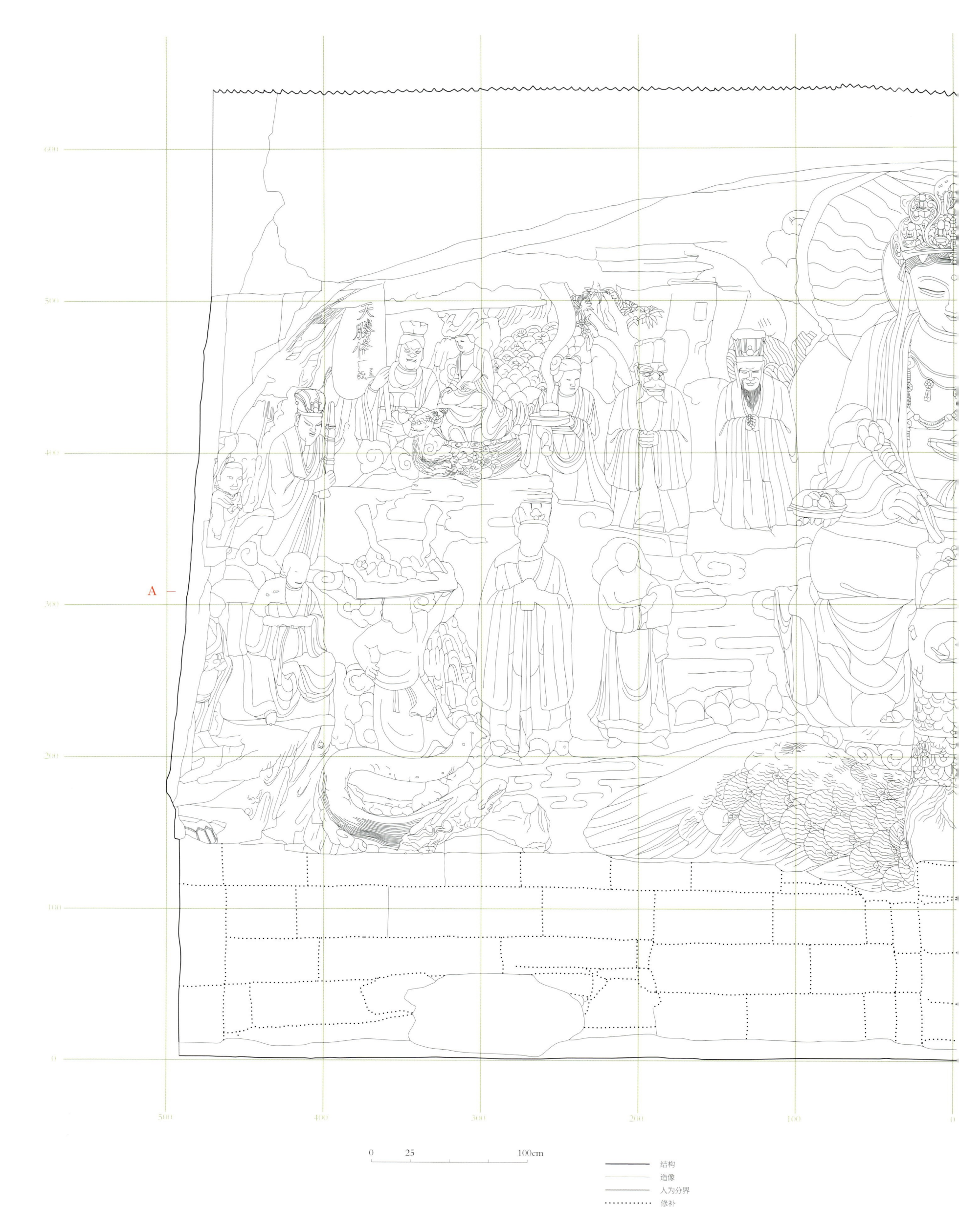

图 183　第 13 号龛立面图

第五章 第13—14号 251

图 184　第 13 号龛剖面图

252　大足石刻全集　第六卷（上册）

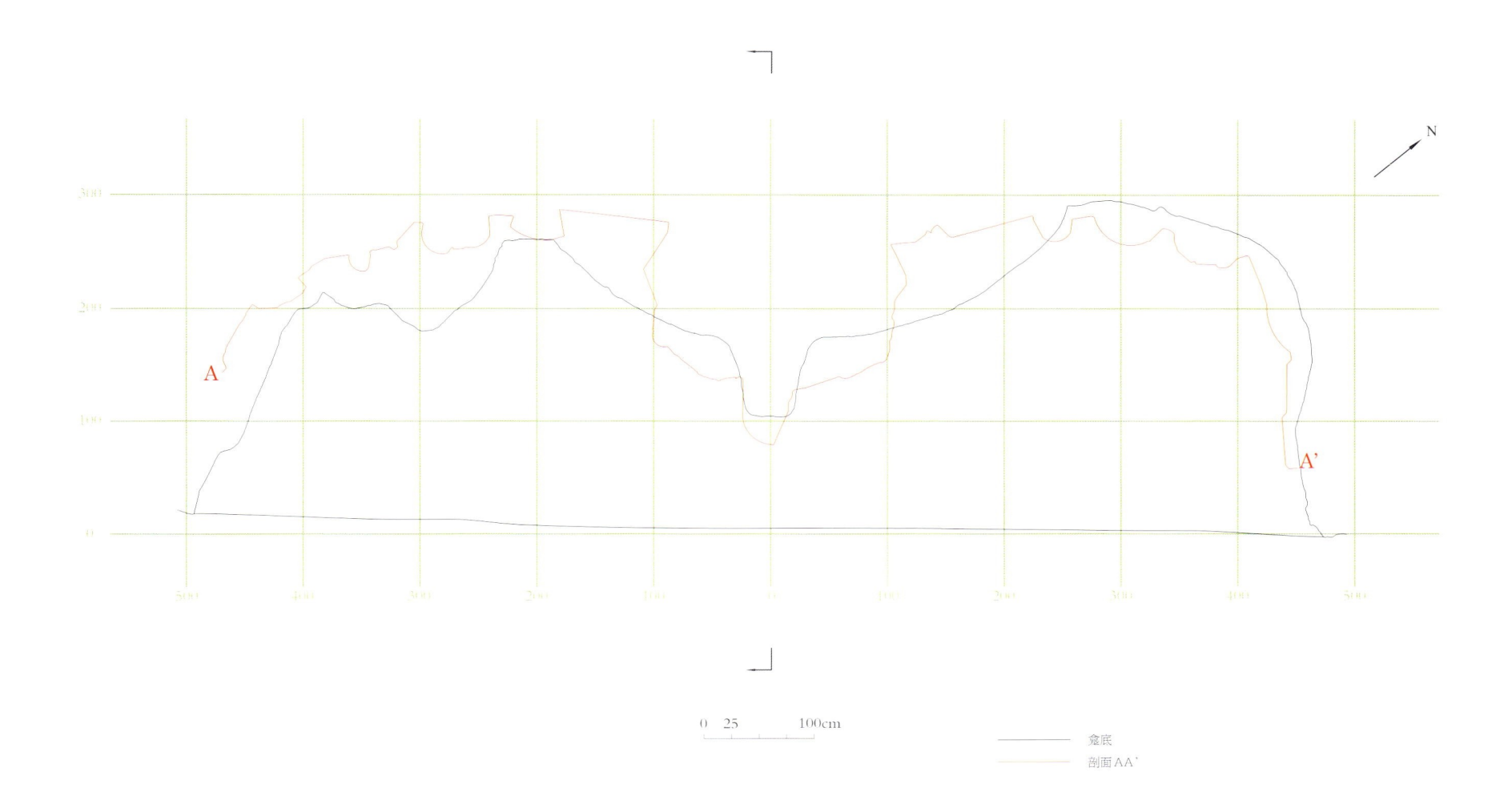

图 185　第 13 号龛平面图

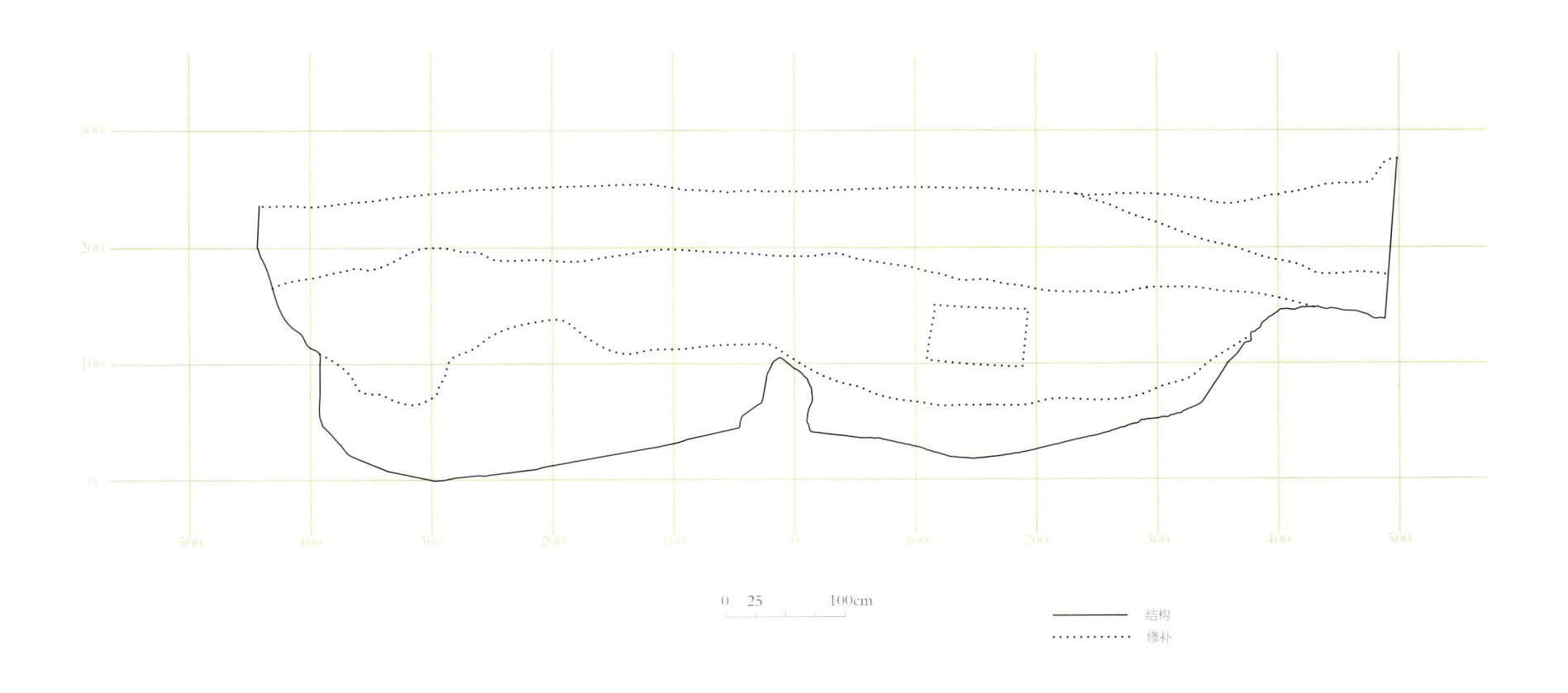

图 186　第 13 号龛龛顶仰视图

图187 第13号龛左壁立面图

254 大足石刻全集 第六卷（上册）

图188　第13号龛右壁立面图

图189 第13号龛造像展开及分组图

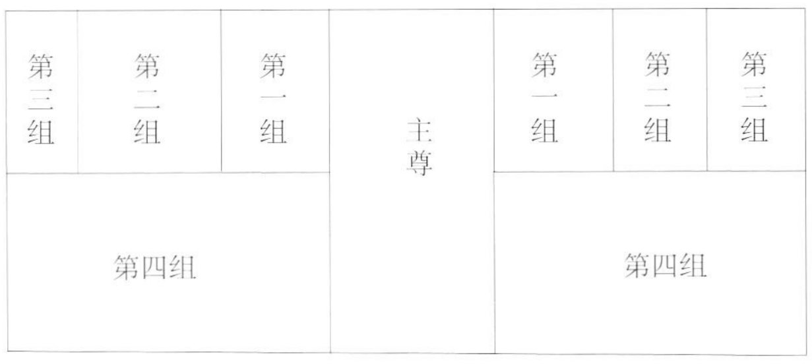

第三组	第二组	第一组	主尊	第一组	第二组	第三组
第四组				第四组		

第五章　第13—14号

图 190　第 13 号龛主尊像左侧视图

图 191　第 13 号龛主尊像右侧视图

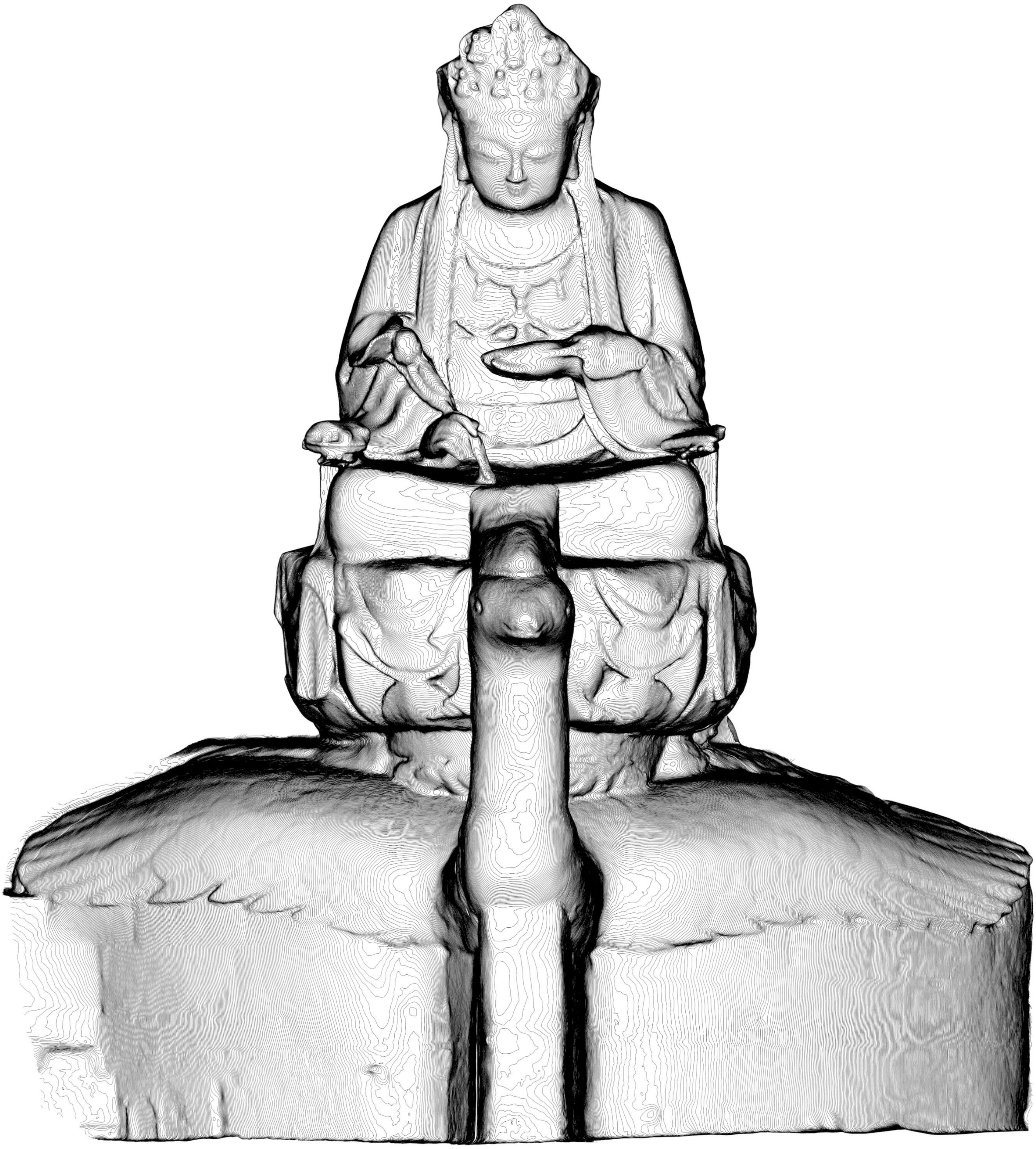

图192　第13号龛主尊菩萨像等值线图

图 193　第 13 号龛主尊像左侧第一组造像展开图

图 194　第 13 号龛主尊像左侧第二组造像展开图

图 195　第 13 号龛主尊像左侧第三组造像展开图

第五章　第 13—14 号　261

图 196　第 13 号龛主尊像左侧第四组造像展开图

07　□□□□□出
08　□□□□〔右〕足
09　□□□气遍身
10　□□□地
11　□□□□而作（漉）[1][2]

4. 第四组

并刻立像3身，位于正壁左侧下部；像皆残甚重，残躯存多个后世修复遗留的孔洞（图196；图版Ⅰ：420）。

左立像残高约118厘米，仅可辨长服下摆及双足。其身左侧即左侧壁刻两座建筑，皆于云纹中显露部分，略残（图版Ⅰ：421）。左建筑高约40厘米，宽50厘米；右建筑高78厘米，宽83厘米。二建筑间空隙处似刻一卷曲的龙尾。二建筑前刻一段转折的护墙，高

1　本则铭文依稀可辨字据《佛母大孔雀明王经》录入，与《大足石刻铭文录》略异。重庆大足石刻艺术博物馆编：《大足石刻铭文录》，重庆出版社1999年版，第97页。

约115厘米；顶存二墙垛。墙身线刻砌缝。

中立像残高约140厘米，仅辨长垂足间腰带及双足。

右立像体量略小，残高118厘米，仅辨腹前少许衣纹。

三像下部壁面刻一虎，头大部残，身残长195厘米，可辨张口扬颈，身低伏，后腿蹬地，长尾上竖，向右作跃起状。

左侧壁下部，从内至外，依次斜刻一龟、一犬、一蛇（图187；图版Ⅰ：422）。龟伸头露尾，向龛内作爬行状，身长55厘米，最高24厘米。犬身长100厘米，高72厘米，头残，戴项圈，昂颈向龛外直立。蛇身扬起，仅存部分。

（三）主尊右侧

刻像12身，布置于正壁右侧及右侧壁（图189；图版Ⅰ：423、图版Ⅰ：424）。其中，壁面上部7身，可划分为三组；下排5身，为一组。从内至外、从上至下将其分为四组记述。

1. 第一组

并刻立像2身（图197；图版Ⅰ：425）。

左立像高130厘米，头长37厘米，肩宽48厘米，胸厚18厘米。头戴进贤冠，面方，浓眉垂梢，下颌刻三道胡须。着双层交领宽袖长服，双手合十，双足隐于云纹内。

右立像为龙首人身像，高141厘米，头长33厘米，肩宽37厘米，胸厚20厘米。头戴巾，面略左侧，隆眉深目，短鼻，阔口微闭，下颌刻"八"字胡须。着对襟宽袖长服，双手拱于胸前。双足隐于云纹内。其身后刻一树，显露部分树干、枝叶。

2. 第二组

为一组三身像（图198；图版Ⅰ：426）。

中为一坐像，高45厘米。头残，圆脸略蚀，侧身略向右。内着僧祇支，外着双领下垂式袈裟。左手腹前持经册，右手抚膝。经册长18厘米，宽8厘米，厚2厘米。结跏趺坐于孔雀背负的双重仰莲台上。台高23厘米，直径47厘米，底部饰云纹。孔雀身长85厘米，尖嘴，顶刻冠宇，细颈略曲，尾上翘，振翅收腿，略右斜向作飞翔状。

左为一侍女立像，高94厘米。头长26厘米，肩宽32厘米，胸厚16厘米。头梳双髻，圆脸左侧，细眉小口，着交领窄袖长服，腰系带，飘带敷搭双肩，于腹前交绕后敷搭前臂下垂体侧。双手胸前托盘，内置圆珠，珠径11厘米；圆珠升起一道毫光，竖直飘向龛顶。双足隐于云纹内。

右为一半身武士立像，高83厘米。头长32厘米，肩宽40厘米，胸厚22厘米。头梳髻，戴束发冠，面方，浓眉粗鼻，双唇紧闭。内着翻领紧袖服，外着甲衣，最外着对襟宽袖长服；胸系带。双手身前握持旗杆，通长123厘米，旗面外展。旗面竖刻"天胜修[3]罗"4字，字径18厘米（图版Ⅱ：34）。

3. 第三组

存像两身，位于右侧壁上部（图199；图版Ⅰ：427）。

左立像高116厘米，头长33厘米，肩宽37厘米，胸厚18厘米。头戴进贤冠，面方圆，略右侧，眉眼细长，斜向上翘，直鼻，小口微启，下颌刻一缕胡须。着双层交领宽袖长服，腰系带。双手于胸前举持一锏，锏长64厘米，斜靠左肩。小腿隐于云纹内。其头部右侧竖刻一叉，显露长约82厘米。

右立像位于右侧壁外侧近龛口处，高92厘米，头长26厘米，肩宽34厘米，胸厚15厘米。头梳髻，戴束发冠，方面右侧，双眼鼓凸，目右斜下视，双唇紧闭。刻肩巾，着圆领窄袖长服，腰系带，束抱肚，双手胸前捧持圆轮。轮径10厘米，轮沿刻火焰纹。小腿隐于云纹内。身前存一鼓凸的遗迹，似兽，可辨身躯及兽尾。

4. 第四组

位于龛右侧下部，共5身。从内至外依次编为第1—5像（图200；图版Ⅰ：428）。

第1像 头面残，立像残高135厘米。身蚀，可辨着窄袖长服。双手于左胸前抱圆筒状物，物残难辨。足残，立于云台上。

第2像 立像高171厘米。头戴进贤冠，面残，着交领宽袖长服，腰带长垂足间，双手胸前持笏，笏残断。着鞋立于云台上。

第3像 立像高110厘米。头顶方盘，面残，上身斜披络腋，下着长裙。左手上举扶盘，右手叉腰，挺腹直立。盘略蚀，高13厘米，宽70厘米，深30厘米，内盛花果及放焰珠。自放焰珠升起两道毫光，左右斜向上飘。身下部刻一龙，绕身前，再曲折向左。龙头

图 197　第 13 号龛主尊像右侧第一组造像展开图

图 198　第 13 号龛主尊像右侧第二组造像展开图

图 199　第 13 号龛主尊像右侧第三组造像展开图

图 200　第 13 号龛主尊像右侧第四组造像展开图

第五章　第 13—14 号　265

闭嘴上仰；龙角分叉，龙鬣顺颈后飘；龙身修长，盘曲于云纹中；未见龙腿及龙尾。

第4像　位于右侧壁下部内侧，坐像高80厘米。头蓄短发，面方略残，小口半开，双肩残，着交领宽袖长服，腰系带分垂腹前。双手残，置胸前，似持物。盘左腿，垂右腿，舒相坐于方台上。台高27厘米，宽70厘米，深20厘米。

第5像　位于右侧壁下部外侧近龛口处，高83厘米。头残，双肩补塑完整，着交领宽袖长服，腰系革带，围系抱肚；腰带作结下垂腹前。双手胸前结印，小腿隐于云纹内。其身右侧刻一剑，存剑身，残长62厘米；斜置，似刺向身前长蛇。像下方刻一龟，伸头翘尾，向左作爬行状。像右侧近龛口处刻一蛇，自山石间窜出，曲身上扬。

四　晚期遗迹

（一）构筑

1965年7—9月，用水泥加固、修复窟顶。现窟顶中部左侧存："中央拨款复原毗卢洞窟孔雀明王窟工程，于一九六五年七月兴工九月竣工。"

龛正壁右侧下部及右侧壁下部段，1953年，西南军政委员会文教部拨款维修[1]。2010年，重庆大足石刻艺术博物馆再次用条石将其残损部位填塞加固，修砌完整；修复面通高142厘米，弧长约1080厘米，并与右侧修补的岩壁相接[2]。

1980年，加固修复龛外右侧岩壁，以条石砌筑，并与左右龛像衔接。修复面高184厘米，通宽600厘米。

（二）妆绘

龛左侧壁第一组左像，右侧壁第三组左像衣饰墨描图案纹饰。

龛壁存灰白色、红色等两种涂层。

造像存灰白色、黑色、蓝色、绿色、红色等五种涂层。

主尊菩萨像花冠、面颊、胸部及双手等部位贴金，局部脱落、起翘。

第三节　第14号

一　位置

位于大佛湾北崖东段右侧。前与第8号龛正对，相距约2500厘米。窟左门颊左距第13号龛约1170厘米，窟右门颊右距第15号龛约500厘米。上为外挑岩檐，下部窟门前设七级台阶，与地坪相接。

窟口约南向，方向176°。

二　形制

1. 外立面

第14号窟外立面为裸露崖壁，中部略向外凸，两侧后收（图201；图版Ⅰ：429）。顶部为后世用水泥补砌的窟檐，挑出壁面20—50厘米。自窟檐下口至地坪，壁面高约661厘米，东西宽2108厘米。壁面中部开凿窟门，以窟左右门颊为界，可将壁面分为东西两侧崖壁。

东侧崖壁高597厘米，宽1170厘米。清康熙二十九年（1690年），因"毗卢洞为猛风拔木所损"[3]，致其崖体塌毁（图版Ⅰ：

1　邓之金：《大足石刻维修工程四十年回顾》，重庆大足石刻艺术博物馆编：《大足石刻研究文集》（2），重庆出版社1997年版，第571—572页。
2　修复时发现孔雀腹部内为一空腔，内无物。
3　史彰撰《重开宝顶碑记》，见本报告集第七卷上册第312页；另见重庆大足石刻艺术博物馆：《大足石刻铭文录》，重庆出版社1999年版，第221页。

430）。现保存窟左门颊以东约230厘米，地坪以上约215厘米的壁面。其余崖面为1953年大足县文管所对其抢险加固，以条石垒砌补修[1]。条石最多21级，每级高约28厘米。

西侧崖壁高559厘米，宽500厘米。壁面下部自地坪以上90—147厘米的崖体塌毁，1953年大足县文管所以条石砌筑[2]，条石最多6级，每级高约28厘米。

2. 窟室

马蹄形平顶窟（图202、图203、图204、图205、图206、图207、图208）。

窟门　方形，高337厘米，宽282厘米，深160厘米（图版Ⅰ：431）。其上方41厘米处，浮雕双层仰莲台，高18厘米。莲台上刻一匾额，沿壁面外倾。窟门左、右门颊高286厘米，宽78厘米，内阴刻一副楹联。门颊前左右台阶上，各设一方形石砧，上各刻一蹲坐的石狮。窟门前设台阶，向下延至地坪。台阶三面，七级，每阶高约21厘米。

窟底　平面略呈马蹄形，地坪大致平整（图版Ⅰ：432）。其左、右端外侧宽796厘米，内侧宽约501厘米；左端进深约279厘米，右端进深约333厘米。

窟壁　为弧壁。按壁面位置和转折关系，分为北壁（正壁）、东壁（左壁）、西壁（右壁）和南壁（窟口内侧壁）等四壁。各壁面与窟顶呈弧面相交。

北壁正对窟门，壁面保存完整，高540厘米，宽505厘米，与东西两壁弧面相交（图版Ⅰ：433）。

东壁与北壁无明显分界，大部坍塌，现以19级条石修砌完整，每级约27厘米（图版Ⅰ：434）。修砌后的壁面高535厘米，宽300厘米；下部较竖直，中部略内凹，上部略外凸。

西壁与北壁亦无明显分界，保存完好，高540厘米，宽370厘米（图版Ⅰ：435）。壁下部距窟底约67厘米处，有一段软弱夹层带横贯壁面，高14厘米，弧长334厘米。壁面与窟口内侧壁相交的券面，分布一道裂隙，自窟顶向下延伸，直至壁面下部残塌处，长约445厘米，宽2—3.5厘米，1986年已封护粘接[3]。

南壁保存较好，高518—530厘米（图版Ⅰ：436）。壁面居中开窟门。以窟门为界，分为东（左）、西（右）侧壁。东侧壁宽约240厘米，西侧壁宽约338米。两侧壁中、下部竖直，上部略外凸，其与东、西壁相交下部转折明显，中上部则演变为券面相交。窟门上部壁面，向窟内鼓凸。自窟顶向下分布有左、右两道裂隙，裂隙与外崖对应位置的裂隙相通，致使裂隙之间的崖体与东、西侧壁略有错位。其中，左裂隙向下延伸至窟门上方，长约150厘米，宽10—30厘米；右裂隙斜向延伸至门颊内侧中部，长约300厘米，宽1—10厘米。东侧壁下部，距地坪38厘米处，崖体塌毁，现以二级条石补砌，高约30厘米。西侧壁下部，距地坪45厘米处，崖体亦塌毁，现以一级条石补砌，高约26厘米。

窟顶　原窟顶残毁过半，仅西端内侧保存较多的原迹（图207；图版Ⅰ：437）。残毁部分，现为水泥板铺就。今窟顶为平顶，内侧高外侧低，自内而外略倾斜。东西最宽约790厘米，东端进深约370厘米，西端进深约405厘米，中部进深约205厘米。

三　窟外立面造像

以窟门为界，窟门东侧壁及西侧壁造像大致呈对称布局。为叙述方便，并结合造像组合的整体性，将外立面造像区分为窟门、东西侧壁上部、东西侧壁下部造像三个部分。

（一）窟门

1. 匾额及楹联

窟门上方浮雕双重仰莲台，台上刻一横长方形匾额，沿壁面外倾（图209；图版Ⅰ：431）。匾额高90厘米，宽260厘米，凸出壁面3—6厘米。匾心阴刻"毗卢道场"4字，楷书，字径高47厘米，宽52厘米，深0.5厘米。匾心右端竖刻"朝散郎知重庆军府事姚宾恭△书"1行署款，楷书，字径高5厘米，宽7厘米（图版Ⅱ：35）。匾上部及左右外框刻莲花纹，下部外框刻回形纹，皆宽约17厘米。

---

[1] 邓之金：《大足石刻维修工程四十年回顾》，重庆大足石刻艺术博物馆编：《大足石刻研究文集》（2），重庆出版社1997年版，第571—572页。
[2] 1959年，四川省文化局在1953年抢险、加固的基础上，拨款对毗卢道场再次进行保固维修工程，安砌基脚、甬道支撑拱券、治理渗水等。同前引。
[3] 同前引。

图201 第14号窟外立面

第五章 第13—14号 269

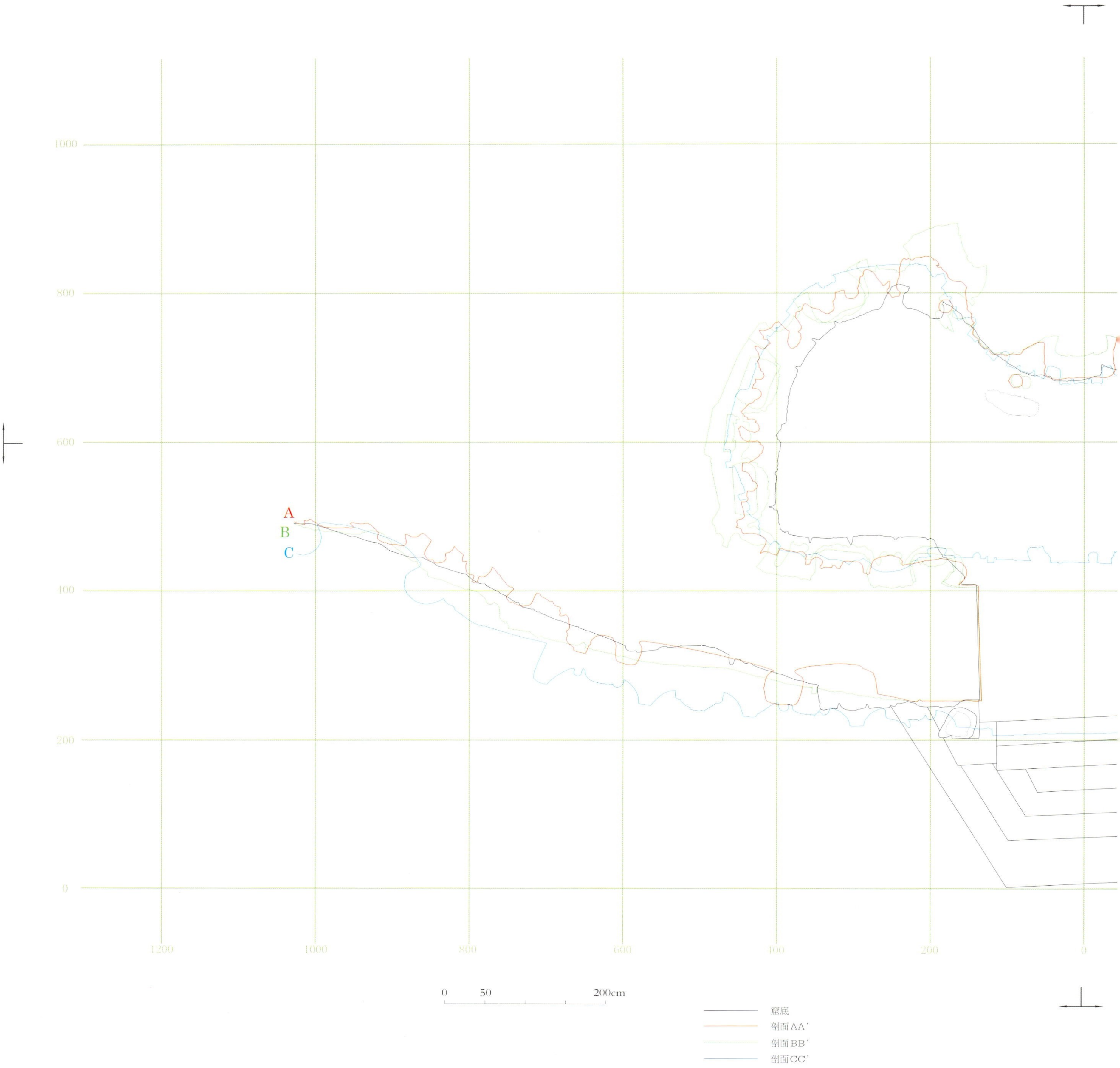

图 202　第 14 号窟平面图

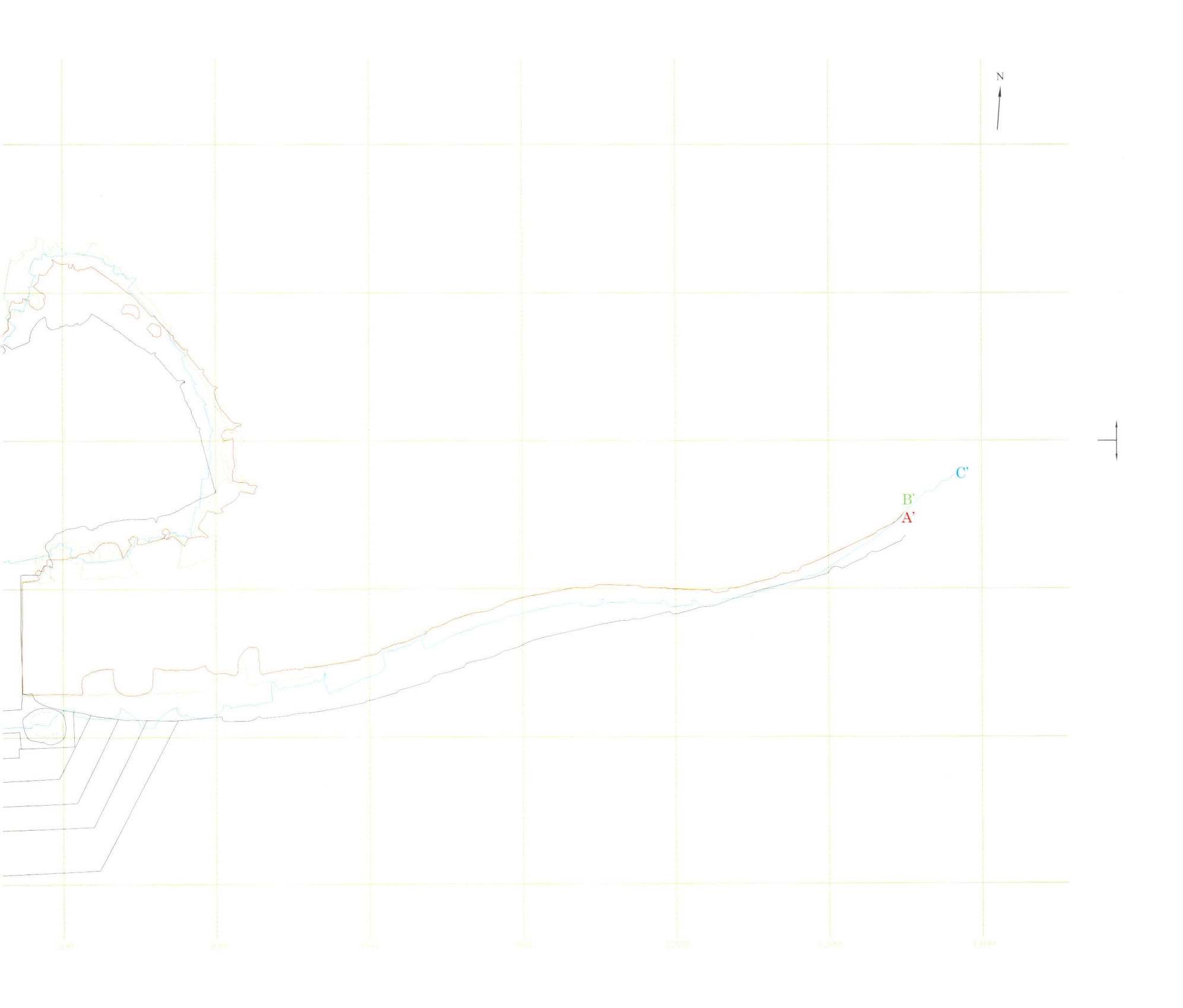

第五章　第13—14号　271

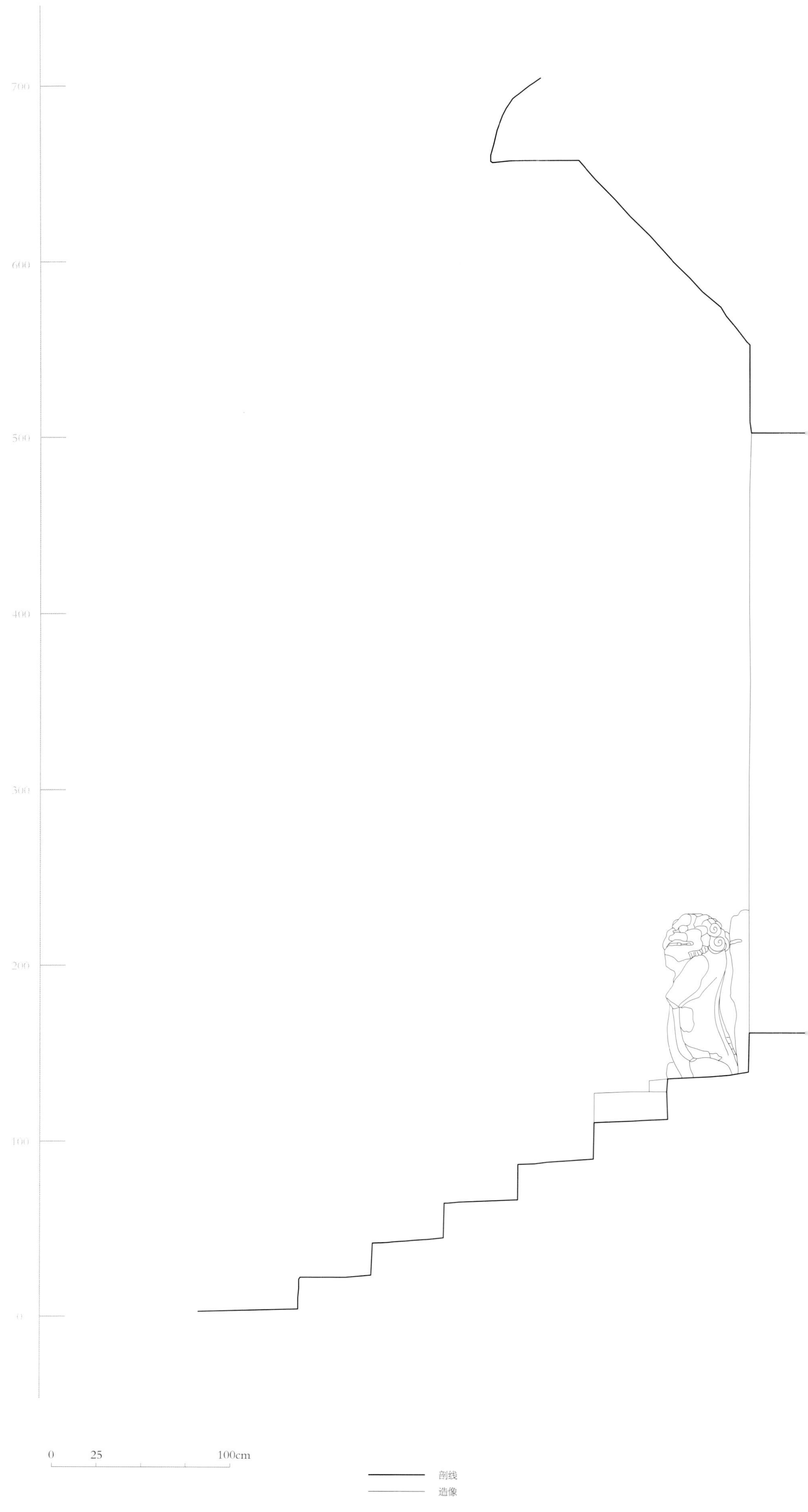

图 203　第 14 号窟纵剖图（向西）

第五章 第 13—14 号　273

图 204　第 14 号窟纵剖图（向东）

274　大足石刻全集　第六卷（上册）

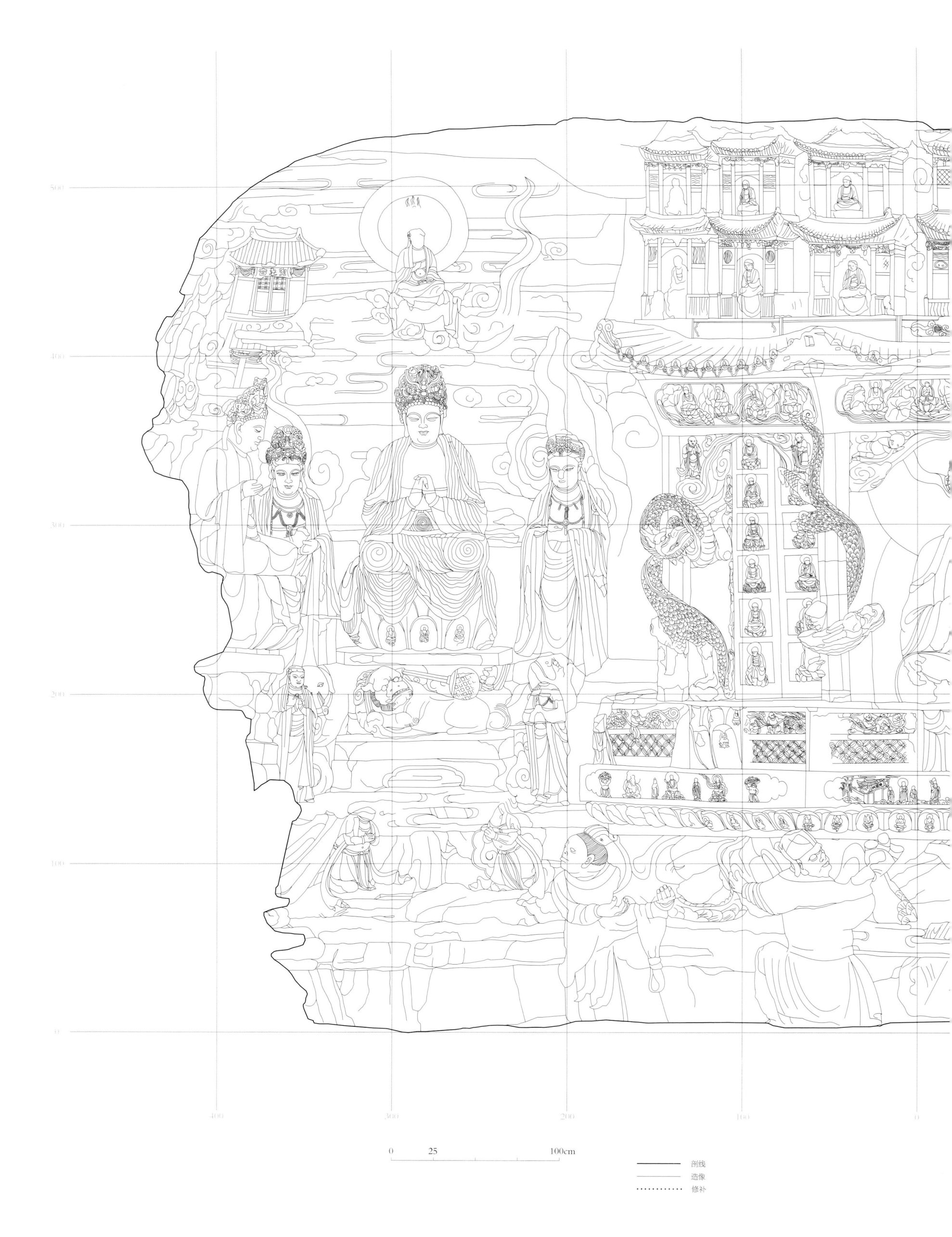

图 205　第 14 号窟横剖图（向北）

第五章 第13—14号 277

图 206　第 14 号窟横剖图（向南）

第五章 第13—14号　279

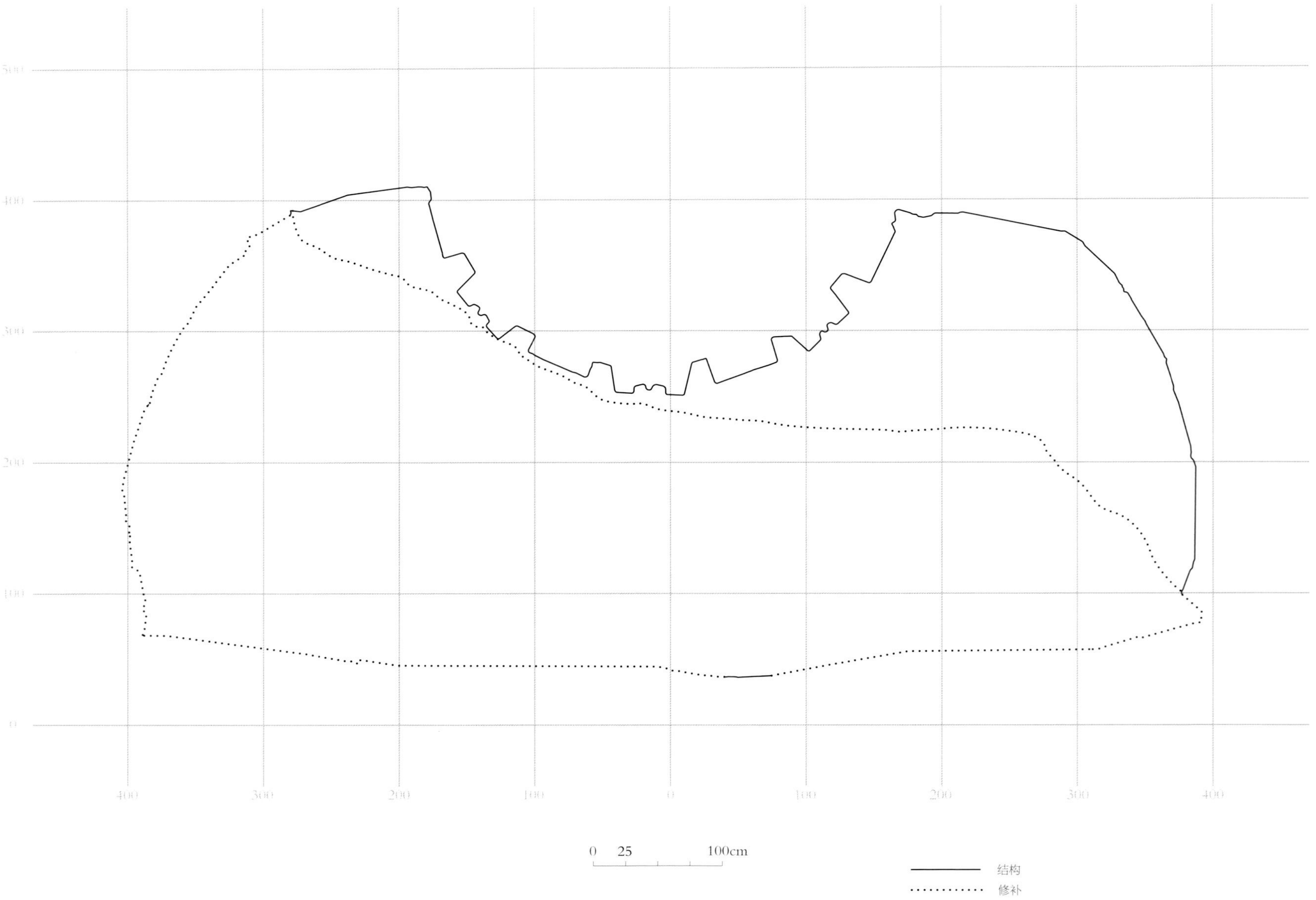

图207　第14号窟窟顶仰视图

外框上部及左、右外缘饰卷草纹，宽约14厘米（图209）。

窟门左、右门颊阴刻一副楹联，楷书，竖刻，字径高30厘米，宽28厘米，深0.5厘米。左联："欲[4]得不招[1]无间业"，右联："莫谤如来正法轮"（图版Ⅱ：36）。

2. 石狮

窟左、右门颊前石砧上，各略相对刻一蹲坐石狮（图版Ⅰ：438、图版Ⅰ：439）。石砧长70厘米，宽45厘米，高14厘米。左狮略侧头向右，高108厘米，张口顶舌。颈刻鬈鬃，双前足于胸、腹间捧一绣球；球径22厘米，球面饰斜四球纹，绣球饰带敷搭于右前足，垂于体侧。面、额略残损。右狮高93厘米，形态与左狮略同；侧头略向左，颈系缯绳，双前足至胸腹间部分残。

（二）东、西崖壁上部

东、西崖壁上部，原凿有16个圆形浅龛，作上下两排斜对布置，各圆龛内皆刻坐佛1身。以窟门为界，东崖壁自西向东、自上而下依次编为东1—8号像；西崖壁自东向西、自上而下依次编为西1—8号像（图210、图211；图版Ⅰ：440、图版Ⅰ：441）。

东崖壁东1、2、5号圆龛及造像保存完整，东6号像已毁，存圆龛右部。东3、4号及东7、8号像为补砌塌毁崖体时嵌入，圆龛已

1　此"招"字《大足石刻铭文录》录为"恕"。重庆大足石刻艺术博物馆编：《大足石刻铭文录》，重庆出版社1999年版，第98页。"欲得不招无间业，莫谤如来正法轮"，亦刻于小佛湾石窟第2号龛和宝顶山佛祖岩摩崖造像龛内。

280　大足石刻全集　第六卷（上册）

毁。西崖壁除西8号造像稍残外，余均保存基本完整。

圆龛大小相近，直径约120厘米，深约25厘米。龛壁打磨光滑，略呈弧状，其剖面形似半月轮。相邻圆龛左右相距约14厘米，上下相距约5厘米。东崖壁圆龛距匾额最近相距8厘米；西崖壁圆龛距匾额最近相距11厘米。

龛内佛像均结跏趺坐，其面相、身姿、衣饰等相近，其特征列入表16。

表16　大佛湾第14号窟外崖壁上部圆龛佛像特征简表

东崖壁	造像特征	西崖壁	造像特征
1	坐高103厘米，头长30厘米，肩宽48厘米，胸厚18厘米（图版Ⅰ：442）。肉髻不明显，发髻呈尖螺状；圆脸，弯眉，细眼微闭；直鼻，抿唇；面稍残，颈刻三道肉褶线。内着僧祇支，系带作结；外着双领下垂式袈裟，一角上撩至左胸系于哲那环上，下摆悬于龛外。双手腹前结定印，指稍残，腕镯。	1	坐高102厘米，头长32厘米，肩宽43厘米，胸厚15厘米（图版Ⅰ：450）。左眼及嘴大部残，余略同东1像。左手腹前托钵，右手举置胸前。钵高11厘米，口径11.5厘米。
2	头毁。残坐高77厘米，肩宽44厘米，胸厚17厘米（图版Ⅰ：443）。衣饰略同东1像。左手横置腹前，掌心向上；右手举于胸前，手残。	2	坐高100厘米，头长32厘米，肩宽43厘米，胸厚14厘米（图版Ⅰ：451）。外着偏衫式袈裟，余同东1像。双手腹前结禅定印，腕镯。
3	坐高95.5厘米，头长30厘米，肩宽42厘米，胸厚16厘米（图版Ⅰ：444）。螺髻，圆脸，面部稍残。衣饰略同东1像。龛毁，下摆不明。左手掌心向上，于腹前叠于右手上；指残断；腕镯。	3	坐高103厘米，头长30厘米，肩宽41厘米，胸厚14厘米（图版Ⅰ：452）。面风化，衣纹作水波纹，余同东1像。双手覆巾，举至胸前捧宝珠，珠径7.5厘米。
4	坐高83厘米，头长24厘米，肩宽47厘米，胸厚16厘米（图版Ⅰ：445）。头顶、面部残蚀。衣饰同东1像。龛毁，下摆不明。双手腹前置袖内。双膝残。	4	坐高103厘米，头长30厘米，肩宽46厘米，胸厚14厘米（图版Ⅰ：453）。面风化，下颌残，余略同西2像。双手腹前结禅定印，腕镯。
5	坐高109厘米，头长33厘米，肩宽47厘米，胸厚15厘米（图版Ⅰ：446）。螺髻，髻顶尖；圆脸，弯眉，细长眼半睁；直鼻，抿唇；耳垂长。颈刻三道肉褶线。内衣不明，外着双领下垂式袈裟，下摆悬于龛外。左手覆巾托贝叶经上举，右手屈肘相持。贝叶长30厘米，宽13厘米，厚2.5厘米。	5	坐高106厘米，头长33厘米，肩宽46厘米，胸厚13厘米（图版Ⅰ：454）。面部及衣饰同东1像。双手覆巾，举置胸前托经册。册长23.5厘米，宽10厘米，厚2.4厘米。
6	造像已毁，存圆龛右侧部分（图版Ⅰ：447）。	6	坐高105厘米，头长34厘米，肩宽45厘米，胸厚15厘米（图版Ⅰ：455）。面同东1像。内着僧祇支，系带作结，外着钩纽式袈裟；衣领沿胸下垂，左右衣角悬搭于龛外。左手横置腹前，掌心向上；右手举胸前，指残；腕镯。
7	坐高107厘米，头长34厘米，肩宽49厘米，胸厚16厘米（图版Ⅰ：448）。头、面、身局部残蚀，余同东3像。双手于腹前持宝珠，直径约9厘米。	7	坐高106厘米，头长35厘米，肩宽52厘米，胸厚13厘米（图版Ⅰ：456）。双颊及下颌残，衣饰同东1像。双手腕镯，竖掌，曲指，相拱举至胸前结印。
8	坐高91厘米，头长30厘米，肩宽45厘米，胸厚17厘米（图版Ⅰ：449）。面部分残，余略同东4像。双手举于胸前，手残；腿残蚀。	8	坐高104厘米，头残长31厘米，肩宽47厘米，胸厚13.5厘米（图版Ⅰ：457）。胸部以上残毁甚重。衣饰难辨。双手置于腹前，大部残。

（三）东、西崖壁下部

东、西崖壁下部各浮雕半身天王像2身，呈不规整的对称布局（图201、图212、图213；图版Ⅰ：429）。像下部岩体为叠砌修补的条石，高203—215厘米。东崖壁二天王像体量略小，间距约21厘米。西崖壁二天王像体量较大，间距约70厘米；其间壁面浮雕一座须弥山。山高约100厘米，宽53厘米。现将四天王像特征列入表17。

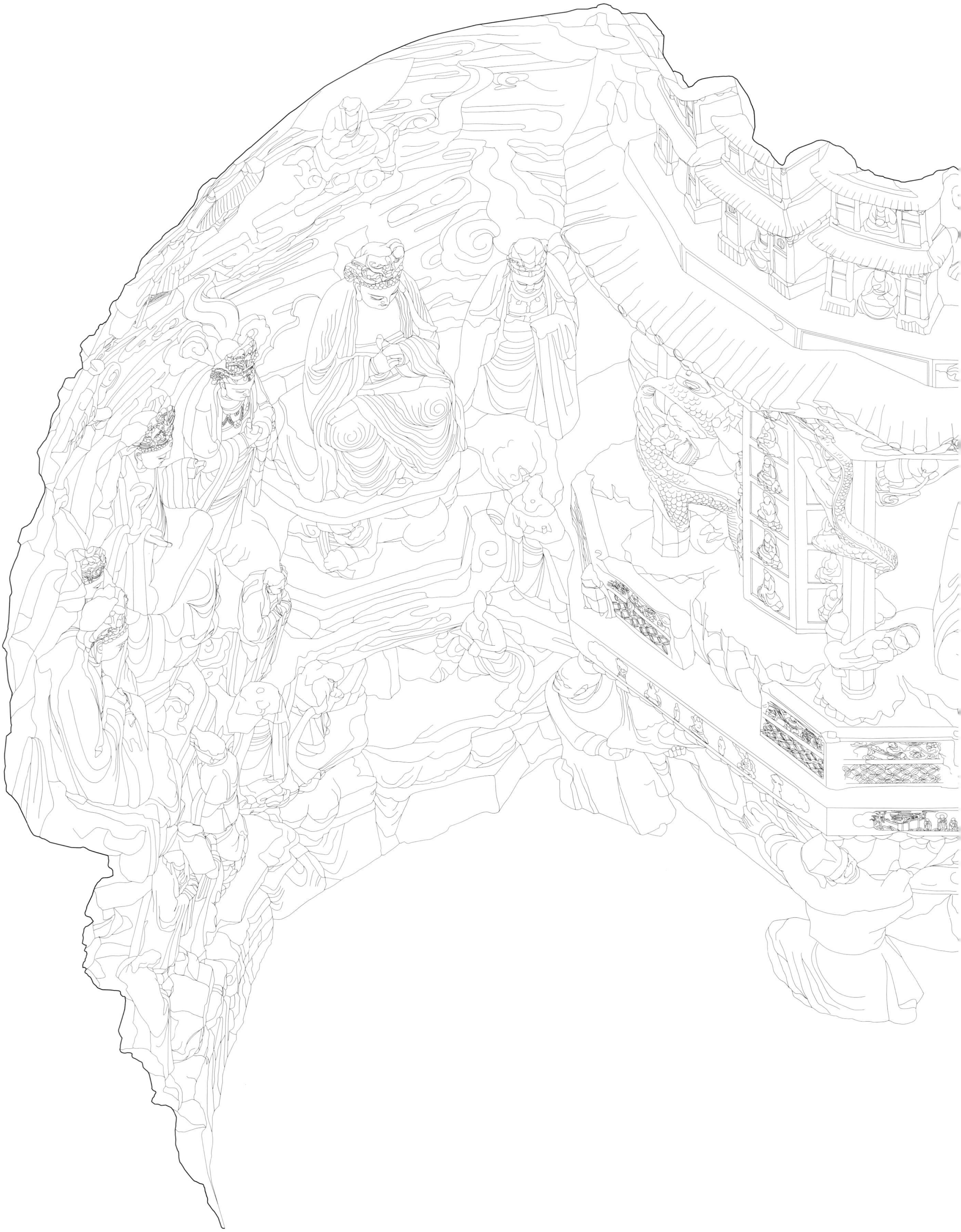

图 208　第 14 号窟透视图（南北向）

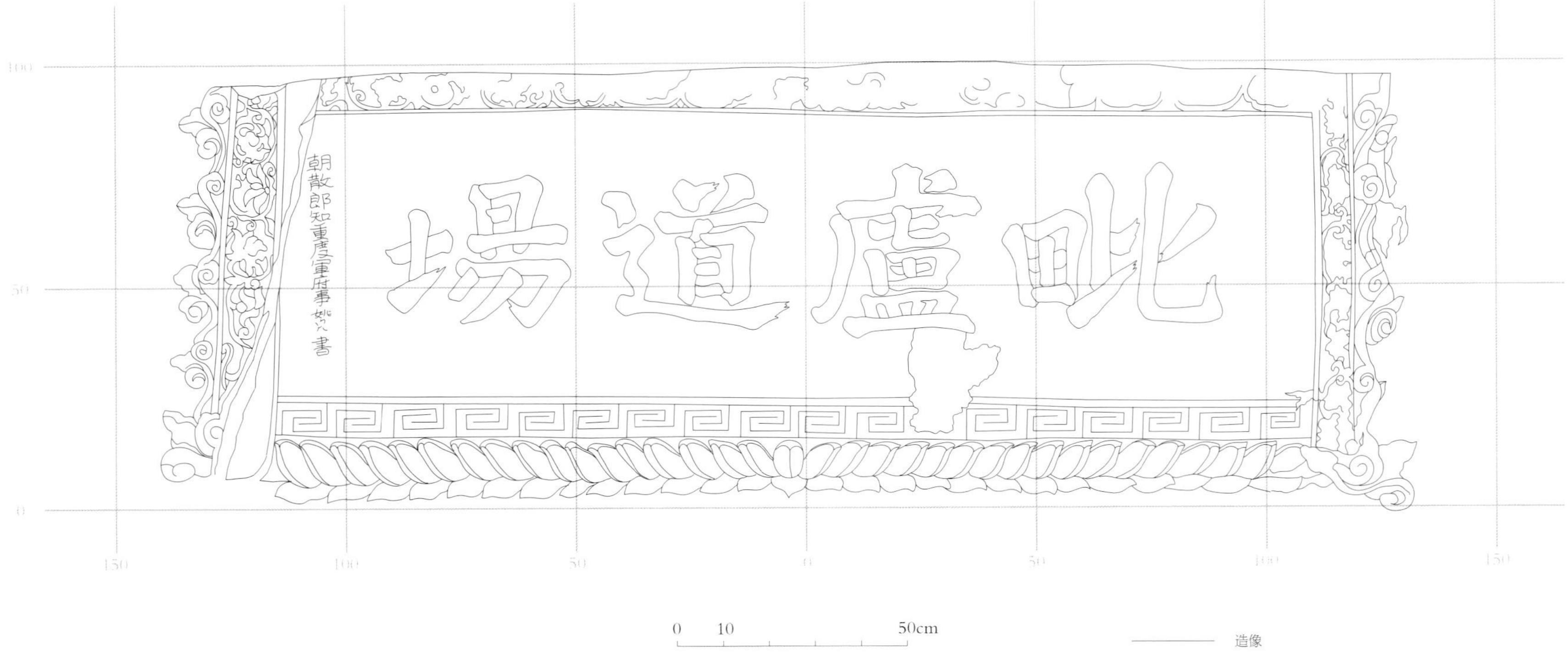

图209　第14号窟窟门上方匾额立面图

表17　大佛湾第14号窟外崖壁下部天王像特征简表

东崖壁	造像特征	西崖壁	造像特征
内侧	高145厘米，头长73厘米，肩宽85厘米（图版Ⅰ：458）。头、面为石坯泥塑，戴进贤冠，脸方圆，额心鼓突。眉上扬，眼圆睁，鼻上耸，嘴角微翘。颈、身躯被后人改刻，现存粗大、不规整的凿痕。造像所在的崖面亦存较为密集的凿痕。	内侧	高169厘米，头长75厘米，肩宽120厘米，胸厚35厘米（图版Ⅰ：460）。头戴进贤冠，额广面方。内着宽袖长服，挽袖。外着山文甲，系肩巾。胸系束甲索，腰系抱肚。左手握右手腕，右手持宝剑。剑身长180厘米，宽10—14厘米，柄长61厘米，剑柄及剑尖残蚀，剑首作如意形，当心刻圆孔，径约3厘米。
外侧	高142厘米，头长73厘米，胸厚30厘米（图版Ⅰ：459）。头戴通天冠，脸方正，面刚毅。眉骨粗大，眉眼上挑，棱鼻。胸肩残毁，衣饰不明。	外侧	高172厘米，头长74厘米，肩宽100厘米，胸厚40厘米（图214；图版Ⅰ：461）。头梳高髻，戴束发冠。方脸，眉眼上挑，鼻粗短，唇厚，口微闭。内着翻领宽袖服，外着山文裲裆甲。双手于头右侧托塔，左手托塔基，右手扶塔身。塔高77厘米，塔身平面方形，分塔基、塔身、塔顶三部分。塔基下部方形莲台，高10厘米，宽45厘米，莲瓣两重。塔基为方台，高4厘米，宽45厘米。塔基上承塔身，平面呈方形。第一级塔身高33厘米，四柱三间，面阔37厘米，柱间刻阑额。明间开龛，高24厘米，宽15厘米，深5厘米。其内刻坐佛1身，大部残，残高18厘米。塔顶为四面攒尖，檐下饰珠串，顶饰宝珠。

四　窟内造像

窟内造像以北壁（正壁，南向）外凸的转轮经藏为中心，沿东、西壁至南壁（窟口内侧壁）成组展开，部分造像处于转折交界壁面。根据造像布局及组合特点，将其分为北壁、东壁及南壁东侧、西壁及南壁西侧、南壁窟口上部造像等四部分。各部分造像壁面空隙处，均刻云纹作背景（图215、图216）。

（一）北壁

北壁即窟室正壁，主体雕刻转轮经藏一座，其上各部分刻佛、菩萨、力士等像（图217、图218、图219、图220、图221；图版Ⅰ：433，图版Ⅰ：462、图版Ⅰ：463）。

转轮经藏显露五面，下起窟底，上接窟顶，通高540厘米。以须弥山为基座，其上依次为莲座、平座、帐身、帐檐、平座、天宫楼阁等。

1. 基座

为须弥山，平面略呈半圆形，上部略大，下部略小，形如倒置的圆锥体，高109厘米，底部弧长550厘米（图222；图版Ⅰ：464）。须弥山间刻一蟠龙缠绕，龙首刻于正面中部，向右，阔口，伸舌，舌尖残断。头部刻须、鬣、眉、耳，角分叉，少许残断。龙身修长，刻龙鳞、背鳍，现二腿，四爪。兽形尾，刻于须弥山左侧。

须弥山外侧，于转轮经藏平座转角下部圆雕力士像，两小腿以下隐入地坪，似从地涌出，共刻像4身，从左至右编为第1—4像。

第1像 位于左内侧。立像高110厘米，头长21厘米，肩宽37厘米，胸厚20厘米（图版Ⅰ：465）。头顶残，其右侧存一段飘飞的头巾。方脸，隆眉、凸目，鼻翼粗大，鼻端残损。阔口紧闭，耳廓较大。着圆领窄袖长服，鼓腹，腰束革带，系抱肚。头微上仰，身贴须弥山，侧面作捧抬状。左臂腕镯，屈肘前伸，手持棍状物，前端抵须弥山，作上撬状；棍长43厘米，径约4厘米。右臂隐入山石中。左腿直立，右腿前伸屈膝，两小腿隐入地坪。力士后背存一葫芦状物，似背负的什物。

第2像 位于左外侧，毁。

第3像 位于右外侧。立像高117厘米，头长31厘米，肩宽38厘米，胸厚28厘米（图版Ⅰ：466）。戴四方巾，浓须，面相与第1像略同。着圆领宽袖长服，挽袖，腰束革带。头、胸紧贴须弥山，面东，体右侧，作捧抬状。左臂腕镯，前伸，手扶须弥山；右臂屈肘上举，掌残。左腿屈膝上抬，右腿直伸，作弓步状。

第4像 位于右内侧。立像高117厘米，头长30厘米，肩宽300厘米，胸厚22厘米（图版Ⅰ：467）。戴束发冠，眼、鼻残蚀，面相与第1像略同。着双层圆领长服，内窄袖，外广袖，袖摆约束。腰束革带，系抱肚。双腿直立，身微后倾，头微上仰，扭颈向西。双手前伸，抬举须弥山。

2. 莲座

须弥山之上为莲座，平面呈八边形，刻出南面、东南面、西南面、西面等四面（图217、图218、图219；图版Ⅰ：468、图版Ⅰ：469、图版Ⅰ：470、图版Ⅰ：471）。南面和西南面保存完整，东南面右端残，残毁处高15厘米，宽78厘米，深7.3厘米；西面仅刻少许。莲座高15厘米，面宽约200厘米，由内外两重仰莲瓣组成。外重莲瓣高17厘米，最宽12厘米；各莲瓣均浅浮雕佛像1身，存26身。佛像面相、衣饰、身姿、体量等相近，坐高约8厘米，刻头光和身光，面模糊，内着僧祇支，外着双领下垂式袈裟，双手腹前似结印，结跏趺坐于祥云上。内重莲瓣显露部分，素平。

3. 平座

莲座之上为平座，高21厘米，南面距后壁250厘米。平面呈八边形，刻出南面、东南面、西南面、东面、西面等五面（图217、图218、图219；图版Ⅰ：468、图版Ⅰ：469、图版Ⅰ：470、图版Ⅰ：471）。其中，南面、东南面及西南面较完整，每面宽约200厘米；东面毁，现为条石补砌；西面刻出部分，宽约30厘米；东南面右端残，残面最宽83厘米，存七个方形小孔，分布无规则，孔大小相近，高3厘米，宽4厘米，深约5厘米，估计为后期修补遗留的痕迹。

平座南面、东南面、西南面、西面等四面线刻壸门，其中南面、东南面、西南面壸门高15厘米，宽175厘米，内减地平钑图像。西面壸门，高15厘米，宽约42厘米，内素平。

平座台面刻七段仿木重台勾栏，高36厘米，宽60厘米，厚约7.5厘米，距台缘约13厘米。近左、右侧壁的两段勾栏外侧，各刻站立的伎乐像1身。

（1）南面壸门

中部刻一佛二弟子二侍者像，左部刻立像2身及门楼1座，右部刻立像3身及门楼1座，门楼及造像下部均饰云纹（图223；图版Ⅰ：472）。

中部 中刻主尊坐佛像，高8.5厘米。线刻圆形身光，径11厘米。面残，着双领下垂式袈裟，左手置腹前，右手举胸前结印，结跏趺坐于双重仰莲台上。台高3.5厘米，径9厘米，其下饰云纹。两侧弟子像立高8厘米，线刻圆形头光，径5.5厘米。光头，均面蚀，

图210 第14号窟窟外左侧壁上方坐佛立面及编号图

第五章 第13—14号　287

图211 第14号窟窟外右侧壁上方坐佛立面及编号图

莫謗如

着交领宽袖长服，双手屈肘前伸，相对胡跪，向佛作敬献状。两侧侍者相对而立。左侍者高11厘米，身微躬，头戴冠，面残，着交领宽袖长服，双手于体侧似持一物，双足隐入祥云。右侍者高13厘米，头残，似戴冠，上着长服，下着裙，身饰披帛，环状绕于头后，经双肩下垂，飘于体侧。双手合十，足踏祥云。

左部　左端刻单檐庑殿顶门楼一座，四柱三间，进深一间，面阔13厘米，高约12厘米，深2.5厘米。各间素平，明间上部悬挂匾额，高2厘米，宽8.5厘米，内刻"正觉门"3字（图版Ⅱ：37）。柱间刻双重阑额，柱上结构未见刻出。檐下饰珠串、流苏。檐口作弧线，翼角飞翘。屋面刻瓦垄、瓦沟。正脊左端装饰鸱吻，右端隐于云纹内。门楼左侧布置廊宇，高4.5厘米，长10厘米，刻出廊身及屋顶。廊墙外刻一树，高13.5厘米，枝干悬挂织物，枝条顶端刻作球形花蕾状。门楼及树下刻云纹。门楼前侧刻像2身，皆光头，左高右矮。左像高12厘米，面残，着双领下垂式袈裟，下着裙，双手前伸作接物状。右像高11.5厘米，面残，着交领宽袖长服，下着裙，身微躬，双手胸前捧持一物，向左像作敬奉状。物略呈圆形，直径2厘米。

右部　右端亦刻门楼一座，其结构、装饰等与左门楼略同。明间上部悬挂一匾额，高2.5厘米，宽9厘米，内刻"翅头城"3字（图版Ⅱ：38）。门楼右侧刻护墙，墙身高5厘米，长8厘米，护墙顶部刻二墙垛。护墙外刻一树，高12厘米，枝干悬挂织物，枝条端头作球形花蕾状。门楼前刻立式一佛二弟子。佛像居中，高11厘米，线刻圆形头光，径5厘米。面蚀，内着僧祇支，外着双领下垂式袈裟，双手腹前笼袖内。左弟子高9.5厘米，光头，面蚀，扭头向佛，着交领袈裟，下着裙，直身站立。右弟子高8厘米，光头，面蚀，着交领袈裟，下着裙。

（2）东南面壸门

存中部及左部，右部残。中部刻一佛二弟子像3身，左部刻力士像1身和大象1头（图224；图版Ⅰ：473）。

中部　中刻主尊坐佛像，高9厘米。面残，着双领下垂式袈裟。左手置于腹前，右臂屈于体侧，似结印，结跏趺坐于仰覆莲台上。莲台高4.5厘米，宽8.5厘米，其下刻云纹。左弟子残蚀较重，立像高13厘米，衣饰不明，双臂置于右侧，似捧物，向佛作敬奉状。其身前云台上置物，残蚀难辨。身后刻一树，高约11厘米，枝干较粗，枝条顶端刻作球形花蕾状。右弟子略残，立像高11厘米；光头，面风化，着交领式袈裟，双手合十，身微躬，向佛礼拜，小腿残。其身前云台上刻物，已风蚀。身后残存少许树枝，枝条端头亦作花蕾状。

左部　力士像立高14厘米。头似戴冠，面风化，内着广袖长袍，外罩裲裆甲，腿裙止于双膝，腰束带，系抱肚，垂鹘尾，足着靴。双手腹前持一物，物残。身饰披帛，环状绕于头后，顺双肩下垂，飘于体侧。其身后刻六齿大象，身大部残，残长约15厘米，高9厘米。象鼻卷曲，头微伏，两前腿微屈，存左后腿。

（3）西南面壸门

内刻一佛二弟子二菩萨二力士七身像。佛像居中，左右依次为弟子、菩萨、力士等像（图225；图版Ⅰ：474）。

佛像　坐像高9厘米。线刻圆形背光，直径9厘米。面残，内着僧祇支，外着双领下垂式袈裟，下摆悬垂于莲朵上。左手置腹前，右臂屈于体侧，似结印。结跏趺坐于云纹之上的仰覆莲朵上。莲高3厘米，直径8.5厘米。

弟子像　左弟子立像高12.5厘米，光头，脸较圆，面目可辨，内着宽袖长服，外披袈裟，下着裙。双手合十，直身站立。右弟子像残蚀较重，存躯体轮廓，残高12.5厘米。其衣饰及身姿与左弟子像同。

菩萨像　左菩萨坐像高8.5厘米。刻圆形头光，直径5厘米。高髻，头巾下垂及肩。长圆脸，微侧向佛。胸饰璎珞，内着僧祇支。外着披帛，长垂于莲花左右侧。下着长裙。左手置腹前，右臂屈于体侧托经箧，结跏趺坐于莲座上。莲座高4厘米，直径8厘米。莲座置于云头上，云尾作蜿蜒上飘状。右菩萨坐像残蚀较重，残高5厘米。头后存圆形头光，直径5厘米。衣饰难辨，左手置腹前，与右手共持一物，物残，似如意。结跏趺坐。座下莲朵及云朵与左菩萨像同。莲高3.5厘米，直径8厘米。

力士像　左力士立像身矮壮，高9厘米。蓄发，发端反卷。脸圆，扭颈、扬面，顶盏盘。袒上身，腰系带，着长裙。左手叉腰，右臂屈肘上抬，托举盏盘，腕镯，赤足站立。盏盘宽8.5厘米，内置放焰珠及球状物等，自盘内向左右斜飘一道毫光。右力士立像高8.5厘米。双臂屈肘上举，托持盏盘，盘内未刻毫光，余与左力士像同。盏盘宽8厘米，内盛放焰珠、花朵、球状物等。

（4）勾栏及伎乐

勾栏　平座台缘刻七段重台勾栏，于平座转角处置两段相接，勾栏间断阙处宽约67厘米（图226、图227；图版Ⅰ：468、图版Ⅰ：469、图版Ⅰ：470）。勾栏望柱皆残，柱身方形，抹棱，高38厘米，面宽5厘米。柱顶残存一不规整的方孔，边宽约2厘米，深约1.5—4厘米。勾栏结构一致，㭼杖上下高3厘米，盆唇上下高3.5厘米，地栿上下高7厘米，横向安置华板。其中，东南面、西南面、

图 212　第 14 号窟窟外左侧二天王像立面图

图 213　第 14 号窟窟外右侧二天王像立面图

图214　第14号窟窟外右侧最外天王像效果图

西面及南面东段勾栏，上重华板减地平钑长枝莲花以及闭合或舒展的莲叶，其间刻一胖硕的童子；童子光头，高13厘米。圆脸，戴项圈，袒上身，下着裤，跣足，双手握持莲枝，或坐或蹲或跪，作游戏状；下重华板减地平钑三排斜四球纹，球纹错列。南面西段勾栏上部残蚀风化，下重华板刻交叠的菱形纹。

伎乐　东南面勾栏左端、西南面勾栏右端，各刻一身立式伎乐像。东南面勾栏左端伎乐头残，立像残高18厘米（图228；图版Ⅰ：475）。颈部残毁处存一小孔，估计为后期修补残留的遗迹。上着圆领窄袖服，下着长裙，腰间系带。双手持六合拍板，直身站立，双足不现。披帛贴勾栏环绕于头后，顺双肩下垂体侧、外扬。西南面勾栏右端伎乐头毁，上身残蚀，残高28厘米（图229；图版Ⅰ：476）。手势不明，其装束、姿势等与左伎乐同。

4. 帐身

平座之上为帐身。平面呈八边形，刻出南面、东南面、西南面、东面、西面等五面（图217、图218、图219；图版Ⅰ：477、图版Ⅰ：478、图版Ⅰ：479、图版Ⅰ：480、图版Ⅰ：481）。其中，南面、东南面、西南面等三面完整，东面帐身外侧部分毁，现为条石补砌，西面刻出部分。平座台面至帐檐下皮，帐身高246厘米，各面宽度不一。帐身外侧各面转角处立八棱帐柱。帐柱顶部横置向外倾俯的仰阳板。自仰阳板下缘中部斜向刻两朵云纹，分别与帐柱上端相接，使帐身各面形成欢门。欢门内开龛，高浮雕佛像和经匣。其中，南面、东面、西面欢门内各刻佛像1身，东南面和西南面欢门内刻经匣。

（1）帐柱

可见四柱，刻于帐身外侧转角处（图版Ⅰ：482、图版Ⅰ：483、图版Ⅰ：484、图版Ⅰ：485）。柱身截面为不规则八棱形。柱高165—170厘米，面宽约7厘米。柱础刻作莲台，显露少许，高约5—10厘米，径45厘米。柱身刻龙缠绕，龙身与帐身相接处饰云纹。龙首长扁，鼻、须、触、耳、鬣毛刻饰俱全，角分叉。细颈，身长，刻背鳍、龙鳞，四腿刻锥形肘毛，四爪，兽形长尾。其中，南面帐柱上两龙自上而下倒附于柱身，头作相视状。左侧柱龙张口衔宝珠，珠径约5厘米。右侧柱龙颈部残断，以木屑和泥修补。东、西两面帐柱上两龙自下而上附于柱身，侧首朝向窟口。东面帐柱上龙右前腿残断，亦以木屑和泥修补。

（2）仰阳板

仰阳板上宽下窄，形如倒置的梯形，高42厘米。南面、东南面和西南面较完整，上宽155厘米，下宽140厘米（图230、图231、图232；图版Ⅰ：486、图版Ⅰ：487、图版Ⅰ：488）。东面和西面刻出局部，东面上宽72厘米，下宽80厘米；西面上宽69厘米，下宽90厘米（图233、图234；图版Ⅰ：489、图版Ⅰ：490）。仰阳板内刻壸门，高25厘米，宽130厘米，深3厘米；其内减地平钑长梗仰莲朵，高9厘米，径15厘米。其中南面刻5朵，东南面和西南面各刻4朵，东面和西面各刻2朵，莲间刻数枝长梗的莲叶和莲蕾，缠绕交错。

每朵仰莲上刻坐佛1身，计17身。佛像特征相似，坐高12厘米，皆蚀。刻圆形头光和椭圆形身光。头布螺发，脸长圆，面蚀。内着僧祇支，外着双领下垂式袈裟，结跏趺坐。其手势各异，各像特征列入表18。

表18　大佛湾第14号正壁转轮经藏仰阳板佛像特征简表

位置	造像 （各面均从左至右编号）	手势
南面	1	双手腹前笼袖内。
	2	同上。
	3	双手胸前结印。
	4	左手横置腹前，右手举掌向上。
	5	双手腹前笼袖内。
东南面	1	双手腹前笼袖内。
	2	左手抚左膝，右手置腹前，残。
	3	双手胸前结印，左手覆右手；指稍残。
	4	双手腹前笼袖内。
西南面	1	双手腹前笼袖内。
	2	同上。
	3	左手横置腹前，掌心向上；右手胸前举掌向上。
	4	双手腹前结定印。
东面	1	双手腹前笼袖内。
	2	同上。
西面	1	双手腹前笼袖内。
	2	手残，不详。

（3）云纹

欢门左、右上角云纹表现一致，斜长约80厘米，厚约32厘米。南面、东南面、西南面云纹内各刻童子像2身，计6身（图217、图218、图219；图版Ⅰ：486、图版Ⅰ：487、图版Ⅰ：488）。东面和西面云纹内未刻童子。

童子像造型相似，光头，高29厘米，头长7厘米，肩宽9厘米，胸厚5厘米。脸圆，眉目微残，鼻直，抿唇，嘴角内收，面带笑意。上披宽博披帛，下着长裤、缚裤，腰系短裙，裙摆于腿间呈锐角下垂。披帛于腹前交叠，上搭双手前臂，顺体侧下飘。腕镯，跣足。其中，南面两身童子手外摊，头低伏，相对伏跪。东南面和西南面童子，当胸合十，相对而立。

（4）欢门

Ⅰ.南面欢门

欢门内开弧形浅龛，龛高170厘米，宽150厘米，深（自帐柱至龛后壁）64厘米；龛壁打磨平整，内浮雕坐佛像1身。

图215　第14号窟窟内造像展开图

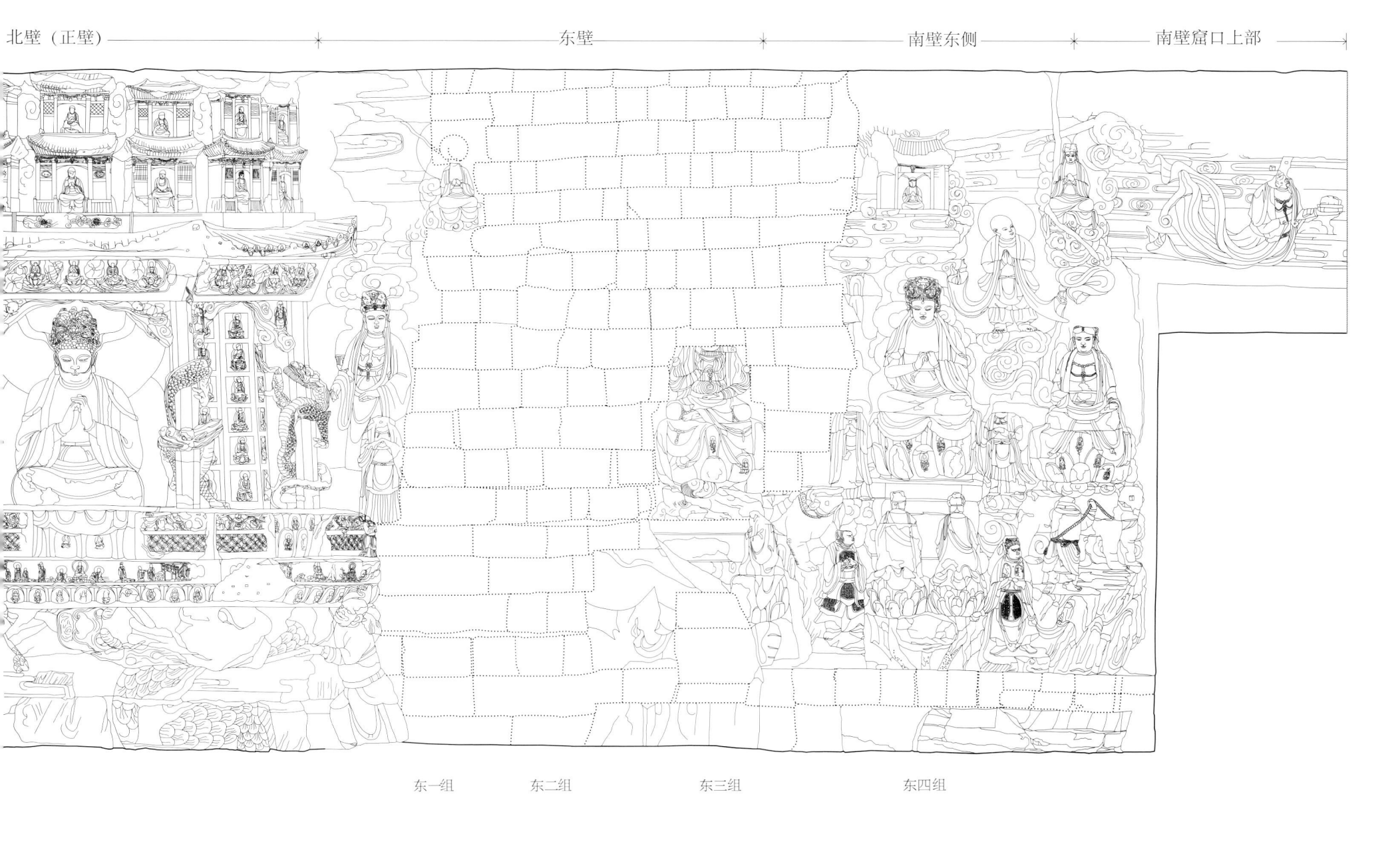

北壁（正壁） 东壁 南壁东侧 南壁窟口上部

东一组　　东二组　　东三组　　东四组

图216 第14号窟窟内南壁造像立面图

第五章 第13—14号 299

图 217　第 14 号窟转轮经藏正立面图

图218 第14号窟转轮经藏东南面、东面造像立面图

图 219　第 14 号窟转轮经藏西南面、西面造像立面图

图 220　第 14 号储转轮经藏平面图

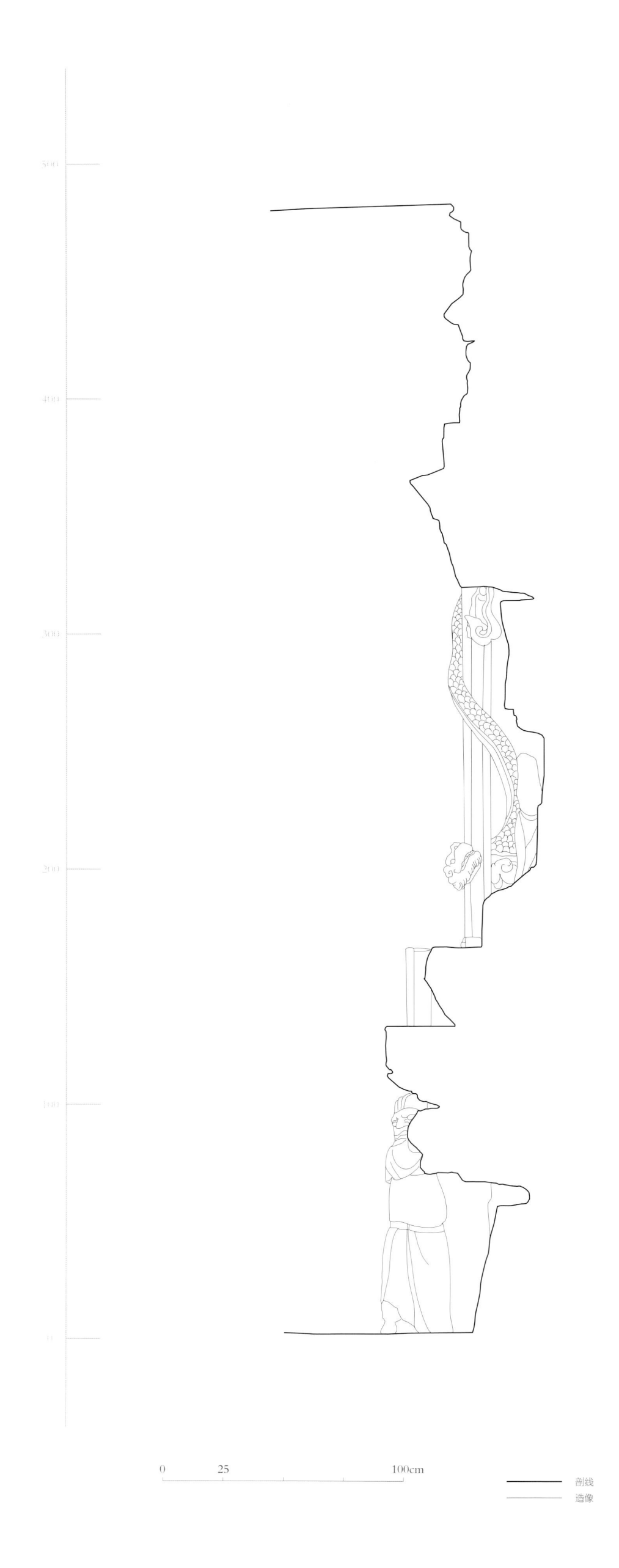

图 221　第 14 号窟转轮经藏剖面图

佛像坐高162厘米，头长60厘米，肩宽62厘米，胸厚30厘米（图235；图版Ⅰ：491）。饰圆形头光和椭圆形身光，厚2—9厘米，径宽分别为130、140厘米。头光和身光彩画放射状光芒，其上绘制数朵如意形云纹，边缘墨描梅枝。佛像头戴花冠[1]，露螺发；冠带贴肩下垂，左带中段残。冠正面中部饰祥云，上承莲花，再上饰火焰。冠体上缘两侧饰火焰纹，下缘饰珠串、流苏。脸方圆，广额，丰颊，下颏饱满。眉骨修长，双目半开，鼻高直，耳垂肥大，双唇闭合，自嘴角处向左、右各出一道毫光，过脸颊止于头光上部边缘。颈刻三道肉褶线。内着僧祇支，胸际系带，外着双领下垂式袈裟，下摆悬搭于莲座上。袈裟衣纹作泥条状，疏朗有致。双手胸前结印，左手覆右手，拇指直伸、并拢，余指曲。腕镯。结跏趺坐于圆形双重仰莲台上，莲台高40厘米，直径128厘米。正面两莲瓣上浅浮雕小佛像1身，坐高6厘米。佛像刻有头光、身光，着双领下垂式袈裟，双手置腹前，结跏趺坐于莲朵上。

Ⅱ. 东南面欢门

欢门内高浮雕一只经匣，平面为八边形，高170厘米，边宽36厘米（图236；图版Ⅰ：492）。

经匣刻出三面，每面竖刻六个方框，每个方框高27厘米，宽26厘米，上下方框间距约5厘米。经匣置于莲台上，台高35厘米，径100厘米。莲台刻三重仰莲瓣，外侧两重莲瓣上浅浮雕小佛像，可见5身。佛像基本一致，坐高8.5厘米。刻圆形头光与身光，直径分别为6、8.5厘米。面模糊，内着僧祇支，外着双领下垂式袈裟，双手腹前笼袖内，结跏趺坐于仰莲上。

三面六个方框内各高浮雕坐佛像1身，共18身。其体量相近，坐高14厘米。刻圆形头光和椭圆形身光，头光直径8.5厘米，身光最宽10厘米。各像均略残，头螺发，面长圆。内着僧祇支，胸际系带，外着双领下垂式袈裟。双手或持物或结印，结跏趺坐于仰莲座上，座高7厘米，宽15厘米。佛像从左向右编为第1至3列，各列由上至下编为第1—6号，其手势及持物见表19。

表19 大佛湾第14号窟正壁转轮经藏东南面欢门经匣佛像特征简表

位置	造像编号	佛像手式及持物
第1列	1	双手笼袖内，举于胸前。
	2	龙爪遮挡，手印不明。
	3	双手举于胸前，其上覆巾。
	4	双手置腹前笼袖内。
	5	双手置腹前笼袖内。
	6	双手置腹前笼袖内。
第2列	1	左手扶左膝，右手置腹前托钵。
	2	双手置腹前捧持宝珠。
	3	双手当胸结印。
	4	左手置腹前，右手胸前举掌向上。
	5	双手置腹前笼袖内。
	6	双手置腹前笼袖内。
第3列	1	双手未见刻出。
	2	双手置腹前笼袖内。
	3	双手置腹前，残。
	4	双手置腹前笼袖内。
	5	双手置腹前笼袖内。
	6	帐柱盘龙龙腿遮覆，不明。

---

1 冠体左右侧翼略微外展，外观呈"山"形；由卷草构成，左右上侧装饰莲花，间饰放焰珠，下缘悬挂珠串。调查中将此类冠统称花冠。

Ⅲ.西南面欢门

欢门内浮雕经匣,结构与东南面经匣同,高167厘米,边宽37厘米(图237;图版Ⅰ:493)。每个方框高24厘米,宽26厘米。经匣之下为仰莲台,台高40厘米,直径100厘米。其外侧两重莲瓣上浅浮雕佛像,仅辨5身轮廓遗迹。

三面六个方框内各高浮雕坐佛像1身,共18身。坐高约14厘米,特征与东南面经匣方框内坐佛像同。其坐下仰莲台高7厘米,宽15厘米。

佛像从左向右编为第1至3列,各列由上至下编为第1—6号,其手势及持物见表20。

表20　大佛湾第14号窟正壁转轮经藏西南面欢门经匣佛像特征简表

位置	造像编号	佛像手式及持物
第1列	1	佛像未见雕出。
	2	双手置腹前笼袖中。
	3	双手置腹前笼袖中。
	4	左手置腹前托钵,右手举胸前,掌心向上。
	5	双手置腹前笼袖内。
	6	双手置腹前笼袖中。
第2列	1	双手于腹前笼袖中。
	2	左手置腹前托珠,右手上举胸前,拇指与其余四指相捻。
	3	双手置腹前托法轮。
	4	左手扶左膝,右手置腹前,掌心向上。
	5	双手置腹前结定印。
	6	双手置腹前笼袖中。
第3列	1	佛像未见雕出。
	2	双手置腹前笼袖中。
	3	帐柱盘龙龙腿遮挡,手势不明。
	4	双手置腹前笼袖内。
	5	手残,手势不明。
	6	双手置腹前笼袖中。

Ⅳ.东面欢门

内凿弧形浅龛,刻出右侧部分,高160厘米,宽80厘米,深50厘米;内刻佛像1身(图238;图版Ⅰ:494)。佛像坐高155厘米,头长53厘米,肩宽约50厘米,胸厚25厘米。头顶大而浑圆、螺发,面圆,额广颊丰,眉眼细长,鼻高直,唇微闭,下颔丰圆,耳垂肥大。颈刻三道肉褶线,胸厚实,左臂隐入崖壁。着双领下垂式袈裟。双手胸前结印,屈指,左手覆右手,左手食指半伸。结跏趺坐,座下未刻莲座。

Ⅴ.西面欢门

内凿弧形浅龛,刻出左侧部分,高154厘米,宽103厘米,深80厘米;内凿佛像1身,左后壁设低台(图239;图版Ⅰ:495)。台高32厘米,宽40厘米,深10厘米。佛像坐高135厘米,头长45厘米,肩宽50厘米,胸厚26厘米。螺发,圆脸。颈刻三道肉褶线,宽肩厚胸。内着僧祇支,胸系带打结,外披双领下垂式袈裟,袈裟衣纹于前臂作阶梯状。腕镯,左手置腹前,掌心向上,右手举胸前,掌大部残。结跏趺坐于莲台上。莲台显露少许。

5. 帐檐

仰阳板上缘刻撩檐枋，长180厘米，截面高4厘米，于栌斗出头交绞，交绞处斜上刻角梁。斗45°斜向安置，上宽11.5厘米，下宽9厘米，耳平高3厘米，倚高2厘米。枋承檐椽，宽4.6厘米，长20.5厘米。檐椽上承八角屋顶，屋顶高24厘米（图版Ⅰ：496）。南面及东南面屋顶部分残，残毁处存后期补接遗留的方形小孔。檐口作弧线，檐下刻连檐板，翼角起翘。屋面刻瓦垄、瓦沟，垄径8厘米，沟宽约5厘米。瓦当圆形，径6.5厘米，内浅浮雕小佛像1身。小佛像保存较差，坐高4.5厘米。螺发，脸圆，内着僧祇支，外着双领下垂式袈裟，下摆覆于座前。双手腹前笼袖内，结跏趺坐于莲花上。滴水刻作如意头。

6. 平座

屋顶上承平座。平座平面呈十六边形，刻出九面，南面居中，各面高21厘米，宽89厘米。其中南面线刻方框，高12.5厘米，宽84厘米（图版Ⅰ：497）。框内刻壸门，高12厘米，宽73厘米，深2厘米，内减地平钑长枝花卉。紧邻正面的右侧一面和左侧两面均以双线刻出方框，其中，东侧的第二面方框内刻壸门，高12厘米，宽61厘米，内素平。平座其余各面素平。

7. 天宫楼阁

平座上刻天宫楼阁九座，屋身正面与平座各面同向（图240；图版Ⅰ：498）。以正面（南向）楼阁为中心，其东侧四座，从内至外编为东第一至第四座；西侧四座，从内至外编为西第一至第四座。其中，东第四座和西第四座均仅刻出屋身一角，高约64厘米。现将雕刻较为完整的正面楼阁、东第一至第三座和西第一至第三座记述如下。

（1）正面楼阁

为双层庑殿顶楼阁，屋顶部分隐入窟顶，通高101厘米（图241；图版Ⅰ：499）。底层屋身前设置单重勾栏，自明间柱阙开，高8厘米。望柱方形，高12厘米，宽2厘米。柱首作宝珠形，大部毁。桦杖厚1.5厘米，其下列七根直桯，桯高6.5厘米，宽1.7厘米。未刻地栿。屋身四柱三间，面阔55厘米，进深22.5厘米。柱身方形、抹棱，高32厘米，宽2.5厘米。明间阔31厘米，柱间刻月梁式阑额，上下宽3厘米。额下开圆拱浅龛，高39厘米，宽27厘米，深8厘米，内刻佛像1身。左右次间阔12厘米，柱间刻阑额，高约2厘米。额下设窗，高11.5厘米，宽7.5厘米。上横刻刻电纹，下刻壸门，镂雕一朵窗花。柱上置栌斗，上宽4厘米，下宽3厘米，耳平高2厘米，倚高1厘米。明间补间刻三朵单斗，斗上宽3.2厘米，下宽2.5厘米，耳平高1.8厘米，倚高1.2厘米。斗上承素枋，上下高1.2厘米。枋上结构未见刻出。再上刻撩檐枋，高0.5厘米。枋下刻出悬垂的双重珠串、璎珞、流苏等。枋上承檐椽，椽长6厘米，宽2.5厘米。转角处刻角梁。壁间镂雕卷草。撩檐枋上为底层屋顶，高11厘米。檐口平直，檐下刻连檐板，翼角起翘。屋面刻瓦垄、瓦沟，垄径2.4厘米，沟宽1.8厘米。瓦当圆形，重唇滴水。屋脊厚3厘米，宽52厘米，左右脊端刻作如意头。

第二层屋身，四柱三间，面阔49厘米，进深20厘米；其结构、装饰与底层屋身略同。立柱高26.5厘米，宽3厘米。明间宽27厘米，左、右次间宽11厘米。柱间阑额上下高2厘米。明间圆拱浅龛高26厘米，宽24.5厘米，深8厘米，其内刻佛像1身。左、右次间刻菱形槅扇窗，高9厘米，宽8厘米。柱顶栌斗上宽4.5厘米，下宽2.5厘米，耳平高1.5厘米，倚高1厘米。明间补间刻两朵单斗，形制相同，上宽4厘米，下宽2.5厘米，耳平高1.4厘米，倚高0.8厘米；其上素枋上下高1厘米。檐椽高5厘米，宽2.3厘米。屋顶部分隐没，且局部残脱，高8厘米。

底层佛像 坐高30厘米，头长10厘米，肩宽9厘米，胸厚5厘米。头、面剥蚀，双肩残。着双领下垂式袈裟，下摆覆于座前。双手戴镯，举至胸前，残蚀；结跏趺坐方台上。台高8厘米，宽23厘米，深8厘米。

上层佛像 坐高20厘米，头长8厘米，肩宽8厘米，胸厚3厘米。头残，内着僧祇支，外着双领下垂式袈裟，下摆覆搭座前。左臂残，似置腹前。右臂举至胸前，手残。结跏趺坐方台上。台高5厘米，宽18厘米，深6厘米。

（2）东第一座

为山墙向外的重檐歇山顶楼阁，屋顶大半隐入窟顶，高102厘米（图242；图版Ⅰ：500）。底层屋身前设单重勾栏，自明间柱阙开，高10厘米。望柱方形，高13厘米，宽3厘米。柱首作宝珠形，少许残损，栏杆未刻装饰。屋身四柱三间，面阔48厘米，进深17厘米。柱身方形，抹棱，高28.5厘米，宽2.8厘米。明间宽25厘米，柱间置阑额，上下高2.6厘米。额下开圆拱浅龛，高35厘米，宽22厘米，深7厘米，内刻佛像1身。左、右次间宽11.5厘米，柱间施阑额，额下刻窗，高10厘米，宽8厘米，线刻窗格。柱顶置栌斗，上宽3.5厘米，下宽2厘米，耳平高1厘米，倚高1厘米。明间补间刻一朵单斗，上宽4.5厘米，下宽3.3厘米，耳平高1.5厘米，倚高1.5厘米。栌斗之上结构不明。再上刻撩檐枋，上下高1厘米。枋下刻珠串、花卉、流苏等饰件。枋上刻檐椽，宽2厘米，长5厘米。转角处刻角

图 222　第 14 号窟转轮经藏基座展开图

第五章 第13—14号

图 223　第 14 号窟转轮经藏正面平座造像立面图

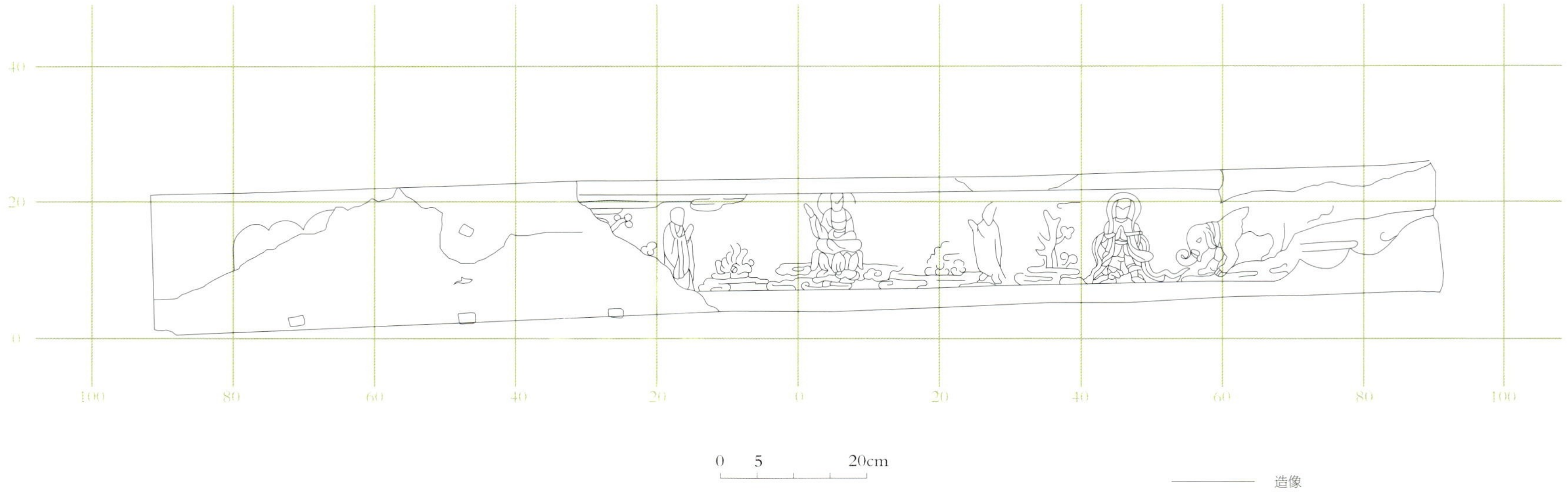

图 224　第 14 号窟转轮经藏东南面平座造像立面图

图 225　第 14 号窟转轮经藏西南面平座造像立面图

梁，残。其上承屋顶，高10厘米，檐口较平，檐下刻连檐板，翼角起翘。屋面刻瓦垄、瓦沟，垄径2.4厘米，沟宽1.5厘米。瓦当圆形，重唇滴水。博脊上下高4厘米，宽50厘米，端头刻作如意头。

第二层屋身，四柱三间，面阔45厘米，进深13厘米；其结构、装饰与底层屋身略同。立柱高22厘米，宽2.2厘米。明间宽22厘米，左、右次间宽12厘米。柱间阑额上下高2厘米。明间圆拱龛高21厘米，宽19.5厘米，深6厘米，内刻佛像1身。左、右次间刻菱形槅扇窗，高6厘米，宽9厘米。柱顶栌斗上宽4厘米，下宽2.5厘米，耳平高1.2厘米，倚高1厘米。明间补间刻一朵单斗，上宽4厘米，下宽2.5厘米，耳平高1厘米，倚高1厘米。屋顶大部隐没，高18厘米，保存少许博风板、垂脊和博脊。

底层佛像　坐高22厘米，头长8厘米，肩宽9厘米，胸厚4厘米。头残面蚀，内着僧祇支，系带，外着双领下垂式袈裟，下摆覆于座台。双手腹前结印（定印），结跏趺坐于方台上。台高11厘米，宽22厘米，深5厘米。

上层佛像　坐高20厘米，头残长6.5厘米，肩宽8厘米，胸厚3厘米。面残，着双领下垂式袈裟。双手举胸前，大部残蚀，似结印。结跏趺坐，双腿残缺。

（3）东第二座

为重檐庑殿顶楼阁，屋顶部分隐入窟顶，通高101厘米（图243；图版Ⅰ：501）。底层屋身前设置单重勾栏，自明间柱阙开，高9.5厘米。望柱方形，高13厘米，宽2厘米，柱首作宝珠形，部分残。寻杖、地栿均上下高2厘米，其间刻九根直棂，棂高5.5厘米，宽1.5厘米。屋身四柱三间，面阔47厘米，进深19.5厘米。柱身方形，抹棱，高30.5厘米，宽2.5厘米。明间宽22厘米，柱间刻阑额，上下高2.2厘米。额下开圆拱浅龛，高37厘米，宽20厘米，深7厘米，内刻佛像1身。次间宽13厘米，柱间刻阑额，其下线刻剡电窗，高11厘米，宽9.5厘米，四周刻子桯，宽0.8厘米。柱顶栌斗，上宽4.5厘米，下宽2.3厘米，耳平高1厘米，倚高1厘米。明间补间刻一朵单斗，斗上宽4.5厘米，下宽2.5厘米，耳平高1厘米，倚高1厘米。栌斗上刻素枋，上下高0.6厘米。枋上结构不明。再上刻撩檐枋，高1.5厘米，枋下刻珠串、花卉、流苏等饰件。枋上承檐椽，宽2.2厘米，长6厘米，转角处刻角梁。其上为屋顶，高9厘米，檐口平直，檐下刻连檐板，翼角起翘。屋面刻瓦垄、瓦沟，垄径2.2厘米，沟宽1.2厘米。圆形瓦当，重唇滴水。屋脊上下高3.3厘米，端头刻作如意头。

上层屋身结构与底层屋身略同，构件及尺寸为：四柱三间，面阔45厘米，进深20厘米。柱高26.5厘米，宽3厘米。阑额上下高2.5厘米。明间宽22厘米，左右次间宽12厘米。浅龛高24厘米，宽19厘米，深6厘米，内刻佛像1身。剡电窗高6.5厘米，宽9厘米，子桯宽0.5厘米。撩檐枋高1.5厘米。屋顶高8厘米，屋面及檐下风化、残蚀，翼角残缺。

底层佛像　坐高22厘米，头长9厘米，肩宽10厘米，胸厚4厘米。螺发，面圆，眉目稍残。内着僧祇支，系带，外披双领下垂式袈裟。双手腹前笼袖内。结跏趺坐于方台上。台剥蚀，高13厘米，宽17厘米，深5厘米。

上层佛像　坐高16厘米，头长6厘米，肩宽8厘米，胸厚3厘米。头顶残，面圆，五官模糊。内着僧祇支，外着双领下垂式袈裟，下摆覆座前。左手置腹前，掌心向上，右手举于胸前，手残。结跏趺坐于方台上。台高7厘米，宽15厘米，深4厘米。

（4）东第三座

为重檐庑殿顶楼阁，屋顶部分隐入窟顶，通高96厘米（图244；图版Ⅰ：502）。底层屋身前设置单重勾栏，自明间柱阙开，部分残蚀，高8厘米。望柱方形，高12.5厘米，宽3厘米，柱首作宝珠形。其余构件未见刻出。屋身四柱三间，面阔49厘米，进深15厘米。立柱方形，抹棱，高28.5厘米，宽3厘米。明间宽23厘米，柱间未刻阑额，开圆拱浅龛，高34厘米，宽20.5厘米，深6厘米，内刻佛像1身。次间宽13厘米，柱间刻阑额，上下高2.8厘米，额下刻窗，高11厘米，宽9.5厘米。柱上栌斗，上宽4.5厘米，下宽2.2厘米，耳平高1厘米，倚高1厘米。斗承素枋，上下高1厘米，枋上结构不明。再上刻撩檐枋，枋下刻珠串、花卉、流苏等饰件。枋上承檐椽，宽2.5厘米，长6厘米，转角处刻角梁。再上为屋顶，高10厘米。檐口平直，檐下刻连檐板，翼角起翘。屋面风化，残存瓦垄、瓦沟，垄径2厘米，沟宽1.5厘米。圆形瓦当，重唇滴水。屋脊上下高3.5厘米，端头刻作如意头。

上层屋身四柱三间，面阔42厘米，进深15.5厘米。其结构、装饰与底层屋身略同，构件及尺寸为：柱高24厘米，宽2.5厘米。明间宽23厘米，左右次间宽10厘米。明间浅龛高20厘米，宽20厘米，深5厘米，内刻佛像1身。次间阑额上下高2厘米，剡电窗高6厘米，宽6.5厘米。撩檐枋高1厘米。屋顶残蚀较重，高约7.5厘米。

底层佛像　坐高23厘米，头长7厘米，肩宽9厘米，胸厚3厘米。头残蚀，存轮廓遗迹。内着僧祇支，系带，外着双领下垂式袈裟，下摆覆座前。双手置腹前，残蚀。结跏趺坐于方台上，双腿残蚀。台高12厘米，宽18厘米，深4.5厘米。

上层佛像　坐高16厘米，头长6厘米，肩宽6厘米，胸厚3厘米。头残蚀，存一道纵向裂纹。衣饰、坐姿与下层同。双手腹前笼袖

图 226　第 14 号窟转轮经藏南面、东南面勾栏造像立面图
1　南面　2　东南面

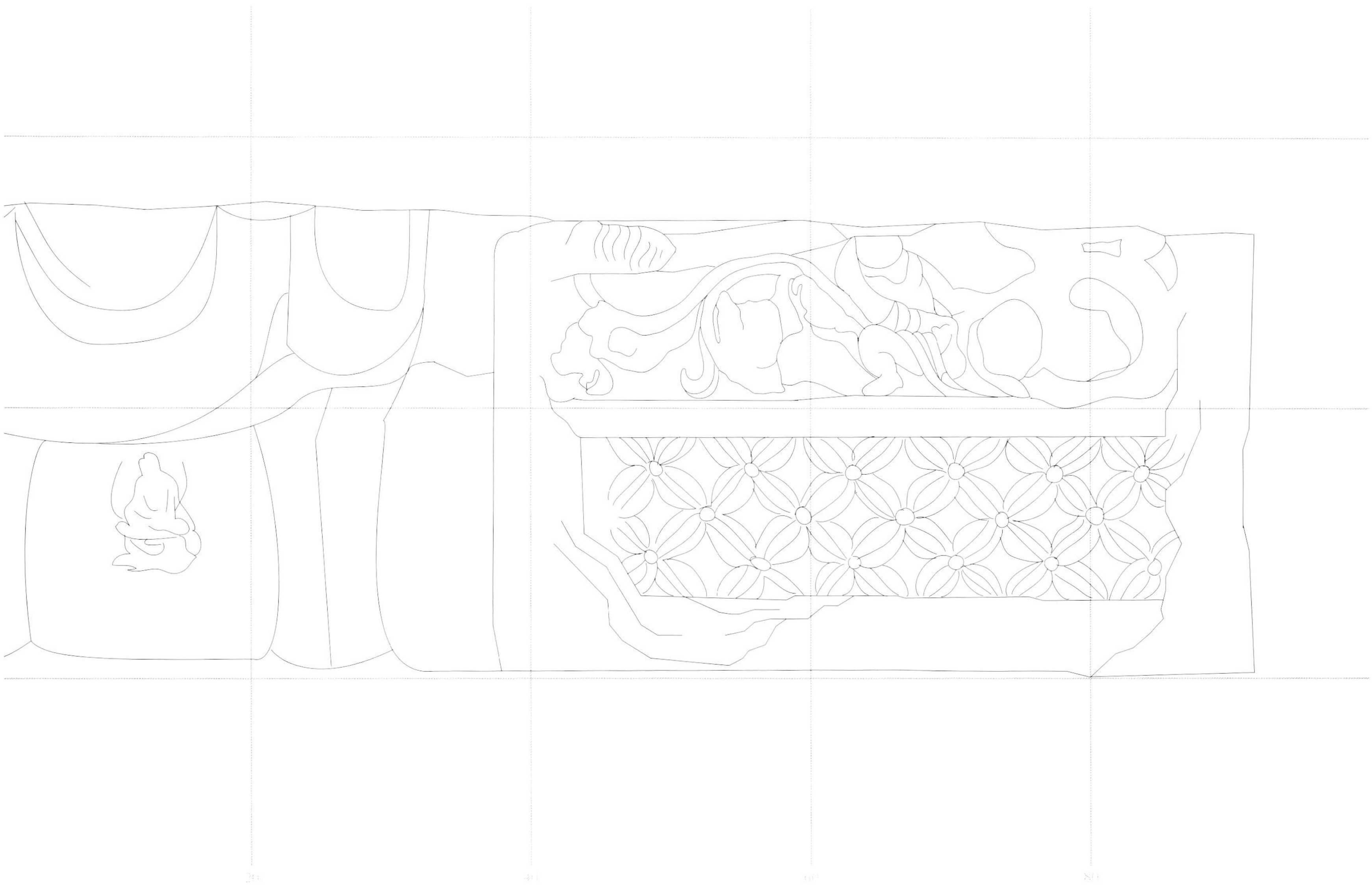

第五章 第13—14号 313

图227 第14号窟转轮经藏西南面勾栏立面图

图 228　第 14 号窟转轮经藏东南面勾栏左端东侧伎乐像立面图

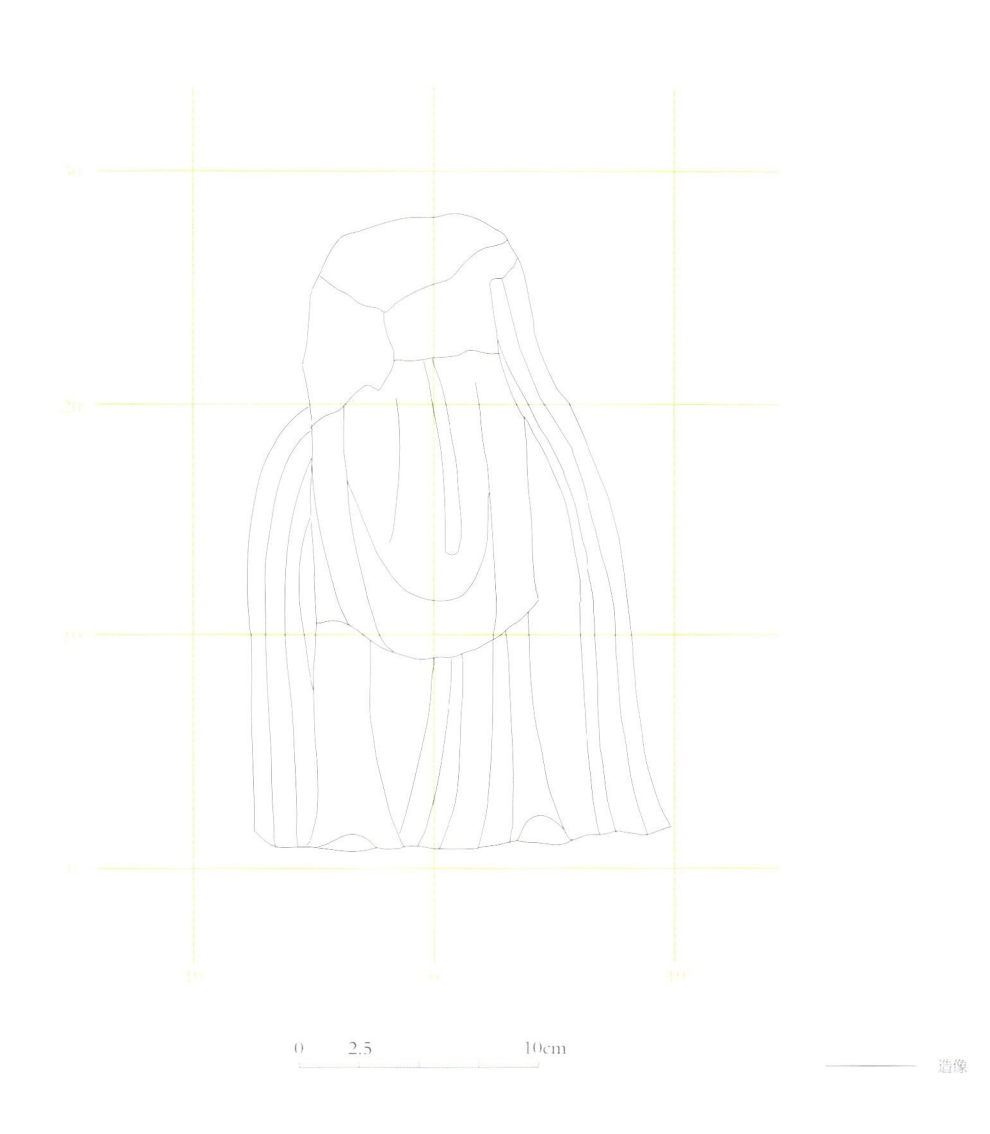

图 229　第 14 号窟转轮经藏西南面勾栏右端伎乐像立面图

图 230　第 14 号窟转轮经藏南面仰阳板立面图

图 231　第 14 号窟转轮经藏东南面仰阳板立面图

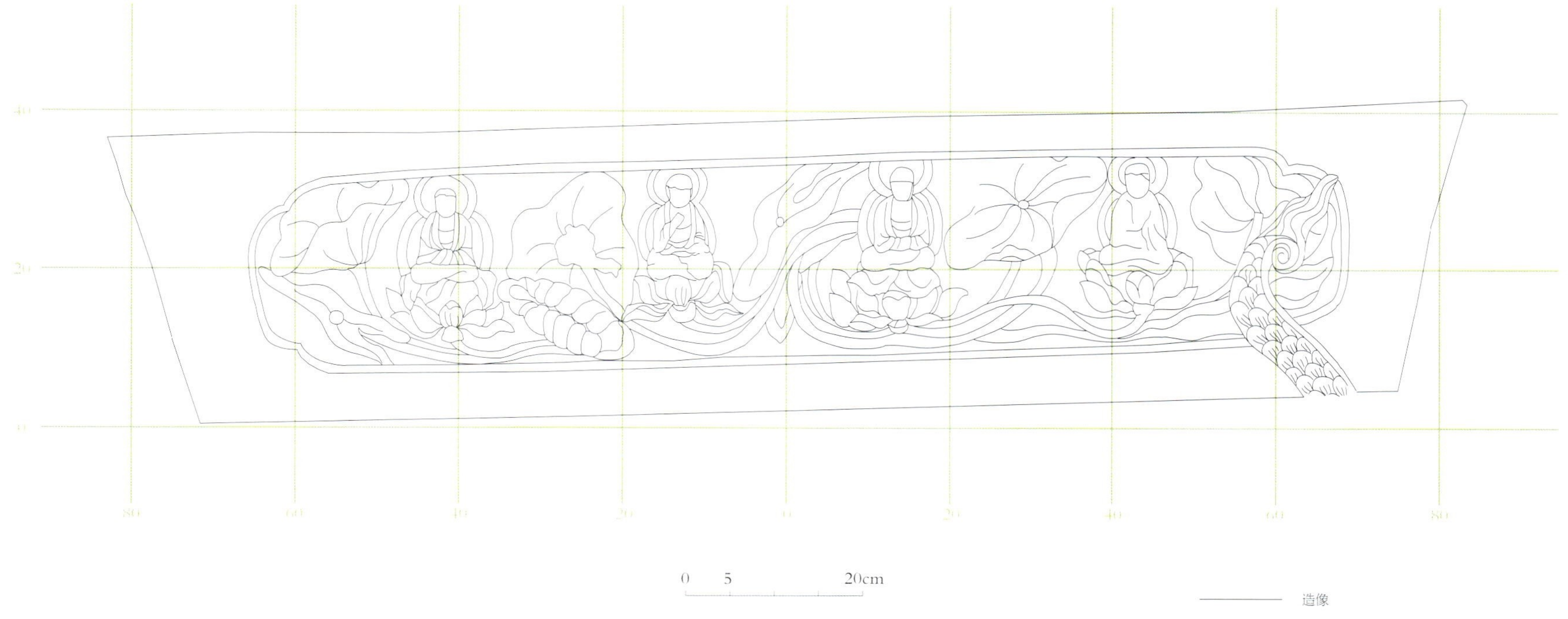

图232　第14号窟转轮经藏西南面仰阳板立面图

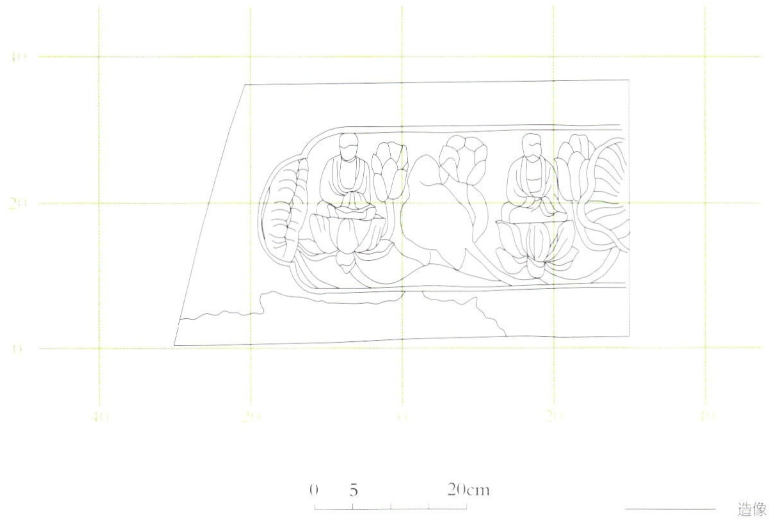

图233　第14号窟转轮经藏东面仰阳板立面图

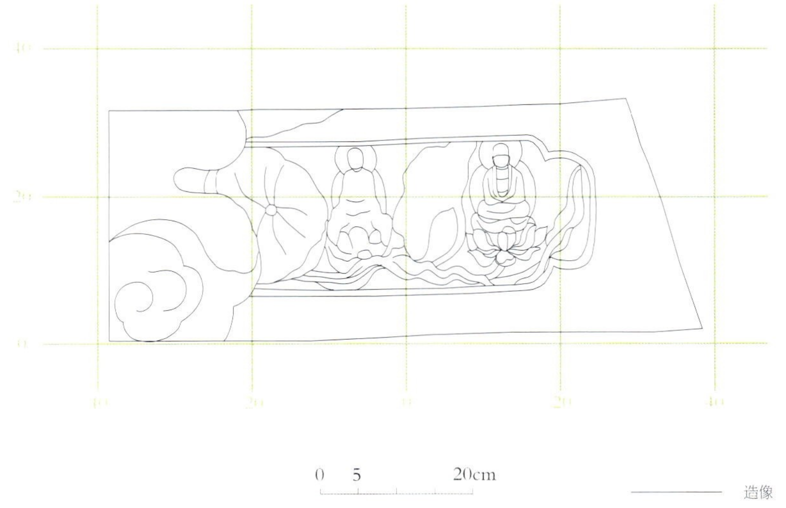

图234　第14号窟转轮经藏西面仰阳板立面图

图 235　第 14 号窟转轮经藏南面（正面）欢门立面图

图 236　第14号窟转轮经藏东南面欢门立面图

图 237　第 14 号窟转轮经藏西南面欢门立面图

图 238 第 14 号窟转轮经藏东面欢门立面图

图 239　第 14 号窟转轮经藏西面欢门立面图

内。结跏趺坐于方台上。台高5.5厘米，宽12.5厘米，深4厘米。

（5）西第一座

为山墙向外的重檐歇山顶楼阁，高110厘米（图245；图版Ⅰ：503）。底层屋身前设置单重勾栏，自明间柱阙开，高8厘米。望柱方形，高11.5厘米，宽2.3厘米，柱首残蚀。寻杖高约2厘米，其下刻七根直棂，高6.7厘米，宽1.2厘米，未刻地栿。屋身四柱三间，面阔49厘米，进深18厘米。立柱方形、抹棱，高27.5厘米，宽3厘米。明间宽27厘米，柱间刻月梁式阑额，上下高1.4厘米，额下开圆拱浅龛，高35厘米，宽24厘米，深8厘米，内刻佛像1身。左、右次间宽11厘米，柱间刻阑额，上下高2厘米，额下刻窗，高9厘米，宽7.5厘米，窗纹残。柱上栌斗，上宽3.5厘米，下宽2.2厘米，耳平高1.5厘米，倚高0.8厘米。斗上构件不明。再上刻撩檐枋，上下高1.3厘米，枋下刻珠串、花卉、流苏等饰件。枋上刻檐椽，宽1.7厘米，长6厘米，转角处刻角梁。再上为屋顶，高11厘米。檐口平直，檐下刻连檐板，翼角起翘。屋面刻瓦垄、瓦沟，垄径2.2厘米，沟宽1.5厘米，瓦当圆形，重唇滴水。博脊上下高3厘米，端头刻作如意头。

上层屋身四柱三间，面阔46厘米，进深18厘米。屋身结构、装饰与底层略同，构件尺寸为：柱高24厘米，宽2.5厘米。栌斗上宽4厘米，下宽2厘米，耳平高1厘米，倚高2.5厘米。明间宽22.5厘米，阑额上下高2.3厘米，圆拱龛高24厘米，宽20厘米，深6厘米，内刻佛像1身。次间宽11厘米，阑额下设窗，高7厘米，宽9厘米，刻子桯，宽1.1厘米，其内残留棱形窗花。撩檐枋上下高1厘米，檐椽宽2厘米，长4.5厘米。屋顶高24厘米，瓦垄径2.5厘米，瓦沟宽1.6厘米，正脊端头隐没，垂脊长25厘米，刻排山沟滴。戗脊长8厘米，博脊长42厘米，上下高2厘米，悬鱼残，博风板素面。

底层佛像　坐高23厘米，头长8厘米，肩宽10厘米，胸厚5厘米。螺发，头顶残，圆脸，面风化。内着僧祇支，外披双领下垂式袈裟，下摆覆座前。左手置腹前，掌心向上，右手胸前结印。结跏趺坐于方台上。台高9.5厘米，宽19厘米，深7厘米。

上层佛像　坐高20厘米，头长7厘米，肩宽9厘米，胸厚4厘米。头顶稍残，圆脸，五官可辨。其衣饰、身姿与底层佛像略同。双手腹前持钵，钵高2.5厘米，径3.5厘米。方台高3厘米，宽17厘米，深5厘米。

（6）西第二座

为重檐庑殿顶楼阁，通高104厘米（图246；图版Ⅰ：504）。底层屋身前设置单重勾栏，自明间柱阙开，高9厘米。望柱方形，高12厘米，宽2厘米，柱首作宝珠形。寻杖、地栿均高约1.2厘米，内刻十根直棂，棂高6.5厘米，宽1厘米。屋身四柱三间，面阔47厘米，进深21厘米。立柱方形、抹棱，高33厘米，宽3厘米。明间宽23厘米，柱间刻阑额，上下高3厘米，额下开圆拱浅龛，高38厘米，宽20厘米，深7.5厘米，内刻佛像1身。次间宽12厘米，柱间刻阑额，上下高2厘米，其下开圆形窗，径约6.5厘米，内作纵向刻电纹。柱上栌斗，上宽4.5厘米，下宽2.5厘米，耳平高1.5厘米，倚高0.8厘米。明间补间刻一朵单斗，仅见少许。栌斗上结构不明。再上刻撩檐枋，高1厘米，枋下刻花卉、流苏等饰件。枋上承檐椽，宽1.5厘米，长7厘米，转角处刻角梁。其上为屋顶，高13厘米。檐口平直，檐下刻连檐板，翼角起翘。屋面刻瓦垄、瓦沟，垄径2厘米，沟宽1.5厘米。圆形瓦当，重唇滴水。屋脊上下高3.5厘米，端头刻作如意头。

上层屋身四柱三间，面阔40厘米，进深23.5厘米。其结构、装饰与底层屋身略同，构件尺寸为：立柱高23厘米，宽2.8厘米。栌斗上宽4厘米，下宽2厘米，耳平高1.4厘米，倚高1厘米。阑额上下高2厘米。明间宽20厘米，左、右次间宽10厘米。浅龛高23厘米，宽17厘米，深5.5厘米，内刻佛像1身。刻电窗高7.5厘米，宽7厘米。撩檐枋高1厘米。檐椽宽1.5厘米，长5.5厘米。屋顶高9厘米，瓦垄径2.5厘米，瓦沟宽1.5厘米。

底层佛像　坐高22.5厘米，头长8厘米，肩宽9厘米，胸厚4厘米。螺发，脸圆，稍残。内着僧祇支，系带，外披双领下垂式袈裟，下摆敷搭座前。双手腹前笼袖内。结跏趺坐于方台上。台高11厘米，宽19厘米，深6厘米。

上层佛像　坐高19厘米，头长7厘米，肩宽9厘米，胸厚3厘米。螺发，脸圆，五官可辨。衣饰与底层佛像同。双手掌心向上（左下、右上），叠于腹前。结跏趺坐于方台上。台高2厘米，宽15厘米，深3.5厘米。

（7）西第三座

为重檐庑殿顶楼阁，通高100厘米（图247；图版Ⅰ：505）。底层屋身前设置单重勾栏，自明间柱阙开，勾栏部分剥蚀，高9厘米。望柱方形，高12.5厘米，宽2.3厘米，柱首作宝珠形。寻杖、地栿均高约1.5厘米，内刻六根直棂，棂高6厘米，宽1.5厘米。屋身四柱三间，面阔46厘米，进深21.5厘米。立柱方形、抹棱，高27.5厘米，宽3厘米。明间宽25厘米，柱间刻阑额，上下高2.2厘米，额下开圆拱浅龛，高33厘米，宽22厘米，深5.5厘米，内刻佛像1身。次间宽10.5厘米，柱间刻阑额，上下高2厘米，额下线刻刻电窗，高8

厘米，宽7厘米。柱上结构风化模糊。明间补间刻三朵单斗，残蚀较重。再上直接刻撩檐枋，高1.2厘米，枋下刻花卉、流苏等饰件，部分风蚀。枋上承檐椽，宽2厘米，长6厘米，转角处刻角梁。其上为屋顶，高9厘米，檐口残蚀，翼角起翘。屋面剥蚀，残存少许瓦垄、瓦沟，垄径2.5厘米，沟宽1.5厘米。圆形瓦当，重唇滴水。屋脊上下高5厘米，端头作如意头。

上层屋身四柱三间，面阔41厘米，进深23厘米。其结构、装饰与底层屋身同，构件尺寸如下：柱高26.5厘米，宽3厘米。明间宽22厘米，左、右次间宽10厘米。阑额上下高2.5厘米。浅龛高23厘米，宽19厘米，深5厘米，内刻佛像1身。刹电窗高8厘米，宽6.5厘米。撩檐枋高1厘米。檐椽宽1.8厘米，长6.5厘米。屋顶高8厘米，瓦垄径2厘米，瓦沟宽1.6厘米。

底层佛像　头残蚀，残坐高22厘米，头长7厘米，肩宽10厘米，胸厚3厘米。身蚀，似着双领下垂式袈裟。双手似置腹前，残。结跏趺坐于方台上。台高9厘米，宽20厘米，深4厘米。

上层佛像　仅存轮廓，残高17厘米。

（二）东壁及南壁东侧

东壁岩体大部塌毁，造像受损严重（图215；图版Ⅰ：434）。根据窟内造像对称布局的特点，将造像从内至外（从转轮经藏向窟口）分为四组，各组造像大体分作中下部和上部两部分记述。其中，第一、三组保存部分，第二组毁[1]，第四组保存完整。

1. 第一组

位于东壁，与转轮经藏紧邻。存像3身（图248；图版Ⅰ：506）。其中，中下部刻像2身，上部刻像1身。

（1）中下部

右刻立式菩萨像1身，左刻立像1身（图版Ⅰ：507）。

菩萨像　头略向左，高140厘米，头长35厘米，肩宽38厘米，胸厚17厘米。戴冠，冠正面刻化佛。化佛坐高6厘米，头及面部风蚀，双手置腹前笼袖内，结跏趺坐于仰莲台上；莲台高2.8厘米，直径5厘米。菩萨冠带左右系结后长垂胸前。长圆脸，眼微闭，眼角上翘，直鼻，鼻翼略显扁平，小口微启，上唇略残。颈刻三道肉褶线，戴项圈，垂挂璎珞。内着僧祇支，系带作结，外着双领下垂式袈裟，袈裟一角敷搭于左肩，下着长裙。左手置腹前，掌心向内，右手持如意，如意残断，双足隐于象背之后。象高48厘米，身长56厘米。象匍匐于地，现左前腿，头略左扭，耳下垂，鼻内卷。

立像　头毁，残高78厘米，肩宽24厘米，胸厚10厘米（图版Ⅰ：508）。戴项圈，垂挂璎珞，内着僧祇支，系带作结。下着长裙，腰间外系短裙，腹微凸。着披帛，沿双腋下垂，敷搭前臂后下垂体侧。双手拱于胸前，前臂及手部残，双足不现。

（2）上部

刻坐佛1身。佛像头残，残坐高35厘米，肩宽21厘米，胸厚7厘米（图248；图版Ⅰ：509）。刻圆形面背光，存右侧少许，背光上方存一段毫光。内着僧祇支，外着双领下垂式袈裟，下着长裙，覆搭云台。腕镯，双手置胸前，掌部分残。结跏趺坐于云台上。台高19厘米。

2. 第二组

岩体塌毁，造像毁（图215；图版Ⅰ：434）。

3. 第三组

位于东壁与南壁的交接处，存像2身（图249；图版Ⅰ：510）。其中，中部刻坐像1身，其座前左侧刻跪拜像1身。上部造像毁。

坐像[2]　头毁，残坐高61厘米，肩宽43厘米，胸厚14厘米。戴项圈，垂饰璎珞。内着圆领紧袖服，胸际束带作结，胸部衣纹呈纵向水波纹状。下着长裙，外系短裙，双膝各绕一道珠串，其下连坠的珠串敷搭于裙摆上，裙摆覆于台前。着披帛，沿胸下垂，绕前臂后向上飞扬。左手置腹前，掌心向上，手指大部残，右手置右胸前，齐腕残。结跏趺坐于双重仰莲台上，台高40厘米，直径80厘米。仰莲浮雕小佛像5身，体量、服饰相近，坐高7厘米。小佛像有圆形头光和身光，直径分别为4.5厘米、6厘米；面残，内着僧祇支，外着双领下垂式袈裟，双手腹前笼袖内，结跏趺坐于仰莲上，其下刻祥云。其中，外重右侧仰莲仅存莲花及祥云。莲台底部存一头像[3]，长20厘米；面朝上，眼眶深陷，眼圆睁，短鼻，阔口。台下为束腰须弥座，高57厘米，宽66厘米，正面刻壸门，高16厘米，宽52厘

---

[1] 本报告集第十卷收载有本窟一件菩萨头像的历史图版，大足石刻研究院亦藏有一件佛头。此菩萨头、佛头即是东壁及南壁东侧造像遗存。
[2] 视窟内造像组合，中部坐像的位置应为佛像，但视该坐像体量较小，服饰表现为璎珞装饰，当为菩萨像。推断该坐像系后期补砌塌毁壁面时错置于此，原位置不明。
[3] 窟内其余造像莲台下均无头像出现。视该头像风格，应为洞窟原作，推测系后世维修时错嵌于此，原位置不明。

米，深5.5厘米。壶门前刻双狮，残毁甚重，左狮存一爪、一腿及项下铃铛，右狮伏地。座左前侧刻跪像1身，头不存，残高49厘米，肩宽20厘米，胸厚10厘米。内着圆领衣，外着宽袖服，下着裙。双手置胸前，手残，跪坐于仰莲台上。台部分残，高38厘米，宽43厘米，其下存一卷曲的莲叶。

4. 第四组

位于南壁东侧，存像12身（图250；图版Ⅰ：511）。其中，中下部存像10身，上部刻像2身及楼阁1座、手臂1支。

（1）中下部

中刻主尊一佛二菩萨像（图版Ⅰ：512）。佛像居中，左右各刻侍者立像1身；左菩萨座下刻象奴1身及大象1头；右菩萨像已毁，座下存狮奴1身及狮1头。佛像下刻像4身，居中2身为跪式菩萨像，外侧2身为立式武士像。

佛像　坐高114厘米，头长39厘米，肩宽48厘米，胸厚24厘米（图251；图版Ⅰ：513）。戴卷草莲花冠，冠正面莲花上置宝珠，直径4厘米，上覆莲叶。冠下现螺发，冠带于头后两侧系结，下垂于前臂。脸方圆，双颊饱满，双眼微闭，自白毫处刻一道毫光向上升起，于冠正面分作两道，环绕一匝向上升延。鼻高直，口微闭，颈刻两道肉褶线。内着僧祇支，系带作结，外着偏衫式袈裟，下着长裙，腹微凸，裙摆覆于台前。双手胸前结印，指大部残断，结跏趺坐于仰莲台上。台高61厘米，直径83厘米。莲瓣上存小佛像7身，残坐高6厘米；面蚀，着双领下垂式袈裟，双手置腹前，结跏趺坐于仰莲台上，其下刻祥云。莲台下为方形束腰须弥座，高69厘米，宽87厘米，上、下枋均抹角，束腰高39厘米，正面刻壶门，深4厘米。

左侍者像　头毁，残高68厘米，肩宽21厘米，胸厚10厘米（图版Ⅰ：514）。颈部残毁处存两个圆形小孔，直径2.5厘米，深4.5厘米。戴项圈，下垂璎珞，内着僧祇支，系带作结。肩披帛，沿胸下垂，敷搭两前臂，再沿体侧长垂。下着长裙，外系抱肚。腕镯，双手置胸前，掌残。跣足立于云台上，足稍残。云台高22厘米，宽34厘米。

右侍者像　头毁，右肩剥蚀，残高73厘米，肩宽23厘米，胸厚10厘米（图版Ⅰ：515）。戴项圈，下垂璎珞，内着僧祇支，外着双领下垂式袈裟，下着长裙。双手置胸前，掌大部残。跣足立于云台上，右足不存。台高18厘米，残宽28厘米。

左菩萨像　坐高80厘米，头长20厘米，肩宽40厘米，胸厚22厘米（图版Ⅰ：516）。戴冠，冠残，存珠串遗迹，冠带垂肩，再反折于后。发丝下垂。脸长圆，双眼微闭，鼻高直，嘴微闭，下颏稍尖。戴项圈，垂挂璎珞。内着僧祇支，系带作结。肩披帛，顺双腋而下，绕前臂后下垂莲台上。下着长裙，外系抱肚，裙摆覆于台前。左手抚左膝，腕镯，掌部分残。右臂下垂，前臂及手残。结跏趺坐于仰莲台上，台高57厘米，直径75厘米。其右下部莲瓣风化，正面及左侧莲瓣存小佛像8身，面蚀，坐高5厘米，头长1.4厘米，肩宽2厘米，着双领下垂式袈裟，双手腹前笼袖内，结跏趺坐于莲台上，其下刻祥云。莲台置于象背上，其间刻祥云。象头不存，高64厘米，身长92厘米。残毁处存三个呈"品"字形的方孔，孔宽2.3—6厘米，深5.3—6厘米。象刻两前腿及右后腿，立于山石上。象身外侧刻立式象奴1身，胸部以上躯体残，高70厘米（图版Ⅰ：517）。上着紧袖长服，下摆撩起，折入腰部。下着裤。左臂屈肘，牵持缰绳，绳端绕于腰间，右臂毁。跣足立于山石上。

右菩萨像　已毁，存座下狮子及狮奴（图版Ⅰ：518）。狮头大部残，高64厘米，身长80厘米。残毁处存一方孔，宽3.5厘米，深5厘米。颈系绳索，现两前腿，立于山石上。狮身后侧刻狮奴，存右肩和右手，似着窄袖服，手持绳索，腕镯。

跪式菩萨像　2身，位于居中佛像座台下方中部（图252；图版Ⅰ：519）。左菩萨像高67厘米，头长15厘米，肩宽26厘米，胸厚10厘米。头髻、戴冠，冠带垂于后背，上端残断。面向主尊，垂首跪拜，额与须弥座相接，刻出眼、鼻及嘴。袈裟自左肩绕至右腰，一角抄于右腰后侧，下摆覆于莲台上。双手置胸前，刻出轮廓，跪坐于莲台上，莲台高31厘米，直径40厘米。右菩萨像头顶稍残，残高65厘米，头长12.5厘米，肩宽26厘米，胸厚10厘米。头及背部存两道横向裂隙。戴冠，冠带长垂，上端残断，衣饰、身姿与左菩萨同。莲台高35厘米，直径45厘米，局部残蚀。

该二像跪坐于并蒂莲上，莲茎间刻舒展的莲叶。叶高28厘米，宽49厘米。

武士像　2身，位于居中佛像座台下方左右外侧（图版Ⅰ：519）。左武士像高89厘米，头长18厘米，肩宽23厘米，胸厚12厘米（图253-1；图版Ⅰ：520）。头略左侧，束发戴冠，冠带后翘。脸颊饱满，额突，睁双眼，短鼻，鼻尖稍残，薄唇微闭，下颏稍尖。躯体剥蚀，内着圆领宽袖长服，袖摆以带扎束。外披甲，腰间束带系抱肚，下着裤。双手置胸前，前臂及手掌大部残，着靴而立。右武士，头顶稍残，左肩及上臂残，残高85厘米，头残长12厘米，残肩宽18厘米，胸厚10厘米（图253-2；图版Ⅰ：521）。头左侧，戴凤翅盔。脸椭圆、细眼、短鼻，鼻尖稍残，左颊鼓圆，小口微闭。双手置胸前，前臂及手残。衣饰与左武士同。

（2）上部

上部存楼阁1座、坐佛1身、手臂1支、童子1身（图250；图版Ⅰ：511）。其中，楼阁位于中部主尊佛像头顶上方，坐佛及手臂位于左菩萨像头顶上方，童子位于主尊佛像和左菩萨像之间的壁面。

楼阁　单檐庑殿顶，通高60厘米，其下刻云纹环绕（图254；图版Ⅰ：522）。屋身四柱三间，面阔54厘米，进深17厘米。明间宽28厘米，开圆拱浅龛，高28厘米，宽25.5厘米，深5.5厘米；内刻佛像1身。像坐高25厘米，头长9厘米，肩宽12厘米，胸厚3厘米。螺发，面蚀，双颊各刻一道延伸的毫光。着双领下垂式袈裟，双手置胸前，手残，似结印，结跏趺坐。次间宽12厘米，左次间刻阑额，右次间上部残。柱身方形，高31厘米，宽2.5厘米。柱上栌斗，残蚀较重。再上结构不明。檐下刻珠串、流苏。屋顶高27厘米，檐口残，屋面刻瓦垄、瓦沟，垄径2厘米，沟宽1.6厘米。正脊上下高2.5厘米，中部饰宝珠，残蚀，左右端头饰件不明。

坐佛　坐高51厘米，头长19厘米，肩宽22厘米，胸厚10厘米（图255；图版Ⅰ：523）。头戴花冠，正面稍残，冠下现螺发，冠带系结后下垂及肩。脸长圆，双眼微闭，棱鼻，小口。内着僧祇支，系带作结，外着双领下垂式袈裟，下着裙，裙摆覆于台前。腕镯，双手置胸前，部分残，似结印。结跏趺坐于仰莲台上。台高14厘米，直径43厘米，其下刻祥云。

手臂　自云内斜向伸出，掌心向下，指稍残，腕镯，长59厘米（图255；图版Ⅰ：523）。因裂隙通过，致手臂于前臂处裂为两截。

童子像　立高101厘米，头长19厘米，肩宽33厘米，胸厚13厘米（图256；图版Ⅰ：524）。光头，侧面上仰，脸长圆，眉骨低平，细眼微睁，鼻稍残，闭口。饰圆形素面头光，直径44厘米。颈刻三道肉褶线，戴项圈。肩饰披帛，下着裤、缚裤，外着短裙。披帛沿胸下垂，敷搭前臂后再垂于体侧，外展上扬。腕镯，双手胸前合十。跣足立于云头。

（三）西壁及南壁西侧

造像保存完好。其中，壁面中刻四身佛像、五身菩萨像，形成四组一佛二菩萨为主尊的造像组合（图215；图版Ⅰ：435）。为方便记述，从转轮经藏西侧始，沿壁至窟口，将造像分为四组。各组造像仍分为中下部和上部两部分记述。

1. 第一组

紧邻转轮经藏西侧，刻像8身。其中，中下部刻像7身，上部刻像1身（图257；图版Ⅰ：525）。

（1）中下部

中刻一佛二菩萨主尊像3身，体量较大（图版Ⅰ：526）。二主尊菩萨像身前各刻立式菩萨像1身。佛座下部刻跪式菩萨像2身。

佛像　坐高122厘米，头长43厘米，肩宽48厘米，胸厚18厘米（图258、图259；图版Ⅰ：527）。头戴花冠，冠下露螺发，冠正面刻放焰珠，直径3.5厘米，自宝珠起两道毫光一左一右呈飘升状。冠带下垂及肘，上段残。脸方圆，双颊饱满，双眼微闭，直鼻，闭口，左耳垂稍残。颈刻三道肉褶线。内着僧祇支，束带作结，外披双领下垂式袈裟，下着长裙。袈裟和裙摆敷搭于莲台上，前臂衣纹呈泥条状，双膝衣纹呈螺旋状。腕镯，双手胸前结印，两拇指不明，余四指弯曲，部分残。手掌断裂，左掌存一道裂口，宽1.2厘米。结跏趺坐于仰莲台上，足心朝上，台下置束腰须弥座。莲台高49厘米，直径80厘米，其仰莲瓣浮雕小佛像，存6身，坐高6厘米，面蚀，上着双领下垂式袈裟，下着裙，结跏趺坐于仰莲花上，其下刻祥云。须弥座高84厘米，宽92厘米，抹角。束腰处刻一狮，身长70厘米，扭头，面蚀，阔口，露齿，颈部、下颌及左前足均刻鬃毛。曲后腿，匍匐于地，两前爪拉扯绣球饰带，绣球置于狮臀上，球径18厘米，球面风化。另一饰带向后搭于左胁侍菩萨身前的狮前腿上。圭角正面刻壸门，高13厘米，宽41厘米，深4.5厘米。

左菩萨像　立身高151厘米，头长31厘米，肩宽35厘米，胸厚22厘米（图版Ⅰ：528）。头戴花冠，左侧稍残，冠下露发，冠带系结，下垂于前臂外侧。脸长圆，眼微睁，鼻不存，下颌少许剥蚀，颈刻三道肉褶线。戴项圈，垂饰璎珞。内着僧祇支，胸部系带作结，下着长裙。外着钩纽式袈裟，双领沿胸下垂。双手置胸前，手残。身直立，双足隐没。头后浮雕祥云，云尾呈上飘状。菩萨身前刻一狮，后半身隐入须弥座束腰之后，身长60厘米，卧高48厘米，左胁而卧。狮作扬头伸颈状，颈下系铃，直径6厘米，右前爪撑于须弥座束腰上。

右菩萨像　立身高169厘米，头长41厘米，肩宽37厘米，胸厚24厘米（图版Ⅰ：529）。戴冠，冠下露发丝；冠带系结，沿肩下垂，上端部分残断。冠正面刻化佛1身，高11.8厘米，头蚀，身残断，上着袈裟，下着长裙，立于祥云上。菩萨像脸长圆，双眼微睁，直鼻，闭口，颈刻三道肉褶线。戴项圈，下垂璎珞。内着僧祇支，肩饰披帛；披帛右侧敷搭右前臂后长垂体侧，下着长裙。外披袒右式袈裟，袈裟一角系于左肩哲那环上。腕镯，双手置胸前，似结印，手指残，为后世补接。跣足立于云台上，露右足。云台高50厘米。身后浮雕上飘状云纹。菩萨身前刻一象，高48厘米，身长47厘米。象扭头，鼻内卷，部分残，六牙上竖，垂双耳，现左前足，身大部隐于须弥座束腰之后。

立式菩萨像 2身，分别位于左右主尊菩萨像身前下方，略侧身相对（图260；图版Ⅰ：530）。左菩萨像头毁，残高81厘米，肩宽21厘米，胸厚14厘米。颈部残毁处存一圆孔，直径2厘米，深1厘米。双肩残蚀，胸存璎珞遗迹，内着僧祇支，系带作结。外着双领下垂式袈裟，腰部束带作结，下着长裙。双手置胸前，前臂及手大部残。跣足，足尖稍残。右菩萨像头顶稍残，残高87厘米，肩宽22厘米，胸厚12厘米。头存宝冠遗迹，刻发缕，冠带长垂。脸方圆，眼微闭，棱鼻，嘴角后收，下颌稍尖。胸剥蚀，存璎珞。腕镯，双手胸前似合十，大部残。余与左菩萨像同。

跪式菩萨像 2身，刻于居中佛像座前下方，侧身相对（图261；图版Ⅰ：530）。左菩萨像头毁，侧身右向，跪坐于山石上，残高50厘米，肩宽18厘米，胸厚12厘米。颈部残毁处凿一圆孔，径4厘米，深3厘米。戴项圈，肩饰披帛，右段隐没，左段下垂体侧。腰系抱肚，腰带长垂。双手置胸前，拇指相并，余四指弯曲相抚。腕镯，双手持金刚杵，残长25厘米。右菩萨像头大部残，残高49厘米，肩宽22厘米，胸厚12厘米；与左菩萨像相对，跪坐于山石上。衣饰、手姿与左菩萨像同。持物难辨，残长7厘米。

（2）上部

刻坐佛1身，位于中部主尊佛像头顶上方（图262；图版Ⅰ：531）。头部分残，坐高34.5厘米，头长11厘米，肩宽17厘米，胸厚8厘米。刻圆形背光，直径65厘米，背光上部存火焰纹。面残，存双耳及头冠遗迹，冠带垂于后背。内着僧祇支，系带作结，外披双领下垂式袈裟，下着长裙，袈裟下摆覆于方台前。腕镯[1]，左手置腹前，掌心向上；右手置右胸前，残。结跏趺坐于方台上。台高9厘米，宽40厘米，深16厘米。台下刻祥云，云尾呈上飘状。

2. 第二组

位于西壁，即第一组右侧，刻像10身。其中，中下部刻像8身，上部刻像2身及楼阁1座（图263；图版Ⅰ：532）。

（1）中下部

刻像8身，中刻一佛二菩萨主尊像3身（图版Ⅰ：533）。左菩萨即第一组主尊佛之右菩萨像。右菩萨座下刻狮1头和狮奴1身。佛座下方刻菩萨像3身，中为跪式，左右2身侧身相对而立。

佛像 坐高120厘米，头长45厘米，肩宽46厘米，胸厚22厘米（图264；图版Ⅰ：534）。头戴花冠，冠下刻螺发，冠正面刻圆轮，轮径9厘米，其上饰火焰纹，其下刻祥云，冠带下垂及肩。脸方圆，额广颐丰，眉间白毫。眼微睁，直鼻，下颌刻一道肉褶线，耳垂长，颈刻三道肉褶线。内着僧祇支，系带作结，外披双领下垂式袈裟，下着裙，袈裟下摆及裙摆敷搭于座前。腕镯，左手屈肘向上，掌部分残；右手屈肘向上，掌心左向，五指直伸，部分残断。结跏趺坐于仰莲台上。台下刻束腰须弥座。台高50厘米，直径83厘米，其仰莲瓣上浮雕小佛像，存6身，部分残蚀，坐高6厘米，头长1.5厘米，肩宽2.2厘米，头光、身光直径分别为4、6厘米，余与西一组主尊佛像座下莲瓣小佛像同。须弥座方形，抹角，高91厘米，宽80厘米。束腰作弧形棱柱状，正面刻一狮，头颈下伏，曲身倒立，劈腿，左后腿贴上枋挑一绣球，绣球风蚀，直径18厘米。圭角正面刻壸门，高16厘米，宽17厘米，深4.5厘米。

左菩萨像 即第一组之主尊佛右菩萨像（图版Ⅰ：529），见前述。

右菩萨像 坐高95厘米，头长33厘米，肩宽40厘米，胸厚12厘米（图版Ⅰ：535）。戴冠，部分残，发丝垂于胸前，冠带长垂。冠正面刻化佛，头残，头后刻圆形头光，直径5厘米。坐高7厘米，衣饰不清，双手胸前笼袖内，结跏趺坐于仰莲上。菩萨脸长圆，眼微睁，直鼻，闭口，颈刻三道肉褶线。戴项圈，下垂璎珞。内披僧祇支，系带作结，外披双领下垂式袈裟，下着长裙，裙摆敷搭于座前。腕镯，双手置胸前，左手托右手，持经册。结跏趺坐于仰莲台上。台置于狮背上，高49厘米，直径60厘米。莲台下层左端莲瓣上存浮雕的小佛像1身，坐高5厘米，饰圆形头光和身光，直径分别为4、5.5厘米；面部及衣饰风化，双手置腹前，结跏趺坐于仰莲上。菩萨头后上部浮雕一圆轮，素面，直径8厘米，圆轮下刻云纹。莲台前端刻一立狮，高70厘米，身长68厘米。狮扭头，颈系铃，刻鬃毛，见左前足。狮头左前侧刻狮奴1身，高80厘米，头长18厘米，肩宽28厘米，胸厚13厘米。头向左侧，戴瓜棱帽，脸方圆，双眼残，大鼻阔口。上着圆领窄袖服，下着裤，腰部束带。双手握持狮颈上绳索，绳端下垂身前，跣足而立，见左足。

佛座下菩萨像 3身（图265；图版Ⅰ：536）。中像为跪式，高59厘米，头长21厘米，肩宽22厘米，胸厚12厘米。面佛而跪，与须弥座相连。戴冠，部分残。冠带下垂，上端残。面刻出左眼及嘴。上着披帛，敷搭前臂后，沿体侧垂搭于仰莲台上；下着长裙，外系抱肚，裙腰外翻。双手当胸合十，跪坐于仰莲台上。台高23厘米，径51厘米。左像为立式，头毁，双肩略有残蚀，残立高74厘米，

---

[1] 现场察看，手为后期起卸，修补时间不明。

西三座　　西二座　　西一座　　正面（南面）

图 240　第 14 号窟转轮经藏天宫楼阁及展开图

东一座　　　　　　东二座　　　　　　　东三座

图 241　第 14 号窟转轮经藏天宫楼阁正面楼阁立面图

330　大足石刻全集　第六卷（上册）

图 242　第 14 号窟转轮经藏天宫楼阁东第一座楼阁立面图

图 243　第 14 号窟转轮经藏天宫楼阁东第二座楼阁立面图

图 244　第 14 号窟转轮经藏天宫楼阁东第三座楼阁立面图

图 245　第 14 号窟转轮经藏天宫楼阁西第一座楼阁立面图

图 246　第 14 号窟转轮经藏天宫楼阁西第二座楼阁立面图

图 247　第 14 号窟转轮经藏天宫楼阁西第三座楼阁立面图

肩宽22厘米，胸厚14厘米。颈部残毁处凿一方孔，宽3.5厘米，深2厘米。胸部残存项圈和璎珞遗迹。内着僧祇支，系带作结，下着长裙，腰带长垂双足间。外着袒右式袈裟，袈裟一角系于左肩哲那环上。肩饰披帛，沿胸下垂，敷搭前臂，再沿体侧下垂。双手置胸前，前臂及手大部残。见左足，跣足。右像为立式，头毁，残立高74厘米，肩宽22厘米，胸厚12厘米。腕镯，双手置胸前，似合十。其衣饰、身姿与相对之左像同。

（2）上部

刻坐佛1身、立像1身、楼阁1座（图版Ⅰ：537）。其中，坐佛、立像位于中部主尊佛像头顶上方，楼阁位于主尊左菩萨像头顶上方。

坐佛　高36厘米，头长9厘米，肩宽16厘米，胸厚6厘米（图266；图版Ⅰ：538）。头后浮雕圆形素面头光，横径46厘米。面残身蚀，内着僧祇支，下着长裙，外着双领下垂式袈裟，袖摆和裙摆覆于座前。双手置胸前，前臂及手大部残。结跏趺坐于束腰须弥座上，座高43厘米，宽36厘米。束腰刻壶门，内雕一狮，头不存，两前足触地，背承上枋，颈部存铃铛轮廓。

立像　高45厘米，头长10厘米，肩宽13厘米，胸厚6厘米。戴冠，冠稍残。面部略风化，耳饰为珠串。内着双层宽袖服，下着长裙，身饰披帛。双手胸前笼袖内，持笏，着鞋立于祥云上。

楼阁　为重檐庑殿顶楼阁，屋身左下部隐入祥云，通高100厘米（图267；图版Ⅰ：539）。底层屋身刻出部分明间及右次间，面阔47厘米。明间深5厘米，柱间刻月梁式阑额，上下高3厘米。次间宽21厘米，柱间刻阑额，上下高2.5厘米。阑额之上，壁间刻水波纹和菱形图案。柱身方形，高23厘米，宽3.5厘米。柱上直接刻檐枋，上下高1.3厘米。枋下悬饰珠串、流苏。枋上为下层屋檐，高14厘米。檐口作弧线，右侧翼角残损，屋面刻瓦垄、瓦沟，垄径2.6厘米，沟宽1.8厘米，瓦当及滴水细部不清。正脊上下高1厘米，右端装饰放焰珠，部分残蚀。屋顶上置平座，上下高1.5厘米，可见宽34厘米。第二级屋身，四柱三间，面阔40.5厘米，进深6.5厘米。明间宽19.7厘米，内刻双扇槅扇门，高23.5厘米，扇面宽9.5厘米。明间上方刻一匾额，高5厘米，宽17.5厘米，额心横书"兜[5]率宫"（图版Ⅱ：39）。左、右次间宽10厘米，柱间阑额上下高1.5厘米，额上窗框圆形，直径7厘米，内刻横向刻电纹。柱身方形，高31厘米，宽1.5厘米。柱上刻撩檐枋，枋上下高0.6厘米，枋下悬饰珠串、流苏等饰件。撩檐枋上承檐椽，宽2.2厘米。屋顶高22厘米，檐口略残，屋面刻瓦垄、瓦沟，垄径2厘米，沟宽1厘米。瓦当及滴水细部不清，正脊上下高1.6厘米，左右两端饰鸱吻，左鸱吻风化。

3. 第三组

位于西壁，即第二组右侧，刻像10身。其中，中下部刻6身，上部刻像4身（图268；图版Ⅰ：540）。

（1）中下部

中部刻一佛二菩萨主尊像3身（图版Ⅰ：541）。佛座下刻立式菩萨2身。左主尊菩萨像（含狮奴1身）为第二组造像之右主尊菩萨像。右主尊菩萨像座下刻一象。

佛像　坐高118厘米，头长42厘米，肩宽47厘米，胸厚22厘米（图269；图版Ⅰ：542）。头戴冠，冠下刻螺发，冠带下垂至肘。冠正面刻圆轮，直径7.5厘米。面残，五官可辨，耳垂长，颈刻三道肉褶线。内着僧祇支，系带作结，下着长裙，外着双领下垂式袈裟，袈裟一角经腹前，系于左肩哲那环上，袈裟下摆及裙摆覆于座前。腕镯，左手置胸前，掌心向上，食指、小指直伸，余指残；右手举于右胸前，掌大部残。结跏趺坐于仰莲台上，莲台高54厘米，直径84厘米。其仰莲瓣上浮雕小佛像，存5身，部分风化较重。其中，内重左侧的2像仅刻出身下部分莲花，外重左侧佛像保存完整。小佛像高7厘米，饰圆形头光和椭圆形背光，头光直径4厘米，背光最宽5厘米，其面相、衣饰、身姿与西第一组主尊佛像座下莲瓣小佛像同。莲台下置束腰须弥座，方形，高100厘米，宽70厘米。束腰处刻一狮，狮面完好，后腿下伏，直身，头上顶。左前爪按绣球，直径16厘米，球面饰菱形纹；右前爪上抬，作托举状。腹部线刻两列鬃毛。圭角正面刻壶门，高26.5厘米，宽52厘米，深4厘米。

左菩萨像　即第二组之右主尊菩萨像（图版Ⅰ：535），见前述。

右菩萨像[1]　坐高100厘米，头长35厘米，肩宽36厘米，胸厚20厘米（图版Ⅰ：543）。头戴冠，冠下刻发，冠带作结下垂。冠正面刻化佛，高4厘米，浅浮雕圆形素面头光，直径3.5厘米，头面模糊，衣饰不清，双手腹前笼袖内，结跏趺坐于仰莲花上。菩萨脸长圆，眉眼细长，直鼻，双唇微闭，下颏微扬，耳垂长，颈刻三道肉褶线。胸部凿毁，腹微鼓。外着双领下垂式袈裟，腰系长裙，裙摆覆于座前。左手残断，右手抚右膝，部分残。结跏趺坐于仰莲台上，莲台置于象背之上。因壁面裂隙自莲台左侧经过，导致莲台部分

1　头部成色较新，刻工粗糙，无后期装绘遗迹；且头后及颈部遗存较明显的后期粘接材料。疑此像头部为后世新作补接，时间不明。

残毁，台高41厘米，宽52厘米。其莲瓣上浮雕小佛像，存5身，外重左侧莲瓣小佛像残，余保存较好。小佛像坐高5厘米，头长1.6厘米，肩宽2厘米，内着僧祇支，外着双领下垂式袈裟，双手腹前笼袖内，结跏趺坐。身后刻圆形背光，直径8厘米，背光下部刻祥云。座下大象，刻出头部，高42厘米，长40厘米，六牙，鼻内卷。

菩萨像头顶上部壁面浮雕一圆轮，直径20厘米。因裂隙通过，致圆轮右侧裂开。

立式菩萨像 2身，刻于佛座下方，略侧身相对（图270）。左像，头、面大部残，残高86厘米，肩宽20厘米，胸厚12厘米（图版Ⅰ：544）。冠带沿胸下垂。胸饰璎珞，稍残，内着僧祇支，束带作结，外着双领下垂式袈裟，下着长裙。腕镯，双手置胸前，残。跣足立于山石上，足稍残。右像，头、面大部残，存右耳少许轮廓遗迹，残高83厘米，头残长6厘米，肩宽23厘米，胸厚13厘米（图版Ⅰ：545）。颈刻三道肉褶线，戴项圈，下垂璎珞，双手胸前合掌，手指残，跣足立于祥云上，余与左像略同。

（2）上部

刻像4身。其中，左侧一佛二菩萨像3身，位于主尊佛像头顶上方；右侧跪像1身，位于右菩萨头顶上方（图271；图版Ⅰ：546）。

佛像 坐高69厘米，头长19厘米，肩宽22厘米，胸厚9厘米。头后刻圆形素面头光，直径82厘米。头、面稍残，戴冠，冠体大部残，冠下刻螺发，冠带垂于后背。内着僧祇支，系带作结，下着长裙，外披双领下垂式袈裟，袈裟下摆及裙摆覆于台前。双手置胸前，大部残，结跏趺坐于仰莲台上。双足心向上，自足尖各刻一道毫光，沿躯体外侧呈上飘状。仰莲台高17厘米，直径37厘米。台下为束腰须弥座，方形，抹角，高37厘米，宽31厘米。束腰处刻一狮，后腿蹲下枋，立身，两前腿及头托举上枋。圭角正面刻壸门，高5厘米，宽27厘米。

左菩萨像 立高52厘米，头长14厘米，肩宽14厘米，胸厚6厘米。戴冠，稍残，冠下刻发，冠带垂于后背。面蚀，戴项圈，下垂璎珞，内着僧祇支，系带作结，下着长裙，外披袒右式袈裟。肩饰披帛，敷搭前臂后，再沿体侧下垂至云纹上。腕镯，双手斜持如意。跣足直立云纹上，见左足。云头高14厘米，厚11厘米，云尾呈竖直上飘状。

右菩萨像 立高52厘米，头长13厘米，肩宽15厘米，胸厚7厘米。戴冠，冠下刻发，冠带垂于后背。脸方圆，细眼，直鼻，鼻尖稍残。戴项圈，下垂璎珞，内着僧祇支，束带作结，下着长裙，外披袒右式袈裟。肩披帛，敷搭前臂后，下垂双膝间。左手置腹部捻巾，右手敷巾，托持经册。跣足立于云纹上，左足稍残，云头高20厘米，厚9厘米，云尾作上飘状，尾端残。

跪像 高22厘米，头长7厘米，肩宽8厘米，胸厚4厘米。头顶稍残，似戴冠，脸方圆，面蚀。着宽袖服，腰束带。双手拱于胸前，手部分残。左向跪坐于祥云上，作礼拜状。

4. 第四组

位于南壁西侧壁（窟口内侧西壁），刻像11身。其中，中下部刻像9身，上部刻像2身及楼阁1座（图272；图版Ⅰ：547）。

（1）中下部

中刻一佛二菩萨主尊像3身（图版Ⅰ：548）。佛像左右各刻立式侍者像1身；左菩萨像为第三组之主尊右菩萨像。右菩萨像座下刻狮1头及狮奴1身。佛座下方刻像3身，中为跪式菩萨像，左右为武士像（图版Ⅰ：549）。

佛像[1] 坐高115厘米，头长42厘米，肩宽51厘米，胸厚23厘米（图版Ⅰ：550）。戴冠，冠正面刻放焰珠，珠径3厘米，其下刻仰莲，高3.3厘米，径6厘米，冠下刻螺发，冠带下垂肘部，上端残断。脸长圆，双颊饱满，眼微睁，棱鼻，下唇微残，下颏刻一道肉褶线。内着僧祇支，系带作结，下着长裙，外着双领下垂式袈裟，衣纹于肘部呈泥条状，袈裟下摆及裙摆覆于座前。双手置胸前，残。结跏趺坐于仰莲台上，台高50厘米，直径77厘米，其仰莲局部残，莲瓣上刻小像，存7身，风蚀较重。其中，内重左端小像，似佛像，刻圆形头光和背光，直径分别为3厘米、4.5厘米；面蚀，高5厘米，内着僧祇支，外着双领下垂式袈裟，双手腹前笼袖内，结跏趺坐于莲朵上；其下刻祥云。外重左、右端二小像，似弟子，侧身相对，高5.5厘米；刻圆形头光，径2.6厘米；光头，上着披帛，下着裤，双手拱于身前，立于祥云上。仰莲台下刻束腰须弥座，高81.5厘米，宽79厘米。束腰前刻双狮，左狮头颈下匐，屈身倒立，劈腿，右后腿挑绣球饰带；右狮头颈残蚀，衔左狮后爪，右前爪和左狮前爪共抚一绣球，球风蚀，直径13厘米。

左侍者像 头大部残，残高73厘米，肩宽21厘米，胸厚12厘米（图版Ⅰ：548）。戴项圈，下垂璎珞，内着僧祇支，系带作结，下着长裙，外系短裙。肩披帛，沿胸下垂，敷搭前臂后，垂于体侧。腕镯，双手置胸前，大部残；直身立于祥云上，双足不存。

右侍者像 头毁，残高66厘米，肩宽22厘米，胸厚12厘米（图版Ⅰ：548）。双手置胸前，前臂及手大部残，跣足立于祥云上，

---

[1] 佛像头部早年断落，于1977年10月补接。陈明光：《大足石刻档案（资料）》，重庆出版社2012年版，第161页。

右足稍残，余与左侍者同。

左菩萨像　即第三组之主尊右菩萨像（图版Ⅰ：543），见前述。

右菩萨像　坐高95厘米，头长36厘米，肩宽42厘米，胸厚22厘米（图273、图274；图版Ⅰ：548、图版Ⅰ：551）。束髻戴冠，发丝披垂。冠正面刻化佛，残坐高8厘米，衣饰不清，双手置腹前，结跏趺坐于莲座上，座高4厘米，宽5.5厘米。菩萨脸长圆，眼微睁，棱鼻，小口，颈刻三道肉褶线。戴项圈，下垂璎珞，内着僧祇支，系带作结，下着长裙，外系抱肚。肩饰披帛，腹前相叠后敷搭前臂，再垂于仰莲台上。左手置胸前，前臂及手残，右手抚右膝，结跏趺坐于仰莲台上，莲台置于狮背之上。莲台高42厘米，直径78厘米，其莲瓣刻小像，存13身，残蚀较重。外重左端莲瓣上的小像保存较好，高5厘米，头略左侧，肩饰披帛，双手拱于身前，侧身向右，跪坐于祥云上。狮背与莲台间饰祥云，祥云高12厘米。狮高73厘米，身长106厘米。头左扭，口微张，颈系绳，稍剥蚀，立于山石上。狮身前侧刻狮奴1身，上身毁，残高54厘米。似上着短衫，下着裙。双手握持绳索，左臂斜向前伸，仅存手掌，右臂屈肘。左腿直立，右腿屈膝上抬，弓步踏山石上，跣足。

跪式菩萨像　位于主尊佛像座台下方中部（图275；图版Ⅰ：549）。高64厘米，头长23厘米，肩宽22厘米，胸厚14厘米。头低俯，面壁内，刻出左眼、鼻及口。头束髻，戴冠，冠带下垂于背部，上端残断。双肩各存一方形浅孔。袈裟自右肩斜向右腰际后侧，双手合十，跪坐于山石上，见双足轮廓。

武士像　2身，位于主尊佛像座台下方左右外侧（图275；图版Ⅰ：549）。左像，高84厘米，头长15厘米，肩宽27厘米，胸厚14厘米（图版Ⅰ：552）。头右侧，面略上昂，戴凤翅盔，凤翅稍残，顿项披垂。下颔系带，其上端残断。脸长圆，睁双眼，双唇微闭。内着紧袖服，外着圆领宽袖服，披山文甲衣，腰间革带系抱肚，饰龙首，下着裤，足着靴。披肩巾，环于头后沿双肩下垂体侧。左手持一物（似斧），右手屈肘上举，手掌部分残。立于山石上。右像，高82厘米，头长18厘米，肩宽25厘米，胸厚13厘米（图276；图版Ⅰ：553）。头左侧，面略上昂，脸长圆，额突，睁双眼，短鼻，双唇微启，下颔方圆。戴凤翅盔，顶饰缨，下颔系带，其上端残断。内着双层圆领长服，外罩山文甲衣，最外着敞领长服，腰间革带系抱肚，下着裤，足着靴。披披帛，环于头后，残断，并沿双肩下垂体侧。左臂屈肘上举，指部分残，右手持剑，残长31厘米。立于山石上。

（2）上部

刻楼阁1座，坐佛1身，童子1身。其中，楼阁位于中部主尊佛像头顶上方，坐佛位于主尊右菩萨像头顶上方，童子位于中部主尊佛像与右菩萨像之间的壁面（图272；图版Ⅰ：547）。

楼阁　单层庑殿顶建筑，存部分屋身及屋顶（图277；图版Ⅰ：554）。屋身四柱三间，残高24厘米，面阔49厘米，进深12厘米。明间宽25.5厘米，内开龛造像，存少许造像遗迹。柱间刻阑额，上下高2.8厘米。次间宽11厘米，柱间刻阑额，上下高2厘米，右次间额下刻一朵莲花。明间补间刻出部分驼峰，次间补间铺作刻一朵单斗，斗上宽3.5厘米，下宽2.5厘米，耳平高1.2厘米，倚高1厘米。柱顶直接刻撩檐枋，上下高1厘米，枋下悬饰珠串、流苏。屋顶高33厘米，檐口平直，翼角起翘。屋面刻瓦垄、瓦沟，垄径1.8厘米，沟宽2厘米。圆形瓦当，滴水模糊，檐下饰卷草纹。正脊上下高2厘米，正脊端头饰鸱吻，鸱吻高13厘米。鸱吻内卷，上部刻作鸟首，下为鳌，张口吞脊。

坐佛　坐高42厘米，头长13厘米，肩宽23厘米，胸厚10厘米（图278；图版Ⅰ：555）。头顶剥蚀，存少许螺发及右侧冠带，面风化。内着僧祇支，系带作结，外着双领下垂式袈裟，下着裙，袈裟下摆、裙摆覆于台前。腕镯，双手置胸前，部分残。结跏趺坐于仰莲台上，台高14厘米，径40厘米。身后饰圆形素面背光，横径58厘米。

童子像　头大部残，残立高75厘米，肩宽29厘米，胸厚10厘米（图279；图版Ⅰ：556）。身左侧，戴项圈，垂璎珞。下着裤，缚裤，腰间外系短裙。肩披披帛，腹前交叉后敷搭两前臂，垂于体侧。腕镯，双手胸前合十，指稍残。跣足立于祥云上，见左足。

（四）南壁窟口上部

南壁窟口上部浮雕飞天像2身，身略呈"U"字形，相向作飞翔状（图280；图版Ⅰ：557）。飞天身侧錾刻密布的云纹，云纹间横陈卷头状云朵。

左飞天像　头长33厘米，肩宽37厘米，胸厚22厘米。头戴花冠，冠正面及两侧上缘刻三放焰珠，其下饰仰莲花。脸长圆，细眼微闭，鼻稍残，下唇较厚，下颔稍尖。颈刻三道肉褶线，戴项圈，垂璎珞，内着僧祇支，系带作结，下着长裙，外系短裙，长裙裹足曳于身后。因裂隙纵贯身体后侧，飞天裙摆处裂为两截。肩披披帛，顺体势向后呈飞扬状。腕镯，左手下垂捻披帛，右手屈肘托圆盘，

图 248　第 14 号窟窟内东第一组造像立面图

图 249　第 14 号窟窟内东第三组造像立面图

第五章　第 13—14 号　341

图 250 第 14 号窟窟内东第四组造像立面图

图251　第14号窟窟内东第四组主尊佛像立面图

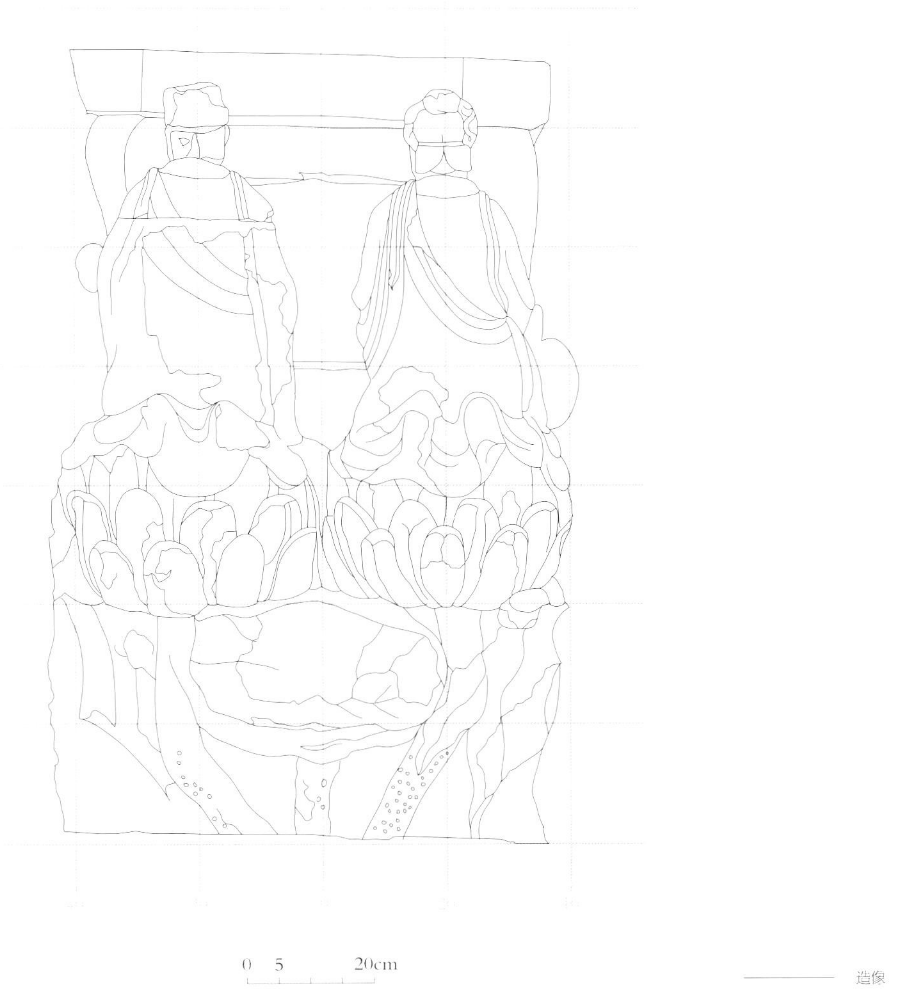

图252　第14号窟窟内东第四组下部跪式菩萨像立面图

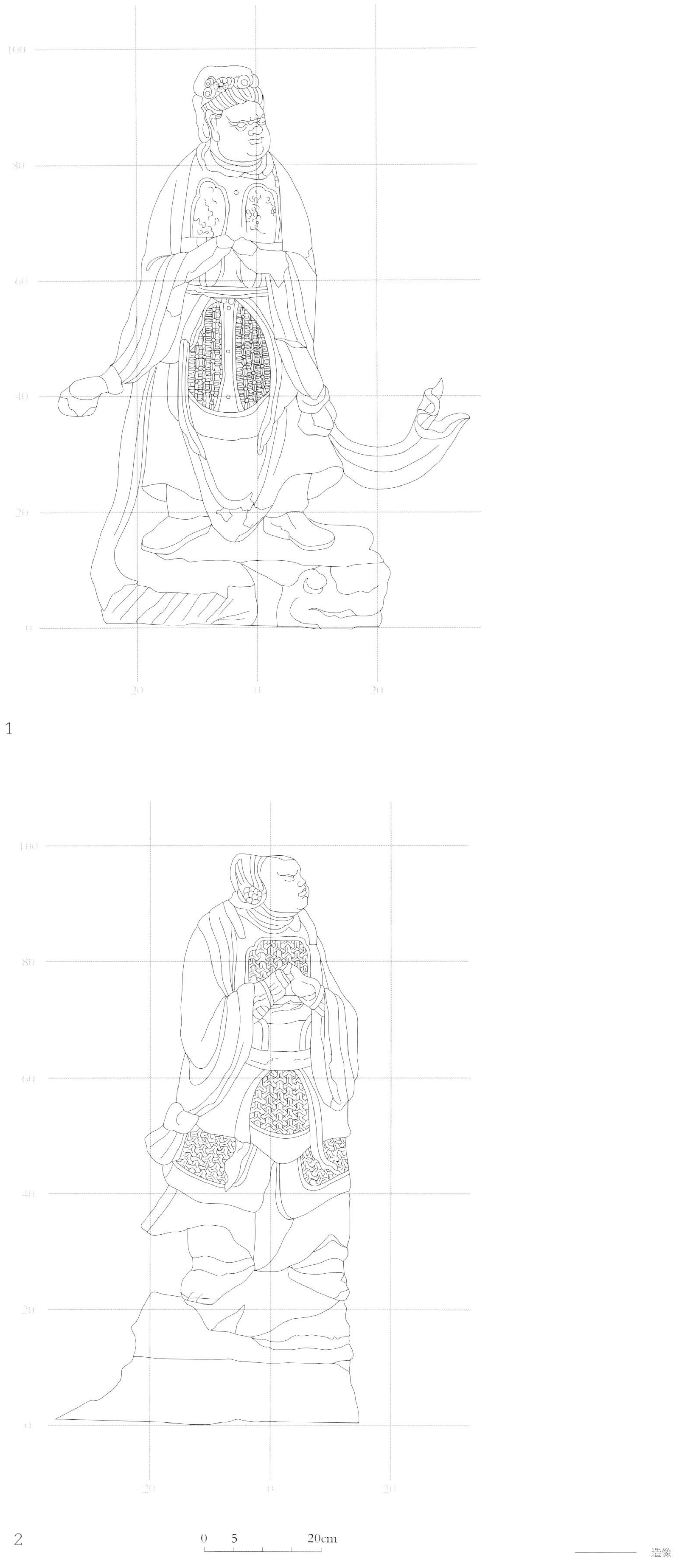

图 253　第 14 号窟窟内东第四组下部武士像立面图
1　左侧像　2　右侧像

344　大足石刻全集　第六卷（上册）

图 254　第 14 号窟窟内东第四组上方建筑及坐像立面图

图 255　第 14 号窟窟内东第四组上方坐佛及手臂立面图

图 256　第 14 号窟窟内东第四组童子像立面图

图 257　第 14 号窟窟内西第一组造像立面图

图259　第14号窟窟内西第一组主尊佛像立面图

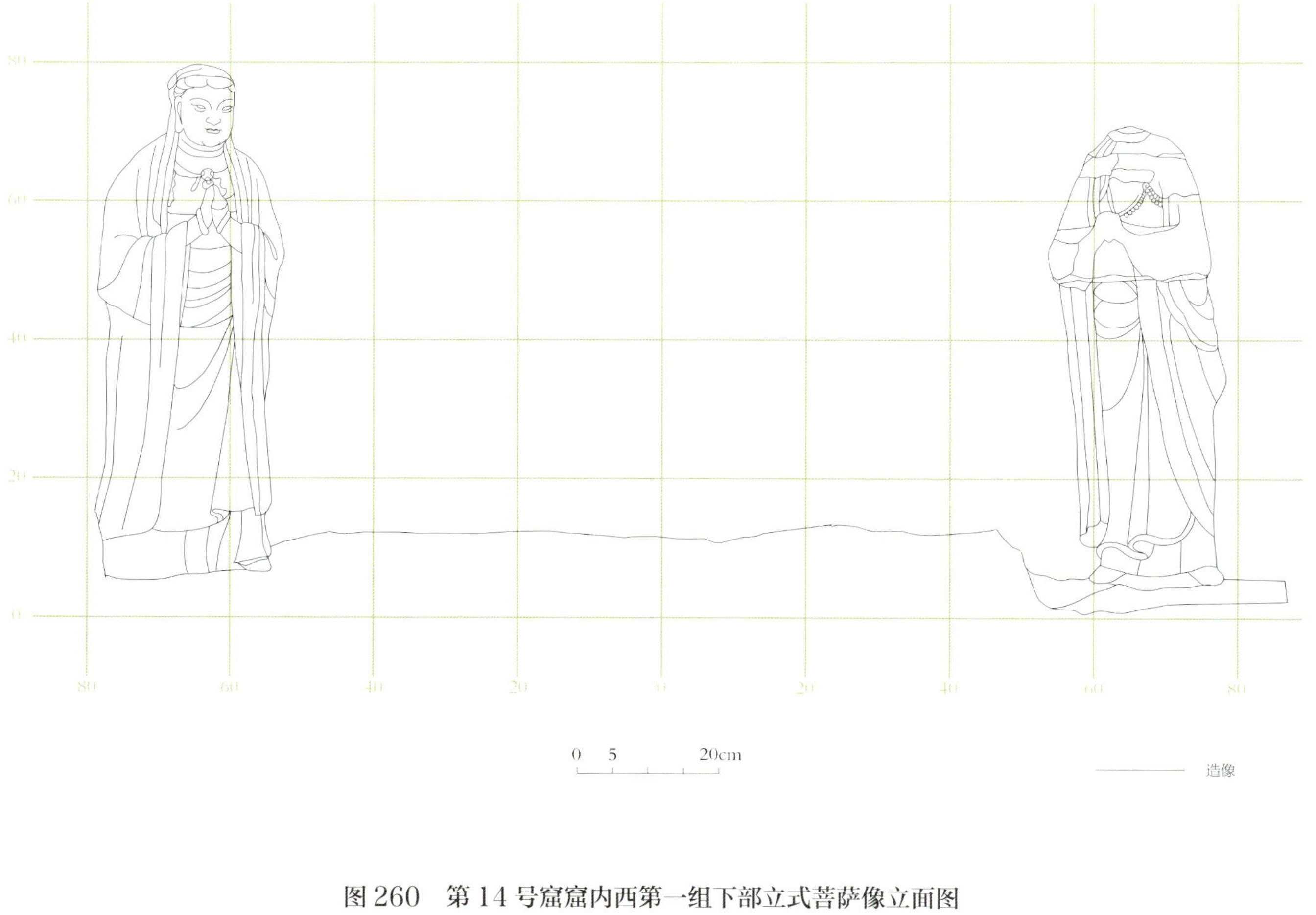

图260　第14号窟窟内西第一组下部立式菩萨像立面图

图 258　第 14 号窟窟内西第一组主尊佛像等值线图

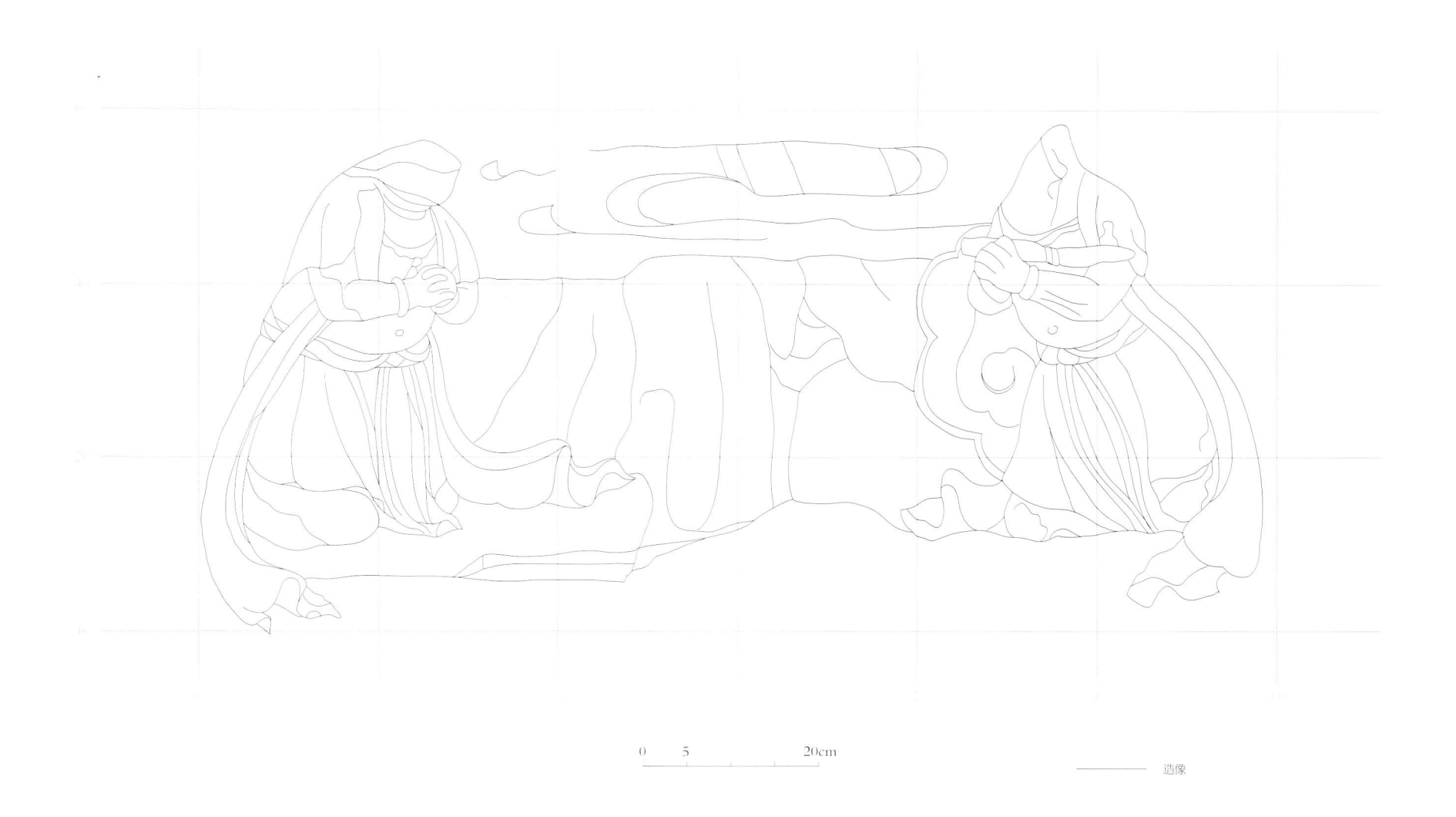

图 261　第 14 号窟窟内西第一组下部跪式菩萨像立面图

图 262　第 14 号窟窟内西第一组造像上方坐佛立面图

第五章　第 13—14 号　349

图 263　第 14 号窟窟内西第二组造像立面图

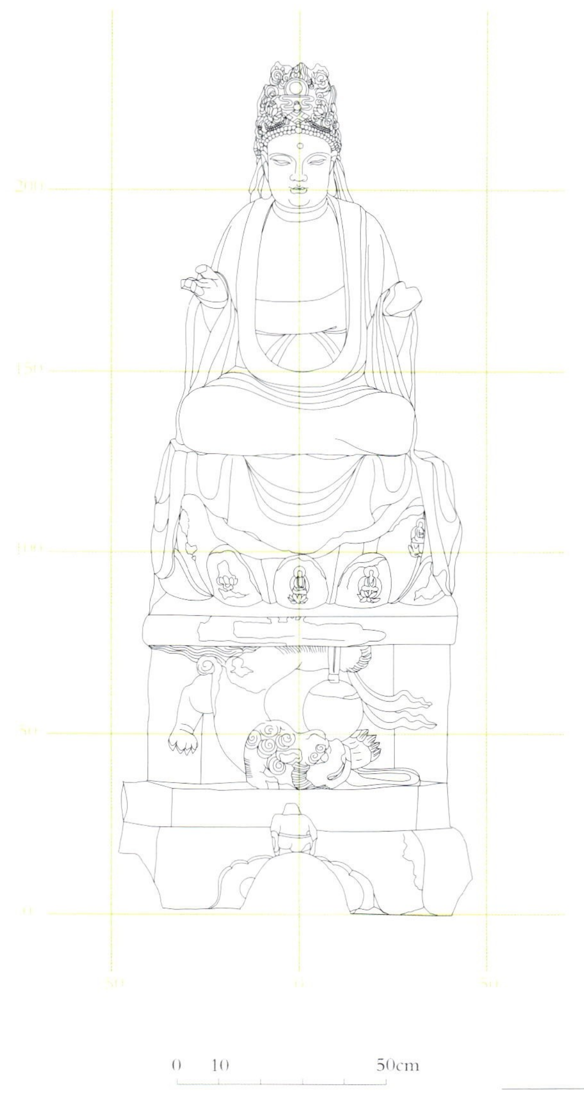

图 264　第 14 号窟窟内西第二组主尊佛像立面图

图 265　第 14 号窟窟内西第二组造像中下部菩萨像立面图

第五章　第 13—14 号　351

图 266　第 14 号窟窟内西第二组造像上方坐佛及立像立面图

盘内盛山石。盘高4.5厘米，径20厘米。山石高15厘米。

右飞天像　头毁，正面朝西北，肩宽36厘米，胸厚18厘米。胸饰璎珞，内着僧祇支，系带作结，下着长裙，外系短裙，长裙裹足曳于身后。肩披帛，部分残断，顺体势向后呈飞扬状。腕镯，左手屈肘托盘，盘内盛物。盘高5厘米，径20厘米。右臂屈于右腰，齐腕残。

五　晚期遗迹

（一）铭文

2则。

第1则

胡靖等游记，明永乐十一年（1413年）。刻于窟门左门颊内侧上部。摩崖碑刻，上距窟门顶端8厘米，右距窟口内缘27厘米。碑高85厘米，宽48厘米。碑首刻作倒覆的莲叶，碑身左右及下缘饰回字纹。碑文左起，竖刻8行，90字，楷书，直径3厘米（图版Ⅱ：40）。

图 267　第 14 号窟窟内西第二组造像上方建筑立面图

01　承事郎重庆府推官庐[1]江之
02　金斗张显为民瘼事同大足县
03　儒学教谕庐[2]陵刘畋人训导武
04　昌樊谦永乐十一年菊有黄花之
05　月重阳前三日游谨题
06　中顺大夫重庆府知府开封胡
07　靖为公务事便道游此
08　永乐十一年八月二十四日题[3]

1　此"庐"字《大足石刻铭文录》录为"卢"。重庆大足石刻艺术博物馆编：《大足石刻铭文录》，重庆出版社1999年版，第235页。
2　此"庐"字《大足石刻铭文录》录为"卢"。同前引。

图 268　第 14 号窟窟内西第三组造像立面图

图 269　第 14 号窟窟内西第三组主尊佛像立面图

图 270　第 14 号窟窟内西第三组下方造像立面图

图271　第14号窟窟内西第三组上方造像立面图

第2则

李彭氏装彩记，清代（1644—1911年）。刻于窟外西侧崖壁须弥山上方。刻石面高49厘米，宽39厘米。文竖刻，39字，楷书，字径3厘米（图版Ⅱ：41）。

　　　信女李彭氏男开炳树
　　　发心装彩
　　　诸佛菩萨金身五尊
　　　祈保家门清吉人眷咸安
　　　戊辰岁小阳月榖旦

（二）构筑

1965年，窟檐用水泥补砌，外挑壁面约20—50厘米。

窟门左右门颊外侧边缘各凿有一纵向凹槽，高约290厘米，宽3—5厘米，深2厘米，时代不明。

图 272　第 14 号窟窟内西第四组造像立面图

图 274　第 14 号窟窟内西第四组右侧菩萨像立面图

图 275　第 14 号窟窟内西第四组下部造像立面图

图 273　第 14 号窟窟内西第四组右侧菩萨像等值线图

图276　第14号窟窟内西第四组下部右侧天王像效果图

窟门东侧崖壁于清康熙二十九年（1690年）因猛风拔木所损[1]。1953年，大足县文管所抢险加固，以条石垒砌修补。修补条石最多21级，每级高约28厘米。修补时，将残存佛像原位嵌入壁面。

窟门西侧壁面下部岩体塌毁，1953年大足县文管所用条石修补[2]，条石最多6级，每级高约28厘米。壁面上部存零散的枋孔5个，大小不等；最大者高31厘米，宽16厘米，深22厘米；最小者高9厘米，宽6厘米，深7厘米。

窟内左侧壁大部毁。现壁面条石补砌，自地坪至最高处计19级条石，每级高约27厘米。

窟内西壁与南壁西侧壁的相接券面存一道裂隙，自窟顶向下延伸，直至壁面下部残毁处，全长约445厘米，宽约3厘米。1986年封护粘接。

窟顶大部毁，1965年，以水泥板铺就修复。

（三）装绘

1. 外崖

崖壁保存灰白色、红色等两种涂层。

---

[1] 史彰撰《重开宝顶碑记》，见本报告集第七卷上册第312页；另见重庆大足石刻艺术博物馆编：《大足石刻铭文录》，重庆出版社1999年版，第221页。

[2] 1959年，四川省文化局在1953年抢险、加固的基础上，拨款对毗卢道场进行保固维修工程，安砌基脚、甬道支撑拱券、治理渗水等。邓之金：《大足石刻维修工程四十年回顾》，《大足石刻研究文集》（2），重庆出版社1997年版，第571—584页。

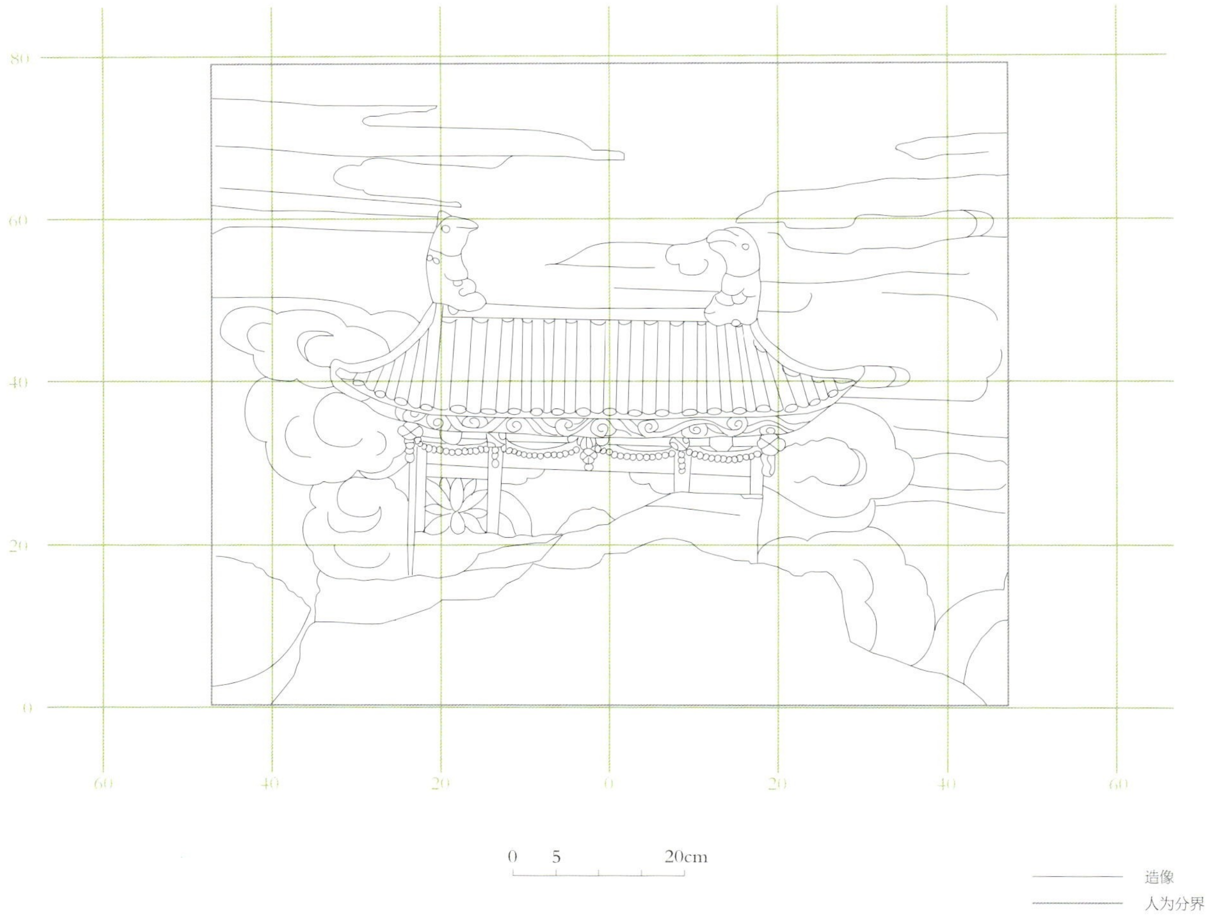

图 277　第 14 号窟窟内西第四组上部建筑立面图

图 278　第 14 号窟窟内西第四组上部造像立面图

360　大足石刻全集　第六卷（上册）

图 279　第 14 号窟窟内西第四组上方童子像立面图

圆龛壁面保存灰白色、红色、黑色等三种涂层。

造像涂层剥落较重，可辨灰白色、绿色、蓝色、红色等四种涂层。

2. 窟内

壁面保存灰白色、红色等两种涂层。

造像涂层较为复杂，可辨存灰白色、红色、黑色、蓝色、绿色等五种涂层。

转轮经藏正面欢门佛像、仰阳板内坐佛以及帐身、经匣、坐佛等表面贴金。

图 280　第 14 号窟窟内南壁上方飞天像立面图

第五章 第13—14号 363

注释：

[1] 此"叉"字，铭文为：

叉

[2] 本则铭文第1行第2字"藏"；第2行第6字"底"；第4行第2字"圆"；第9行第5字"遍"，铭文分别为：

藏 　底 　圆 　遍

[3] 此"修"字，铭文为：

修

[4] 此"欲"字，铭文为：

欲

[5] 此"兜"字，铭文为：

兜

[6] 本则铭文第1行第5字、第6行第6字"庆"；第1行第9字"庐"；第2行第1字"金"；第2行第4字"显"；第2行第6字"民"；第2行第12字"县"；第3行第6字"陵"；第4行第3字"谦"；第4行第8字、第8行第5字"年"；第5行第8字"谨"；第7行第6字"便"，铭文分别为：

庆 　庐 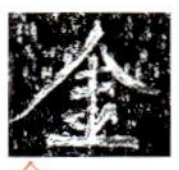　金 　显
民 　县 　陵 　谦 
年 　谨 　便